YINGSHAN YEARBOO 18

英山年鉴

（2018）

英山县地方志编纂委员会　编

方志出版社
Publishing House of Local Records

图书在版编目（CIP）数据

英山年鉴. 2018 / 英山县地方志编纂委员会编 . --
北京：方志出版社，2019.10

ISBN 978-7-5144-3830-7

Ⅰ. ①英… Ⅱ. ①英… Ⅲ. ①英山县—2018—年鉴
Ⅳ. ① Z526.34

中国版本图书馆 CIP 数据核字（2019）第 200281 号

英山年鉴（2018）

编　　者：英山县地方志编纂委员会
责任编辑：高孟君

出 版 者：方志出版社
地址　北京市朝阳区潘家园东里 9 号（国家方志馆 4 层）
邮编　100021
网址　http://www.fzph.org
发　　行：方志出版社图书经销中心
电话　（010）67110500
经　　销：各地新华书店
排　　版：北京中文天地文化艺术有限公司
印　　刷：北京中科印刷有限公司

开　　本：889 × 1194　　1/16
印　　张：19.5
字　　数：536 千字
版　　次：2019 年 10 月第 1 版　2019 年 10 月第 1 次印刷

ISBN 978-7-5144-3830-7　　定价：237.00 元

序

贫困问题一直是困扰人类社会发展的重大问题。中国作为世界上最大的发展中国家，为解决贫困问题进行了长期不懈的努力。改革开放以来，特别是党的十八大以来，以习近平同志为核心的党中央把脱贫攻坚作为全面建成小康社会的底线任务和标志性指标，纳入“五位一体”总体布局和“四个全面”战略布局，以前所未有的力度推进精准扶贫、精准脱贫，扶贫开发成就举世瞩目，显著改善了贫困地区和贫困群众生产生活条件，具有重大的现实意义和深远的历史意义。身处中华民族几千年发展历史上将首次整体消除绝对贫困现象的伟大时代，如何更好地发挥地方志的存史、育人、资政的作用，是新时代全国地方志系统必须深入研究和着力解决的重大课题。

党的十八大以来，在党中央国务院的正确领导下，全国地方志系统深入学习贯彻习近平新时代中国特色社会主义思想，紧紧围绕党和国家事业发展需要，深入推进地方志改革创新发展，凝心聚力，稳扎稳打，勇于担当，主动作为，全国地方志形势和地方志工作者的精神面貌发生了深刻变化，取得了优异成绩。其中，为贯彻落实《全国地方志事业发展规划纲要（2015—2020年）》，经中国地方志指导小组领导批准，中国地方志指导小组办公室于2015年、2017年先后启动民族地区与贫困地区志书、年鉴出版资助工程（以下简称“志鉴出版资助工程”），对国家级贫困县（区、旗、县级市），中西部地区、少数民族边疆地区面临出版经费困难的志书和综合年鉴给予出版资助。实施志鉴出版资助工程是紧扣时代脉搏、坚持创新发展、传承弘扬中华优秀传统文化的一项创举，不仅有力推动了“两全目标”的实现，而且数十部资助出版的志书、年鉴及时记述了民族地区与贫困地区在全面建成小康社会伟大征程中取得的新成绩和新经验、出现的新情况和新问题、涌现的优秀人物和典型事迹，留住地方文化的“根”和“魂”，为这些地区的经济社会发展、地域文化传播、爱国主义教育、精神文明建设等提供了历史借鉴和智力支持，对全面提升民族地区与贫困地区文化建设水平、确保民族地区与贫困地区和全国其他地区同步全面建成小康社会具有重要意义。

尤为可喜的是，志鉴出版资助工程促成了一批扶贫志书的编纂出版，在文化脱贫攻坚中发挥了独特的作用。例如，《贵州省减贫志》全面系统客观记述了从1978

年至2015年贵州省扶贫、减贫工作的历程及取得的经验，为贵州省实施大扶贫战略提供了有力的资政辅治参考，集中体现了地方志工作因时而动、顺势而为的新作为。前不久，由福建省地方志编委会和人民网共同编纂的《闽宁扶贫协作图志》，是全国首部扶贫协作图志，图文并茂、直观立体、全方位地展现闽宁扶贫协作波澜壮阔的历程，弘扬“闽宁一家亲”“携手奔小康”的深厚情谊和滴水穿石、久久为功的精神，是贯彻落实习近平总书记扶贫工作重要论述精神，服务国家精准扶贫、精准脱贫战略的有力举措。希望各地以此为鉴，编纂出版更多、更好的扶贫志书、年鉴，助力国家精准扶贫、精准脱贫战略的实施，充分展现地方志的独特价值和作用。

当前，我国脱贫攻坚已进入全面决战决胜的关键时期，尚未脱贫的贫困地区集中分布在中西部深山区、极端干旱山区、高寒阴湿地区等，文化建设还比较薄弱，文化产品还不够丰富，文化精品更是少之甚少。同时，这些地区往往是民族文化、历史文化、红色文化、生态文化富集区，具有发展文化旅游、推进文化扶贫的巨大潜在优势，也是繁荣发展地方志事业的巨大文化宝库。要发挥好文化扶贫凝聚人心的优势，善于利用方志文化优势为贫困地区“赋能”，在脱贫攻坚中做出方志人应有的贡献。要发挥好中国名镇志文化工程、中国名村志文化工程的引领作用，大力加强乡镇村志编纂，让百姓记得起乡情、记得住乡愁，凝聚贫困乡镇村庄的强大民心，补齐贫困乡镇村庄的文化短板，以“扶智”的方式“扶志”，践行习近平总书记强调的“扶贫先扶智，扶贫必扶志”的重要理念。

求木之长者，必固其根本；欲流之远者，必浚其泉源。扶贫扶起的是志气骨气，传承的是家国情怀，守护的是绿水青山。扶贫既要富口袋，也要富脑袋。必须坚持文化脱贫和物质脱贫两手抓，筑牢贫困地区文化之基，补足信仰精神之钙，引领脱贫发展之舵。全国地方志系统要围绕中心、服务大局，坚决投入脱贫攻坚这场必须打赢的硬仗，积极参与脱贫攻坚战，发挥优势和特长，深入挖掘文化资源，着力补齐文化短板，努力帮助民族地区与贫困地区的文化建设实现较大的发展提升，在全面建成小康社会、实现中华民族伟大复兴中国梦的征程中贡献方志人的力量。

是为序。

中国社会科学院院长
中国地方志指导小组组长
谢伏瞻

民族地区与贫困地区年鉴出版
资助工程领导小组

组　　　长：高　翔

常务副组长：冀祥德

副　组　长：高京斋　邱新立

民族地区与贫困地区年鉴出版
资助工程领导小组办公室

主　　　任：冀祥德

副　主　任：邱新立

成　　　员：于伟平　刘永强　冷晓玲　李　静

《英山年鉴（2018）》编纂委员会

名誉主任：陈武斌

主　　任：田洪光

常务副主任：李　文

副 主 任：汪校铃　周清良　伍　松　查海滨

委　　员：丁卫国　方　立　王定寅　王峰林　冯廷权　冯雪梅
叶文生　何进军　沈卫东　余　波　郑飞飞　林梅香
胡安志　段　慧　黄　威　熊　师　谢道刚

《英山年鉴（2018）》编辑部

主　　编：李　文

副 主 编：杨　光　何进军

审　　稿：冯雪梅

数据审核：丁卫国

保密审核：冯小红

图片审核：舒智慧

总 编 辑：程铁强

编　　辑：王胜义　段松涛　唐一味　萧　宇

编辑说明

一、本年鉴以马克思列宁主义、毛泽东思想、邓小平理论、“三个代表”重要思想、科学发展观、习近平新时代中国特色社会主义思想为指导，坚持辩证唯物主义和历史唯物主义的立场、观点和方法，全面、系统地记载英山县经济、政治、文化、社会和生态文明建设的基本情况，为社会各界了解、研究英山县提供基本信息资料。

二、本年鉴记述时限为2017年1月1日至12月31日。为确保重要事项相对完整，时限依实际作相应的上溯或下延。

三、本年鉴分类目、分目、条目三个层次，个别内容较为复杂的，在分目下增设子分目。全书设特载、专辑、大事记、县情概览、中共英山县委员会、英山县人民代表大会、英山县人民政府、政协英山县委员会、中共英山县纪律检查委员会、法治　军事、群众团体、农业　水利、产业化建设、工信　商贸、经济开发、财政　税务　金融、公共服务　基础设施建设、城乡建设、国土资源　环境保护、综合经济管理、民生　社会保障、文化　体育、教育　卫生　科技、开发区　乡镇、人物　荣誉、附录类目。

四、《英山年鉴（2018）》内文中“县委”均为“中共英山县委”；“党员”均为中共党员；“党建”工作均为“中国共产党建设”工作。“县农办”“县台办”“县法院”等部分机关、单位、群众团体的简称在文中括注；部分“简略语”在段末注释，多次出现不重复注释。

五、图片以各单位提供为主，英山新闻中心提供一部分，所有图片均不注明摄影者。

六、《英山年鉴（2018）》所载信息资料由全县各机关、单位提供，经《英山年鉴（2018）》编辑部整理编辑，并经各供稿机关、单位和县委办、县政府办、县统计局审核，由于统计数据的来源、口径、方式、时间的不同可能有差异，请读者以统计局提供的统计资料为准。

英山县行政区划图

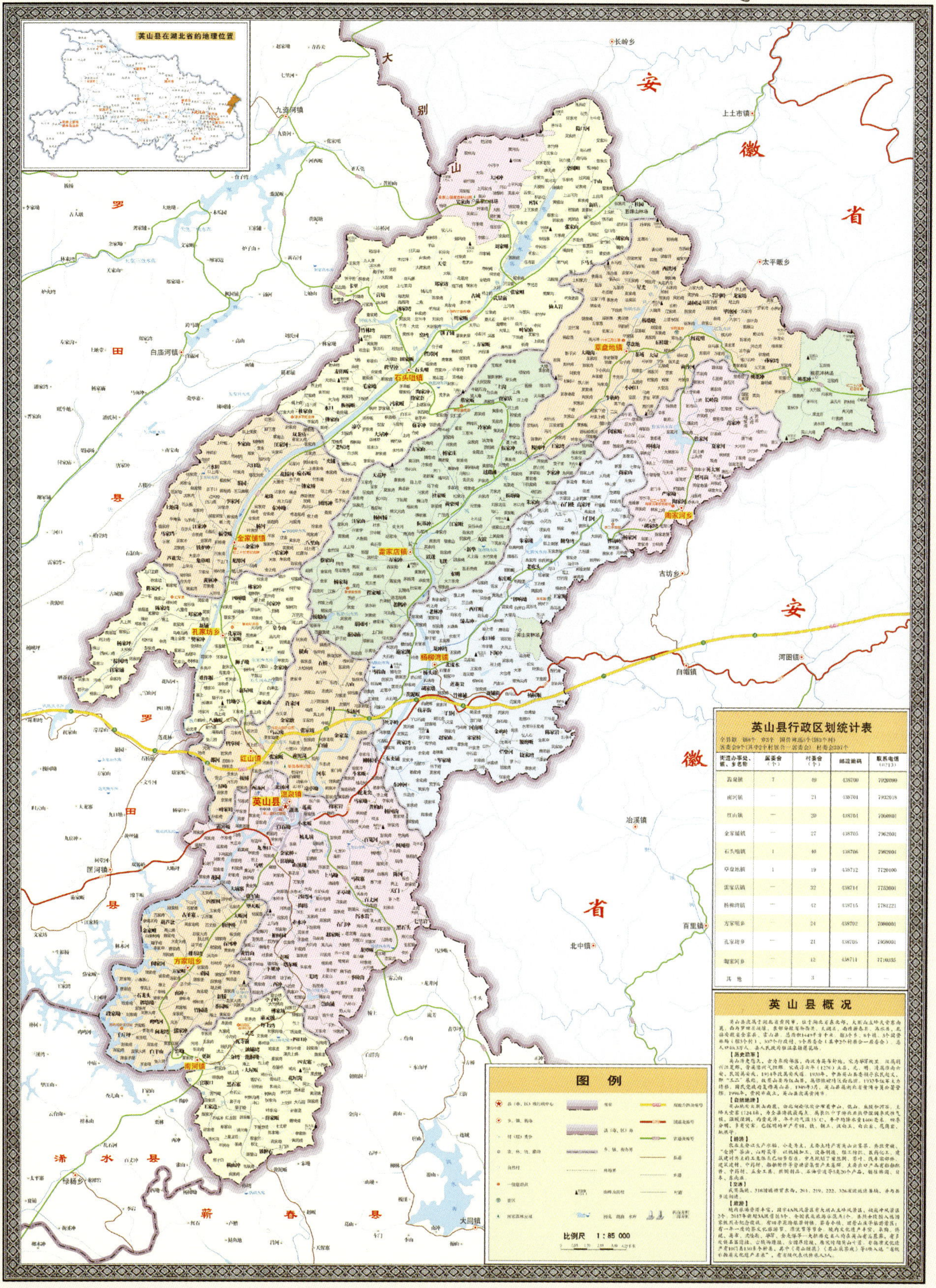

英山县行政区划统计表

全县辖 镇8个 乡3个 国营林场3个(辖3个村)
居委会9个(其中2个村居合一居委会) 村委会307个

街道办事处、镇、乡名称	居委会（个）	村委会（个）	邮政编码	联系电话（0713）
温泉镇	7	49	438700	7020099
南河镇	—	21	438701	7932018
红山镇	—	20	438704	7060801
金家铺镇	—	27	438705	7962001
石头咀镇	1	40	438706	7982001
草盘地镇	1	19	438712	7720100
雷家店镇	—	32	438714	7783000
杨柳湾镇	—	42	438715	7781221
方家咀乡	—	24	438702	7080001
孔家坊乡	—	21	438705	7958001
陶家河乡	—	12	438711	7710335
其他	—	3	—	—

英山县概况

英山县现隶属于湖北省黄冈市，位于湖北省东北部，大别山主峰天堂寨南麓，西与罗田县毗邻，东部南部与安徽省太湖县、南接蕲春县、浠水县，北接安徽省金寨县、霍山县。总面积1449平方千米，辖3个乡，8个镇，3个国营林场（辖3个村），307个行政村，9个居委会（其中2个村居合一居委会）。总人口40.3万人，县人民政府驻温泉镇。

【历史沿革】

英山历史悠久，古为东夷部落，西汉为蕲春县地，宋为罗田县英山乡。宋咸淳六年（1270）立县。元、明、清属淮西六安，民国属安徽。1914年改属安庆道。1930年，中共英山县委领导农民起义，即"五二"暴动，改英山县为红山县，属鄂豫皖苏区。1932年红军主力转移，国民党政府复称英山县。1949年3月，英山县属湖北省黄冈专区管辖。1996年，黄冈市成立，英山县隶属黄冈市。

【自然地理】

英山地处大别山南麓，由北向南依次分布着中山、低山、丘陵和河谷。主峰天堂寨1729米，为全县海拔最高点。属长江中下游北亚热带湿润季风性气候，温暖湿润，雨量充沛，年平均气温15℃，年平均降水量1400毫米，四季分明，多有灾害。已探明的矿产有铜、铁、钼土、汉白玉、白云岩、花岗岩、瓜果等。

【经济】

农业主要以生产水稻、小麦为主，主要土特产有英山云雾茶、天然黄桃、"金博"茶油、山野菜等。以机械加工、设备制造、轻工纺织、医药化工、建筑建材为主的工业体系已初步形成。重点规划了蚕丝绸、茶叶、汽车零部件、建筑建材、中药材、船舶配件等省级以上产业集群。主要出口产品有船舶配件、中药材、五金工具、丝绸制品、石油管道等5类20个产品，销往韩国、日本、东南亚。

【交通】

武英高速、318国道横贯东西，201、219、222、326省道纵横交错，乡与乡道相连。

【旅游】

境内旅游资源丰富，国家4A级风景区有大别山主峰风景区、桃花冲风景区2个，2017年新增3A级景区3个，全国农业旅游示范点1个，毕昇和陵墓入选国家烈士纪念设施。有四季花海旅游特色小镇、茶香小镇、温泉山庄等旅游景区；有一年一度的茶文化旅游节、温泉节等节会。境内文化遗产丰富，采茶、黄梅戏、墓葬、戏曲、鼓书、舞龙等一大批历史名人均在英山有其遗迹。有多处省级文物保护单位。有非物质文化遗产10门类130多个种类，其中《英山缠花》《英山采茶戏》等2项入选"省级非物质文化遗产名录"，有省级代表性传承人3人。

审图号：英测管（2018年）01号　英山县民政局　中国地图出版社　联合编绘　湖北省民政厅　监制　湖南地图制印有限责任公司印刷

要事掠影

8月25日，在香港美食和茶叶博览会上，湖北省省长王晓东（前排右二）倾听英山县参展单位工作人员介绍英山云雾茶

10月19日，湖北省人大常委会副主任傅德辉（前排左一）在英山县调研县乡人大建设情况

9月14日，湖北省扶贫办主任胡超文（右一）、中共湖北省委统战部副部长、省工商联党组书记王兆民（右二）参观英山县雷家店镇程家咀村易地扶贫搬迁安置小区

7 月 19 日，湖北省旅游委副主任李开寿（左二）参观四季花海

9 月 8 日，湖北省国土厅副厅长邹清平（前排左三）一行到英山县考察增减挂钩项目建设情况

12 月 14 日，国家林业局天保中心总工程师闫光锋（左三）、信息处处长刘跃辉（左四）调研英山县天然林保护工程

12 月 25 日，省委宣传部副部长郭忠（左一）到英山县调研农村文明创建情况

4 月 11 日，水利部水电局副局长刘仲民（右一）在詹河水库检查防汛工作

现场纪实

4月18日，英山县委、县政府在武汉举行新闻发布会暨全域旅游推介会，县委书记陈武斌（右四）现场推广

9月8日，湖北省水利厅安饮办主任陈建华（右三）检查石头咀镇徐套村贫困户安全饮水情况

9月15日，副县长徐明轩（左一）向湖北省扶贫办主任胡超文（左二），中共湖北省委统战部副部长、省工商联党组书记王兆民（右二）介绍英山县湖北志顺茶业公司在金家铺镇龙潭河村实施产业扶贫情况

4月17日，湖北省旅游委副主任李开寿（右一）现场听取英山县旅游局局长曾小玲介绍在武汉举办全域旅游推介会的情况

宏图药业公司针对精准扶贫对象现场开展药材种植技术培训

精准扶贫田间大课堂

泻水岩村扶贫产业——瓜蒌种植

温泉镇上马坳村新农村

方家咀乡葫芦盆村易地扶贫搬迁居民点

方家咀乡卫生院白莲河库区健康扶贫巡回服务

产业化建设

9月15日，湖北省扶贫办主任胡超文（右一）、中共湖北省委统战部副部长、省工商联党组书记王兆民（右三）参观湖北志顺茶业公司金家铺镇龙潭河村产业扶贫基地

4月18日，县委、县政府在武汉举行新闻发布会暨全域旅游推介会

乌云山茶叶公园

杨柳湾镇河南畈茶园

中药材百合植保

吴家山风景区

桃花冲风景区

英山温泉

红二十五军战场——牛背脊骨

绿杨清溪东冲河

英山面人制作者王虎在英山县全域旅游推介会上展示技艺

“4·21”茶文化旅游节中，英山县茶企工作人员向游客讲解英山云雾茶

吴家山千峰竞秀

旧城新貌

不夜山城

青山环抱绿水绕城

孔家坊新镇

麻园墩小镇

张家咀小镇

瓦寺前古镇新貌

大田水稻

坡地茶园

天堂寨原始植被

吴家山原生态保护区

原生态农业

原生态水资源

河道治理

标准石砌水渠

7 月 19 日，联合国教科文组织德国专家克劳斯·乔治和韩国专家全勇文在英山县开展黄冈大别山国家地质公园实地考察评估

西汤河污水处理厂

干净整洁的农贸市场

县商务局定期对全县加油站点进行安全隐患排查

森林防火演练

英山县人民法院成立旅游巡回法庭

英山县人民法院执行局干警为英山县农民工追回血汗钱

英山县国土资源局在县实验中学开展第 48 个世界地球日宣传活动周“春满大别山、科普校园行”活动

长冲中学塑胶运动场

副县长黄伟、卫计局局长刘东升（右一）调研公立医院综合改革

2 月 21 日，北京儿童医院集团秘书长徐彤副带队到英山县调研儿科建设情况

福棠儿童医学发展研究中心专家在英山县为儿童义诊

武汉同济医院心内科专家义诊

8 月 22 日,《人民日报》、湖北电视台等 14 家主流媒体采访英山妇幼保健医院“妇幼健康 + 互联网”服务的经验

《湖北日报》记者采访英山县精准扶贫情况

目　录

特　载

专　辑

大事记

县情概览

山脉　河流　资源

特产及非物质文化遗产

中共英山县委员会

综　述

重要会议

上级调研

县委办工作

组织工作

宣传工作

重要会议

上级调研

视察工作

重要活动

英山县人民政府

综　述

重要会议

检 察

法 院

司法行政

军 事

群众团体

英山县总工会

共青团英山县委

英山县妇女联合会

英山县工商业联合会

烟草专卖

经济开发

开发区管理

招商引资

安商服务

政务服务

财政 税务 金融

财 政

国 税

国土资源　环境保护

国土资源

地质矿产

环境保护

水土保持

综合经济管理

发展和改革

审　计

统　计

工商行政管理

质量技术监督

社会生活

人力资源和社会保障

文化　体育

文　化

体　育

教育　卫生　科技

教　育

卫　生

人物　荣誉

附　录

特　载

县委工作报告

——在中共英山县委员会第十四次代表大会上的报告

（2016 年 11 月 30 日）

英山县委书记　陈武斌

一、过去五年工作的回顾

县十三次党代会以来，面对经济下行压力不断加大、自然灾害频发等多重考验，县委团结带领全县人民，以科学发展为主题，以创业创新为主旋律，落实“双强双兴”，实施“五城同创”，圆满完成了第十三次党代会确定的目标任务，取得了较好成绩。英山县先后被授予国家可持续发展试验区、中国茶叶之乡、中国温泉之乡、中国漂流之乡、中国最美休闲乡村、中国森林氧吧、全国休闲农业与乡村旅游示范县、中国茶业十大转型升级示范县、全国农村电子商务示范县、全省旅游强县等多项荣誉称号。

五年来，县域经济快速增长。全县生产总值由 52.07 亿元增加到 89.52 亿元，年均增长 11.4%；公共财政预算收入由 1.82 亿元上升到 4.2 亿元，实现 3 年翻一番；固定资产投资累计完成 303.38 亿元，年均增长 24.6%；工业增加值、社会消费品零售总额、城镇居民可支配收入、农民人均纯收入等主要经济指标都实现较大幅度增长，圆满完成“十二五”规划目标任务。经济结构进一步优化，二、三产业比重，财政收入占 GDP 比重不断提高。

五年来，城区建设突飞猛进。“五城同创”全面推进，工业新城、城西新城实现“双十拓展”，城区规模由 7 平方公里拓展到 27 平方公里，工业新城大桥和茶乡大道等“三桥九路”建成通车，7 个还建小区建成入住，工业新城产业园已具雏形，80 多个重点项目落地，工业孵化基地、电商创业基地、大学生创业基地 3 个小微企业孵化器建成；老城区 6 个棚户区、5 条主要街道、12 条背街小巷和地下管网工程改造升级；“一河两岸”工程和城西水厂、污水处理厂建设扎实推进；土地征迁、“两违”整治等专项行动成效明显；市容环境得到大力整治，“城不如村”的面貌显著改观。

五年来，特色产业转型升级。产业体系进一步完善，科技环保型工业、绿色生态型农业、养生观光型旅游等产业特色彰显；发展省市级重点龙头企业 27 家、挂牌新三板和四板上市企业 31 家，生态农庄、家庭农场、专业合作社、农业经营大户等新型农业市场主体快速发展；大力推进土地流转和规模经营，万亩茶叶带、万亩药材带、“中国茶叶谷”初具规模；突出“旅游+”和“互联网+”，推动一、二、三产业深度融合发展；大力实施品牌战略，先后打造英山云雾茶、英山桔梗、古泉清酒、茶乡鸡等一批国家地理标志保护产品、无公害农产品、绿色农产品，成功注册“英山云雾茶”地理标志商标。

五年来，绿色发展亮点纷呈。全域旅游示范区和标准化旅游示范县创建扎实推进，建成AAAA景区2个、AAA景区3个、国家级水利风景区1个、全国农业旅游示范点1个、中国最美休闲乡村1个、中国传统村落1个。相继举办茶文化旅游节、漂流赛等节会。“中国好空气·英山森呼吸”旅游品牌叫响全国。“雷霆行动”、“三边三改三化”、城乡垃圾治理等行动深入推进，重点小城镇和美丽乡村建设成效明显，创建一批国家和省市级生态乡镇、生态村。“绿满英山”、植树造林、封山育林和饮水源保护持续推进。

五年来，人民生活不断改善。民生投入力度不断加大，全县民生支出占公共财政支出比例达到81.3%。五年来，新增城镇就业和新增转移农村劳动力共计2万多人。社会保障和救助体系不断健全，养老、医疗覆盖面持续扩大，困难群众生活应保尽保，新农合参合率达到100%。全面打响脱贫攻坚战，扎实推进精准扶贫“3556”行动计划，产业扶贫、搬迁扶贫、兜底保障作用明显，五年累计脱贫4.86万人。建成保障性住房11162套，改造农村危房11717户。救灾应急体系不断健全，成功战胜2016年特大洪灾。

五年来，创业创新热潮涌动。持续推进实施“十个六”工程，扩大政府投资，撬动社会投资，开工重大项目170多个，洪广毕升温泉酒店、楚江南温泉小镇、四季花海旅居新镇、桃花冲度假小镇、神峰山庄、丽景山庄、温泉众悦颐养中心、辰美药业等一批项目相继落户或建成。重点领域改革深入推进，制定和落实招商引资、创业创新、企业上市等激励机制，有力促进项目建设和中小企业发展。推行政务服务“六联合”制度，大力整治吃拿卡要、乱收费、中梗阻等现象，发展环境明显改善。

五年来，社会事业全面进步。社会主义核心价值观教育深入开展，群众性精神文明建设和文体生活日益丰富。教育、科技、文化、卫计、体育、广电等社会事业全面发展，创新建立新闻宣传中心，职教中心等一批项目相继开工建设，新党校和档案馆主体完工，思源学校和新人民医院投入使用。《活字毕昇》《铁面金刚——金光悌审和珅》等文艺精品受到广泛好评。民主法治建设不断进步，人大依法监督、政协民主监督作用得到有效发挥，法治英山建设成效明显。社会治安综合治理、安全生产和食品药品安全工作得到加强，一大批信访积案得到有效解决，群众安全感和满意度稳步提升。统战亲商活商作用明显，人民武装工作得到加强，工会、共青团、妇联、文联、科协、工商联、残联等群团工作各具特色，党校、党史、档案、对台、保密、老干部等工作取得较好成效。

五年来，从严治党扎实推进。深入开展党的群众路线教育实践活动、“三严三实”专题教育、“两学一做”学习教育，开办“毕昇讲坛”“五城同创”大课堂，广大党员干部理想信念更加坚定，执行政治纪律政治规矩更加坚决。坚持“好干部五条标准”和“两用两反对”用人导向，选优配强各级领导班子，建立“三创”考核机制，激发各级干部履职尽责、干事创业的积极性创造性。基层组织建设走在省市前列，连续两年被全省通报表扬，“英山红网”建设荣获全国基层党建创新最佳案例；全面落实村主职干部保障政策，全县313个村主职报酬纳入财政全额保障。压紧压实党风廉政建设“两个责任”，从严执行中央八项规定、省委六条意见和市委“八简两风”要求，干部作风进一步转变；强力推进监督执纪，严肃查处一批违纪违规人员和贪污腐败分子；突出问题导向，扎实完成省委巡视组反馈意见整改落实；“123”痕迹管理模式、大数据监督执纪等创新工作，得到省市充分肯定。

五年的成绩来之不易，这是党中央、省委、市委坚强领导、亲切关怀的结果，是以县委为领导核心的县“四大家”班子和衷共济、开拓奋进的结果，是全县各级党组织团结带领广大党员和干部群众凝心聚力、顽强拼搏的结果，更是全县离退休老干部和社会各界人士鼎力支持的结果。在此，我代表十三届县委，向所有关心、支持、参与英山建设与发展的各级领导、各界人士和全县党员干部，致以衷心的感谢和崇高的敬意！

在五年的工作实践中，我们探索和积累了许多宝贵经验，集中起来就是：必须坚持解放思想，以思路引领出路，与时俱进，顺势而为，走符合英山实际的科学发展之路；必须坚持创业创新，全面推动大众创业、万众创新，不断增强经济社会发展活力；必须坚持深化改革，创新体制机制，运用市场的办法，补齐制约山区发展的“短板”；必须坚持团结协作，紧紧依靠集体的智慧，凝聚各方力量，共谋发展大业；必须坚持真抓实干，保持求真务实的工作作风，狠抓工作落实；必须坚持从严治党，全面履行管党治党责任，不断提高党组织的战斗力、吸引力和凝聚力，为经济社会发展提供坚强组织保障。

在看到成绩和进步的同时，我们也必须清醒认识到存在的困难和问题。主要是：经济总量不大，结构不优，工业“腿短”问题还没有从根本上得到解决；创新创业市场主体数量不多、能力不强，发展环境还不优；县乡财力不足，基础设施建设还存在薄弱环节，民生保障任务较重；贫困人口内生动力弱，返贫风险较大，如期完成精准脱贫任务十分艰巨；影响稳定的不和谐因素还不同程度存在，群众反映的热点、难点问题没有得到彻底解决；少数党员干部履职能力、创新意识、精神状态与新形势新要求相比还存在差距等等。对此，我们必须采取更加有力有效措施，切实加以解决。

二、全面建成小康英山的历史使命

今后五年，是全面建成小康社会、实现“第一个百年奋斗目标”的决胜阶段。自1986年我县被确定为全国重点贫困县以来，历届县委一任接着一任干，带领全县人民不甘贫困落后、不向困难低头，艰苦奋斗、开拓创新，接力打好脱贫致富的攻坚战，一步一步向着小康目标迈进。今天，英山人民实现小康梦的“接力棒”已传递到我们手里，这是时代赋予我们的历史使命，是中央和省市委交付的最大政治任务，也是我们今后五年最重要的责任担当，我们必须不负上级重托、不负群众所盼，应势而动、乘势而上，奋力开创全面建成小康英山的新局面。

今后五年的指导思想是：高举中国特色社会主义伟大旗帜，深入贯彻落实党的十八大、十八届三中、四中、五中、六中全会精神和习近平总书记系列重要讲话精神，按照“五位一体”总体布局和“四个全面”战略布局，以“五大发展理念”为引领，坚定不移推进“双强双兴”，深化“五城同创”，决战精准脱贫，致力绿色振兴，统筹推进精准脱贫新样板、创业创新先锋区、特色产业主阵地、全域旅游示范区、生态文明示范县、和谐幸福新家园“六大创建”，全面建成小康英山。

今后五年的奋斗目标是：

（一）经济转型更快，建设提速提质的小康英山

地区生产总值、全社会固定资产投资、地方财政一般预算收入、城镇居民可支配收入、农民人均纯收入等主要经济指标保持中高速增长，到2020年，经济和社会发展总体水平在全省同类县市区中争先进位。发展质量效益显著提升，全面完成“十三五”规划确定的目标任务。

（二）生态环境更美，建设绿色振兴的小康英山

生态经济占GDP的比重明显提高。万元生产总值能耗、二氧化硫排放量、化学需氧量明显下降。“绿水青山就是金山银山”成为全民共识，生态环境有效保护，森林覆盖率稳定在70%以上，全域建成美丽乡村，把英山建成大别山生态旅游示范县、国家标准化旅游示范县、国家全域旅游示范区、全国生态文明示范县，把县城建成省级生态园林城、文明卫生城。

（三）收入水平更高，建设生活殷实的小康英山

民生支出逐年提高，社会保障能力不断增强；大众创业、万众创新的活力充分迸发；全面完成脱贫攻坚任务，城乡居民可支配收入持续增长；公共服务水平进一步提高，群众获得感明显增强。

（四）文明素养更好，建设和谐发展的小康英山

社会事业发展更加全面，群众精神文化生活日益丰富，城乡居民文明素质和社会文明程度大幅提升，在全县上下形成自觉践行社会公德、职业道德、家庭美德、个人品德的良好风尚。

（五）法治环境更优，建设安居乐业的小康英山

法治英山建设全面推进，以司法公正为核心的法治公信力不断提升，法治信访的机制更加健全。创新社会管理，公众安全感、治安满意度、执法满意度，平安建设知晓率、参与率达到较高水平。

实现上述奋斗目标，今后五年必须从战略和全局的高度，牢牢把握住“六个突出”：

一是突出把握好推进跨越发展的重大机遇。未来五年，我们既要主动应对挑战、闯出发展新路；更要看到新一轮的重要战略机遇、抢占发展先机。精准扶贫战略的实施，为我们引进资本、拓展投融资渠道、壮大特色产业、发展全域旅游、提档升级基础设施等，提供了系列政策支持；大别山革命老区振兴发展上升为国家战略，为我们谋划和争取更多项目、开拓市场、发展区域经济，拓展了空间和平台；国家可持续发展试验区的实施，为我县转型升级和可持续发展，提供了政策和科技支撑；国家实施“一带一路”、长江经济带、武汉城市圈、武汉自贸区等战略和政策，为我们调整经济结构、推进绿色振兴、引进新项目、发展新产业创造了有利条件；全民休闲时代的到来，为我们发展生态经济、推进全域旅游提供了广阔市场；特别是在“五城同创”和今年的抗洪救灾过程中，全县干部群众面对困难不气馁、面对重任展豪情，在英山大地上谱写了一曲曲艰苦奋斗的新乐章。实践证明，任何困难都压不倒勤劳勇敢的英山人民，打不垮意志坚韧的英山干部，这是全面建成小康英山的最大资源、最大优势、最大底气，有这样的干部群众，我们的力量必将无坚不摧，我们的事业必将无往不胜。

二是突出把握好全面建成小康英山的科学内涵。全面建成小康英山，经济又好又快发展是关键，群众收入水平提高是核心，生态环境优越是基础，文明程度提升是特征，法治建设和公共安全是保障。全面建成小康英山，是一项复杂的社会系统工程，既要不遗余力抓“强县”，又要持续发力抓“富民”，让群众生活保障更加坚实；既要抓好第一产业的优化调整，又要抓好第二、三产业的壮大和融合，让群众增收渠道更加稳定可靠；既要统筹抓好生态资源保护，又要系统抓好生态资源开发，让群众绿色生活质量得到提升；既要满足群众物质生活需求，又要满足群众精神文化需求，让群众生活更为幸福；既要加快改革发展步伐，又要保持社会稳定局面，让群众生活更加和谐。总之，我们要建成的全面小康英山，是符合发展规律、符合时代要求、符合人民期盼的全面小康，是经济强、百姓富、环境美、幸福文明的全面小康。

三是突出把握好绿色振兴的发展优势。高举绿色大旗，发展绿色经济，共享绿色生活，既是转型升级的时代呼唤，也是全县人民的共同心声。英山是贫困山区县，独特的绿色资源禀赋，是我们赶超的资本，也是我们比拼的底气。要实现脱贫致富、后发赶超，必须坚持不懈地高举绿色发展大旗、展现绿色作为、推进绿色振兴。要把绿色发展融入县域经济社会发展的各个方面，倡导绿色思维、绿色生产和绿色生活，构筑绿色产业、绿色人居、绿色生态体系。要依托绿色产业，大力发展绿色GDP，使绿色发展的统领作用更加凸显。要争当全省绿色发展的排头兵，更好地走出一条具有英山特色的绿色兴县、绿色富民之路。

四是突出把握好“五城同创”的实践路径。应时而谋才能找准路子，顺势而为才能铸就成功。“五城同创”主战略符合“五大发展”理念，符合英山实际，符合全县人民愿望。在全面建成小康英山的过程中，我们要扎实推进“双强双兴”“四大行动”，全力打造“五城同创”升级版。要坚定不移地把项目建设作为“五城同创”的第一抓手，继续实施“十个六”工程，到市场找项目、向上争项目、引进客商投资项目，一个区域一个区域地科学规划，一个板块一个板块地加快推进，把“五城同创”战略布局变成实实在在的新园、新区、新项目、新产业，推动“五城同创”从激活县内民间资本向吸引县外投资升级、从城市空间拓展向城市功能内涵升级、从产业平台建设向产业实体发展升级、从注重基础功能向注重项目落地升级、从强化城区发展向统筹城乡发展升级，真正使“五城同创”成为全面建成小康英山的有效路径。

五是突出把握好老区资源的内生动力。老区资源，是红色基因孕育出来的宝贵资源，蕴涵着丰富的精神财富。英山是著名的老区县，全面建成小康英山，必须充分挖掘老区资源的内生动力。要大力弘扬老区精神，用“一要三不要”的革命精神、“永不言败、永不放弃”的长征精神、“敢于顶上去、敢于搏到底”的担当精神、“西河百里换新天、万块石头一条岸、万担泥土一亩田”的苦干实干精神，点燃干部群众脱贫致富、创业创新、后发赶超的激情。要坚持不懈地打好“老区牌”，争取更多的发展机遇、政策扶持和资金项目。要挖掘红色文化、打造红色品牌，加快发展红色经济，把红色旅游打造成为新的经济增长点。

六是突出把握好解放思想的“总开关”。思想保守，必然落后；故步自封，穷根难除。全面建成小康英山，必须紧跟时代步伐，以更大的力度推进思想解放，破除一切影响和阻碍经济社会发展的思想观念制约。要破除“等、靠、要”的思想，坚决克服等项目脱贫、靠扶持脱贫、要救济脱贫的依赖思想倾向，引领干部和群众不等不靠、先动手再伸手，用勤劳双手同贫困决战、靠艰苦奋斗向小康迈进；要破除“稳、难、怕”的思想，坚决克服“平稳做官、平稳做事”“不求有功、但求无过”的“无为”思想倾向，坚决克服“当官难、干事难、担责难、落实难”的“畏难”思想倾向，坚决克服“怕出事、怕问责、怕风险、怕犯错误”的“徘徊”思想倾向，引领干部敢于担当、履职尽责、干事成事；要破除“懒、散、慢”的思想，坚决克服“只想当官、不想做事”、“怨在一线、乐到二线”、“遇事就烦、遇难就退、遇访就避”、办事拖拉、不督办工作不往前推的思维定式，使“沉下心来谋事、扑下身子干事”成为各级干部的自觉追求；要破除“满、看、守”的思想，坚决克服“盲目自满”“小富即满”“等待观望、左顾右盼”“只当评论员、不当运动员”“不当主人当看客、企业发展与我无关、事不关己高高挂起”“守摊子、不思进取”的狭隘心理，引导广大群众创业创新、富而思进，引导广大干部开拓创新、争先创优。要在全县干部群众中持续深入开展解放思想大讨论，在解放思想中激发和凝聚全面建成小康英山的强大气场。

三、全面建成小康英山的主要任务

宏伟目标必将印刻成奋斗足迹，美好愿景必将绘就灿烂现实。全面建成小康英山，必须举全县之力，奋力推进“六大创建”。

（一）建设精准脱贫新样板

把精准扶贫、精准脱贫作为压倒一切的政治任务，以“五个一批”和“六个精准”为重点举措，立下“军令状”，绘制“路线图”，列出“进度表”，锁定“硬目标”，做到“四个确保”：到2017年，确保完成10.67万贫困人口全部脱贫、78个贫困村全部出列、贫困县摘帽的脱贫攻坚主攻任务；2018年，巩固提升脱贫攻坚成果，确保验收达标；从2019年起，保持政策措施不变、投入力度不减、帮扶专班不散，确保实现“精准扶贫，不落一人”；到2020年，确保与全国、全省同步进入小康社会，把英山建成全省贫困山区县的精准脱贫新样板。

推进产业精准扶贫。坚持“五位一体”机制不动摇，持续推进茶叶、中药材、特色养殖、乡村旅游、电商扶贫、光伏发电等产业扶贫工程，五年投放贴息贷款5亿元，支持200家农业市场主体对接帮扶2.6万贫困户发展产业、脱贫致富。大力拓展群众增收渠道，落实小额扶贫信贷贴息和财政奖补到户政策，支持贫困户自主发展产业，创新“村级自强互助脱贫合作社+建档立卡贫困户”模式，形成贫困群众稳定增收的长效产业支撑。努力培植一批产业扶贫示范典型，争当全省贫困山区产业扶贫的“排头兵”。

实施易地扶贫搬迁。坚持“挪穷窝”与“换穷业”并举，安居与乐业并重，搬迁与脱贫同步，集中与分散结合，统筹推进易地建房、建新拆旧、配套保障、就业发展，让群众“搬得出、稳得住、能发展、可致富”。实施政府“交钥匙工程”，按期全面完成易地扶贫搬迁任务。严格落实政策，贴近本地实际，保证工程质量，加快项目推进，每个乡镇分别建成一批适度规模、基础设施到位、后扶产业配套的易地搬迁集中安置区。

推进贫困村脱贫出列。大力实施贫困村整村推进脱贫攻坚示范工程，集中力量实施整村推进扶贫项目，确保重点贫困村达到“十有”标准。加快贫困村光伏扶贫项目建设，每村建成一个50千瓦光伏发电站；贫困村的2000个贫困户，平均每户建成一个3千瓦的光伏发电系统；以产业发展、旅游开发、土地流转、合作经营为重点，盘活村级集体资源资产，建立长效增收机制，确保集体经济收入每年达到5万元以上。在全面完成贫困村出列任务的基础上，每个乡镇打造2—3个“标准高、过得硬、叫得响”的脱贫出列样板村。

强化合力攻坚扶贫。统筹整合人力、物力、财力，集中投入、系统发力，坚决打赢脱贫攻坚战。全面落实交通水利、教育医疗、文化科技、产业和生态补偿、旅游和电商、金融和信息化、危房改造、创业就业、技能培训、民政兜底、老区促进等扶贫政策，每年整合10亿元以上涉农项目资金投入精准扶贫。严格落实“党政主责、乡村主体、部门主业、市场主动、群众主力”责任制，党政主职负总责，重点贫困乡镇不脱贫不换帅。坚决落实干部分类包保、项目清单销号、扶贫责任追究等制度，“点对点、硬碰硬、人包人”，不销号不放手，不脱贫不脱钩。健全社会参与、对口帮扶、企业联系、区域协作扶贫机制，形成专项扶贫、行业扶贫、社会扶贫的多元化扶贫路径。

（二）建设创业创新先锋区

发展英山、振兴英山，必须始终高扬创业创新主旋律，推动大众创业、万众创新，全面创建大别山创业创新先锋区。

打造创业创新平台。把工业新城产业园、现代农业科技示范园、生态农业观光园等园区，建成全县投资的新热点、人才技术的集聚点、创业创新的示范点、县域经济的增长点。支持中小微企业孵化器、电商孵化器、大学生创业孵化器创新发展，大力培育催生小微企业。加强创业培训，重点向大学生、农民、电商倾斜。完善激励政策，建立绿色通道，着力引进和培养专业技术人才，确保“引得进、留得住、用得上”。深入推进校企合作，推动企业与高校、与科研院所深度对接，推动科研平台向企业延伸、科技成果在企业转化、科研人才向企业聚集。健全科技创新激励机制，提升企业自主创新能力。

狠抓重点项目攻坚。始终把项目建设作为创业创新的主战场，摆在全面建成小康英山的突出位置。加强政策研判，围绕全域旅游、精准扶贫、交通国土、水利移民、新能源、医疗卫生、文化教育、养生养老等重点领域，谋划一批新项目；完善激励机制，全员发力、全面出击，鼓励和支持部门联合争项目，全力争取抽水蓄能、风力发电等一批重大项目，形成“想争项目、敢争项目、争成项目”的工作局面；对接市场招项目，全员服务招商、全力服务安商，建立更加高效的招商安商体系，加大专班招商、以商招商、产业链招商力度；集中精力干项目，坚持实施“十个六”工程，集中力量、保障要素、倒逼进度推进项目；加强全程监督、跟踪服务，推动信息变意向、意向变协议、协议变合同、合同变工地、工地变企业、企业出效益。

推进区域开放合作。立足大别山、对接大武汉、融入大长江、紧盯武汉自贸区，引进利用资金流、人才流、技术流、信息流，推进大开放、大开发。加强区域和边际合作，联手大别山区域县市，策划推进一批基础设施、文化旅游、商贸流通等大项目，打造鄂皖文化交流、特产交易中心和大别山主峰经济圈；主动对接武汉城市圈，把英山打造成大武汉的企业生产拓展区、市民生活后花园。抢抓国家支持贫困县企业上市“绿色通道”政策，引进一批上市公司、知名企业来我县创办实体。打通开放合作的“大动脉”，新建和改造张草线、白莲河环库公路、苞茅街至水口桥沿河公路、屏峰至新铺沿河公路、过石公路以及小米畈至龙潭畈、南河至仙人台等区域循环路、边际断头路，提档升级草太线、张家咀至安徽天堂寨、陶河至岳西河图镇等省际公路；力争在武杭快速铁路、随麻安铁路、大别山至井冈山高速公路、通用机场等重大项目谋划推进上取得突破。

大力推进改革创新。深入推进供给侧结构性改革，打响“三去一降一补”攻坚战，重点推动茶叶、中药材等特色产业并购、重组、联合、做大做强。深化行政审批制度、财税体制和公共资源交易制度改革，健全开发区管理体制，加快推进事业单位分类改革，着力降低行政成本。全面建立现代企业制度。加快推进供销、商务、国有林场改革，让一批发展要素回归市场。大力推进大别山金融工程，进一步拓宽投融资渠道。加快推行 PPP 模式，做大做强县级投融资平台，引进风险投资和股权融资，支持企业在新三板挂牌上市。推进农村土地制度改革和集体林权制度改革，加快建立城乡统一的建设用地交易市场。

不断优化市场环境。健全市场体系，着力推进资本市场、土地市场、商品市场、人才市场建设；完善“非禁即入”政策体系，全面放开国家负面清单以外的市场领域，大力催生和培育市场主体；加快社会信用体系建设，全面开展“信用县”“信用乡镇”“信用村”创建活动；完善市场监管体系，释放市场活力；完善“六联合”机制，持续推进“中梗阻”治理，打造优质高效的政务服务环境。

（三）建设特色产业主阵地

坚定不移地走特色发展、差异竞争道路，大

力创建大别山特色产业主阵地。

突出兴工强县。坚持把工业发展摆在产业发展的首要位置，把发展现代工业作为强县之基、财富之源，对接“中国制造2025”，着力构建以优势产业为主导、以骨干企业为支撑、以农副产品加工为特色的山区新型工业体系。狠抓特色兴工。大力发展农特产品加工业，壮大茶叶深加工、中药材深加工、丝绸服装加工等特色工业，重点打造茶叶和中药材产业集群；改造提升建筑建材、汽车配件、船舶附件等传统产业，大力引进培育中医药、新能源、新材料等战略性新兴产业。狠抓骨干兴工。聚集政策和资源，扶持骨干企业扩规创新、做大做强，着力培育企业发展的“排头兵”；大力推进“个转企、小进规”，培育一批规模以上企业，通过五年努力，培植一批销售收入过5000万元、营业收入过亿元、税收过1000万元的工业骨干企业。狠抓招商兴工。围绕特色产业、产业园区布局，加大招商引资力度，引进带动能力强的大品牌、大项目、大企业落户，重点引进和培育2—3家大型中药材企业，着力打造大别山名茶加工产业园和万吨出口茶叶深加工产业园。狠抓园区兴工。坚持“园区工业化、工业园区化”，聚焦招商引资、政策优惠、要素保障、优质服务，加快工业新城产业园和农产品加工园建设，推动企业快速入园、快速动工、快速投产。力争通过五年的努力，工业园区企业达到50家以上、产值突破50亿元、利税不低于5亿元。

加快产业升级。大力发展现代化、集约化、市场化农业，着力打造万亩茶园、万亩药材、万亩油茶、万亩绿色食品经济带，建成“中国茶叶谷”；推进一、二、三产业融合，着力建设现代农业科技示范园，大力发展休闲农业、智慧农业、创意农业、机械化农业；推动茶叶从扩规模向提质效转变，把药材产业打造成为新的支柱产业，严格控制菌类药材发展；大力发展和培育农业企业、生态农庄、专业合作社、家庭农场、专业大户，着力构建现代农业经营主体。大力发展现代服务业，突出发展文化旅游、休闲度假、养老养生等服务业；突破发展文化创意产业，着力打造毕昇文化产业集群；深入推进“互联网+”行动计划，加快发展电子商务、商贸物流、金融服务、会展服务、物联网等新型产业。

打造特色品牌。大力实施质量兴县战略，巩固“大别山质量奖”，创造一批名优品牌，加强品牌保护，以品牌提升产品附加值和市场占有率。充分发挥“英山云雾茶”“英山桔梗”“古泉清”“茶乡鸡”等地理标志品牌作用，大力创建国家地理标志产品示范区。全力打造产业质量品牌，加强公共检验检测平台建设，强化质量安全监管，建立农产品生产、加工和流通企业诚信制度，重点培育“大别茶访”“团黄贡茶”等龙头企业品牌，创建国家农产品质量安全县。

（四）建设全域旅游示范区

统筹推进全国旅游标准化示范县、大别山生态旅游示范县和国家级全域旅游示范区建设，把英山打造成为全国知名的休闲旅游、乡村旅游目的地。力争到2020年，全县共建成1个AAAAA级景区，4个AAAA级景区，10个以上AAA级景区，年接待游客超过1000万人次、实现旅游综合收入65亿元以上。

构建全域旅游格局。突出“四季休闲”旅游定位，坚持全县一体，统筹推进城区温泉度假旅游区、“西河十八湾”乡村休闲旅游带、“东河百里秀”人文风情旅游带、南河环白莲河水生态旅游带、北部生态休闲旅游带建设，打造全域旅游“一区四带”格局。

着力打造重点景区。按照AAAAA级标准，提档升级大别山主峰风景区、桃花冲国家级度假区，创建大别山世界地质公园；按照AAAA级标准，推进篓子石天马寨风景区、乌云山茶叶公园、杨柳红叶谷建设。大力推进四季花海、楚江南、桃花冲度假小镇、神峰山庄、丽景山庄、茶香小镇、童玩谷、金沙半岛、林冲养生小镇、温泉镇桃花谷等旅游项目建设。

大力发展红色旅游。寻访、搜集革命旧址、遗址、纪念物和重大历史事件、重要历史人物事迹，形成不可复制的英山红色记忆。加大红二十五军纪念馆、县烈士陵园等红色旅游基地建设力度，以革命传统教育为主题，打造一批红色文化旅游线路。大力开发吃红军饭、住红军屋、穿红军鞋、行红军路、扛红军枪、看红军戏、唱红军歌、讲红军故事等红色体验旅游产品，组织开展红色参观、红色教育、红色纪念等活动，打造红色旅游品牌。注重群众参与，把红色旅游拓展为群众增收的重要渠道。

大力发展乡村旅游。围绕“山水为屏、田园入画、村庄为景、四季如诗”的发展定位，放大“中国好空气·英山森呼吸”品牌效应，打造“英山印象”。因地制宜、一村一景、一乡一特，开发一批茶园观光、红叶观光、田园观光、溯溪漂流、滑翔航空、农事体验、渔舟唱晚等休闲旅游基地；建设一批野外攀爬、徒步越野、绕山骑行、汽车露营等体育健身基地；加快推进一批乡村旅馆、乡村农家乐等服务功能建设；把英山建设成为“望得见山、看得见水、记得住乡愁”的乡村旅游大美田园。

加快旅游融合发展。以“旅游+”为抓手，推进红绿融合、体旅融合、文旅融合、三产融合，把企业、产业园、产业基地打造成为旅游观光基地，把农特产品、手工艺品、饮食品开发成为特色旅游商品，把茶文化旅游节、漂流比赛、篮球城市联赛等节会赛事打造成全国性、全省性的旅游知名品牌。重点开发毕昇文化、茶文化、生态文化、红色文化、民俗文化产品，推出一批具有县域特色的文化记忆、文艺会演、故事传说。鼓励和支持旅游行业开展景区创A级、营销创牌、饭店创星、导游创佳、旅行社创强活动。着力构建“大旅游”管理体制，建立景区管理新机制。

（五）建设生态文明示范县

立足国家级生态功能区定位，实施天蓝、地绿、水清、土净“四大工程”，到2020年，创建成为国家级生态文明示范县。

全面加强生态保护。持续推进“绿满英山”行动，继续实施封山育林政策，狠抓森林防火，优化林相结构，打造“多彩英山”。加强湿地保护、生物多样性保护和生态修复、水源地与河湖水生态保护，推进大别山自然保护区、张家咀国家湿地公园建设。大力推进“雷霆行动”，坚决取缔环保不达标企业，严格实施矿山、河道、畜牧养殖综合整治，持续推进饮用水源地保护工程。建立生态补偿机制，健全领导干部自然资源资产离任审计制度，坚决守住耕地、林地和水资源“三条红线”，坚决守住青山绿水。

推进绿色城乡一体化。突出土地规划的基础地位、生态规划的底线思维、旅游规划的主线作用，强化“多规合一”、严格规划执行、坚持建管并重，打造绿色城乡一体化。建设“锦绣山城”。集中力量，推进省级生态城、智慧城、法治城、文明城、卫生城创建。把文化广场、公厕、停车场等公共设施建设放在重要位置，建成城西新城污水处理厂，实现背街小巷治理全覆盖；试点建设“海绵城市”，推进实施地下综合管廊工程；从严控制老城区建设，建设一批微循环道路，有效解决老城区交通堵塞问题；建成城西水厂，实施张家咀水库饮水工程，彻底改善城区居民饮水状况；加快“智慧城市”建设，整合网格化管理资源，推行数字化城市管理模式；完善综合执法体系，加强市容市貌、环境卫生、车辆停放等管理，严厉打击“两违”、整治“脏乱差”，提高城市治理能力；推进“拆围还绿”，拓建街头绿地，建成“一河两岸”休闲景观带，改造毕昇森林公园，把县城打造成宜居宜业宜游的都市田园。打造特色小城镇。以乡镇集镇为中心，以特色小镇、美丽乡村、生态农庄、文明院落为一体，打造“一元多层次”的乡村发展格局。按照“一主两副”布局，推进温泉主城区和杨柳湾、石头咀两个副中心镇建设；坚持“特色定位、差异发展”，推进南河镇、方家咀乡以环白莲河水生态为特色的乡村带建设，草盘地镇、陶家河乡以药材、边贸为特色的乡村带建设，雷家店镇、红山镇、孔家坊乡、金家铺镇以茶叶、蚕桑、蔬菜为特色的乡村带建设。建设全域美丽乡村。把美丽乡村建设与特色产业、全域旅游、精准扶贫、移民后扶结合一起抓，整合资源、抓点带面、连点成片、聚村成带，将全县80%的乡镇打造为国家级生态乡镇、80%的村打造为省级生态村。持续推进“三边三改三化”，重点“清垃圾、治污水、保水源”，大力整治乱搭乱建、乱摆乱放、占路经营、乱设广告行为，全面完善四级垃圾转运体系。突出抓好传统村落、民间文化、地理标志、自然资源保护，不断提升美丽乡村文化内涵。

科学推进绿色开发。积极探索“生态+”发展模式，在保护中开发，在开发中保护，大力发展绿色经济、循环经济、低碳经济，加快发展生态旅游业。大力节约集约利用生态资源，推动产业集约发展和工业改造升级，大力实施节能减排、污染治理，以更大力度推进企业清洁生产，严格执行项目开发环评制度，严格执行节能减排刚性约束指标。坚持生态经济化、经济生态化，建立、完善和落实碳交易制度，确保空气质量、人居环境优美度保持在全省前列。

大力弘扬生态文明。增强生态意识，树立生态道德，厚植生态文化，弘扬生态文明，深入开展“节能我行动，低碳新生活”“绿色出行，健康你我”行动，引导群众“珍爱自然，保护环境”，培养绿色健康的生活方式，自觉投身到市容环境整治、城乡垃圾处置、生态保护之中，营造人与自然和谐的文明环境。

（六）建设和谐幸福新家园

顺应人民群众对美好生活的向往，以民生需求为导向，切实保障和改善民生，让人民群众在共建共享中得到更多实惠。

提高民生保障水平。加强财源建设，壮大特色财源、培育骨干财源、开辟后续财源，强化税收征管，促进财政收入稳定增长，不断提高财政保民生、保发展的能力。始终坚持生命至上、安全第一的民生理念，全面落实“党政同责、一岗双责”的安全责任制，加强重点领域安全监管和隐患排查治理，严格保障饮食、药品和农产品的质量安全，坚决防止较大安全事故发生。认真落实就业创业扶持政策，加大就业帮扶力度。实施全民参保计划，建立覆盖城乡居民的养老、医疗等保险制度。加强城乡社会救助体系建设，全面落实兜底性政策。进一步完善养老服务体系，鼓励支持社会力量兴办养老服务机构，健全居家养老和社区养老服务网络。加快棚户区和农村危房改造，推进保障性住房建设，不断满足困难群众住房需求。

提升公共服务水平。坚持优先发展教育，办好学前教育，普及高中教育，大力发展职业教育，重视特殊教育，推进各级各类教育协调发展。整合城乡教育资源，优化城区学校布局，改善整体办学条件，实施教师“国培计划”和素质提高工程，推进义务教育优质均衡发展。推进“健康英山”建设，完善公共卫生服务体系，优化城区医疗卫生机构布局，完成新中医院、新妇幼保健院建设；深化医药卫生体制改革；加强出生人口性别比综合治理，提高出生人口素质，促进人口长期均衡发展；加强公共体育设施建设，广泛开展全民健身运动。实施文化惠民工程，完善县、乡、村公共文化服务网络设施，加快“三馆一站一中心”建设。加强信息化建设，推进光纤通信进村全覆盖，实现广播电视“村村响”“户户通”。

提升法治建设水平。坚持依法治县、依法执政、依法行政共同推进，着力提升依法护航发展、依法维护稳定、依法保障民生的能力；厚植法治文化，扎实推进“七五”普法，增强公民崇法、守法、用法意识，推动法治思维和法治方式自觉化、常态化；全面建立法律顾问制度，推进法律顾问进机关、进单位、进企业、进社区、进学校全覆盖；支持司法体制改革，促进司法公正。深入推进平安英山建设，大力完善社会治安立体防控体系，严厉打击各类违法犯罪活动。积极推行重大事项风险评估制度，建立健全突发性事件预防预警和应急处置体系，提升社会公共安全保障能力。切实加强和改进信访工作，大力推进“阳光信访”和依法治访，保护合法信访、解决合理信访、教育无理信访、惩处违法信访，确保全县社会大局和谐稳定。

四、坚定不移推进全面从严治党

全面建成小康英山，关键在党，关键在党要管党、从严治党。要认真贯彻落实十八届六中全会精神，以全面从严治党为主题，以加强和规范党内政治生活、加强党内监督为重要抓手，全面加强党的思想建设、组织建设、作风建设、反腐倡廉建设和制度建设，为全面建成小康英山提供坚强的政治和组织保证。

（一）加强思想政治建设，坚定铁一般理想信念

把思想政治建设放在首位，坚持党委（党组）中心组制度，充分发挥党校、“五城同创”大课堂、“毕昇讲坛”等主阵地作用，深入学习中国特色社会主义理论、党章党规、习近平总书记系列重要讲话精神，筑牢信仰之基、补足精神之“钙”、把稳思想之“舵”。严格落实党委（党组）意识形态工作责任制，牢牢把握意识形态工作的领导权和话语权，及时发声、善于发声、有效发声，宣讲英山好故事，宣传英山好典型，内鼓干劲、外树形象，凝聚推动发展的正能量。抓好理想信念教育，引导广大党员坚定“四个自信”，自觉成为共产主义远大理想和中国特色社会主义共同理想的坚定信仰者和忠实实践者；加强政治纪律和政治规矩教育，牢固树立政治意识、大局意识、核心意识、看齐意识，坚持做到“四个服从”，自觉向党中央看齐，始终在思想上政治上行动上与以习近平同志为核心的党中央保持高度一致；大力培育和弘扬社会主义核心价值观，提升道德讲堂、思想道德协会、文明创建和典型评选的影响力、渗透力，深入推进社会公德、职业道德、家庭美德、个人品德建设，以道德的力量赢得人心、赢得事业。

（二）加强领导班子和干部队伍建设，锻造铁一般骨干队伍

领导班子是发展的关键，干部是决定性因素。切实加强领导班子建设。坚持民主集中制原则，坚持集体领导，完善议事决策机制，提升各级领导班子战斗力。统筹综合素质、知识层次、专业素养、年龄结构配班子，统筹配备各年龄段干部、党外干部、女干部，注重培养后备干部，建设功能型班子。坚持正确的选人用人导向。坚持德才兼备、以德为先，坚持信念坚定、为民服务、勤政务实、敢于担当、清正廉洁的好干部标准，旗帜鲜明地选用政治强、业务精、善治理、敢担当、作风正、实绩优的干部。注重从担当看德行、以实绩论英雄、凭能力用干部，把想干事、会干事、干成事的干部用起来，把不作为、不担当、不适应的干部调下去，让想干事的有平台、能干事的有机会、干成事的有位子，让得过且过、碌碌无为的受到鞭策，让那些无心干事、投机钻营的没有市场，着力形成能者上、庸者下、劣者汰的选人用人导向。深化干部人事制度改革，健全制度，完善政策，规范程序，使选出来的干部组织放心、群众满意、干部服气。从严监督管理干部。认真落实《关于新形势下党内政治生活的若干准则》和《中国共产党党内监督

条例》，用好提醒、函询、诫勉等措施，帮助干部扬长补短，轻装上阵干事业。改进和完善“三创”考核机制，考准考实考出“精气神”。鼓励干部干事创业、大胆作为。旗帜鲜明地为敢于担当的干部担当，为敢于负责的干部负责，支持实干者、鼓励改革者、保护担当者。建立容错纠错机制，让真干事者无顾虑，让真担当者不委屈，让想干事者有动力。坚持党管人才，建立健全保留、吸引、培养、激励机制，强化事业发展的人才支撑。

（三）加强基层党组织建设，筑牢铁一般战斗堡垒

以全面进步全面过硬为总目标，推进“3536”基层党建工作体系建设，实施整县推进，全面加强农村、机关、社区、非公经济组织和社会组织等各领域基层党组织建设。健全组织体系，加大在农民专业合作组织、非公经济组织和社会组织建立党组织力度，扩大党的工作覆盖面和影响力。深化服务型党组织建设，推行星级指数管理，持续整顿软弱涣散基层党组织，大力发展壮大村集体经济，加大村（社区）党员群众服务中心等阵地建设，提升基层党组织的整体功能。加强基层党组织带头人和党员队伍建设，加强社区、流动党员管理，深化支部主题党日、设岗创星、志愿服务等活动，教育引导广大党员走在前、当先锋。严肃党内组织生活，坚持“三会一课”、民主生活会和组织生活会、谈心谈话、民主评议党员、领导干部双重组织生活等制度。积极推进党内基层民主建设，尊重党员主体地位，保障党员民主权利，落实党代会代表任期制和乡镇党代会年会制，规范和加强党务公开。完善“英山红网”等平台，探索“互联网＋党建”新路子。加强贫困村党组织建设，促进脱贫攻坚。

（四）加强作风建设，锤炼铁一般优良作风

作风建设永远在路上。巩固拓展党的群众路线教育实践活动、“三严三实”专题教育成果，健全改进作风建设长效机制。大兴务实重行之风。要大干快干，闻风而动、雷厉风行，只争朝夕、快马加鞭，勇当“急先锋”，争当“突击队”，甘当“排雷手”，不让职责挂“空挡”，不让承诺放“空炮”，叫响“落实落实再落实”“担当担当再担当”的时代最强音。要实干巧干，牢固树立成事意识，坚持一抓到底。围绕改革发展和精准扶贫的“任务书”“路线图”和“时间表”，坚持工作项目化、责任人头化、措施具体化，一条一条对账，一项一项兑现，一个问题一个问题去解决；坚持一线工作法、问题导向法、清单工作法、时间节点法、典型引路法，干就干成功，做就做最好。要敢干苦干，忠于事业，无私无畏，遇到矛盾不躲、遇到问题不绕、遇到困难不推，只为成功找办法，不为困难找借口，一事未成，食不甘味、夜不成寐，以非常之力行非常之事，以非常之功求非常之效，不达目标不罢休。大兴艰苦奋斗之风。坚持勤俭节约、艰苦奋斗，牢固树立过紧日子的思想，把有限的财力物力集中到重点工程、重点扶贫项目，集中力量攻坚脱贫。大兴批评和自我批评之风。经常性开展批评和自我批评，严于自我解剖，严肃认真提意见，满腔热情帮同志，解决自身问题，保持优良作风。

（五）加强反腐倡廉建设，高悬铁一般监督利剑

把纪律挺在前面，持续用力建设“清廉英山”。保持惩治腐败的高压态势。强化监督执纪，坚持抓早抓小、快查快结，坚持突出重点、动辄则咎，坚持纪法分开、挺纪在前，落实“四种形态”。坚决维护党章党规党纪权威，有案必查、有贪必肃、有腐必惩、有乱必治。全面推进巡察工作，用好“大数据”利器，严管“微权利”、严惩“微腐败”，强力推进全面从严治党向基层延伸。扎紧反腐倡廉的制度“笼子”。深化纪律检查体制改革，推动监察体制改革，建立健全党内政治生活制度体系，构建全方位监督机制。深化源头预防工作，紧盯重点领域、重点部门、重要岗位，加强权力运行制约和监督。严肃责任追究，让铁规发力、让禁令生威。筑牢拒腐防变的思想防线。加强和改进反腐倡廉教育，强化廉洁教育基地和廉洁文化示范点建设，培育弘扬廉洁文化，引导党员干部正身律己树形象。

（六）落实管党治党责任，强化铁一般政治担当。

把抓好党建作为最大政绩，全面肩负起管党治党政治责任。强化责任意识，各级党组织要履行主体责任，党组织书记要担当“第一责任”，班子成员要强化“一岗双责”，真正做到守土有责、守土负责、守土尽责。切实明责确责，层层制定管党目标责任书、责任清单、任务指导书，层层公开承诺，着力构建责任明晰、分工明确，纵向到底、横向到边的责任体系，形成人人有责、人人明责、人人担责、合力抓党建的格局。严格考责问责，坚持有权必有责、用权必担责、滥权必追责，把担责履责情况作为领导班子绩效考评和干部评价使用的硬杠杠，以日常巡查督查促落实，以联述联评联考量成效，以问责常态化倒逼履责规范化。

充分发挥县委总揽全局、协调各方的领导核心作用，支持人大、政府、政协依法依章（程）行使职权、开展工作、发挥作用。不断巩固和壮大最广大爱国统一战线，积极为民主党派、工商联、无党派人士和非公经济人士发挥作用搭建平台，凝聚社会各界的智慧和力量。要从政治上、生活上、精神上关心老干部，充分发挥老干部积极作用，支持老促会、老年体协、关工委工作。高度重视人民武装工作，加强和改进群团工作，汇聚全面建成小康英山的强大力量。

各位代表，同志们！一直以来，英山人民处贫困而不屈，临艰难而不畏，在各个历史时期，谱写了一章章攻坚克难、艰苦奋斗的创业史，谱写了一篇篇与时俱进、敢于探索的改革史，谱写了一部部开拓创新、顽强拼搏的奋斗史。站在新的历史起点上，让我们紧密团结在以习近平同志为核心的党中央周围，在省市委的坚强领导下，以“不到长城非好汉”的信心和决心，以“愚公移山”的战天斗地精神，众志成城，苦干实干，为全面建成小康英山而努力奋斗！

名词解释

1. 双强双兴：强工兴城、强农兴文。

2. 五城同创：工业新城、茶产业城、城西新城、旅游新城、文化新城。

3. 双十拓展：分别拓建10平方公里的工业新城和10平方公里的城西新城。

4.“两违”整治：对违法用地、违法建设行为的整治。

5. 三边三改三化：“三边”就是路边、垸边、水边；“三改”就是改厨、改厕、改圈；“三化”就是绿化、洁化、美化。

6. 精准扶贫“3556”行动计划：“3”就是从2015年到2017年，苦干实干三年时间，完成脱贫任务；第一个“5”就是采取扶持生产和就业发展一批、扶贫搬迁和危房改造安置一批、生态保护脱贫一批、低保政策兜底一批、医疗救助扶持一批“五个一批”；第二个“5”就是重点推进茶叶产业、中药材产业、“茶乡鸡”养殖业、旅游产业、电商扶贫产业“五大产业扶贫工程”；“6”就是健全资金整合、金融扶贫、驻村帮扶、社会参与、项目管理、考核评价“六项扶贫工作机制”。

7. 六联合：联合代办、联合踏勘、联合图审、联合审批、联合收费、联合验收。

8. 三严三实：严以修身、严以用权、严以律己，谋事要实、创业要实、做人要实。

9. 两学一做：学党章党规、学系列讲话、做合格党员。

10. 好干部五条标准：信念坚定、为民服务、勤政务实、敢于担当、清正廉洁。

11. 两用两反对：用想干事、会干事、干成事的人，用埋头苦干、成绩突出、不事张扬的人；反对跑官要官，反对论资排辈。

12.“三创”考核：领导班子和领导干部“创业、创新、创优”实绩考核。

13.“123”痕迹管理：建立乡镇“一网络二卡片三日志”载体，依托“英山红网”，推广落实“两个责任”“提醒卡”和“廉情卡”，记录主体责任日志、监督责任日志、民情日志。健全县直“一台账二卡片三制度”体系，建立一套落实“主体责任”工作台账，制发主体责任“提醒卡”和“廉情卡”，健全相关职能部门纪检信息和问题线索每月移送制度、党员干部廉情报告制度、各单位落实“两个责任”内部考核制度。完善纪检监察机关“一承诺二报告三平台”机制，向社会进行公开承诺责任担当，推行乡镇纪委向县纪委常委会季度报告、派出机构和内设部室向县纪委常委会双月报告落实制度，打造“五媒十介”媒体监督平台、“两室、两协调，两库、两统一”再监督履职平台、“六联合”行政监察平台。

14. 第一个百年奋斗目标：到2020年全面建成小康社会的奋斗目标。

15.“五位一体”总体布局：经济建设、政治建设、文化建设、社会建设、生态文明建设的总体布局。

16.“四个全面”战略布局：全面建成小康社会、全面深化改革、全面依法治国、全面从严治党的战略布局。

17. 五大发展理念：创新发展、协调发展、绿色发展、开发发展、共享发展的发展理念。

18.“一带一路”：丝绸之路经济带和21世纪海上丝绸之路。

19. 一要三不要：要革命，不要钱、不要家、不要命。

20. 精准扶贫“五个一批”：发展生产脱贫一批、易地扶贫搬迁脱贫一批、生态补偿脱贫一批、发展教育脱贫一批、社会保障兜底一批。

21. 精准扶贫“六个精准”：扶贫对象精准、项目安排精准、资金使用精准、措施到户精准、因村派人精准、脱贫成效精准。

22. 产业扶贫“五位一体”：“政府＋市场主体＋银行＋保险＋贫困户”的产业扶贫模式。

23. 贫困村建设“十有”标准：有主导产业、有集体经济收入、有健全的群众服务活动中心、有科教文卫等服务功能、有硬化的通村公路、有入户的安全饮水、有安全的农村电网、有入户的广电通信光纤、有清洁的生活能源、有生产生活垃圾处理设施。

24. 供给侧结构性改革：从提高供给质量出发，用改革的办法推进结构调整，矫正要素配置扭曲，扩大有效供给，提高供给结构对需求变化的适应性和灵活性，提高全要素生产率，更好满足广大人民群众的需要，促进经济社会持续健康发展。

25. 三去一降一补：去产能、去库存、去杠杆、降成本、补短板。

26. PPP模式：即Public（政府）—Private（私人）—Partnership（合作）的首字母缩写，是指政府与私人组织之间，为了提供某种公共物品和服务，以特许权协议为基础，彼此之间形成一种伙伴式的合作关系，并通过签署合同来明确双方的权利和义务，以确保合作的顺利完成，最终使合作各方达到比预期单独行动更为有利的结果。

27. 中国制造2025：是中国政府实施制造强国战略第一个十年的行动纲领，通过“三步走”实现制造强国的战略目标。第一步，到2025年迈入制造强国行列；第二步，到2035年中国制造业整体达到世界制造强国阵营中等水平；第三步，到新中国成立一百年时，综合实力进入世界制造强国前列。

28. 海绵城市：也可称为“水弹性城市”，是新一代城市雨洪管理概念，是指城市在适应环境变化和应对雨水带来的自然灾害等方面具有良好的“弹性”。下雨时吸水、蓄水、渗水、净水，需要时将蓄存的水“释放”并加以利用。

29. 智慧城市：就是运用信息和通信技术手段感测、分析、整合城市运行核心系统的各项关键信息，从而对包括民生、环保、公共安全、城市服务、工商业活动在内的各种需求做出智能响应。其实质是利用先进的信息技术，实现城市智慧式管理和运行，进而为城市中的人创造更美好的生活，促进城市的和谐、可持续成长。

30. 三馆一站一中心：本地区公共图书馆、文化馆、博物馆、乡镇（街道）综合文化站、村（社区）综合文化服务中心。

31. 阳光信访：是全国网上信访信息系统的简称，全国网上信访信息系统依托互联网建设，由中央本级系统、省级系统和数据交换平台组成。它将把来信、来访、来电、网上投诉、视频接访等形式反映的信访事项全部纳入系统，统一进行流转，实现对所有信访形式的全覆盖。

32. 四个自信：道路自信、理论自信、制度自信和文化自信。

33.“3536”基层党建工作体系：增强党员身份、党组织书记角色、党组织的规矩“三个意识”，深化健全基本组织、建强基本队伍、开展基本活动、完善基本制度、落实基本保障“五个基本”，发挥基层党组织的战斗堡垒、党员的先锋模范、党组织和党员干部在推动改革发展中的中流砥柱“三个作用”，完善党员质量管理、基层党员教育培训、创先争优活动、信息化服务、党建工作保障、党建责任目标考核“六个体系”。

34.“三会一课”：是指党支部的党员大会、支委会、党小组会和党课。

35. 监督执纪“四种形态”：经常开展批评和自我批评、约谈函询，让“红红脸、出出汗”成为常态；党纪轻处分、组织调整成为违纪处理的大多数；党纪重处分、重大职务调整的成为少数；严重违纪涉嫌违法立案审查的成为极少数。

人大常委会工作报告

——在英山县第十八届人民代表大会第一次会议上的报告

（2016年12月17日）

英山县人大常委会主任　段丽芬

五年工作的回顾

过去的五年，是我县经济社会发展突飞猛进、城乡面貌发生翻天覆地变化的五年，也是我县民主法治建设扎实推进、人大工作创新发展的五年。五年来，在县委的坚强领导下，县人大常委会坚持以邓小平理论、“三个代表”重要思想、科学发展观为指导，深入贯彻落实党的十八大和十八届三中、四中、五中、六中全会以及习近平总书记系列重要讲话精神，坚持党的领导、人民当家做主和依法治国的有机统一，依法履行职责，为保障和促进英山科学发展、振兴发展，加强基层民主法治建设，做出了应有的贡献。

一、突出监督与支持，全力服务发展大局

常委会认真贯彻实施监督法，改进监督形式，加大监督力度，增强监督实效，不断为县域经济社会发展提供有力支持。共听取和审议“一府两院”专项工作报告62个，开展执法检

查10次，组织专题视察24次，组织专题调研10次。

（一）围绕重点项目建设开展监督

常委会围绕“五城同创”主战略和“十个六工程”，听取和审议城区建设工作情况报告，组织视察了工业新城、城西新城、白小线、新医院、新党校、大别山旅游等重点项目建设情况，开展了茶产业城项目建设专题调研，力促各项工程建设成为群众的民心工程、客商的信心工程、干部的作风工程、地方的发展工程，有力推动“五城同创”战略体系的实施。

（二）围绕“三农”工作开展监督

常委会以保障和促进农业增效、农民增收、农村稳定为中心，抓住“三农”工作的热点、难点和重点，加强对涉农工作的监督。先后听取和审议了县政府关于小型农田水利基础设施建设、中小河流治理等专项工作情况报告，促推相关部门把工程建好、管好、用好。持续关注美丽乡村建设，组织了专项视察，听取和审议了专项报告，为建设“望得见山，看得见水，记得住乡愁”的秀美乡村建言献策。高度重视农业发展方式转变，组织视察了农业产业化发展、农业科技示范和信息化建设等工作，积极推进农业标准化、规模化、专业化、特色化发展。聚焦精准扶贫精准脱贫工作，听取和审议专项报告，提出要建立起“扶真贫、真扶贫、脱真贫”的长效机制，让广大群众有更多美好生活的获得感和幸福感。

（三）围绕经济运行质效开展监督

常委会每年依法定期审查和批准县本级财政预决算、预算调整报告，听取并审议计划和预算执行情况报告、审计工作报告、审计查出问题整改情况报告，特别是加强了全口径预决算审查监督，切实管理好人民的“钱袋子”。关注新常态下工业经济发展情况，组织视察了东风世星、金马玻纤等园区企业，针对企业发展存在的困难和问题，提出针对性意见建议。为推进“十二五”规划顺利实施，常委会听取并审议了“十二五”规划中期评估报告，督促相关部门加大规划执行力度，按时序完成目标任务。高度重视“十三五”规划编制工作，开展专题调研，听取和审议了编制情况报告，就突出英山特色、优化产业结构、增强产业实力、提升创新能力等方面提出建议，并在十七届人大五次会议上审查批准了“十三五”规划。

（四）围绕保障和改善民生开展监督

常委会坚持以人为本、履职为民，把人民群众最关心、最直接、最现实的利益问题作为监督重点。听取和审议县政府关于校安工程建设、食品安全监督管理、禁毒工作、文物和非物质文化遗产保护等情况的报告。分别开展《防震减灾法》《食品安全法》《治安处罚法》《环境保护法》执法检查。开展饮用水源保护、“两违”整治、环境保护、名人文化的专题调研。组织对医疗卫生体制改革、电网改造和智能表全覆盖、廉租房和公益性住房建设、企业职工养老保险、社区矫正、广播电视“村村响、户户通”工程、中央彩票公益项目建设、库区移民后扶项目建设、职业教育等工作的视察。通过多内容、多形式的监督，不断推动社会管理创新，保障人民群众在教育文化、医疗卫生、住房保障、食品安全、居住环境、社会保障等领域的合法权益。

（五）围绕社会公平正义和法制统一开展监督

重视普法宣传，听取和审议县政府关于“六五”普法暨2011—2015年法治英山建设工作规划报告。促进司法公开，主任会议成员旁听法院案件庭审情况。加强类案监督，围绕森林火灾案件，查阅典型案卷，听取案件办理专题汇报，组织召开公检法和森林公安负责人会议，督促依法严处森林火灾案件，有效遏制森林火灾发生。推进公正司法，听取并审议“两院”半年工作情况报告和县人民法院执行工作情况报告，维护社会公平正义。监督和支持“两院”司法体制改革，依法见证首批法官和检察官入额宣誓仪式。认真做好规范性文件备案审查工作，对28份规范性文件进行依法审查，维护法制统一。做好涉法涉诉信访工作，坚持主任会议成员接待群众来访制度，督促有关部门解决了一些群众反映强烈的问题，促进社会和谐稳定。五年来，受理群众来信来访1200多件次，主任会议成员阅信接访包案400多件次。

（六）围绕部门履职履责开展监督

2012—2015年，常委会先后对县政府办等33家部门进行了工作评议，有力促进了部门转变作风、优化服务、依法行政，切实解决了许多群众关心关注的热点难点问题。今年5月份，常委会启动了一届一度的“人民满意单位”评选活动，县政府办等75家单位积极参与创评。经代表投票，县财政局等15家单位被评选为“人民满意单位”，县扶贫办等10家单位被评为“人民满意单位”创评工作先进单位。通过评选，评出了认真谋事、依法办事、勤奋干事的部门形象，评出了主动服务、优化服务、阳光服务的公仆情怀，评出了为民发声、为民代言、为民履职的代表风采。

二、突出民主与法治，积极推进地方政权建设和讨论决定重大事项

（一）尽心尽力加强乡镇人大建设

在县委的重视支持下，明确了乡镇人大常委会副主任的政治待遇，配备乡镇人大秘书；首次预算安排乡镇人大工作经费、代表活动经费、“代表之家”建设经费，为加强乡镇人大建设提供保障。坚持常委会主任会议成员分片联系指导乡镇人大工作制度，邀请乡镇人大主席、副主席列席常委会会议，参加常委会组织开展的执法检查、专题调研、视察等活动，不断提高乡镇人大工作整体水平。

（二）依法依规做好县乡人大换届选举工作

在县委的领导下，常委会精心组织，周密部署，科学谋划，及时制定换届选举工作实施方案，召开全县县乡人大换届选举工作动员会，举办换届选举工作培训班，加强督查指导力度，深入细致地做好选民登记、提名推荐初步代表候选人、协商确定正式代表候选人、投票选举等各个阶段工作，确保了全县县乡人大换届选举各项工作有序推进。顺利选举产生新一届县人大代表199名，乡镇人大代表682名。全县11个乡镇在11月份胜利召开了新一届人大一次会议，依法选举产生新一届乡镇人大、乡镇政府领导班子，圆满完成了乡镇人大换届选举工作任务。

（三）规范有序做好人事任免工作

认真贯彻县委决策意图，依法任免国家机关工作人员300人次，人民陪审员33人次，保证了地方国家机关正常运转。制定了人事任免工作办法，坚持把好提请任免程序关、材料送审关和任职资格关，做好任前了解、法律考试、供职发言、集体讨论、投票表决、颁发任命书、向宪法宣誓等工作，为任免工作规范有序提供了保障。

（四）有力有效决定重大事项

常委会就事关英山经济社会发展大局问题依法行使决定权，五年来做出了关于财政预决算、政府购买服务等相关决议22项，关于英山城市总体规划（2012—2030）、旅游发展总体规划等相关决议5项。坚持把行使重大事项决定权与审议专项工作报告结合起来，每次作出决议之前，做到会前调研、会中听取审议报告，以确保做出的决议符合英山实际，符合发展大局，符合人民意愿。

三、突出保障与激励，充分发挥代表作用

（一）加强培训，提升代表履职素质

县十七届人大代表选举产生后，常委会立即组织对代表进行初任培训，邀请专家学者进行授课辅导。同时，常委会坚持邀请代表参加法制讲座，为代表寄送书籍资料，定期进行重点工作情况通报等形式，不断强化代表对自身地位、性质、作用及其职责的认识，增强光荣感与使命感。今年“6·19”和“6·30”特大洪灾中，常委会及时向全县各级人大代表发出了在防汛抗灾中充分发挥代表模范作用的通知，全县各级人大代表积极投身抗洪救灾一线，全力保障人民群众生命财产安全，有钱出钱、有力出力、有物出物，涌现出了以王金初、段卫昌、周素梅、郑传宗为代表的一大批先进典型，以实际行动，践行了“人大代表为人民”的庄重诺言。

（二）丰富活动，拓展代表履职平台

换届之初，常委会采取以奖代补的形式，督促指导乡镇和县直代表团按照“六有”标准建设“代表之家”，为代表依法履职提供阵地。有针对性地邀请代表参加常委会活动，五年来，共组织代表参加专项调研、执法检查和专题视察等活动2000多人次，丰富了代表闭会期间的履职实践，为代表发挥才智提供广阔舞台。

（三）健全机制，调动代表履职热情

统一制定代表小组活动制度，建立联系代表制度，健全并坚持邀请代表列席常委会会议制度，不断拓宽代表参政议政渠道。依法做好代表辞职和补选工作，五年来，依法接受辞去人大代表职务13人次，补选市县人大代表30人次。预算安排县乡人大代表活动经费，认真做好推荐优秀人大代表连任工作，充分调动代表的履职热情和积极性。

（四）督办议案建议，转化代表履职成果

十七届人大一次会议将“两违”整治列入议案，十七届人大二次会议将饮用水源地保护列入议案。对两件议案的督办，常委会坚持持之以恒、一以贯之、一督到底，每年都将其作为监督重点。县政府对两件议案高度重视，倾注了大量精力物力财力抓好工作落实，取得了扎扎实实的实效。五年来，代表共提出建议、批评、意见778件，创历届数量新高。常委会始终把代表建议办理工作抓在手上，完善领导督办、重点督办、跟踪督办、现场督办、会议督办的工作机制，认真把好交办关、答复关、落实关。与2012年相比，代表建议办理见面率由98%上升到100%，满意率由89%上升到92%，落实率由78%上升到81%。对主任会议成员领衔督办的关于加大中心农贸市场整治力度等40件重点建议，“一府两院”和各承办单位高度重视，推动了相关工作的改进和民生问题的解决，受到代表和群众的好评。

四、突出传承与创新，努力提升工作实效

常委会在传承历届人大常委会宝贵工作经验的同时，注重解放思想，积极探索，创新方式方法，提升各项工作实效。

（一）在工作监督上有创新

一是开展专题询问。在全市县市区中，率先启用专题询问。围绕群众普遍关心关注的饮水源保护工作，常委会于2013年进行首次询问，2014年进行再询问。会前调研覆盖全县11个乡镇、2个国有林场、18个县直相关单位，并制作专题片，会中组织常委会组成人员和人大代表进行询问、分管副县长和相关部门负责人到场回答询问、邀请群众代表旁听、县电视台现场直播和多次录播，受到社会的广泛关注。做到“始于问而不止于答”，针对反映的突出问题，持续跟踪督查，2015年、2016年，又连续听取县政府重点问题整改情况报告，有力促进39项大问题、107个具体问题的解决落实。

二是组织专题调研。常委会高度重视调研工作，常委会组成人员每年围绕重点工作带头开展专题调研，办公室和各工委对每年听取的专题报告、视察、执法检查等工作提前深入调研，为常委会审议提供客观翔实的一手资料。特别是针对“绿色英山建设”，常委会于2013年进行了为期一个月的专题调研，力促了护林员队伍的建立；2015年，进行了封山育林必要性与可行性的专题调研，推动了县政府封山育林决定的做出。针对《环境保护法》执法检查，做到提前介入、提前调研，确保检查有的放矢、一针见血。

三是加强跟踪监督。常委会坚持问题导向，对监督中发现的问题敢于亮剑、紧抓不放、持续发力。环境保护、美丽乡村建设、职业教育工作连续跟踪两年，饮用水源保护问题、森林资源保护问题持续监督四年，“两违”整治工作一盯就是五年。首次听取了审议意见办理情况报告，首次对视察、执法检查重点问题发函进行交办，首次在常委会会议上听取财政收支审计重点问题整改情况报告。

（二）在司法监督上有创新

常委会首次依法听取县人民法院、县人民检察院半年工作报告，建立法官、检察官依法向常委会述职、接受询问机制，促进审判机关、检察机关公正司法。

（三）在人事任免工作上有创新

常委会不断强化对任命人员的任后监督，推行任命人员定期向常委会述职、接受常委会询问和评议的“述评”工作制度，切实增强了任命人员的民主法治观念和自觉接受人大监督的意识。

（四）在代表工作上有创新

建立常委会组成人员联系基层代表、代表联系选民，促进代表依法履职、促进群众创新发展、创业致富的“双联双促”机制，搭建与代表、与选民联系沟通的桥梁。首次举办代表建议办理培训督办会，首次实行人大常委会主任会议成员领办重点代表建议机制，首次开展代表建议办理见面测评活动，首次将承办单位办理工作情况纳入部门年度目标考核内容，使代表建议落地有声，人民诉求得到有效回应。

五、突出能力与作风，不断加强自身建设

（一）加强思想政治建设

坚持党组中心组学习制度，扎实开展党的群众路线教育实践活动、“三严三实”专题教育和“两学一做”学习教育，认真学习贯彻党的十八大和十八届三中、四中、五中、六中全会精神以及习近平总书记系列重要讲话精神，坚决在思想上、行动上同党中央保持高度一致，切实增强政治意识、大局意识、核心意识和看齐意识。举办法制讲座和理论专题培训18次，系统学习了党的基本理论、人民代表大会制度、相关法律知识，加强理论武装，提高履职水平。

（二）加强制度建设

修订完善了常委会组成人员守则、常委会议事规则、主任会议议事规则、规范性文件备案审查规定、人事任免工作办法等9项常委会相关制度，党组会议议事规则等3项党组相关制度，办文、办会、信访、财务等15项机关管理制度，有效促进人大工作制度化、规范化。

（三）加强作风建设

常委会认真落实全面从严治党各项要求，不断强化党风党纪意识，坚持把纪律挺在前面，认真学习贯彻《准则》和《条例》，认真落实党风廉政建设“两个责任”，持之以恒落实中央八项规定精神，持之以恒反对“四风”，以铁的纪律、严的要求，确保常委会及机关廉洁廉政、风清气正。不断改进工作作风，常委会组成人员和机关干部，认真践行群众路线，坚持深入实际、深入基层、深入群众，广泛倾听民声、了解民情、集中民智、反映民意。做好新形势下老干部工作，切实做到政治上尊重、思想上关心、生活上照顾、精神上关怀，切实解决老干部实际困难，为老干部发挥余热创造条件、提供服务。

（四）积极投身县委中心工作

五年来，常委会主任和各位副主任自觉服从县委领导，讲党性、顾大局，积极投身“五城同创”和“十个六工程”、招商引资、精准扶贫精准脱贫，扎实开展联企、联乡、联村、联户、联街道活动。先后牵头负责茶产业城、生态名茶产业园、大别山茶博园、饮用水源保护工程、毕昇森林公园改造、新党校、档案馆、迎宾大道、童玩谷、红叶谷、新广场路、工业新城环城西路等12项工程，全程负责各项工程的落户开

工、征地拆迁、招投标、工程协调等工作任务，为项目建设殚精竭虑。在每年汛期特别是今年“6·19”“6·30”特大洪灾中，各位主任与联系镇村干部一起，日夜巡查，抢修险堤险库，转移安置灾民。灾后又积极投身灾后重建，并承担地质灾害防治、移民搬迁等中心工作任务。常委会机关干部也在精准扶贫精准脱贫、联村联户联企、市容环境整治、“三万活动”、房屋拆迁等中心工作中，主动作为，为英山发展做出积极努力。

（五）加强工作联系和对外宣传

积极主动配合省市人大开展《旅游法》等6项执法检查，开展精准扶贫等32项专题调研，积极争取省市人大对我县人大工作的指导和支持。加大对外宣传力度，五年来，机关干部在省、市报刊和网站等媒体发表人大理论文章57篇、发布人大新闻100多条，参与省、市交流发言26次。今年8月份，开通了县人大网站，及时宣传人大会议、代表活动、工作动态。在县委、县政府的关心支持下，改建人大常委会会议室，更新电子表决系统，不断提高常委会会议效率和议事决策公开化程度。

各位代表，常委会过去五年所取得的成绩，是县委坚强领导的结果，是全体县人大代表、常委会组成人员和机关工作人员辛勤劳动的结果，是“一府两院”、各相关部门和各乡镇人大协同配合的结果，是各位老领导老同志关心鼓励的结果，是全县人民大力支持的结果。在此，我谨代表县十七届人大常委会，向全体人大代表和各位人大工作者，向长期以来关心、支持人大工作的各位领导、各位同志，表示崇高的敬意和衷心的感谢！

回顾五年来的工作，我们更清醒地认识到，对照宪法和法律赋予的职责，对照人民群众的期望，对照新形势发展要求，我们的工作还存在一定的差距和不足，主要表现在：监督方式有待进一步改进；依法履职能力有待进一步提升；代表知情知政、参政议政的渠道有待进一步拓宽；自身建设仍需进一步加强等等，需要在今后的工作中采取措施认真加以解决。

五年工作的基本经验

五年来的工作实践，我们深切体会到，做好新形势下人大工作，必须坚持党的领导、人民当家做主、依法治国有机统一，坚持把党委决策贯穿常委会各项工作之中。

第一，始终坚持和依靠党的领导，是做好人大工作的根本保证。五年来，县委高度重视人大工作，县委常委会每年听取人大工作汇报，2014年、2015年，连续两年召开县委人大工作会议，做出进一步加强和改进人大工作的决定，支持人大及其常委会依法行使职权，切实解决人大工作的困难和问题。常委会党组坚持重大事项请示报告制度，常委会组成人员不断增强党的观念，努力把党的意图贯彻到人大各项工作当中，为英山科学发展、跨越发展提供了有力支撑和保障。

第二，始终坚持围绕中心、服务大局，是做好人大工作的必然要求。县委工作的中心就是人大工作的中心，全县工作的大局就是人大工作的大局。五年来，常委会紧紧围绕“五城同创”主战略、特色产业主阵地、全域旅游新样板等中心工作，认真行使各项法定职权，促进各项决策部署顺利落实。

第三，始终坚持人民当家做主，维护人民根本利益，是做好人大工作的根本出发点。人民群众的根本利益和共同意志，是人大一切工作的出发点和归宿。五年来，常委会坚持“一切权力属于人民”，尊重人民主体地位，不断拓宽民主渠道，努力扩大公民有序的政治参与，在各项工作中充分考虑最广大人民群众的利益需求，努力使发展成果更多更好地惠及人民群众。

第四，始终坚持依法行使职权，正确处理监督和支持的关系，是做好人大工作的重要原则。“一府两院”由人大产生，对人大负责，受人大监督。人大与“一府两院”虽然职责分工不同，但目标一致，都是在县委领导下，共同推进英山各项事业发展。常委会在监督“一府两院”依法行政、公正司法工作中，始终坚持寓支持于监督之中，寓促进于监督之中，做到了到位不越位、解难不设难、监督不对立，做到了真监督、真支持、真促进，做到了思想同心、目标同向、行动同步，共同营造团结务实、激情奋进的“英山气场”。

第五，始终坚持与时俱进、开拓创新，是做好人大工作的不竭动力。常委会坚持解放思想、与时俱进，不断丰富人大工作实践。五年来，常委会把创新贯穿于人大工作的全过程，发扬任期有限、事业无穷的精神，在严格依法依程序的前提下，敢想善干，第一次开展了专题询问，第一次召开代表建议办理见面测评会，第一次开展全口径预决算审查，第一次听取了落实审议意见情况的报告，第一次听取和审议“两院”半年工作情况报告，第一次开展任职人员“述评”活动，第一次组织了宪法宣誓仪式，实现了英山人大工作的新突破。

今后五年工作的建议

各位代表，县第十四次党代会绘就了英山发展的宏伟蓝图，确定了奋斗目标，开启了崭新的征程，英山改革发展进入了关键阶段，做好今后五年的工作，意义十分重大。面对新形势、新任务，我们必须知责思为，勇于担当，以更高的标准、更高的要求，以更加扎实的工作、更加有效的作为，进一步坚持和完善人民代表大会制度，更好地发挥人大及其常委会的职能作用。

第一，要进一步增强党的意识。县人大及其常委会要牢固树立“政治意识、大局意识、核心意识、看齐意识”，坚决、全面、主动、自觉地在思想上政治上行动上同以习近平同志为核心的党中央保持高度一致。要自觉接受并紧紧依靠县委领导，始终把各项工作置于县委的领导之下，切实维护好县委总揽全局、协调各方的领导地位，对人大工作中遇到的新情况、新问题，主动向县委汇报，积极争取县委的重视和支持，并善于将党的主张经过法定程序变成国家意志和人民意愿。

第二，要进一步增强责任意识。县人大及其常委会要自觉置身于英山发展大局去思考和谋划工作；要围绕事关英山改革、发展、稳定的重大问题，依法作出决议决定；要围绕中心，突出重点，综合运用多种方式实施监督，着力促进影响和制约英山发展的重大问题的解决；要自觉坚持党管干部原则，认真行使人事任免职权，为英山经济社会发展提供智力和人才支撑；要充分发挥人大代表在推动科学发展中的作用，组织和激励代表深入基层，体察民情，以真挚的感情为民代言，以扎实的作风干事创业，以良好的实绩回报群众。

第三，要进一步增强宗旨意识。人民代表大会制度的先进性和生命力，在于它深深植根于人民群众之中。县人大及其常委会要不断增强宗旨意识，把群众的呼声作为履职的第一信号，把群众的需要作为履职的第一考量，把群众的利益作为履职的第一标准，最大限度地回应群众对自身利益的期盼，使人大工作能够更好地顺应民心、反映民意、维护民利、贴近民生。

第四，要进一步增强进取意识。县人大及其常委会在履行职责的过程中，要大胆实践、勇于创新。要着力提高常委会组成人员及机关干部的整体素质，加强思想建设、作风建设、能力建设，不断提高人大工作水平，扩大人大工作影响力，努力把英山人大及其常委会建设成为勤于钻研的学习机关、有为有威的权力机关、依法履职的工作机关、密切联系群众的代表机关、风清气正的廉洁机关。

第五，要进一步增强纪律意识。六中全会指出，“纪律严明是全党统一意志、统一行动、步调一致前进的重要保障，是党内政治生活的重要内容”。常委会及机关要牢固树立纪律和规矩意识，切实做到把纪律挺在前面，坚持纪律面前一律平等，遵守纪律没有特权，执行纪律没有例外。要不断强化政治纪律，做到对党忠诚；强化组织纪律，做到执行有力；强化工作纪律，做到敢作善为；强化廉政纪律，做到清正廉洁；强化群众纪律，做到甘于奉献；强化生活纪律，做到防微杜渐。常委会党组要认真贯彻落实从严治党主体责任，严肃党内政治生活，坚决落实党风廉政建设各项要求，以钢规铁纪保障各项工作有序推进，不断谱写人大工作新篇章！

各位代表，时代的使命光荣而艰巨，人民的期望殷切而厚重。让我们紧密团结在以习近平同志为核心的党中央周围，在县委的坚强领导下，不忘初心、砥砺前行，凝聚力量、奋发有为，为坚持和完善人民代表大会制度，为全面建成小康英山而努力奋斗！

名词解释

1.“两违”：违法用地、违法建设。

2. 法制统一：社会主义法制统一是我国宪法的一项重要原则，它的内涵是指国家必须制定统一的宪法和法律，并保证它们在全国范围内和全体公民中得到统一的遵守和执行。地方人大常委会对规范性文件开展备案审查工作，是一项法定监督职权，是维护法制统一的重要环节。

3. 类案监督：是指通过对一定时期内案件性质相同、情节相似的申诉案件进行分析对比后，找出一类案件在判决、裁定的法律适用上矛盾之处，向法院提出监督意见，促使其统一法律适用标准的一种监督模式。

4. 入额：在法院、检察院推行“员额制”，将法院、检察院工作人员分为法官、检察官，法官助理、检察官助理等司法辅助人员，以及行政管理人员三类，推行主审法官、主任检察官办案责任制。

5. 宪法宣誓：十二届全国人大常委会第十五次会议经表决通过了全国人大常委会关于实行宪法宣誓制度的决定，这标志着中国以立法形式正式规定实行宪法宣誓制度。关于宪法宣誓制度的适用范围，决定指出，各级人民代表大会及县级以上各级人民代表大会常务委员会选举或者决定任命的国家工作人员，以及各级人民政府、人民法院、人民检察院任命的国家工作人员，在就职时应当公开进行宪法宣誓。

6. 专题询问：询问是宪法和法律赋予人大代表和人大常委会组成人员的一项重要权利。专题询问是询问的一种，是在询问基础上的创新和发展。专题询问是针对特定的问题专门组织的询问活动，询问的内容、对象更集中一些，可以更好地达到询问的目的，它是人大常委会监督工作的一个创新。

政府工作报告

——在英山县第十八届人民代表大会第一次会议上的报告

（2016 年 12 月 16 日）

英山县县长　田洪光

一、过去五年工作的回顾

过去五年，是英山发展史上极不平凡的五年。五年来，在县委的坚强领导下，在县人大、县政协的监督支持下，县政府团结带领全县人民，围绕建设特色产业主阵地，坚持以“五城同创”战略为引领，以“创业创新”为主旋律，克难攻坚，真抓实干，成功战胜了各种困难和挑战，全县经济社会发展跃上了新台阶。

（一）县域经济逆势而上，发展水平稳步提升

五年来，我们牢牢抓住发展第一要务不放松，在经济下行中抓机遇，在困境和挑战中求突破，主要经济指标实现平稳较快增长。全县生产总值由52.07亿元增加到89.52亿元，年均增长11.4%；公共财政预算收入由1.82亿元上升到4.2亿元，年均增长18%；固定资产投资累计完成303.38亿元，年均增长24.6%；工业增加值、社会消费品零售总额、城乡常住居民可支配收入等主要经济指标都实现了较大幅度增长。

（二）扶贫开发稳步推进，脱贫攻坚成效初显

五年来，我们抢抓机遇，精准发力，脱贫攻坚取得初步成效。在顶层设计上，出台精准扶贫行动计划等政策性文件，制定落实驻村帮扶、资金整合、考核评价等工作机制，突出整村推进、产业扶贫、搬迁扶贫、政策兜底等工作重点，着力实施专项扶贫、行业扶贫和社会扶贫，五年累计脱贫4.86万人。财政扶贫资金绩效考评三次获得全省A级；连续三年被市委、市政府评为“全市扶贫开发工作先进县”。

（三）产业转型步伐加快，结构调整成效突出

五年来，我们在稳增长的基础上，牢牢把握结构调整这条主线，着力转变经济发展方式，经济结构进一步优化，二、三产业，财政收入占GDP比重不断提高。新型工业加速推进。工业新城建设投资近20亿，“三桥四路五区”全部建成，回归创业园、工业孵化基地等六大平台建设相继完工，落户重点项目80多个，工业新城已经成为县域经济新的增长极。全县规模工业企业由2011年末的31家增长到71家，长安公司跻身全省民营企业100强、建筑企业10强；辰美药业、兴成石化等一批骨干企业发展壮大。稳步推进企业上市，挂牌新三板和四板上市企业31家。现代农业加快发展。神峰山庄、宏图药业等一批生态农庄和家庭农场示范作用初显。茶叶、中药材等传统产业巩固提升，成功夺回“英山云雾茶”商标。新型经营主体不断壮大，培育省市级重点龙头企业27家、农民专业合作社237个；创建国家地理标志保护产品4个。农业生产机械化水平不断提高。第三产业提速提质。新增AAA级景区3个、全国农业旅游示范点1个。县烈士陵园入选国家级烈士纪念设施。洪广毕昇温泉酒店、中皖国际酒店、四季花海旅居新镇、茶香小镇、丽景山庄等一批旅游重点项目相继落户或建成。连续三年创新举办茶文化旅游节、漂流节等节会。“中国好空气·英山森呼吸”品牌效应凸显。2016年预计共接待游客450万人次，创旅游综合收入25亿元，分别是2011年的4倍和6倍。“互联网+”战略深入实施，电商产业园建成运营，电商应用企业500多家，电子商务进农村工作有序推进，物流配送等现代服务业快速发展。

（四）城乡面貌焕然一新，人居环境明显改善

五年来，我们坚持走新型城镇化和城乡一体化发展道路，城镇化率提高到47.95%，比“十一五”规划末提高9个百分点，城乡面貌发生显著变化。城区建设日新月异，围绕“特色小山城”的发展定位，着力改造老城、开发新城，五年累计投入城市建设资金30多亿元，新建道路11条、桥梁2座、隧道1条，城区规模由7平方公里拓展到27平方公里。老城区改造加快，地下管网和老水厂改造完成；“一河两岸”工程、城西污水处理厂建设扎实推进；城区主干道黑化、亮化、绿化基本完成，配套功能不断完善。城市综合管理力度加大，市容环境明显改观。村镇建设提档升级，积极开展城镇“八个一”工程竞赛，

集镇基础设施和镇区环境明显改善。美丽乡村建设稳步推进，村庄环境综合整治扎实开展。农村生产生活条件不断改善，“小白线”、“红杨线”、318国道和201省道改造升级完成，新建通村公路972公里，改造危桥22座；完成59座小（2）型以上水库除险加固，解决11.57万人安全饮水问题；移民后扶、国土整治、农业综合开发等项目全面实施。生态环境不断改善，强力推进“雷霆行动”，加强白莲河库区综合整治，全面启动省级生态文明示范县创建工作；持续开展“绿满英山”“三边三改三化”行动；全面封山育林，完成造林绿化15万多亩。创建了一批国家和省市级生态乡镇、生态村，吴家山、桃花冲被确定为国家级自然保护区。重点生态功能区考核位居全省第五、全市第一。

（五）改革创新深入推进，发展动能不断释放

五年来，我们围绕制约经济发展的突出问题、重点领域和关键环节加快了改革步伐。推进行政审批制度改革，取消和下放行政审批事项70多个，创新了“1234”安商服务模式；推进项目资金使用制度改革，涉农资金整合力度加大；完成卫生计生局合并和食药监局组建，成立了公共检验检测中心；开展了农村宅基地、集体建设用地确权登记及不动产登记发证工作。深入实施商事制度改革，全面落实“五证合一”，净增市场主体1.5万多户。大力推动科技创新，省级高新技术企业达到6家；深入实施大别山金融工程，金融机构贷存比较2011年提高7.73个百分点，首次实现了贷款增幅超过存款增幅，金融活力明显增强；组建了交通旅游投资公司、工业园区投资公司和中小企业担保公司，其中城投公司近五年来运作城市建设资金30多亿元，为推动发展注入了新的活力；积极开展县校、校企合作，搭建了大学生创业平台，大力引进人才，落户创业团队30多个。招商引资力度不断加大，开工重大项目170多个，形成了一批新的经济增长点。

（六）社会事业加快发展，民生保障更加有力

五年来，我们克服财政困难，坚持过紧日子，重点保民生，民生支出占财政总支出比重达到81.3%。优先发展教育事业，新建思源学校和11所乡镇幼儿园，县职教中心建设顺利推进，实施校安工程、薄弱学校改造等项目400多个，被认定为全国县域义务教育基本均衡县，教育教学质量不断提高。大力发展卫生计生事业，投入3亿元的新人民医院建成运营，乡镇“四化”卫生院和村级“五化”卫生室创建工作稳步推进，国家基本药物制度全面推行，县级公立医院改革启动，“二孩”政策全面落实。积极推动文化体育发展，党校、档案馆项目基本建成，“村村响”“户户通”“百姓舞台”等民生工程扎实推进，全民健身活动蓬勃开展，群众文体生活日益丰富。黄梅戏《活字毕昇》《金光悌审和珅》等文艺精品成功上演。《英山县志（1986—2007）》出版发行。全力抓好社会保障，五年新增城镇就业、新增转移农村劳动力2万多人；社会保险和救助体系不断健全，保障水平不断提升。村主职干部报酬纳入财政全额保障。建成保障性住房1.1万多套，改造农村危房1.17万户。住房公积金服务水平不断提升。促进社会和谐，全面加强社会治安综合治理，安全生产形势持续稳定，群众来信来访得到妥善处置，群众安全感和满意度稳步提升。

（七）政务建设扎实有效，行政效能不断提高

五年来，我们牢记“打铁还需自身硬”，持续加强政府自身建设。党的群众路线、“三严三实”、“两学一做”等学习教育活动扎实开展，全面落实从严治党“两个责任”，认真履行“一岗双责”，“四风”整治持续深化，履职尽责管理有效推进。加强法治政府建设，政府决策更加科学民主、务实高效；自觉接受县人大法律监督和县政协民主监督,《“两违”整治》和《饮用水源保护》两件人大议案办理成效明显，1314件人大代表建议和政协委员提案办复率均达100%。建立大督查机制，完善政府综合目标管理，政府执行力和落实力明显提升。建立规划评审、招标投标、土地出让、国有资产等一系列长效管理机制，加强行政监察和审计、财政监督，查处了一批违纪违法案件。

与此同时，民兵预备役、国防动员、双拥共建、妇女儿童、老龄等事业有了新成绩，编制、统计、物价、人防、民族宗教、保密、外事侨务、气象服务、防灾减灾等工作都取得了新进步，工会、妇联、共青团、科协、工商联、残联、文联、县老促会等群团组织发挥了新优势。

各位代表，今年，我县发生了“6·19”“6·30”百年一遇的特大洪灾，全县干部群众万众一心，奋力抗灾，实现了大灾大恢复，大灾不显灾，形成了新时期伟大的抗洪精神。与此同时，我们坚持“五城同创”战略不动摇，抢抓政策机遇，加快转型突破，迎难而上，推动了全县经济社会平稳较快发展，主要经济指标预计全面完成年初确定的目标，取得了“十三五”规划的良好开局。扎实开展了“三大决战”“五大行动”，工业新城建设提速提质，9家入园企业建成投产。休闲农业、品牌农业取得长足进步。全域旅游发展步伐加快，童玩谷、丽景山庄等一批重大旅游项目建成运营，入选“国家全域旅游示范区”创建名列，荣膺“2016同程旅游十大休闲度假游目的地”。对接实施《大别山革命老区振兴发展规划》，谋划、争取、引进了一批打基础、管长远的项目，桃花溪小镇、后花园小镇等一批重大项目加快推进。以精准扶贫为先导的就业创业、社会保障、教育助学、医疗救助等政策全面落实。

各位代表，五年的艰辛，五年的汗水，英山迈上了新台阶，创造了新业绩。先后荣获了中国茶叶之乡、中国温泉之乡、中国漂流之乡、中国最美休闲乡村、中国森林氧吧、全国休闲农业与乡村旅游示范县、全国茶产业发展示范县、全国电子商务进农村综合示范县和全国供销系统电子商务建设示范县、国家林下经济及绿色产业示范基地、湖北旅游强县等多项荣誉称号；县域经济、美丽乡村、电子商务等多项工作经验在全省或全国交流；全省扶贫振兴、金融扶贫、全市县域经济、全域旅游现场会在我县召开；一大批业绩突出的单位和党员干部荣获国家和省市表彰。这些成绩来之不易，是上级党委政府和县委坚强领导、科学决策的结果，是县人大和县政协监督支持、合力推进的结果，饱含着全县人民的辛勤汗水，凝聚了社会各界的智慧和力量。在此，我谨代表县人民政府，向付出辛勤汗水的全县人民，向给予政府工作大力支持的人大代表、政协委员和各民主党派、工商联、人民团体、无党派人士，向一直关心关注英山改革发展的离退休老干部、老同志，向驻英山单位、驻英山部队和社会各界人士，向所有关心、支持、参与英山发展的同志们、朋友们，表示衷心的感谢并致以崇高的敬意！

五年的发展成就令人鼓舞，但我们也清醒地看到面临的困难和问题，主要是：发展不够、经济总量和人均水平不高的实际依然存在，跨越赶超的任务十分艰巨；新的经济增长点不优不强、财税增收潜力不够、保障民生和公共服务的任务十分艰巨；产业结构不优、工业“腿短”问题还没有从根本上得到解决，调优结构、转型升级的任务十分艰巨；人才匮乏、创新能力不强、资源和环境约束趋紧的难题依然存在，转变发展方式的任务十分艰巨；城乡发展不平衡、贫困人口存量大的困难依然存在，实现“精准扶贫、不落一人”的任务十分艰巨；少数干部能力不够、担当不够、执行力不够，发展环境还有待进一步改善。对这些问题和困难，我们将积极面对，不回避，不懈怠，不断改进和创新工作方法，采取有效措施加以解决，决不辜负全县人民的期望和重托。

二、今后五年政府工作的目标与任务

今后五年，是全面建成小康社会、实现“第一个百年奋斗目标”的决胜阶段。大别山革命老区振兴发展规划、长江经济带、武汉自贸区等重大战略的实施，为我们决战脱贫、绿色振兴提供了重要战略机遇。过去五年，上一届县委带领全县干部群众为英山经济社会发展奠定了坚实基础，发展底盘已经形成，一批重大项目相继落户，增添了发展后劲。全县上下政通人和，干部群众在实践中创造了很多好思路、好经验，成为宝贵的精神财富。尤其可喜的是，刚刚闭幕的县第十四次党代会，科学描绘了今后五年的宏伟蓝图，鼓舞人心，催人奋进，必将激发全县人民推动发展、跨越发展的强大活力与动力。

按照县第十四次党代会的总体部署，未来五年政府工作的指导思想和总体要求是：高举中国特色社会主义伟大旗帜，深入贯彻落实党的十八大、十八届三中、四中、五中、六中全会和习近平总书记系列重要讲话精神，按照“五位一体”总体布局和“四个全面”战略布局，以“五大发展理念”为引领，加快“四个大别山”建设，坚定不移地推进“双强双兴”，深化“五城同创”，决战精准脱贫，致力绿色振兴，统筹推进精准脱贫新样板、创业创新先锋区、特色产业主阵地、全域旅游示范区、生态文明示范县、和谐幸福新家园“六大创建”，全面建成小康英山。

今后五年全县经济社会发展的总体目标是：

——经济实力显著增强。地区生产总值、全社会固定资产投资、公共财政预算收入、城乡常住居民可支配收入等主要经济指标保持中高速增长，到2020年，经济社会发展总体水平在全省同类县市区中争先进位。

——发展方式加快转变。二、三产业占GDP比重，公共财政预算收入占GDP比重，农产品加工产值占农业总产值比重，城镇人口占总人口比重，绿色经济占GDP比重进一步提高；高新技术产业产值占规模以上工业产值比重快速增加，经济外向度进一步增强。全面完成“十三五”规划确定的目标任务。

——生态环境持续改善。坚持生态立县，生态建设和环境保护进一步加强，节能减排目标责任制得到严格落实。水、土地、矿产和森林等资源保护不断加强。环保“三同时”制度全面落实，森林覆盖率达到67%以上，全域建设美丽乡村，把英山建成大别山生态旅游示范县、国家标准化旅游示范县、国家全域旅游示范区、全国生态文明示范县。

——人民生活更加幸福。打赢精准扶贫、精准脱贫攻坚战，2017年，现行标准下农村贫困人口全部脱贫，贫困村全部出列。2020年与全国全省全市同步全面建成小康社会。社会事业全面发展，城乡常住居民人均可支配收入持续增长，社会保障体系更加完善，基本公共服务体系进一步健全，人民群众生活质量、健康水平、居住环境明显提升。

——社会文明程度大幅提升。弘扬长征精神、老区精神，传承红色基因；培育和践行社会主义核心价值观，积极倡导社会公德、职业道德、家庭美德，以高尚的道德情操引领全社会文明提升，为英山发展繁荣凝聚强大精神力量。

围绕上述总体要求和目标任务，今后五年，我们将重点做好六个方面的工作：

（一）以脱贫攻坚为中心，全面建成小康英山

精准扶贫、精准脱贫是全面建成小康英山的基础和前提。坚持把脱贫攻坚作为头等大事和第一民生工程，压实各级责任，聚集各方力量，坚决打赢打好这场输不起的攻坚战，全力创建精准

脱贫新样板。加大产业扶贫攻坚力度。坚定不移地推进产业扶贫，坚持“五位一体”产业精准扶贫机制不动摇，推行“村级自强互助脱贫合作社＋建档立卡贫困户”一体化产业精准扶贫模式，支持市场主体对接帮扶贫困户，落实财政奖补到户政策，持续推进“六大产业”精准扶贫工程，形成贫困群众尽快脱贫、长效稳定增收的产业支撑。加大易地扶贫搬迁攻坚力度。坚持安居与乐业并重，搬迁与脱贫同步，加大政策投入，完善后续扶持，着力改善贫困群众生存环境和发展条件。按照“搬得出、稳得住、能发展、可致富”的要求，把握易地建房、建新拆旧、配套保障、就业发展等关键环节，实施政府“交钥匙工程”，全面完成易地扶贫搬迁任务。加大兜底政策落实力度。全面落实交通水利、教育医疗、文化科技、产业和生态补偿、旅游和电商、金融和信息化、危房改造、创业就业、技能培训、民政兜底、老区促进等扶贫政策。充分发挥社会保障的兜底功能，统筹实施最低生活保障、特困人员救济等各项救助制度，实施精准保障扶贫。加大合力攻坚力度。坚持党政一把手负总责，落实“乡村主体、部门主业、市场主动、群众主力”工作机制，完善干部分类包保、项目清单销号、扶贫责任追究等制度，实行重点贫困乡镇不脱贫不换帅，贫困村、贫困户不脱贫不脱钩。健全社会参与、对口帮扶、企业联系、区域协作扶贫机制，形成专项扶贫、行业扶贫、社会扶贫的多元化扶贫路径。

（二）以特色产业为支撑，全力建设实力英山

坚持产业强县，加快构建具有英山特色和比较优势的现代产业体系，大力创建大别山特色产业主阵地，为精准扶贫和精准脱贫夯实产业基础。大力发展现代服务业。把发展现代服务业作为经济转型升级的战略取向，全力发展和提升旅游度假、养老养生、大健康等主导产业；积极培育文化创意、体育休闲、会展等新兴业态；实施“互联网＋”行动计划，加快发展电子商务、物联网应用，推进“智慧英山”建设。整合资源，做大做强农产品区域公共品牌。继续推进大别山金融工程，抢抓国家支持贫困县企业上市“绿色通道”政策，引进省内外上市公司、风投公司来我县落户投资；支持一批企业在主板和新三板挂牌上市，力争 1—2 家企业主板上市；创新金融产品，推行 PPP 模式，做大做强县级投融资平台。做大做强工业经济。积极推动工业企业转型升级、做大总量。以“产业聚焦、功能聚集、要素聚合”为导向，对接“中国制造 2025”，做大中药材加工、茶叶加工等特色工业，改造提升汽车配件等传统产业，大力引进生物医药、新材料、新能源等新兴产业，加快推进风力发电、抽水蓄能等项目。按照土地集约、产业聚集、生态环保的原则，加快工业新城基础设施配套，推动大企业、大项目落户园区。到 2020 年，力争园区骨干企业达到 50 家以上、产值突破 50 亿元，形成新的经济增长极。继续实施中小企业成长工程、全民创业工程，力争企业达到 500 家以上，其中规模企业 100 家以上。转型升级现代农业。以“农业强、农村美、农民富”为总目标，用工业理念谋划农业，用现代管理经营农业，用农产品加工引领农业，用品牌战略打造农业。突出中药材、茶叶、蔬菜、蚕桑等优势产业，依靠科技和资本驱动，大力培育现代农业市场主体和高素质职业农民；完善农业生产设施，提高机械化水平；加快土地流转，大力推进规模化经营。探索林下种养模式，大力发展林下经济。支持石镇、草盘、陶河建设道地中药材生产基地，支持金铺、孔坊、红山建设以蔬菜为主的现代农业示范基地，每一个农业主导产业培育 1—2 家国家级龙头企业，提升英山云雾茶、英山道地药材品牌在全国的知名度和影响力；加快一、二、三产业协调发展、融合发展，全面提升农业发展质效。

（三）以全域旅游为抓手，全力建设活力英山

把全域旅游作为精准扶贫、精准脱贫工作的主战场和着力点。坚持“一区四带”总体布局，强化“全域旅游、全业融合、全民参与”理念，全力创建国家全域旅游示范区。着力打造核心吸引物，重点推进大别山南武当风景区创AAAAA级和世界地质公园、桃花冲风景区创省级旅游度假区，加快天马寨、楚江南温泉小镇等景区景点建设。以“宜居、宜业、宜游”为目标，按照“特色小山城、文化旅游城”定位，优化城乡空间布局，推行“多规合一”，推广新中式、荆楚派、徽派建筑，分片统一建筑风格。围绕“吃住行游购娱”和“商学养闲情奇”等新老“六要素”，加快完善城乡旅游配套功能。坚持从严控制老城区建设，打通道路微循环，全面治理背街小巷，有效缓解老城区拥堵；建成西河水厂，实施张家咀水库饮水工程，彻底改善城区居民饮水状况；建成“一河两岸”休闲景观带，改造完善毕昇森林公园和长冲茶叶公园，拓展城市休闲空间。创建省级园林城、卫生城、文明城，提升城市品位。按照各具特色、功能完善、管理规范的要求，加快小城镇建设，支持石镇、杨柳、雷店建设旅游名镇。突出抓好区域生态景观建设，提升全域旅游品位。大力发展乡村旅游，按照“原乡生活·山里老家”的主题定位，加快开发“五谷四海”乡村旅游产品（茶叶谷、红叶谷、药材谷、漂流谷、桃花谷；主峰云海、桃花冲林海、地热泉海、四季花海），加快推进乡村民宿、乡村农家乐建设，打造一批精品乡村旅游线路，不断完善乡村旅游功能。加快大别山茶叶谷建设，支持南河、方咀依托白莲河水库加快建设水生态旅游示范带。加快实施“文化旅游+”计划，着力推动部门联合、资源整合、产业融合，积极融入全市大别山生态休闲旅游带，把产业园区、产业基地打造成旅游观光基地，把茶文化旅游节等节会赛事打造成区域性旅游知名品牌，开发一批特色旅游商品。大力发展文化产业，做活毕昇文化大文章。加大旅游品牌和产品营销，提升“中国好空气·英山森呼吸”旅游品牌知名度。

（四）以绿色发展为底线，全力建设美丽英山

把绿色发展作为推进精准扶贫、精准脱贫工作的根本抓手。坚持“绿水青山就是金山银山”，以“天蓝、地绿、水清、土净”为目标，大力发展绿色产业，推进产业生态化、生态产业化，促进资源优势加快转化为经济优势。加强环境保护和治理工作，实施最严格的环境保护、水资源管理、节约用地和耕地保护制度，落实主体功能区规划，综合防治水土流失、地质灾害和土壤、河流、大气污染。开展“绿满英山”、清洁家园行动，大力发展经济林和景观林。深化城乡垃圾治理，加大畜禽养殖、石材开采加工等重点行业治理。落实环保执法体制改革，实行领导干部自然资源资产离任审计、生态环境损害赔偿和责任追究制度。坚持美丽乡村建设与产业振兴、全域旅游、精准扶贫结合，全域建设美丽乡村。突出抓好传统村落、民间文化等自然资源保护和传承，让子孙后代看得见山水，记得住乡愁，品得出文化。

（五）以民生改善为目的，全力建设幸福英山

始终把改善民生作为精准扶贫、精准脱贫工作的主要目的。坚持民生为本，加强以改善民生为重点的社会建设，让全县人民生活得更有保障、更有尊严、更加幸福。加强财源建设，壮大骨干财源，培育特色财源，引进新兴财源，不断提高财政保民生、保发展的能力和水平。健全社会保障体系。实施全民参保计划，不断提高综合保障水平。以创业带动就业，使就业更加充分、增收更加稳定。完善社会救助和住房保障体系，切实保障困难群众生活，实现城乡居民劳有优得、老有优养、病有优医、住有优居。统筹发展社会事业。坚持教育优先，优化教育资源配置，完成城区学校布局调整，推进各类教育协调发展，全面提升教育质量。深化医药卫生和公立医院综合改革，健全覆盖城乡的公共卫生服务网络，建成新中医院和妇幼保健院，加快“健康英山”建设。统筹推进老干部工作和妇女儿童、老龄等各项事业。完善公共文化服务体系，建成“三馆一站一中心”，打造一批文化精品，推动文化繁荣。推进公共体育设施建设全覆盖，积极开展全民健身运动。

（六）以法治建设为保障，全力建设和谐英山

牢固树立法治理念，坚持以法治思维和法治方式全面建设法治英山、平安英山。坚持依法治县，深入开展“七五”普法，提高全民法律素养，支持司法机关公正司法，维护社会公平正义。建强社会治安立体防控体系、应急管理体系和人民调解、行政调解、司法调解联动的“大调解”工作体系。大力推行“阳光信访”，把信访纳入法治化轨道。加强社会公德、职业道德、家庭美德和个人品德教育，引导人们自觉履行法定义务、社会责任、家庭责任。广泛开展诚信创建和群众性法治文化活动，在全社会形成诚实守信的良好风尚。加强对特殊人群的管控帮扶，加强和改进社会组织管理和互联网管理，扎实推进社会治安综合治理，不断提升人民群众安全感和满意度。

三、做好2017年政府工作，实现良好开局

2017年是新一届政府的开局之年，也是实施“十三五”规划的攻坚之年，更是决战决胜精准扶贫、精准脱贫和全面建成小康英山的关键之年，必须开好头，起好步。力争2017年全县地区生产总值增长7%左右；规模以上工业增加值增长7%左右；全社会固定资产投资增长12%左右；社会消费品零售总额增长9%；地方公共财政预算收入增长10%以上；外贸出口总额增长10%左右；城镇常住居民人均可支配收入增长9%，农村常住居民人均可支配收入增长11%。全面完成省、市下达的各项目标任务。

主要工作任务和措施：

（一）深入推进精准扶贫，全力打赢脱贫攻坚战

坚持把精准扶贫、精准脱贫作为压倒一切的政治任务，围绕“五个一批”“六个精准”工作要求，大力推进“3556”行动计划，坚决打赢精准扶贫、精准脱贫攻坚战。

落实到户政策，确保“户脱贫”。按照“因村制宜，因户施策”原则，大力推进产业扶贫、易地搬迁、转移就业、教育助学、医疗保障、政策兜底、财政奖补、结对帮扶“八个到户到人”精准扶贫工程，确保2017年17991户40781人脱贫，稳定实现扶贫对象“一有、两不愁、四保障”。

抓好“十有”建设，确保“村出列”。大力实施整村推进脱贫攻坚工程，集中力量推进32个重点出列贫困村扶贫项目建设，确保每个贫困村达到有脱贫增收主导产业、有5万元以上集体经济收入、有健全的群众服务活动中心、有科教文卫等服务功能、有硬化的通村公路、有入户的安全饮水、有安全的农村电网、有入户的广电通信光纤、有清洁的生活能源、有生产生活垃圾处理设施等“十有”建设标准，实现贫困村全部出列。

强化保障措施，确保“能达标”。牢固树立“大扶贫”理念，整合资源、聚集要素、完善机制，以精准脱贫工作统揽经济社会发展全局。建立扶贫工作责任清单，用精准脱贫统领任务、项目、资金、责任、进度和考评，实现多方联动、整体推进、高效有力。强化各级各部门责任，完善驻村帮扶制度，确保2017年实现贫困人口全部脱贫，贫困村全部出列，基本公共服务主要指标

达到全省平均水平，农村居民人均可支配收入、人均地方公共财政预算收入达到国家规定标准，顺利通过达标验收。

突出精准施策，确保“可持续”。完善“五位一体”的产业扶贫推进机制，全面推行“村级自强互助脱贫合作社 + 建档立卡贫困户”一体化产业扶贫模式，大力推进“六大产业”精准扶贫。加快推进光伏扶贫、易地扶贫搬迁，确保按期完成任务。加大扶贫资金投入力度，按当年地方财政收入增量的 15% 增列专项扶贫预算，财政当年清理回收统筹使用的存量资金中的 50% 以上用于精准扶贫，整合 10 亿元以上的涉农项目资金投入精准扶贫。强化金融支撑作用，加大对贫困户和市场主体的金融支持，确保产业扶贫贷款达到 2 亿元以上。突出市场主体帮带作用，积极引导和支持农村新型经营主体对接帮扶贫困户，实现可持续发展。

（二）深入推进产业融合，全面提升发展质效

实施“三产并举、多轮驱动”的产业发展战略，充分发挥现代农业“接二连三”效应，着力构建一、二、三产业交叉融合、协同发展的现代产业体系。

1. 做强现代服务业

坚持提升传统服务业与发展现代服务业并重，推进服务业结构优化、业态创新、比重提高。

大力发展文化旅游业。深化“三全”发展理念，突出“四季休闲”定位，着力打造全域旅游新格局。加快创建国家全域旅游示范区。推进“一区四带”建设，提升城区温泉度假旅游区，完善西河乡村休闲旅游带，推进东河人文风情旅游带建设，加快环白莲河水生态休闲旅游带和北部生态休闲旅游带规划建设。加快重点项目建设，推进大别山南武当风景区创 AAAAA 级和世界地质公园、桃花冲风景区创省级旅游度假区、张家咀国家湿地公园和大别山茶叶谷创建工作，鼓励支持天马寨、童玩谷等景区创 A 级，加快四季花海旅居新镇、楚江南温泉小镇、茶香小镇、桃花溪小镇等项目建设，确保中皖国际酒店等项目建成营业。加快体旅、茶旅、文旅融合，引进滑翔伞、自驾游营地、滑雪等体育休闲项目；建设一批特色茶楼、茶文化主题酒店，推出精品茶旅游线路；挖掘毕昇文化、红色文化、鄂东乡土文化，打造开发具有地方特色的影视戏曲和旅游商品，建设一批特色文化小镇。着力打造乡村旅游示范区。打造“西河十八湾”“东河百里秀”乡村旅游品牌，重点培育乡村旅游“五个一”（一个具有鄂东特色的乡村旅游示范村、一个具有乡土气息的精品民宿、一条具有英山风情的乡村旅游路线、一个辐射带动大的乡村旅游示范项目、一批懂管理会经营的乡村旅游领军人才），初步形成以休闲度假、旅游观光、创意农业等为主的乡村旅游新格局。启动省级旅游标准化示范县创建。建立健全标准体系，形成覆盖“吃住行游购娱”六要素及其他服务功能的地方标准和服务规范；加快游客中心、旅游交通、旅游信息等旅游服务设施的升级和完善，提升服务水平和产业竞争力；丰富和完善以休闲度假旅游、健康养生旅游、乡村旅游、红色旅游为重点的多元化旅游产品体系；理顺旅游管理体制，实现管理规范化、常态化。继续加大宣传营销力度。升级“云游英山”智慧旅游平台，丰富微博、微信、旅游 APP 等微营销形式，携手国内一线电商平台推动旅游线路和产品线上销售。办好茶文化旅游节、漂流节、红叶节等节庆活动，不断增强旅游吸引力。

加快发展现代服务业。加快发展大健康产业，培育养生养老、体育健身、文化创意等新兴业态。抢抓互联网技术和电子商务迅猛发展机遇，推进电子商务、物流、农产品加工联动发展。全面推进电子商务进农村综合示范工作，进一步提升电子商务创业园服务和孵化能力，力争线上交易额达到 12 亿元以上，其中农产品销售额

5 亿元以上。加快供销电商物流园、大别山商贸物流园、大别山冷链物流配送中心、快递物流集中分拣中心建设，推进建材家居市场、汽车贸易市场、中药材市场、农贸市场等专业市场建设。

2. 做实新型工业经济

完善提升园区功能。完善园区基础设施和配套功能，优化园区政务商务服务环境，提高园区承载能力。实施工业企业“满园工程”，重点抓好武汉光谷英山生物医药园、大别山农产品加工园等园区建设，加快金峰麻纺、佳源车身附件等项目建设，尽快形成新的经济增长点。加快中小企业孵化基地建设，吸纳一批“专、精、特、新”小企业落户，争创“全国小微企业创业创新示范基地”。提档升级传统企业。围绕“小升规、规转股、股上市”工作思路，发挥基金引导作用，引导企业建立“产权明晰、权责明确、政企分开、管理科学”的现代企业制度。鼓励企业开展股份制改造，探索混合所有制，提升管理水平，加速新旧动能的有效转换。引导企业多途径、多形式引进培养领军人才、企业家人才、高技能人才和创新团队，加大科技创新力度，提高核心竞争力。支持企业加强信息技术应用，推进“互联网 +”同智能制造深度融合，加速转型升级。大力实施质量强县、名牌兴企战略，支持企业加强品牌建设，提高市场占有率。培育战略性新兴产业。立足现有工业基础和资源禀赋，以市场需求为导向，加快发展生物医药、新能源和新材料、节能环保等新兴产业，着力培育新兴产业集群；重点推进中药材、茶叶、蚕桑等农副产品深加工产业，延伸产业链条，辐射带动相关产业；加快淘汰落后生产工艺、生产设备和过剩产能。

3. 做优现代农业

突出转方式调结构，发挥产业优势，加快发展优质、高效、生态、安全的现代农业。培育新型市场主体。积极培育生态农庄、家庭农场、专业大户、农民专业合作社等新型农业经营主体，鼓励开展代耕代种、联耕联种、土地托管等专业化服务，建成一批一、二、三产业融合发展的现代农业产业园。鼓励支持农业骨干企业兼并重组或强强联合，引进和培育一批龙头企业，提高产品精深加工和新产品开发能力。优化农业产业结构。扩大中药材生产规模，推广规范化、标准化种植，以草本木本药材为重点，因地制宜新建和改造苍术、桔梗、柴胡等道地药材基地，建成一批药材产业大镇和示范样板。推进大别山医药保健产品中心、药材仓储中心、大别山石斛园建设。稳定茶园面积，推广标准化、规范化、清洁化生产，提升茶叶产品质量。完善“英山云雾茶”品牌体系，实施集体商标、地理标志产品使用许可制度，加快品牌整合营销，打造全国知名品牌。加大“英山云红（红茶）”“英山云青（乌龙茶）”等高附加值茶叶开发力度，提升茶叶出口质效。推进“大别山宝”“大别山珍”等公共品牌建设。加快“茶乡鸡”、桔梗等地标产品开发，完成苍术、石斛等地标产品申报注册，争创国家地理标志产品保护示范区。因地制宜地发展各类特色种养，大力发展林下经济、特色水产，支持建设蔬菜、油茶、银杏、山桐子等基地。实施农产品质量安全战略，大力发展有机农业，推进“三品一标”认证和食品安全溯源体系建设，打造优质农产品和食品品牌，确保农产品质量安全。加强农业基础设施建设。加快灾后恢复重建，统筹推进水库除险加固、国土整治、高标准农业基地、移民后扶、农村能源、农村公路等项目建设，提高农业综合生产能力。加强耕地和基本农田保护，加大农田水利、农机作业配套设施建设，确保粮食安全。推进农业气象服务和农村气象灾害现代化防御体系建设，加强防汛抗旱和地质灾害防治工作，积极发展避灾农业。

（三）深入推进城乡一体化，加快建设秀美家园

突出规划引领。强化规划龙头作用，坚持

先规划后建设、无规划不建设。完善城乡规划体系，修编完善城区总体规划，加快编制城区和乡镇镇区控详规划，补充完善消防、绿地、管网等专项规划。推进城市规划设计，加强空间立体性、平面协调性、风貌整体性等方面的管控，留住城市特有的地域环境、文化特色、建筑风格。强化城乡规划管理和监察执法，树立规划权威。

加快城镇建设。坚持地上与地下、新城与老城、生产与生活、形态与生态并重，完善城市功能，提升城市品位。加快路网建设，推进红山大道、长安大道（温泉饭店至红山大道）、山城路等道路建设，启动长冲大道、环城一级路等道路建设，进一步改善城区交通。严格控制城区容积率和建筑密度，推进背街小巷改造，打通“断头路”“瓶颈路”，畅通微循环。加强公共交通建设，推进城南、城北公汽站建设。探索推进海绵城市建设，利用好地下空间，鼓励建设地下停车场，鼓励单位开放停车场，缓解停车难问题。统筹温泉供水管网建设，集约节约利用温泉资源。加快新城水厂、污水处理厂和垃圾填埋场建设。合理控制房地产开发强度，推进棚户区货币化安置，加快去库存。继续推进乡镇“六个一”，重点抓好重点镇、特色镇建设，开展卫生乡镇创建活动。

建设美丽乡村。遵循乡村发展规律，坚持生态自然，体现农村特点，注重乡土味道，保留乡村风貌，打造山有鸟兽、河有鱼虾、人与自然和谐相处的美丽乡村。坚持点线面结合，统筹推进各具特色的示范村建设，继续整合资金，实施以奖代补政策，全域建设美丽乡村。大力推进农村垃圾治理，持续推进“三边三化三改”，倡导文明卫生生活习惯，全面改善乡村人居环境。加强乡村生态环境和文化遗存保护，建设一村一品、一村一景、一村一韵的魅力村庄和宜游宜养的乡村旅游基地。加快农村公路和水利设施建设，完成“草太线”“花海大道”建设，加快“红红线”“张长线”前期工作。

加强城乡管理。强化“三分建七分管”的理念，提高城乡综合治理能力。加快“智慧城市”建设，推进公安、城管、安监、综治等综合平台建设，加强社区建设，完善网格化管理，提高管理质效。坚持“大城管”机制，夯实部门职责，保持打击“两违”高压态势，加强市容市貌、交通秩序等专项整治，长效解决中心农贸市场等地段“脏乱差堵”问题。推进省级文明卫生城创建，开展文明社区、文明小区、文明单位、文明户创建活动，提升居民城市意识和文明素养。强化村镇建设办公室监管职责，严控乡级以上公路、河堤两侧建房，大力整治大别山红色旅游公路两侧违规建设。

（四）深入推进“四大行动”，夯实发展底盘

大力推进重点项目行动。精心谋划项目。认真研究国家、省市重大战略布局、投资导向和投融资新模式，重点围绕基础建设、生态保护、文化旅游等领域，谋划储备一批体量大、利长远、带动强的好项目；做好随麻安铁路、通用机场等重大项目前期工作；积极谋划生物医药、农副产品深加工、健康养老等方面的重大项目，进一步完善充实项目库。积极争取项目。围绕“十三五”规划、“三年滚动计划”项目库中已进入国家、省市项目库“笼子”的项目，力争在交通水利、环境保护、灾后重建等项目上实现新突破，争取国家政策性资金投放超过全市平均水平。强力推进项目。以省市重点项目、“十个六”工程项目为重点，坚持高位推动和一线调度，继续推行“八个一”工作机制，加大项目“四督四保”力度（督储备保转化，督新建保开工，督续建保竣工，督竣工保达产），确保落地开工一批、快速推进一批、建成营业一批。

大力推进招商引资行动。依托武汉光谷英山生物医药园、大别山农副产品加工园、毕昇绿色印刷包装示范园，围绕生物医药、农产品加工、文化旅游、大健康等产业，瞄准大企业、大集团，着力引进一批战略投资者。坚持专班招商、专业招商、对口招商，鼓励以商招商、产业链招商，加强行业商会、协会招商，引进一批产业上下游配套项目。强化部门招商责任，进一步优化招商安商环境，确保有一大批好项目、大项目落户英山。

大力推进服务企业行动。深入开展“服务企业行动”，继续实施县级领导和县直部门联系企业制度，着力解决企业发展中存在的突出问题。用足用活现有政策，支持主导产业、骨干企业做大做强。全力做好服务企业上市融资、品牌建设和企业用工等工作，为企业发展提供要素保障。加强安商平台、项目联审平台建设，完善“六联合”服务机制，提升证照代办服务水平。加大治庸问责力度，着力解决“中梗阻”和“最后一公里”服务不到位问题，切实优化经济发展环境。

大力推进创业创新行动。全面落实各项创业创新扶持政策，大力推进大众创业、万众创新。打造信息服务、众创服务、金融服务“三大平台”。深化县校合作，加强与省内外高等院校、科研院所深层次、多形式合作，推动科研平台、项目和人才等要素向英山流动聚集，提高自主创新能力。强化“天下人才为英山所用”的理念，加强人才柔性引进，重点引进武汉人才，创造条件留住本地人才。大力支持英山籍人才回乡创业。加快大学生实习实训、大学生创业孵化等基地建设，积极探索运营管理新机制，力争达到省级基地标准。引导企业利用新技术、新发明、新项目开展“二次创业”。

（五）深入推进生态建设，巩固扩大生态优势

加强生态建设。以创建省级生态文明示范县为抓手，深入推进“绿满英山”行动，大力开展植树造林、退耕还林（草）等绿色工程，完成各类造林面积3万亩，实现森林覆盖率、森林蓄积量“双增长”。推进省级园林城创建，大力开展城区道路、机关单位庭院、居民小区绿化，提高城区绿化率。继续实施封山育林，严守森林、耕地等生态保护红线，严厉打击森林失火、乱砍滥伐等行为，实施大树古树保护工程，严禁过度开发、过度硬化，严控破坏山体、填埋河道、割断绿地，切实保护好生态环境。

强化生态治理。以“雷霆行动”为抓手，大力开展大气污染治理行动，加强露天焚烧秸秆垃圾、餐饮业油烟、汽车尾气排放治理。加强水生态文明建设，推进白莲河库区沿线和东西河流域治理，全面实施水库“人放天养”，加大饮用水源地保护力度，继续抓好石材加工、河道采砂等行业综合整治。严格控制农业面源污染，加强畜禽养殖污染治理。抓好农村生活垃圾专项治理，推行以“户分类、村收集、镇转运、县处理”为主的城乡一体化垃圾处理模式。严格环境执法，强化督查考核，加大环境问题问责力度。

发展生态产业。积极做好节能减排工作，鼓励企业推广应用新工艺、新技术、新设备，推行清洁生产。推动绿色转型，积极发展光伏发电、风力发电等绿色产业。落实生态补偿扶贫政策，加快发展生态农业、休闲农业，大力发展花卉、苗木、林果等林业经济，构建特色鲜明的生态产业。加快推进农村管道天然气项目。

（六）深入推进改革创新，增强发展内生动力

加大简政放权力度。深化行政审批制度改革，全面落实权力清单、责任清单、负面清单“三个清单”管理。深化商事制度改革，大力推行“多证合一”“一照一码”制度，实施全程电子化和电子营业执照，积极探索“证照分离”改革，促进市场主体提质增量。积极探索政府购买社会服务机制创新，推动社会组织参与社会管理。完善政务服务体系，加强县乡村三级政务服务机构和政务服务网上平台建设，建立线上线下融合互补的新型服务模式，实现政务服务更加便利化、高效化。

深化投融资体制改革。推进大别山金融工程，加大金融业招商引资和对外开放力度，着力引进各类银行、保险等金融机构，鼓励民间资本依法设立中小型银行、小贷公司、融资性担保公司，规范发展融资租赁、互联网金融等新业态。完善政银企合作信贷模式，推动金融产品创新，力争信贷投放增速有新的突破。增强城投、园投、交投等平台融资开发能力，探索PPP融资模式，着力破解融资难题。积极对接长江产业基金，鼓励重点项目和企业采取股权投资、股权质押等形式进行融资，继续引导和支持有条件的企业上市融资。严厉打击非法集资，大力整顿金融秩序。

稳步推进其他改革。推进供给侧结构性改革，突出“三去一降一补”，促进供需结构平衡。深化农村改革，完成农村土地承包经营权确权登记颁证工作，引导土地承包经营权有序流转，探索集体建设用地入市入股抵押，盘活农村资源。推进农村综合改革，加强村级财源建设和财务管理，做实村级自强互助脱贫合作社，壮大村级集体经济。深化财税体制改革，全面落实“营改增”，加大资金整合力度，规范津补贴发放，进一步优化财政收支结构。推进公共检验检测、不动产登记、国有林场、商贸企业、供销社、粮食企业改革，加快户籍制度、医药卫生、文化广电、教育、环保等领域改革。

（七）深入推进改善民生，提升群众幸福指数

提高社会保障水平。抓好高校毕业生、农村转移劳动力、退伍军人就业，落实好援企稳岗、社保补贴、税费减免等扶持政策，加大再就业力度。实施全民参保计划，落实机关事业单位养老保险改革，推进失地农民保险政策实施，整合城乡居民基本医疗保险制度，提高社会保障水平。加强社会救助体系建设，落实特困群体保障兜底政策。加强农村留守老人、儿童、妇女和计生失独家庭关爱保护工作。倡导扶弱助残风尚，维护残疾人合法权益。强化劳动保障执法，维护好职工和农民工合法权益。完善养老服务体系，鼓励民间资本进入养老领域，健全居家养老和社区养老服务网络。加强保障房建设，抓好农村危旧土坯房改造工作，改善困难群众住房条件。

大力发展社会事业。坚持教育优先，实施教师素质提升工程，提高教育教学质量。优化城区学校布局，建成县职教中心，落实学前教育薄弱学校改造计划，逐步普及高中阶段教育，统筹推进各级各类教育协调发展。深化县级公立医院综合改革，实施基层卫生服务提升工程，推进分级诊疗，完善基本药物制度，加强重大疾病防控和卫生应急救治工作。加强出生人口性别比综合治理，促进人口长期均衡发展。加强公共文化基础设施和服务体系建设，促进公共文化服务标准化、均等化。加强文物安全保护和非遗传承利用工作，申报段氏府国家级文物保护单位。充分发挥“村村响”在舆论宣传、森林防火、防汛抗旱等方面的作用。广泛开展全民健身活动，提高人民群众健康水平。全面开展第三次全国农业普查工作。加快消防、人防、防震综合应急中心和防汛指挥中心建设。支持群团协会组织发挥作用，统筹做好民族宗教、外事侨务、国防动员、拥军优属等各项工作。

推进社会治理创新。着眼保障社会公正、促进社会诚信、维护社会秩序，全面推进“法治英山”建设。严格落实安全生产“党政同责、一岗双责、齐抓共管、失职追责”制度，强化属地监管、行业监管、综合监管，坚决杜绝较大以上安全事故发生。加大食品药品监管，让群众吃上放心食品、用上放心药品。加快信用体系建设，打造“诚信英山”。推行“阳光信访”、依法治访，积极引导诉访分离，依法终结涉法信访。积极应对新业态发展、社会流动性加剧、网络社会等带来的新风险。完善应急管理体制机制，增强应急处置能力。加强社区建设和网格化管理。全面推进“平安英山”建设，完善社会治安立体化防控体系，预防和依法打击各类违法犯罪活动，不断增强人民群众安全感，让社会更和谐、群众更满意。

四、加强和改进政府自身建设

各位代表，未来五年的规划是宏伟的，2017年的工作是具体的，关键看政府。面对新的形势、新的任务，必须进一步加强自身建设，努力建设负责任、有作为、人民满意的政府。

坚持依法行政。牢固树立法治理念，更加注重运用法治思维和法治方式深化改革、推动发展、化解矛盾、维护稳定。强化依法决策，坚持把“公众参与、专家论证、风险评估、合法性审查、集体讨论决策”作为重大行政决策的法定程序认真落实到位，确保决策依法依规，符合实际，顺应民意，体现集体智慧。落实法律顾问、公职律师制度，健全行政执法和刑事司法“两法”衔接平台，实施“七五”普法，全面提高行政执法能力和水平。强化政府内部层级监督，坚持相对集中行政复议权制度，落实行政机关负责人行政诉讼应诉制度，完善重大行政决策、行政执法法制审查制度。自觉接受党内监督、人大监督、民主监督、司法监督，主动接受社会监督、舆论监督，高质量办理人大议案和代表建议、政协提案。

坚持务实担当。打造一支想作为、敢作为、善作为的干部队伍。坚持“一线工作法”“倒推倒逼工作法”。大力倡导闻风而动、雷厉风行、马上就办、办就办好的工作作风，精简优化办事程序，不断提高办事效率。加大督办督查、治庸问责力度，确保省市和县委决策部署到哪里，工作就落实和执行到哪里。建立合理的“容错”“容缺”机制，为改革创新者撑腰鼓劲，为敢于担当者担当，营造干事创业的良好氛围。

坚持廉洁从政。全面落实从严治党要求，强化主体责任，推进政府系统廉政建设。持续深入开展“两学一做”学习教育，巩固党的群众路线和“三严三实”专题教育成果，增强政治意识、大局意识、核心意识和看齐意识。坚持把纪律和规矩挺在前面，全面贯彻《关于新形势下党内政治生活的若干准则》《中国共产党党内监督条例》《中国共产党问责条例》《湖北省行政问责办法》，认真履行“一岗双责”，织密制度笼子，严肃查处各类违纪违法案件。加强领导干部经济责任审计，严格执行财政资金预算管理制度，严控“三公”经费支出，养成过“紧日子”的习惯，把更多财力用于推动发展、改善民生上，让群众过上舒心体面的“好日子”。

各位代表，新起点孕育新希望，新希望绘就新蓝图，新蓝图期待新作为。让我们紧密团结在以习近平同志为核心的党中央周围，在县委的坚强领导下，不忘初心，继续前进，勠力同心、锐意进取，为全面建成小康英山而努力奋斗！

名词解释

1. 五城同创：县委提出的创建“工业新城、茶产业城、城西新城、旅游新城、文化新城”“五城同创”战略。

2. 三桥四路五区：三桥指工业新城大桥、落令河桥、屏峰桥；四路指创业大道、兴业大道、千臣大道、和谐西路；五区指工业新城叶坊、屏峰、邵河、西汤河、保障房五个还建小区。

3. 城镇“八个一”工程：建设一条黑化净化绿化亮化美化精品示范街、一个绿色生态设施、一个产城融合综合体、一个宜居示范小区、一条与交通干线和交通枢纽城镇连接的对外公路、一个垃圾压缩中转站及其配套设施、一个污水处理厂及配套管网等设施建设或生态净化池或人工湿地、一个文化特色小镇或美丽乡村风情线。

4. 雷霆行动：围绕习近平总书记提出的长江经济带“生态优先、绿色发展”“共抓大保护、不搞大开发”的战略定位。2016年5月，省委决定以雷霆之势，在全省开展“查、关、治、罚、复、退”环保专项整治行动，形成治理污染、保护长江的强大声势。

5. 三边三改三化：“三边”就是路边、坑边、水边；“三改”就是改厨、改厕、改圈；“三化”就是绿化、洁化、美化。

6.“1234”安商服务模式：即“一个服务主体”（县工业经济联合会）；“两类服务对象”（招商引资项目和规模以上企业、县政府重点工程项目）；“三种服务功能”（高效服务的“监督哨”、优质服务的“助推器”、廉洁服务的“防火墙”）；“四个服务平台”（手续办理平台、费用收付服务平台、牵头督办平台、政策咨询平台）安商模式。

7. 五证合一：将企业依次申请的工商营业执照、组织机构代码证、税务登记证、社会保险登记证和统计登记证五证合为一证，提高市场准入效率。

8. 第一个百年奋斗目标：到2020年全面建成小康社会的奋斗目标。

9.“五位一体”总体布局：经济建设、政治建设、文化建设、社会建设、生态文明建设的总体布局。

10.“四个全面”战略布局：全面建成小康社会、全面深化改革、全面依法治国、全面从严治党的战略布局。

11. 五大发展理念：创新、协调、绿色、开发、共享的发展理念。

12.“一带一路”：丝绸之路经济带和21世纪海上丝绸之路。

13. 双强双兴：市委提出的“强工兴城、强农兴文”战略。

14. 精准扶贫“3556”行动计划：“3”就是从2015年到2017年，苦干实干三年时间，完成脱贫任务；第一个“5”就是采取扶持生产和就业发展一批、扶贫搬迁和危房改造安置一批、生态保护脱贫一批、低保政策兜底一批、医疗救助扶持一批“五个一批”；第二个“5”就是重点推进茶叶产业、中药材产业、“茶乡鸡”养殖业、旅游产业、电商扶贫产业“五大产业扶贫工程”；“6”就是健全资金整合、金融扶贫、驻村帮扶、社会参与、项目管理、考核评价“六项扶贫工作机制”。

15. PPP融资模式：即Public（政府）—Private（私人）—Partnership（合作）的首字母缩写，是指政府与私人组织之间，为了提供某种公共物品和服务，以特许权协议为基础，彼此之间形成一种伙伴式的合作关系，并通过签署合同来明确双方的权利和义务，以确保合作的顺利完成，最终使合作各方达到比预期单独行动更为有利的结果。

16. 中国制造2025：是中国政府实施制造强国战略第一个十年的行动纲领，通过“三步走”实现制造强国的战略目标。第一步，到2025年迈入制造强国行列；第二步，到2035年中国制造业整体达到世界制造强国阵营中等水平；第三步，到新中国成立一百年时，综合实力进入世界制造强国前列。

17. 三馆一站一中心：本地区公共图书馆、文化馆、博物馆、乡镇（街道）综合文化站、村（社区）综合文化服务中心。

18. 一区四带：温泉度假旅游区、西河乡村休闲旅游带、东河人文风情旅游带、环白莲河水生态休闲旅游带、北部生态休闲旅游带。

19. 五位一体产业扶贫：把银行和保险纳入精准扶贫体系，形成“政府+银行+保险+市场主体+贫困户”五位一体的产业扶贫机制。

20. 精准扶贫“六个精准”：扶贫对象精准、项目安排精准、资金使用精准、措施到户精准、因村派人精准、脱贫成效精准。

21. 精准扶贫六大产业：茶叶、中药材、茶乡鸡、旅游、电商、光伏发电。

22. 乡村民宿：是指利用自用住宅空闲房间，或者闲置的房屋，结合当地人文、自然景观、生态、环境资源及农林渔牧生产活动，以家庭副业方式经营，提供旅客乡野生活之住宿处所。它不同于传统的饭店旅馆，不追求高级奢华的设施，但它能让人体验当地风情、感受主人的热情与服务、并体验有别于以往的生活。

23. 旅游APP：指用于目的地及景区信息查询、游记及图片分享、旅行计划、导游类的移动应用。

24. 三品一标：无公害农产品、绿色食品、有机农产品和农产品地理标志。

25. 乡镇六个一：建设一家进规企业、一个美丽乡村、一个现代农业产业园、一个四星级农家乐、一个规模较大的特色产业基地、一个文明示范街。

26. 海绵城市：也可称为“水弹性城市”，是新一代城市雨洪管理概念，是指城市在适应环境变化和应对雨水带来的自然灾害等方面具有良好的“弹性”。下雨时吸水、蓄水、渗水、净水，需要时将蓄存的水“释放”并加以利用。

27. 智慧城市：就是运用信息和通信技术手段感测、分析、整合城市运行核心系统的各项关键信息，从而对包括民生、环保、公共安全、城市服务、工商业活动在内的各种需求做出智能响应。其实质是利用先进的信息技术，实现城市智慧式管理和运行，进而为城市中的人创造更美好的生活，促进城市的和谐、可持续成长。

28. 六联合：联合代办、联合踏勘、联合图审、联合审批、联合收费、联合验收。

29. 一照一码：通过“一口受理、并联审批、信息共享、结果互认”，将由三个部门（工商、质检、税务）分别核发不同证照，改为通过“一窗受理、互联互通、信息共享”，由工商部门直接核发加载法人和其他组织统一社会信用代码的营业执照，并将办理时限由8天缩短至3天以内。

30. 供给侧结构性改革：从提高供给质量出发，用改革的办法推进结构调整，矫正要素配置扭曲，扩大有效供给，提高供给结构对需求变化的适应性和灵活性，提高全要素生产率，更好满足广大人民群众的需要，促进经济社会持续健康发展。

31. 三去一降一补：去产能、去库存、去杠杆，降成本、补短板。

在全县三级干部会议上的讲话

（2017年2月6日）

英山县委书记　陈武斌

第一，聚焦“供给侧”，把思想和行动统一到转型升级的艰巨任务上来

供给侧结构性改革，是科学应对、把握和引领经济发展新常态的总抓手，也是贯彻落实“五大发展理念”的实践路径；加快发展，仍然是我们最紧要、最艰巨、最突出的第一要务；要加快发展，就必须全力深化供给侧结构性改革，推动发展在更高的层面提速换挡。

要深刻理解科学内涵主动发力。什么是供给侧结构性改革？可能我们很多同志尤其是我们的村干部还不是很理解，甚至感到陌生和玄乎。所谓供给侧结构性改革，就是：从提高供给质量出发，用改革的办法推进结构调整，矫正要素配置扭曲，扩大有效供给，提高供给结构对需求变化的适应性和灵活性，提高全要素生产率，更好满足广大人民群众的需要，促进经济社会持续健康发展。这是以习近平同志为核心的党中央，顺应新时期经济发展规律，所作出的重大战略决

策。围绕这一战略决策，我们应势而动、顺势而为，开展了系列供给侧结构性改革。比如，我们推进实施“五城同创”主战略，就是要发展新型工业、做大旅游产业、做强茶叶药材产业，主动推进产业结构调整，主动提高特色产业发展水平；我们神峰山庄积极创新发展模式，着力推动产业融合，主动供给绿色产品，主动引领和满足绿色消费需求；还有，我们吴家山和桃花冲两个旅游景区，年里修建滑雪场，引爆了滑雪旅游消费，其中很多游客开始并没有想滑雪的意愿，就是因为这两个景区修建了滑雪场，就滋生了要滑雪的消费需求；这些都是供给侧结构性改革的有效探索。我们要深刻领会丰富内涵，主动把供给侧结构性改革融入经济发展之中。

要以功成不必在我的定力持续发力。推进供给侧结构性改革，是一项系统的持久的复杂工程，既要推进产业结构的调整，又要推进产业质量的提升；既要淘汰旧产能，又要培植新动能；既要优化供给结构，又要优化要素配置；绝不是一年两年就能完成，也不是一项改革两项改革就能完成，甚至不是一届两届县委、县政府所能完成的。我们必须牢固树立打持久战、打攻坚战的意识，以功成不必在我的胸襟和定力，克服急功近利、小功即满、速战速决、疲劳厌倦的心态，立足长远、谋定而动、稳扎稳打、打牢基础、步步为营，一把接一把加力，一锤接一锤地敲，一仗接一仗地打，持续发力、久久为功，不达目的不罢休，以供给侧结构性改革的实际成效，推动县域经济迸发活力、振兴跨越。

要紧盯绿色发展的主轴线精准发力。绿色发展，是科学的发展，是高级的发展。我们英山有丰富的绿色生态资源，这些资源是上天赐予我们的“宝藏”，是令很多地方羡慕不已的“珍品”，这是我们推进供给侧结构性改革的主攻方向。推进供给侧结构性改革，必须紧紧盯住绿色发展这个核心要求，紧紧围绕绿色发展这根主轴线，强化绿色担当，肩负绿色作为，发挥好空气、原生态、纯绿色的优势，以更大的力度加强绿色保护、实施绿色开发、发展绿色产业、推进结构调整，构建特色产业新体系，积极引领绿色生活消费；真正让绿水青山变成强县富民的“金山银山”，真正把英山建设成为绿色贡献的根据地。

要突出“补短板”的硬任务重点发力。推进供给侧结构性改革主要有“三去一降一补”五大任务，就是去产能、去库存、去杠杆、降成本、补短板。从我县情况来看，短板的矛盾更加突出，补短板的任务更重，必须把“补短板”作为重中之重。要保持高压态势，扎实推进精准扶贫精准脱贫，着力加强道路、水利、电力、文化等基础设施建设，补齐脱贫增收的短板；要聚焦工业园区，大力招商引资，推进企业入园落户，着力培植龙头企业和骨干企业，大力发展新型工业，补齐“工业腿短”的短板；要大力推进农业供给侧结构性改革，培育农业市场经营主体，推动三产融合，做强农业产业品牌，实现安全可靠、高质量的农特产品供给，补齐农业发展短板；要瞄准四季休闲定位，打造核心吸引物，开发特色旅游商品，提供高质量旅游产品，补齐旅游产业短板；要强化政策、土地、制度等要素供给，大力支持和扶持实体企业发展，补齐经济结构短板；要从规划管控着手，创新机制，大力去房地产库存，补齐房地产产业发展的短板。

推进供给侧结构性改革，是一项艰巨任务，各级各部门要有坐不住、等不起、慢不得、时不我待的紧迫感，迅速行动起来，心往一处想、劲往一处使，坚定不移地贯彻落实县委、县政府推进供给侧结构性改革的战略意图，自觉把任务领回去，自觉把责任扛起来，狠抓各项决策部署的落地落实。

第二，聚焦“主战场”，把思想和行动统一到“六大创建”的攻坚会战上来

“六大创建”既是今后五年我们经济社会发

展的主要任务，也是推进我县供给侧结构性改革的实践载体。从今年起，我们要紧紧围绕“六大创建”的目标、思路和重点，一个难点一个难点地抓攻坚、抓突破，一项任务一项任务地抓落实、抓推进，一年一年地出成果、见变化，用三到五年时间，积小成为大成、积小变为大变，全面实现既定目标。今年，重点在五个方面攻坚。

（一）要打响项目建设的攻坚战

项目是发展的底盘，抓发展必须抓项目，抓项目必须聚力推进“十个六”工程。从今年起，“十个六”工程要紧紧围绕“六大创建”来谋定和推进。根据每项创建确定的任务和事项，把重点工作项目化、具体任务实体化，从中选取产业发展、基础设施、民生保障等事关全局的项目，整合形成“十个六”工程及续建项目、乡镇“六个一”、村级“三个一”；各级领导干部和各乡镇、各部门，要紧紧围绕这一思路，主动站位谋项目、千方百计争项目、全力以赴干项目，以项目建设的实际成效，拉动投资、推进“六大创建”。

今年的“十个六”工程项目：

一是推进精准脱贫新样板建设六个项目：易地扶贫搬迁（集中安置新社区）工程；集中式50兆瓦农光互补光伏和分布式光伏扶贫项目；贫困村“十有”建设工程；村级自强互助合作社产业拓展基地；润德外派劳务赴日农业研修项目；黄陂对口帮扶英山脱贫项目；

二是推进创业创新先锋区建设“两个六”项目，分别是：

打造六大创业创新平台：毕昇科技产业园暨中小微企业孵化基地；回归创业园；武汉光谷生物城英山生物医药园；电子商务产业园；大学生创业孵化基地；湖北“三农”数据中心及中药材博物馆；

推进六大改革创新项目：创建国家新型城镇化试点县；创国家中医药综合改革示范区；农村集体产权制度改革；落户PPP项目；贫困县龙头企业IPO主板免排队上市项目；深化“放管服”改革；

三是推进特色产业主阵地建设“三个六”项目，分别是：

六个工业项目：湖北谭氏光电科技；湖北宏力机电设备制造；湖北世联汽车零部件；睿智环保涂料；祥荣长石精加工；长安建筑现代产业园；

六个现代农业项目：大别茶访茶旅创意园；方咀玉龙源生态农业观光基地；福辉现代农业示范园；神峰山庄有机蔬菜基地扩规；湖北垄上行“TV+茶旅文化”项目；新鑫茶业直销茶出口项目；

六大生物医药及健康养生项目：吉利中药材精深加工；宏图中药材苍术精深加工产业园；辰美（红日）中药材配方颗粒生产线；华中药用植物园石斛园；桃花溪小镇二期；南山国际养生城；

四是推进全域旅游示范区建设六个项目：创国家全域旅游示范区；吴家山创国家AAAAA级旅游景区（世界地质公园）；桃花冲创省级旅游度假区；东河百里秀；大别山茶叶谷（茶人山家）度假村；洪广南武当度假村；

五是推进生态文明示范县建设六个项目：创省级生态县；创省级园林城；创张家咀国家级湿地公园；城乡垃圾处理；城乡污水处理；风力发电项目；

六是推进和谐幸福新家园建设“两个六”项目，分别是：

六个路桥项目：环城一级公路；长安大桥；白莲河环库公路花海大道；长冲大道；长安大道改造（温泉路）；武英高速英山出口及红山大道北段升级改造；

六项社会事业及基础设施建设项目：才知文化广场（文化综合体）；优化城区学校布局工程（四建两扩一改）；新妇幼医院；城南城北汽车站及城区停车场；110千伏变电站及城乡电网改造；大礼堂（文化广场）改造。

今年乡镇需要重点推进的“六个一”分别是：新建或升级一家进规企业；新建一个美丽乡村示范村；新建或升级一个现代农业示范园；新建或升级一个四星级农家乐；新发展一个规模较大的特色产业基地；新建或升级一条文明示范街；

今年村级需要重点推进的“三个一”分别是：培植一个精准扶贫主导产业；完善一个长效垃圾治理机制；创建一个文明垸落。

（二）要打响脱贫增收的攻坚战

精准脱贫是政治任务，任何时候都是重中之重。去年，我们一级抓一级、一浪接一浪，圆满完成了年度脱贫任务；但这并不意味我们的任务减少了、压力变轻了，相反，而是任务更重了、压力更大了；我们既要完成新一年度贫困家庭和贫困村脱贫的任务，还要巩固提升上一年度脱贫户和出列村的成果，防止返贫。要紧紧盯住脱贫增收这个核心，全面落实扶贫政策，扎实推进对口扶贫项目，加大市场主体对接力度，组建贫困群众自强互助合作社，大力推进产业扶贫，拓宽增收渠道，建立稳定的增收机制。

（三）要打响招商引资攻坚战

资金紧缺，是推进“六大创建”的最大短板；破解资金难题，仅靠政府投入远远不够，必须紧紧盯住市场办法，大力招商引资。要把招商引资放在更加突出的位置，实施一号攻坚工程，定任务、结硬账，重奖有功之臣，问责不作为之辈；招商分局“一把手”要直接挂帅出征，用主要精力抓招商引资；其他单位要全力服务招商，做到客商引到哪里、服务跟进哪里、绿灯亮到哪里。要紧扣“六大创建”，突出特色产业招商，坚决不招不环保的企业，坚决不要高耗能的淘汰产业；要积极探索市场化、专业化招商模式，大力开展以商招商、中介招商、驻点招商；要加强与央企、百强企业、上市企业和在外英山商会的对接力度，抢抓贫困县企业上市免排队政策机遇，力争引进或培育一家企业上市；要下大力气、集中力量、拿出超常规举措，突破园区招商，努力形成企业满园格局，真正把园区打造成为拉动县域经济振兴的大龙头、大引擎。

（四）要打响城区拆迁攻坚战

建设英山，发展英山，墨守成规、按部就班、求稳怕乱必然一事无成，唯有主动作为、敢拼敢搏、迎难而上，才能干出新希望、闯出新局面。为了发展需要，经研究决定，今年要再次发动一轮拆迁大会战，该拆除的，不讲条件、不讲价钱、不讲特殊，克服一切困难，坚决拆除到位。要在新城开展征地拆迁。根据工业新城和城西新城项目建设需要，对项目规划区内的土地房屋进行征迁；要在老城开展疏堵拆迁，立足改善城区交通环境，拆除一批违建设施、修建一批循环路；要下定决心，启动一河两岸沿线拆迁，高标准建设市民生活休闲带，早日建成美丽山城；要把拆迁还建与去房地产库存结合起来，创新还建模式，变“新建还建房”为“购置还建房”，实现群众、政府、企业互惠共赢的目标。

（五）要打响环境整治攻坚战

环境问题，是十分突出和紧要的问题，也是城市发展与农村建设、产业振兴与生态保护、经济建设与民生保障的共性问题，推进“六大创建”，必须重点解决好环境问题。各乡镇和各单位要高度重视，牢固树立抓环境就是抓发展、抓环境就是抓旅游、抓环境就是抓产业的大局观念和责任意识，紧盯不放、一抓到底，一个村一个村地抓、一片一片地抓，统筹推进环境治理；要加大财政投入力度，探索建立市场参与机制，建立城乡污水处理系统，构建城乡垃圾治理体系，完善基础设施，逐步形成科学治理、系统治理、长效治理、常态治理机制；持续推进“雷霆行动”和“三边三改三化”行动，坚决取缔环保不达标企业，大力整治矿山、河道、畜禽养殖，全面“清垃圾、治污水、保水源”，综合治理乱搭乱建、乱摆乱放、占路经营、乱设广告行为；充分发挥基层党组织战斗堡垒作用，广泛开展生态文明教育，引导群众增强文明意识、环保意识、卫生意识，把群众动员和组织起来，积极开展垃圾大清扫、卫生大扫除，让群众真正成为生态文明建设的主人。

项目建设、脱贫增收、招商引资、城区拆迁、环境整治五场攻坚战，场场都是难啃的“硬骨头”，各级各部门要做足思想准备，卯足决战干劲，严明纪律规矩，全力投身到攻坚会战之中。要实施“一把手”工程，县、乡镇和部门必须由“一把手”亲自挂帅出征；要建立会战机制，集中部门力量、集中财力物力、集中优势资源，统一政策、统一标准、统一时间，逐一明确牵头领导和责任部门、明确完成时限和年度目标任务，集中发力攻坚决战；要建立进度月报、问题清单、联席协调、督查通报制度，实施部门包保、挂图作战、看表管理、销号结账，经常督、反复擂、持续盯，一仗一仗地打稳打胜。

第三，聚焦“新动能”，把思想和行动统一到发展潜力的培育挖掘上来

环境就是资源，服务也是生产力。越是赶超振兴，越要打造优质环境，提升服务水平，不断挖掘发展潜力、打造发展新动能。

要完善政策挖潜力。政策保障是招商安商最大的“定心丸”。要完善招商引资政策。国务院出台的《关于扩大对外开放积极利用外资若干措施的通知》明确规定，允许地方政府在法定权限范围内制定出台招商引资的优惠政策。我们要抢抓这一机遇，加强政策的对接和研究，率先发力，抢占制高点，系统制定出台新一轮招商引资优惠政策，大力吸引大客商、大老板、大财团来我县投资兴业、上市控股；要完善支持实体企业政策。实体经济是我们稳增长、调结构和转型升级的支撑点，也是供给侧结构性改革的着力点；要制定出台优先优惠实体企业发展的政策，最大力度催生实体企业，为推动实体经济发展提供坚强的政策支撑；要完善优先优惠园区企业发展政策。园区是引领产业发展的龙头和平台，是振兴工业经济的希望，是全县人民的聚焦点；要增强园区建设的责任感和紧迫感，在落实共性招商优惠政策基础上，出台优先优惠落户园区企业的政策，推动形成企业入园的新浪潮。要完善药材产业发展的政策体系。药材的价值大、潜力大，要制定出台支持药材种植、药材深加工、药材营销等系列政策，把药材产业打造成为重要的实体经济支撑。

要改革创新挖潜力。始终突出问题导向，把改革创新贯穿到振兴发展的全过程、全方位，以改革的思维和举措推动发展提速提质。以改革推动结构调整。着力推动产业融合发展，不断做强特色产业品牌，大力发展以新型工业、现代农业和战略性新兴产业为主体的特色产业；以改革增强市场活力。深化“放管服”改革，在更大范围、更深层次，以更有力举措推进简政放权、放管结合、优化服务，着力降低制度性交易成本，优化营商环境，激发市场活力和社会创造力，引领推进大众创业、万众创新。以改革突破要素制约。重点推进农村集体产权制度改革，加快建立城乡统一的建设用地交易市场；创新多元投融资机制，对接金融领域改革，深化大别山金融工程，加快推行PPP模式；深化人才体制改革，着力打通人才绿色通道；加大资金整合力度，充分发挥财政资金调度职能作用，最大限度地整合县域项目资金、金融资金、部门资金，握紧拳头出击，推进特色小城镇、美丽乡村、重点贫困村建设。以改革推进成果共享。稳步推进户籍制度改革，持续推进教育体制改革，加快推进医药卫生体制改革，大力深化文化体制改革，以改革创新推动发展成果共享、以改革成果惠及民生。

要依法治理挖潜力。发展是要务，法治是要素，法治要服务和服从于发展。要着力提升依法治理、依法用法的能力，敢于和善于运用法律武器，为发展保驾护航。要依法加强市场监管，依法打击和大力整治欺行霸市、哄抬物价、恶意垄断、违法经营、扰乱和破坏经营秩序等非法失信行为，引导市场主体诚实守信、规范有序、依法经营、公平竞争；加大依法治理信访力度，坚决依法打击缠访闹访非访行为，依法严厉打击各种违法犯罪活动，着力营造安全、和谐、稳定的发展环境；要厚植法治文化，更加注重弘扬法治精神、培育法治理念、树立法治意识，切实打造一个自觉守法、办事依法、遇事找法、解决问题靠法的法治环境。

要优质服务挖潜力。要坚持政企连心、政企同心、政企齐心，抱团取暖，共克时艰、共闯难关；各级各部门的领导和干部，要更加增强服务发展、服务中心、服务企业的责任意识和紧迫意识，在服务企业上当主人、不当看客，多当战斗员、少当评论员；准确把握政府与企业、权力与责任、管理与服务的内涵，着力构建“清”“亲”政商关系，把“服务企业”“敬商重商亲商”作为一种责任和一份追求，让“服务企业就是服务发展”“你发财我发展”的理念入心入脑，变“要我服务”为“我要服务”“坐等服务”为“上门服务”，以一流的服务造就一流的环境、激发一流的活力。

第四，聚焦“争进位”，把思想和行动统一到创先争优的目标追求上来

抓工作，一定要有目标追求，不能一年到头漫无目标、稀里糊涂、脚踩西瓜皮滑到哪里算哪里；全县如此，各乡镇、各单位也如此，六大创建、“十个六”工程的各个项目同样如此。

要找准定位“树靶子”。目标定位精准，才能施策精准、发力精准。要突出务实性。既注重量体裁衣、结合实际，也要跳起来“摘桃子”，充分体现竞争性；既不能不着边际、贪大求全，也不能不求作为、原地踏步。要突出特色性。更加强化“既争第一更争唯一”意识，虽然我们在综合实力上竞争有差距，但在精准脱贫、绿色发展、特色产业等某个领域、某个侧面，竞争潜力很大、争金夺银的希望很大，我们应该系统谋定、集中发力、全力争取实现。要突出重点性。确定目标，要紧紧盯住事关全局、影响全年、制约全县的重点难点工作，不能避重就轻、虚晃一枪。要突出对接性。要紧紧围绕省、市、县下达的目标责任来确定本单位年度目标，要把上级目标责任分解认领回去，不能自弹自唱、自行其是。

要狠抓落实“钉钉子”。目标制定后，关键在落实；要充分发挥目标的引领作用，推动工作落实在平时，不能让目标和工作“两张皮”。要加强责任分解。要对总体目标进行层层分解，指标分解到季度、到月份、到重大时间节点，任务分解到事项、到项目，责任落实到牵头领导、到专班、到责任人，一个月一个月地抓、一件事一件事地干、一个节点一个节点地完成目标任务。要加强统筹调度。要建立目标责任调度月报制度，各乡镇和各单位每月要向项目主管单位分别报送目标责任完成进度情况，县委考核办和各项目主管单位要加强目标责任完成情况的研究分析，及时发现问题、及时提供指导、及时查漏补缺，确保把问题解决在平时。要加强检查督办。县委、县政府督查部门和各项目主管单位，要建立定期督察制度，对“六大创建”“十个六”工程等重点工作、重大项目，开展定期督查、专题督查，印发督查通报，限期整改落实督查问题。要加强平时考核。要大力精简年终集中考核项目和内容，大力开展平时考核，以考促干，避免工作积压到年终、问题扎堆在年终。

要典型引路树新风。典型的力量是无穷的。创先争优，要坚持典型引路、弘扬正气、营造氛围。要重点“培”典型。各乡镇、各单位和各项目主管单位，特别是“六大创建”和“十个六”工程，要加强指导，创办一批高质量、高标准、高辐射的试点和示范点，抓点带面，推进全局。要现场“看”典型。采取分领域、分片区、分阶段、分时间节点，组织召开现场拉练会、观摩会，现场看、现场比、现场评、现场学，一浪一浪地掀起“比学赶超”热潮；各乡镇和各单位要把“学典型、抓落实”作为一种基本的工作方法，做到“学有收获、行有成果”，要开展交流讨论，谈体会、谈启发、谈打算。要大力“造”典型。要突出“六大创建”和“十个六”工程重点，大力开展创先争优评选表彰，充分运用电视、报刊、网络、微信等媒体，大力宣传推介先进典型，全面弘扬正能量、树立新风尚，营造支持、鼓励创先争优的浓厚氛围。

要大干当前抢开局。创先争优，必须着眼当前、实干起步。当前春节已过，长假结束，县、乡、村三级干部要迅速从节日的放松状态中紧张起来，投入到各项工作当中。“六大创建”要迅速成立指挥部，组建专班，研究制定创建方案，分解创建任务，落实创建责任，全面启动推进各项创建工作。“十个六”工程要迅速到位领导、到位专班、落实分工、分解进度，迅速启动推进；实体项目要迅速调度资源、集结兵马、入驻工地、摆开战场、快速上马、立即开工。全县各级各部门包括四大家领导、各乡镇、村干部和县乡农村工作队、驻村“第一书记”，要拿出惜时如金、不等不靠的干劲，迅速投入到新一年脱贫攻坚的主战场，全面掀起“送农资、送技术、送信息、送政策、送资金、送项目”的高潮，帮助贫困群众落实生产物资、对接扶贫产业、找准增收渠道。要抢抓季节，持续推进“绿满英山”行动，全面开展植树造林，突出抓好城区绿化工作，为创建全国生态文明示范县和全域旅游示范区打下坚实基础。要抓好服务企业行动，县四大家领导、各涉企部门的全体党员干部、各单位的驻企干部都要深入企业、项目一线，帮助企业渡难关、早上马、抓生产、促转型，实现一季度“开门红”。

在这里，要突出强调一下 H7N9 禽流感防控工作。截至 2 月 3 日，我省已发生 7 例 H7N9 禽流感病例、死亡 2 例，这是近年来同期发病例数最高的一年；我们黄冈市黄梅县就发生 1 例。省委、省政府高度重视 H7N9 疫情防控工作，省委书记蒋超良 6 次、省长王晓东 4 次分别做出重要批示，要求各级党委、政府要全力做好当前 H7N9 禽流感防控工作。县 H7N9 禽流感联防领导小组、县直成员单位及县直有关部门，要切实加强组织领导，坚决做到各负其责、协调配合、联防联控，全力以赴抓好疫情监测、医疗救治、联防联控、健康教育等工作。各乡镇党委、政府要加强领导、强化责任，组织卫生、畜牧、农技、林业等部门对辖区禽类养殖和经营场所进行全覆盖、地毯式排查，不漏一户，不落一人，确保各项防控工作落到实处。

第五，聚焦“精气神”，把思想和行动统一到履责担当的竞进作为上来

顺境逆境看襟度，大事难事看担当。在全县发展处于爬坡过坎、攻坚克难的关键时期，干部的精神状态成为决定战局走向的核心因素。要全面贯彻落实党的十八届六中全会精神，以扎实推进全面从严治党为总抓手，全面打造务实重行、真抓实干的新状态，大力弘扬形成想干事、能干事、敢干事、干成事的新风尚。

一是要压紧压实主体责任，引领党员干部聚精会神抓发展。层层签字背书，层层建立责任清单，一级抓一级，级级抓落实，推动全面从严治党压力“零线损”传导；要紧紧盯住关键的少数和少数的关键，以更大力度压紧压实党组织书记“第一责任人”的“第一责任”；要严格坚持一岗双责，推动全面从严治党主体责任向班子成员延伸，严防“灯下黑”；要扎实推进党委巡察工作，推动全面从严治党向基层延伸，切实打通管党治党体系的“最后一公里”；引领全县党员干部更加适应全面从严治党新常态，凝心聚力、心无旁骛、聚精会神抓发展。

二是要加强政治思想建设，引领党员干部不

忘初心抓发展。坚持政治立身，大力加强政治纪律政治规矩教育，牢固树立“四个意识”，从政治上思想上行动上与以习近平同志为核心的党中央保持高度一致，以坚强的政治定力，推动中央和省市县委决策部署落地落实；大力加强理想信念教育，补足精神之钙，把强县富民作为毕生追求，把“六大创建”作为时代使命，不向困难低头，敢啃“硬骨头”，不贪图享受，乐在一线干事创业；大力加强宗旨教育，推动广大党员干部清除思想尘垢、增强宗旨意识，接地气、去官气，牢记勤政为民的理念，一心一意、真心实意为民服务。

三是要筑牢基层战斗堡垒，引领党员干部执行有力抓发展。全面落实“整县推进”要求，全面推进实施基层党建“八大工程”，全面加强基层党组织班子建设、带头人队伍建设、阵地建设和制度建设，聚力推进后进支部整顿转化提升，切实把基层党组织打造成为牢固树立“四个意识”、扎实推进全面从严治党的战斗堡垒，打造成为执行力强、能够坚定不移地贯彻执行县委、县政府决策部署的战斗堡垒，打造成为在精准脱贫、特色产业、全域旅游、美丽乡村、生态保护等加快发展上敢于担责担难、勇于攻坚克难的战斗堡垒，打造成为善于做群众工作、善于化解矛盾纠纷、常保一方平安的战斗堡垒，打造成为把群众生命生活安全放在至高无上位置、知群众冷暖疾苦、为群众解难事办实事、带领群众过上幸福生活的战斗堡垒。

四是要健全科学管理机制，引领党员干部敢作敢为抓发展。从完善干部管理机制着手，推动党员干部履责担当、敢作敢为。要把问责作为推动务实重行的关键，既要坚持主体责任清单和领导干部履责情况纪实制度、确保“问”得有理有据，又要狠抓问责条例办法的贯彻执行、确保“责”得严肃到位；坚决建立容错纠错机制，织就兜底之网，严格落实“三个区分开来”，允许失误、宽容失败，旗帜鲜明地为担当者担当，为负责者负责；进一步健全完善科学的考评奖惩机制，把干部的政绩考实考准考细考科学，让假政绩、伪政绩、虚政绩、软政绩没有市场，让庸官、懒官、散官、巧官没有出路，让懒作为、不作为、乱作为付出代价，打造一级带着一级干、一级做给一级看的“示范链”。

五是要深入推进执纪监督，引领党员干部风清气正抓发展。坚持把纪律挺在前面，全面开展《关于新形势下党内政治生活的若干准则》《中国共产党党内监督条例》等系列党纪党规学习教育，不断增强纪律规矩意识，厚植廉洁文化根基，打牢反腐倡廉思想基础；要建立健全党内政治生活制度体系，充分运用批评和自我批评的有力武器，严于自我抓解剖，满腔热情帮同志，以优良的党内作风，净化自我、增进团结；要全面落实“四种形态”，加强常态巡查监督，充分运用组织函询、约谈提醒等方式，及时咬耳朵、扯袖子，切实把“四风”和腐败苗头叫停在萌芽状态，真正起到预防为主、治病救人的作用；要保持惩治腐败的高压态势，紧盯重点领域、重点部门、重要岗位，加强权力运行制约和监督，扎紧反腐倡廉的制度“笼子”，切实让铁规发力、让禁令生威。

同志们！千磨万击还坚劲，任尔东南西北风！发展思路已经明确，发展措施扎实有力。让我们在以习近平同志为核心的党中央坚强领导下，以更加饱满的精神、更加昂扬的斗志、更加扎实的工作、更加积极的作为，抢抓机遇，大干当前，全面贯彻落实县第十四次党代会精神，为决战精准脱贫、致力绿色振兴、深化“五城同创”、推进“六大创建”、全面建成小康英山而努力奋斗！

专　辑

白莲河水库综合整治

英山县是白莲河水库水源发源地，是长江经济带生态保护重要地区。白莲河水库库区总面积的48.9%在英山县境内，涉及英山县城区、开发区，4个乡镇、36个行政村。

2011年2月，黄冈市人大代表向黄冈市三届人大六次会议提出“理顺白莲河水库管理体制”的建议，市政府组织专班办理。9月14日，市政府出台《关于理顺白莲河水库管理体制的决定》（黄政发〔2011〕25号）、市政府办公室关于印发《理顺白莲河水库管理体制相关实施方案的通知》（黄政办发〔2011〕85号）及《关于成立白莲河风景区管理委员会的通知》（黄政办发〔2011〕87号）。9月20日，市政府召开理顺白莲河水库管理体制工作动员大会，理顺白莲河水库管理体制大幕拉开。

2013年3月，黄冈市政府办公室印发《白莲河水库水面综合整治工作方案》，水面综合整治战役打响。9月，英山县启动打捞水葫芦作业，2015年10月，打捞水葫芦任务全面完成。

2015年2月，英山、罗田、浠水三县11323口网箱、1156处网拦库汊拆除上岸。5月，621座土拦库汊解除承包协议，签订退出协议。

2016年，英山县围绕保护白莲河水库水源，开展农村生活垃圾、石材开采与加工污染、秸秆禁烧、库区河流非法设渡、船艇非法运营、饮用水水源地环境、河道采砂、重点水域排污口、工业污染、畜禽养殖污染、城乡生活污水、环保违规建设项目综合整治。出台《英山县长江经济带生态保护“雷霆行动”工作方案》等16套整治方案和办法，将整治任务分解到相关单位。

英山县长江经济带生态保护“雷霆行动”责任分工情况表

表1

整治项目	目标要求	牵头单位	责任单位
城乡生活污水处理	英山污水处理厂二期建设、污水管网建设、城镇污水处理厂运行监管、重点镇污水处理厂建设	住建局	住建局、红山镇、石头咀镇、市政工程局、自来水公司
工业污染整治	企业完善污染治理设施、污染整治设施管理、完善污水收集管网工程	环保局	环保局、开发区、住建局、各乡镇
石材开采与加工污染整治	石材矿山集中、规范、安全开采，废石废渣综合利用，废弃（关闭）矿山恢复治理，矿区地质环境明显改善；石材集中加工、有序堆放，废渣废水循环利用、达标排放	国土局 环保局	国土局、安监局、环保局、工商局、水利局、林业局、公安局、电力公司、各乡镇
畜禽养殖污染	畜禽粪污综合利用达标的规模养殖场在90%以上；病死畜禽无害化处理率达到100%	畜牧局	—

续表 1

整治项目	目标要求	牵头单位	责任单位
环保违规建设项目	完善一批符合产业政策建设项目的环保手续，增强企业综合竞争力；整治一批治污设施不健全的建设项目，淘汰一批不符合产业政策的高耗能、高污染、高排放建设项目	环保局	各乡镇、开发区、环保局、发改局、经信局、国土局、规划局、公安局
农村生活垃圾治理	农村垃圾“户分类、村收集、镇转运、县处理”，行政村保洁全覆盖，提高垃圾分类收集水平和垃圾无害化处理率	各乡镇	住建局、环卫局、县农办、文明办、发改局、财政局、环保局、农业局、国土局、妇联、共青团、教育局、交运局、水利局、林业局、卫计局、供销社
饮用水水源地环境	城区集中式饮用水源地水质达标率100%，城区饮用水源地一级保护区水质优于（GB3838-2002）Ⅱ类水质标准，二级保护区水源水质得到有效提高，确保达到（GB3838-2002）Ⅲ类及以上水质标准	环保局	环保局
重点水域排污口	重点水域沿线、沿岸设置的排污口有序设置，规范管理	水利局	水利局、环保局、住建局、农业局、各乡镇
河道采砂	打击田间取砂和无证洗砂行为，完善英山县河道采砂权拍卖管理体制，杜绝黄砂资源流失	水利局	水利局、水保局、西坪电站、交警、路政、水政砂石执法部门
重点水域渡口	依法对取缔县内非法建设的渡口、拆除饮用水水源一、二级保护区内的渡口、保护监管水域水环境、促进饮用水水源地保护区绿色、生态、和谐	交运局	交运局、各乡镇
秸秆禁烧	禁止露天焚烧秸秆，建成较为完备的秸秆收集储运体系，生态效益、经济效益和社会效益同步提高	农业局	农业局、环保局、农机局、畜牧局、能源办
淘汰落后产能	取缔不符合国家产业政策的小型造纸、制革、印染、染料、电镀、农药等严重污染水环境的生产项目	经信局 发改局	经信局、发改局

2016年5月，英山县政府成立白莲河水库综合整治指挥部及雷霆行动、石材开采与加工污染整治等11个领导小组，召开长江经济带生态保护“雷霆行动”工作动员会。综合整治行动由环保部门牵头，指挥部办公室设在英山县水电局。

综合整治行动涉及工业污染治理、环保违法违规建设项目清理、饮用水源保护、违法排污企业整治、乡镇集中式饮用水源保护等5项46个具体项目。其中涉及工业污染治理项目6个（省督办项目3个、市级督办项目3个），涉及环保违法违规建设项目清理19个，涉及饮用水水源地保护项目1个，涉及违法排污企业整治项目5个，涉及乡镇集中式饮用水源保护项目15个。

2017年，综合整治行动全面升级，英山县委办公室、县政府办公室印发《英山长江经济带生态保护“雷霆行动”升级版工作方案》，调整充实“雷霆行动”领导小组，调整工作目标和任务。

截至2017年年底，拆除内库网箱92口、外库网箱48口、网扎5道、哨所14座、移交“路坝合一”土库35座、拆除整治土库89座、拆解上岸“三无”船只621条，对涉库乡镇的路坝合一和清鱼清库，暂留铁船38只，待清库工作完成后再予以取缔。整治任务全部销号。划定14个饮用水水源地保护区范围。在城区一级饮用水水源地保护区边界设立警示宣传牌11块、界碑4块。对保护区内违法违规建设的猪圈、厕所进行全面强制清除，并启动城区饮用水源一级保护区内上游截污管网工程，加装围网2200米。全县饮用水水源地水质满足质量要求。整治拆除白

英山长江经济带生态保护“雷霆行动”升级版工作任务表

表2

任务名称	主要内容	完成时间	挂帅领导	牵头部门	责任单位
整治违法排污企业	开展全县排污企业整治“回头看”和环境执法大检查，列出问题清单，强力整治整改	4月20日前	黄 伟 阮利红	环保局	县环保局、畜牧局、住建局、经信局、城管执法局和各乡镇党委、政府及开发区管委会
	加大违法违规建设项目清查力度。对存在项目未批先建，“三同时”不落实，不正常使用污染防治设施，未取得排污许可证排放污染物、超标排放污染物、超总量排放污染物以及偷排、漏排等环境违法行为的排污企业，落实“整治一批、查处一批、关停一批、问责一批”措施	12月31日前			
整治保护饮用水水源地	摸清全县乡镇饮用水水源地现状，建立英山县乡镇饮用水水源地保护台账	3月28日前	阮利红	县环保局	县环保局、水电局、住建局、林业局、城管执法局、交运局等部门和各乡镇党委、政府和开发区管委会
	划定乡镇饮用水水源地保护范围	4月30日前			
	全面贯彻实施《黄冈市饮用水水源地保护条例》，巩固温泉城区集中式饮用水水源地保护成果，完成遗留的整治问题。完成乡镇集中式饮用水水源保护区报批工作	6月30日前			
	温泉城区集中式饮用水水源地配套建成运行水质自动监测站，实时监控饮用水水源水质，推进乡镇饮用水水源地保护工作。完成饮用水水源保护设施配套完善、饮用水水源保护范围内环境整治和饮用水水源水域环境保护等工作，建立饮用水水源保护长效机制	9月30日前			
整治生活污水垃圾污染	县污水处理厂项目全部建成，完成各乡镇污水处理项目开工建设（2018年年底前全面建成投产，2019年实现乡镇生活污水治理全覆盖，正常运行）。县城生活污水处理厂污泥实现无害化处置。实现全县一半以上乡镇建成垃圾处理标准化中转站或中转设施，完成全县终端处理设施的前期征地、环评、可研、初设、招商招标等工作	12月31日前	郑伦福 高飞跃	县住建局	县住建局、各乡镇党委、政府及开发区管委会
整治畜禽养殖污染整治	对全县已划定畜禽养殖适养区、限养区、禁养区的准确性和可操作性进行再界定，出具“三区”规划图，明确禁养区红线	5月31日前	徐明轩	县畜牧局	县畜牧局、各乡镇党委、政府和开发区管委会
	开展“雷霆行动”2016年畜禽养殖污染专项整治“回头看”，实现养殖废弃物综合利用或达标排放	5月31日前			
	对禁养区实现全面禁养，对适养区、限养区内的养殖场（小区），实行“一场一策”，实现养殖废弃物全面综合利用或达标排放	12月15日前			
	建立依法监管长效机制	6月30日前			
整治重点水域渡口	巩固重点水域渡口的治理成果。建立常态化重点水域渡口巡查监管机制	12月31日前	郑伦福	县交运局	县交运局、南河镇、方家咀乡、石头咀镇、陶家河乡党委和政府
	对需要拆迁的合法渡口进行疏导处置	12月31日前			
规范提升湿地公园和自然保护区	整治违法违规建设项目，开展水污染综合治理，实施生态修复。成立相应管理机构，加强各项基础性工作	12月31日前	丁建怀 阮利红	林业局	县林业局、水电局、各有关乡镇党委、政府

续表 2

任务名称	主要内容	完成时间	挂帅领导	牵头部门	责任单位
整治保护白莲河水库等重点水域生态环境	完成水面综合整治遗留网箱网汉取缔拆除	3月31日前	徐明轩	水电局	县水电局、水产局、公安局等部门及南河镇方家咀乡、温泉镇、石头咀镇、陶家河乡、草盘地镇党委和政府
	完成遗留哨所拆除	4月30日前			
	完成土拦库汊拆除	5月31日前			
	完成“三无”船只拆解上岸	9月30日前			
	开展涉库违规建设开发行为查处整治	11月30日前			
	加快实施张家咀水库、占河水库、红花水库等重点水域生态环境保护方案。加大资金投入，强化控源减排，开展湿地与生物多样性保护，发展生态渔业，合理布局与优化水事工程，增强水域自然修复能力，确保各重点水域水质按功能区达标	12月31日前			
整治围网围栏和网箱养殖	对河库围栏围网和网箱养殖情况进行全面调查摸底，造表登记，确保数据精准	2月28日前	徐明轩	水产局	县水产局 各有关乡镇党委和政府
	制定出拆围工作方案	3月31日前			
	禁止再投放鱼种养殖，加大执法力度，依法强制取缔和拆除	11月30日前			
	对各有关乡镇整治取缔河库围栏围网和网箱养殖工作进行考核验收	12月10日前			
淘汰燃煤小型锅炉	对全县所有20蒸吨/小时及以下燃煤锅炉进行排查摸底，列出清单，实行一炉一策，逐台明确拆除或清洁能源改造时限（最迟不超过6月30日）	3月10日前	李　文	发改局	县发改局、质监局、环保局等部门及各乡镇党委、政府和开发区管委会
	划定全县禁燃区范围，发布通告，并严格管理	3月31日前			
	按照规定时限，逐台完成20蒸吨/小时及以下燃煤锅炉拆除或清洁能源改造任务	6月30日前			
淘汰黄标车	完成全年任务的70%（各地均按70%的比例核算）	6月30日前	苗爱军	公安局 交警大队	县公安局、县交警大队、各乡镇党委、政府
	完成全年任务，淘汰全市所有黄标车	12月31日前			

莲河水库104.9米水线下养殖场22家；水线上关停11家，全面综合整治限养区、适养区养殖场96家，强制停建、停养新建养殖场6家。小型矿山实行“关停并转”，31个矿点整合为3家矿山；2家矿山企业按要求实施关闭，1家矿山达到复绿标准；库区周边38家石材加工厂按整治标准整合重组18家，关停2家。结合工业新城、城西新城统筹新建的汉德二期污水厂进入试运行阶段；改造污水管网22374米、新建污水管网17074米；整治改造城区排污口9个，城中河、一河两岸整治截流入网，沿河西路至二期污水厂管道建成通水，污水收集率、处理率均达80%以上，排放达标并按有关要求实时监测监管。三年投入农村垃圾治理资金4417.8万元，“户分类、村收集、镇转运、县处理”的垃圾转运体系初步形成。制止涉库违填、违建行为10多起，移交白莲河工程管理局立案查处4起，完成督促整改销号4处。规范农资经营秩序，对高毒高残留农药实行定点经营，台账实名管理，经营门店从308家缩减至173家；抽检化肥18个批次，检验合格15个批次，对3批次187吨不合格化肥，严禁销售，由公安机关立案查处。公安部门查处涉库案件10多

件，2 人被判刑，5 人被行政拘留。对湖北安然汽车配件股份有限公司电镀车间采取断电、封存措施，依法摧毁性拆除电镀车线路。对湖北东风世星汽车零部件股份有限公司电镀生产线实施改造。淘汰企业煤炭小锅炉 16 家，实施煤改电茶叶加工企业 10 家，英山工业用煤由 45000 吨 / 年下降到 26000 吨 / 年。金峰麻纺和金马玻纤电改气，涉及改造资金 6000 万元。拆除饮水源周边违法建筑及影响水源的菜地、牲畜猪圈、厕所等各类临时性构筑物 28 处。周边建筑和生活垃圾彻底清理转运。在铁炉大道建设建筑垃圾消纳场一座，占地面积 7.33 公顷，采用破碎处理工艺，日处理建筑垃圾 500 吨。完成大别山国家级自然保护区（英山段）方面 8 个整治项目和张家咀国家湿地公园方面 8 个整治项目的整改。

新建四季花海旅居新镇道路 4.17 千米。城区污水收集管网实现雨污分流，沿河排污口已接入管网；投资 1.57 亿元，开工建设南河镇、方家咀乡等 10 座乡镇污水处理厂。引进 6 个生态和绿色产业项目。在涉库乡镇培育南河福辉农场、方家咀众悦农场、温泉镇莲发茶业等新型农业市场主体 3 家。全面整治张家咀水库水源地库面及周边垃圾，取缔库区村 3 处临时垃圾点，新建规范垃圾场 1 处，水库坝顶增设垃圾池 4 个，库区湿地建设 6.33 公顷水源涵养林，水库大坝及大坝两端建设防护网 3500 米，水源地保护标识牌 5 块。投资 260 万元，新建张家咀水库饮用水源地水质自动监测站，厂房及监测设备安装全部完工。

英山县白莲河库区综合整治引进生态和绿色产业项目一览表

表 3

招商企业	建设项目	投资金额（亿元）
湖北三三重工	五道水养生谷	5
湖北新海天投资有限公司	大别山生态温泉谷	12
	白莲人家“一带一路”	8
湖北卓越集团	大河冲传统村落保护性开发	5
湖北省能源集团	风力发电	18
	50 兆瓦农光互补光伏发电	5

英山县第二次全国地名普查

英山县第二次地名普查工作从 2014 年 12 月 22 日县政府印发《英山县第二次全国地名普查工作实施方案》开始启动，至 2016 年 12 月底数据汇总，历时 2 年，涉及英山县所辖 11 个乡镇、319 个行政村（社区），633 个部门和单位。

县政府成立第二次地名普查工作领导小组，分管副县长任组长，县民政局局长、县政府办副主任任副组长，县民政局、县志办等 26 个部门为成员。各乡镇（街道）和县级机关相关部门相应成立由主要领导牵头的领导小组。县地名普查领导小组下设办公室，抽调县志办、县政协文史委、县编办、县档案局、县文化局等部门的专业人员组成专家组。各乡镇、村，各部门抽调 640 多人组成普查队伍。先后开展业务培训 12 场次，分期培训县直机关 11 个乡镇，普查员 640 多人。

县政府、县地名普查领导小组先后印发《英山第二次地名普查工作实施方案》等文件 23 份。印制《第二次全国地名普查指导手册》《地名文化挖掘》《地名普查资料》等指导性资料 600 多套。县民政局为地名普查安排专门场地。地名普查领导小组办公室购置地名普查专用电脑 1 台，安装专用软件，印制 1/50000 的英山地图作为地名普查工作地图。地名普查工作中，中央补助专项资金80万元，县政府安排配套资金100万元。

2015年7月，英山县第二次地名普查实地踏勘工作实行招标制，中标单位为湖北省国土测绘院。县地名普查领导小组办公室聘请相关专家组成监理组，并与监理组签订英山县第二次地名普查监理合同；监理组制定《监理方案》《监理计划》，对第二次地名普查实行全过程监理。普查结束后，监理组做出监理报告，提交监理档案。

地名普查主要收集《湖北省英山县地名志》《英山县志》《英山县民政志》《湖北省行政区划手册》《中华人民共和国政区大典》《英山县财政税务志》《英山县农牧业志》《英山县学校简介》《英山民间故事选》《英山县教育志》《英山县人事志》《英山县体育志》《英山县邮电志》《英山县交通志》《英山县供销合作志》《英山县烟草志》《中国共产党湖北省英山县组织史资料》《英山县文化新闻出版志》《英山县公安志》《英山县金融志》《英山县粮食志》《英山县物价志》《英山县工会志》《杨柳湾志稿》《英山水利电力志》等资料，基本保证地名普查对文字图片的需求。先后从县志办、县档案局、县党史办以及相关局和机关调取各种志书、典籍史料、档案500多件；发放调查表格8300份，收回7657份；邀请专家和当地群众召开座谈会32次；走访知情人573人次；对每一个地名都进行实地踏勘。

从2015年12月31日起，每天在英山电视台新闻节目前插播地名普查工作标语字幕2屏。在英山电视台、《黄冈日报·英山周刊》、英山新闻网开设地名普查工作专栏，在村委会（社区）布置墙报、板报共300多块。英山电视台专题播出地名普查有关政策要求、工作流程等文件。英山电视台播出地名普查新闻5条，民政网站刊登地名普查文章3篇。组织街头宣传1次；张贴悬挂标牌、横幅等100多幅；发放海报2000多份，手册3000多册。拍摄完成约8分钟的地名普查专题片，筹拍约28分钟的地名微电影。

通过对11大类地名摸底，全县共有各类地名8653条，县地名普查领导小组办公室将这些地名编制成英山县第二次地名普查目录，该目录经监理组审核，剔除其中5户以下的居民点1137条、5千米以下河流及部分通信基站等共366条，最终确定地名普查实际录入7223条。编制地名普查目录1套，填写地名普查登记表7223份，地名标准化2条，制作成果地图8幅，制作地名标志60条，地名数据库建成。

聘请3名专家对普查员收集到的地名文化进行甄别、考证、挖掘。发现有文化价值的地名来历故事100多条；发现有历史价值地名来历200多条；发现有研究价值的地名来历60多条。选择英山社会文化影响深远、文化传统丰富的历史地名60条。

完成《中国地名大词典·英山县词条》的编写、《英山地名故事》的编辑；投资70万元安装城区及乡镇道路地名标志牌；完成安徽省线四段共计100多千米界线地形地物及界桩的实地联合检查。完成英山蕲春线近50千米界线地形地物的实地联合检查，督促蕲春县民政局对英山蕲春1号界桩被损毁事件的处理。

2017年4月，湖北省地名普查验收第二组通过对组织管理、质量控制、成果转化各个环节的考量，英山县第二次地名普查过程和结果全部达到预期目标，符合国家标准。

大事记

1月

3日　召开“国家全域旅游示范区”暨“大别山南武当旅游区国家AAAAA级旅游景区”创建工作会议，县领导田洪光、丁建怀、卢峰、黄泓、阮利红、裴朝阳、袁宇民及各乡镇、开发区、县直单位和重点旅游企业负责人参加会议。

8日　武汉英山商会第一届第二次会员代表大会暨2017年新春团拜会在武汉举行。县领导程永富、董锦林、黄伟、裴朝阳参加活动。

9日　黄冈市副市长王浩鸣到金家铺镇扁石畈村、李冲村走访慰问，副县长徐明轩陪同。

同日　湖北三农省情大数据中心、智慧湖北鄂东数据中心及大别山药材博物馆项目签订协议。

11日　中共县委第十四届二次全体（扩大）会议暨全县经济工作会议在英山宾馆四楼会议室召开。

同日　“英山茶乡鸡”获得“2016年国家地理标志保护产品”称号。

13日　湖北省铁路建设投资集团党委书记、董事长黄建宏带队到英山县开展扶贫慰问活动，并就该集团公司在英山县投资建设的项目进行调研。县委书记陈武斌陪同。

13—15日　商务部绩效评估小组专家到英山县就电商进农村综合示范工作进行评估指导。

15日　英山县第一台电动公交车首次充电上路，投入运营。

16日　黄冈市城乡福利机构安全管理工作现场会在英山县召开。黄冈市副市长余友斌、英山县副县长徐明轩以及各县市区相关负责人参加会议。

17日　黄冈住房公积金管理中心英山办事处、英山县文联、县书法家协会在城区联合举办“迎新春、送春联”活动。

同日　县妇联启动2017年度“恒爱行动·百万家庭亲情一线牵”活动，发放爱心毛线75公斤。

30日　2017年英山企业家新春座谈会在洪广毕昇温泉大酒店举行。县长田洪光、副县长黄伟与近40名英山县籍回乡企业家代表欢聚一堂，共叙乡情，共商英山县发展大计。

2月

4日　全省推进供给侧结构性改革、加强纪律作风建设动员会（电视电话会）召开，县领导及相关单位负责人在电信视频会议室收看。

6日　英山县2017年三级干部大会在县黄梅戏剧院召开。

9日　中共英山县委纪委十四届二次全体会议在英山宾馆四楼会议室召开。

13日　大河冲传统村落保护性开发项目签约，县领导田洪光、丁建怀、黄伟、袁宇民和湖北卓越集团董事长兼总裁刘雁飞出席签约仪式。

14日　英山县2017年度巡察工作动员会暨业务培训会召开，县委第二轮巡察工作全面启动。

同日　全县2017脱贫攻坚形势分析会在统计局会议室召开。

14—16日　国务院三峡办原副主任、国家移民开发局原局长漆林，黄冈市老促会会长、黄冈市人大常委会原副主任易茂先到英山县考察精准扶贫、白莲河库区综合开发等工作。

15日　国务院减轻农民负担办公室调研组到英山县调研农民负担监督管理工作。县长田洪光，县委副书记、政法委书记蔡寿益，副县长徐明轩陪同。

同日　黄冈市委常委、纪委书记王立兵到英山县调研深化供给侧结构改革工作纪律、作风和保障等问题。市委副秘书长白家松，市纪委常委、市监察局副局长李世梁，英山县委常委、纪委书记施振宇参加调研。

16日　县政府与武汉新三板激光科技公司考察团就贫困县IPO项目投资进行洽谈。县长田洪光、副县长黄伟会见考察团，英山经济开发区及县招商局、县金融办、县经信局、县工商等部门负责人参加。

同日　县人民政府与味道网（北京）科技有限公司产业对接座谈会在英山电商创业园举行。县长田洪光、副县长黄伟出席会议。

同日　英山县与武汉吉事达科技股份有限公司举行项目洽谈会，协商项目选址、项目转运体系建设等相关事宜。县长田洪光、副县长黄伟出席会议。

同日　湖北省易地扶贫搬迁考核组到英山县考核易地扶贫搬迁工作。

17日　湖北省人大常委会副主任王玲率省人大常委会农业与农村委员会、省扶贫办调研组到英山县调研《湖北省农村扶贫条例》贯彻实施情况及精准扶贫精准脱贫工作情况。

19日　CPBA全国苗苗杯小篮球赛理事会湖北分会揭牌仪式在英山县青少年篮球培训基地举行。

21日　英山县召开纪委派驻机构改革动员部署会。

22日　湖北省农业厅党组副书记、副厅长徐能海到英山县调研产业精准扶贫工作情况并召开座谈会。

24日　黄冈市委常委、统战部部长易先荣，市政协副主席、市工商联主席张友启带领市直部门相关负责人到英山县就“千企帮千村”精准扶贫行动开展专题调研。

3月

1日　全县农村工作暨扶贫开发工作会议召开。

2日　英山县开展“创世界地质公园 · 学雷锋活动日”活动。

同日　中国科学院水生生物研究所研究员王桂堂一行到英山县调研指导渔业科技工作。

同日　黄冈市水产局局长刘红妹一行到英山县温泉镇野猪河水库调研指导湖库综合整治工作。

同日　英山县工商联（总商会）第十届会员代表大会召开。

6日　全县“四大行动”“雷霆行动”工作会议在县黄梅戏剧院召开。

同日　黄冈市人大常委会副主任何东英带领调研组到英山县调研全域旅游发展工作。

8日　湖北省财政厅党组成员、农发办主任周希详到英山县考核粮食安全行政首长责任制落实情况。

14日　县直机关工委组织县直机关干部到温泉镇梅岩村义务植树，造林13公顷，栽种油茶树苗2万多株。

17日　县政府召开廉政工作暨“两案”交办会议。

22日　黄冈市政协主席洪再林到英山县调研社会养老服务。

24日　英山县委中心组专题学习政府和社会资本合作（PPP）模式操作实务相关知识。

同日　全市社会保险改革推进会在英山县召开。

同日　湖北省委宣传部新闻阅评组曾祥惠一行到英山县调研县域媒体传播阵地建设。

同日　英山县2017年度招商引资工作推进暨培训会在县会议中心召开。

27日　中共英山县委召开十四届三次全体会议。

同日　中国红十字会党组书记、常务副会长徐科到英山县调研精准扶贫工作。

29日　湖北日报传媒集团党委书记、社长邹贤启，副总编辑韩少林带领调研采访组到英山县调研采访精准扶贫工作。

30日　黄冈市精准扶贫第七次现场推进会在英山县召开。

同日　英山县举行架桥聚乙烯发泡材料生产及后端产品应用与加工、英山汽车主题公园两个建设项目集中签约，副县长黄伟代表县政府与投资方签约。

31日　英山县2017年文化科技卫生“三下乡”服务活动在金家铺镇龙珠村启动。

4月

1日　黄冈市人大常委会副主任罗刚到英山县调研精准扶贫工作，并在县人大会议室召开座谈会。

8日　水利部农村水电电气化发展局副局长刘仲民到英山县检查小水电站防汛准备工作。

10日　“英山民歌大家唱”歌咏比赛决赛在县黄梅戏剧院举行。

11日　全县城建城管暨创建生态文明示范县工作会议在县黄梅戏剧院召开。

12日　湖北省农科院药用植物研究所所长林先民到英山县调研药材产业发展。

13日　英山县第二次全国地名普查通过省级验收。

同日　湖北省国土资源厅党组成员、省地灾办主任乔冰到英山县调研汛前地质灾害防治工作。

同日　湖北省司法厅基层处副调研员张新华到英山县调研基层司法行政工作。

14日　“泉爱·放心饮水惠民工程”慈善帮扶活动启动仪式在英山县温泉镇举行，深圳市泉爱科技有限公司向英山县社会福利院及农村困难家庭等捐赠“泉爱”净水机406台，总价值121万元。

16日　湖北省举行“推进安全生产领域发展改革”电视专题讲座，县领导及相关单位负责人集中收看。

同日　国家扶贫办规划财务司副司长黄艳到英山县检查财政专项扶贫资金绩效管理和涉农资金整合工作。

17日　县政府召开全县长江经济带生态保护“雷霆行动”工作督办会。

同日　英山县全面深化改革领导小组第九次会议召开。

18日　县长田洪光在县政府会议室会见毕昇活字文创园特色小镇项目策划、投资方考察团，并就项目推进相关工作进行洽谈。

20日　县委召开中心组学习会暨全县安全生产工作会议。

21日　第四届中国·英山“四季花海”杯茶

文化旅游节开幕式暨“相聚茶乡·花海欢歌”文艺演出在四季花海蝶恋花绿荫广场举行。

22日　民盟黄冈市委部分盟员到杨柳湾镇烂柴河村开展“送温暖、献爱心”活动。

23日　来自全国18支队伍143名选手，在英山桃花冲风景区小岐岭举行“度假氧生活，乐骑桃花冲”山地自行车挑战赛。

26日　全省召开党风廉政建设警示教育暨第十八个党风廉政建设宣传教育月活动电视电话动员会，县领导及各部门负责人在电信一楼会议室集中收看。

27日　县委常委、统战部部长程永富在县招商局会议室主持召开吴家山旅游度假村项目预审会，县安商局、国土局、规划局、环保局、水电局、旅游局、林业局、吴家山林场、招商局、县委统战部以及投资方负责人参加会议。

28日　全县国有林场改革工作会议在林业局三楼会议室召开。

29日　大别山南武当举行“农商行杯”滑翔伞精英邀请赛暨大别山主峰索道开业庆典。

5月

2日　全县火灾隐患大排查大整治暨夏季消防检查工作部署会召开。

3日　蔡寿益、张春梅、徐明轩、胡向京、卢思佳一行29人到井冈山市交流学习精准扶贫及贫困退出机制工作。

5日　黄冈市“千企帮千村”精准扶贫行动现场会在英山县召开。

同日　县直机关工委、县纪委监察局、县公务员局联合召开县直机关党员干部工作纪律和服务行为明察暗访工作会议，107名明察暗访组成员参加培训。

同日　全省召开防汛抗旱暨推行河湖长制工作电视电话会议，县领导及相关单位负责人在纪委视频会议室集中收听收看。

10日　召开全县干部大会，就党风廉政警示教育、推进“两学一做”学习教育常态化制度化、防汛抗旱和信访维稳工作进行安排部署。县“四大家”领导，各乡镇、县直部门主要负责人参加会议。

同日　黄冈大别山国家地质公园英山园区合作伙伴签约暨授牌仪式举行。

11日　南河镇中心小学被湖北省地震局、湖北省教育厅、湖北省科学技术厅和湖北省科协联合授予湖北省防震减灾科普示范学校。

12日　英山药材产业发展暨精准扶贫现场促进会、精准扶贫银企对接会在雷家店镇召开，英山县长江村镇银行负责人向参与精准扶贫的药企领导介绍扶贫贷款政策。

同日　全国政协人口资源环境委员会副主任徐绍史、全国政协社会和法制委员会委员邵明立带队到英山县调研精准扶贫工作。

15日　英山县佛教学会第一次代表大会召开，县领导程永富、黄泓、伍惠参加会议。

同日　黄冈军分区政委符建国、市委副秘书长刘应文到英山县调研精准扶贫、防汛抗旱、安全生产、信访维稳、落实党风廉政建设主体责任、项目建设等工作。

16日　黄冈市企校合作办副主任叶旭带领武汉健业食用菌有限公司考察团到英山县考察。

同日　县长田洪光带领考察团赴河南省兰考县考察学习精准扶贫及贫困退出工作。

17日　湖北省残疾人艺术团在英山县黄梅戏剧院举行“助残圆梦、喜迎十九大”文艺演出，省残联副巡视员杨丹珠参加活动。

18日　2017院士科普报告会在金家铺镇礼堂举行。

26日　湖北新海天投资公司投资项目“白莲人家”落户英山县，总投资20亿元，县委常委、副县长李文代表县政府同湖北新海天投资公司签订协议。

同日　黄冈市老干部合唱团到英山县开展文艺下乡演出。

同日　全县召开运用大数据对精准扶贫政策落实情况进行监督检查动员会。

27日　英山缠花传承人陈广英携9件缠花作品参加在波兰华沙国际会展中心举办的中国湖北非物质文化遗产“楚汉神韵”展，并将作品《读书晋学妙笔生花》捐赠给波兰托伦古城的雅盖隆学院孔子课堂。

同日　英山县人民医院被纳入“湖北省肺癌规范化诊疗与精准扶贫公益基金”首批公益援助定点医院，获赠100万元专项基金。

31日　县长田洪光到张家咀水库检查指导防汛工作。

6月

2日　英山县非物质文化遗产保护中心成立。

5日　英山县禁毒委员会摄制，英山县文化局、教育局协助拍摄的首部禁毒公益微电影《回归》完成拍摄。

6日　全县召开精准扶贫重点课题调研反馈会，课题调研专家博士李裕瑞、教授胡银根、博士贾林瑞反馈全县精准扶贫调研情况。

7日　英山县政协就改造老车站办公楼和居民楼新建现代化智能停车场项目进行专题调研。

9日　全县脱贫攻坚“夏季行动”誓师大会召开。

10日　全省“理论热点面对面”示范点建设现场会在英山县召开。

13日　县人民检察院派驻森林公安局检察官办公室挂牌设立。

16日　英山县关爱教育基金会成立。

同日　全县召开运用大数据对精准扶贫政策落实情况进行监督检查问题交办核查工作培训会。

17日　湖北省委常委、统战部部长尔肯江·吐拉洪到英山县专题调研精准扶贫，省委常委办公室主任陈艳霞，省扶贫办党组书记、主任曹松，省高院党组成员、政治部主任程宝清，省委统战部秘书长陈昌宏，省委统战部研究室主任曾凡胜一同调研。

18日　湖北吉利中药材有限公司被湖北省农业产业化经营领导小组办公室认定为湖北省农业产业化重点龙头企业。

20日　黄陂区委书记、区人大常委会主任吴祖云、区委副书记、区长曾晟带队到英山县开展精准扶贫区域协作定点帮扶活动。

21日　湖北省野生动物救护研究中心主任周席华带领省林业厅第九调研组到英山县开展自然保护区调研，黄冈市林业局局长陈选明陪同调研，副县长姜武艺参加调研。

22日　总投资5亿元的英山县现代中药材产业园被湖北省农业厅、省发改委、省旅游委确定为湖北省现代农业产业园创建单位。

29日　英山县65座光伏扶贫电站全部并网。

30日　中央电视台《本草中国》栏目摄制组一行7人到英山县拍摄《茯苓从“药”到“医”到“养生”》专题片。

同日　科技部农村司基层处处长杨如一行4人到英山县调研县域科技创新。

7月

2日　全国工商联扶贫与社会服务部副巡视员邵逸率调研组到英山县调研“万企帮万村”精准扶贫，县领导程永富、徐明轩陪同调研。

5日　县委书记陈武斌在县招商局会议室会见武汉卓尔文旅集团有限公司代表，双方就英山县大别山南武当AAAAA级国际养生旅游度假区项目进行深入交流洽谈。

同日　江苏太仓企业家一行到英山县考察并签署投资协议。陈武斌、田洪光、黄伟、郑伦福、陈德峰、伍松、余勇陪同。

7日　英山县召开全域旅游示范区创建工作推进会，县直23个单位负责人参加会议。县长田洪光，县委常委、组织部部长丁建怀，副县长阮利红出席会议。

9日　联合国教科文组织世界地质公园理事会成员、中国地质科学院研究所研究员金小赤，国家地质公园网络中心、世界地质公园网络办主任郑元一行到英山县考察大别山地质公园，副县长阮利红陪同。

11日　英山县人民法院旅游巡回法庭成立。

11—12日　湖北省旅游委副主任李开寿到英山县就创建国家全域旅游示范区进行评估督导。

13日　英山县召开全县自然保护区和湿地公园突出问题整改督办会，县长田洪光主持会议，丁建怀、袁宇民、吴小元等县领导和县委办、政府办、林业局、水电局、环保局、石头咀镇、吴家山林场和桃花冲林场等相关单位负责人参加会议。

14日　湖北省交通运输厅副厅长姜友生在英山县检查公路安全生命防护工程建设，英山县委常委、副县长李文陪同。

16日　全县精准扶贫“希望家园”项目启动仪式在金家铺镇金冲村小学举行。

17日　华中农业大学水产学院教授谢从新、中国科学院水生生物研究所研究员汪建国、湖北省水产科学研究所研究员魏于生及省水产科学研究所高级工程师魏志宇等院士专家团队到英山县名德鱼苗孵化养殖公司调研指导循环水生态养殖工作。

18日　“2017年中国中药材植保万里行”小分队到英山县考察。

19日　联合国教科文组织德国专家克劳斯·乔治和韩国专家全勇文对黄冈大别山世界地质公园创建工作进行验收。

24日　省委书记蒋超良到英山县调研，并在英山县召开全省深度贫困地区脱贫攻坚座谈会。

25日　中组部领导到英山县调研基层党建工作并召开座谈会，县领导陈武斌、田洪光及各乡镇书记、组织委，及县直单位主要负责人参加会议。

同日　湖北省委财经办（省委农办）主任钱运坤到英山县调研美丽乡村建设。英山县领导田洪光、蔡寿益陪同调研。

31日　英山县妇幼保健院启动公立医院综合改革。

8月

1日　全县“扶贫小额抱团创收贷”暨扶贫再贷款签约在英山农商行举行。

同日　中国医学科学院药用植物研究所副所长魏建和及中国中药公司技术总监赵润怀一行到英山县考察，县政协主席陈志珍会见考察团并召开座谈会，县经济开发区、县招商局、药茧办等相关单位负责人参会。

3日　黄冈市人大常委会党组书记、常务副主任、市委宣讲团成员罗刚到英山县宣讲省第十一次党代会精神。

同日　全县半年工作总结暨脱贫攻坚第三次推进会召开。

同日　召开全县机关事业单位养老保险制度改革推进工作会议。

4日　湖北省监察厅马世永带领精准扶贫巡查督导组到英山县督导检查大数据监督检查入户核查工作。黄冈市副市长余友斌，英山县领导陈武斌、蔡寿益、施振宇、张春梅陪同检查。

5日　县政协主席陈志珍、副县长黄伟带领县食药监局、县招商局及辰美中药材企业负责人赴吉林省考察洽谈招商项目。

8日 县委书记陈武斌，县委常委、石头咀镇党委书记张春梅率领石头咀镇、县招商局、县交运局等单位负责人赴湖北潜江市金澳科技（湖北）化工有限公司进行实地考察。

12日 黄冈市委常委、常务副市长张社教到英山县调研督办垃圾治理和污水处理工作。

同日 县委、县政府在县黄梅戏剧院举行“凝聚精神力量，助推精准扶贫”专题文艺晚会。

14日 总投资8.6亿元的鄂东商贸城项目一期工程主体竣工。

18日 全县招商引资工作推进会在地税七楼县会议中心举行，县四大家领导及各乡镇党委书记、各县直单位负责人参加会议。

19日 团县委在县国税局二楼会议室举行2017年“关爱留守儿童，助力精准扶贫”乐善助学金发放仪式。

21日 湖北省国土资源厅副厅长曾环宇到英山县检查督导地质灾害防治工作并召开座谈会。

同日 英山县博文实验学校招商项目签约仪式在县招商局举行。副县长黄伟代表县政府与浙江省杭州市萧山新民学校负责人签订办学合同书。

同日 县委书记、县人大常委会主任陈武斌，县长田洪光率英山党政代表团赴湖北省宏泰国有资本投资运营集团有限公司进行洽谈交流，县政协主席陈志珍及县政协副主席裴朝阳、县招商局局长余勇、国有吴家山林场场长方汇文参加。

27日 公牛集团一行到英山县考察，副县长黄伟在县招商局会议室会见考察团一行，并举行座谈。

28日 英山县质监站、县勘察设计院、设计单位武汉长江设计院、监理单位东晟公司等联合组成的验收组对县职教中心第一期完工的教学楼、食堂、综合楼及师生公寓楼等九栋建筑进行竣工验收。

29日 英山自驾游线路获评“2017湖北十大品质自驾线路”。

30日 英山县纪委监察局召开新闻发布会，介绍2017年全县扶贫领域监督执纪问责情况，通报6起扶贫领域违纪典型案例。

9月

8日 湖北省农村饮水安全工程建设管理办公室主任陈建华一行到英山县调研农村饮水安全工程。

同日 省宏泰国资集团、铁投集团负责人到英山县考察投资项目，先后对楚江南温泉小镇、特色小镇项目选址进行考察，最终选址桃花冲。陈武斌、田洪光、陈志珍、阮利红、裴朝阳等领导陪同考察。

11日 黄冈市妇联主席张曙红带领督察组到英山县就群团组织改革工作进行专项督察。

12日 英山县乡镇生活污水治理项目“物有所值评价报告”“财政承受能力论证报告”和“PPP实施方案”顺利通过专家组评审和部门联审。

13日 中国青基会希望工程事业部部长迟耀萍、省青基会事业部赵洪武、市未保办副主任吴海舟一行到英山县考察希望小学建设项目。

14日 全省“千企帮千村”精准扶贫行动现场推进会在英山县召开。

19日 英山县农村生活垃圾治理工作推进会在南河镇召开。

21日 湖北团黄贡茶有限公司代表英山云雾茶企业参加农业部举办的第十五届中国国际农产品交易会。

22日 全省农发行客户营销现场推进会在英山县召开，农发行湖北省分行行长胡世财出席会议。

同日 副县长黄伟带领县中药材龙头企业负责人代表参加第五届中药材基地共建共享交流大会暨2017国际中药健康产业（成都）博览会。

23日 桃花溪避暑度假小镇举办“喜迎十九大，共享美好生活”“贺国庆庆中秋”业主文艺晚会，武汉八一艺术团和桃花冲风景区职工联合演出。

26日 英山县中小微企业孵化基地被工信部列为第三批国家小微型企业创业创新示范基地。

27日 共青团湖北省委负责人到英山县开展共青团改革第二轮综合督导调研活动。

同日 全市老促会参与精准扶贫现场会在英山县召开。

10月

7日 英山县体育局主办的第二届大别山青少年篮球邀请赛在英山青少年篮球培训中心闭幕。来自武汉、黄石、洛阳、渭南等城市的11支代表队200多名队员参加，历时5天。

13日 湖北宏泰国有资本投资运营集团有限公司投资的生态保护建设和扶贫开发合作项目落户英山县。县委书记陈武斌，县政协主席陈志珍，副县长黄伟以及湖北宏泰国有资本投资运营集团有限公司党委书记、董事长文振富等投资方代表出席签约仪式。

14日 英山县歌手周翠、陈平、王莹、石晓参加在黄冈师院举行的“黄冈党旗红——歌唱大别山·喜迎十九大”歌手大赛，分别获得民族组和原生态组二等奖。

16日 大别山英山旅游度假区扶贫项目签约仪式在武汉CBD金澳国际中心举行。湖北省委统战部副部长、省工商联党组书记王兆民，省工商联党组成员、秘书长黄启林，英山县县长田洪光以及金澳控股集团董事局相关负责人参加签约仪式。

19日 湖北省人大常委会党组书记、常务副主任傅德辉到英山县就贯彻落实全省县乡人大建设工作会议精神进行专题调研。

同日 英山县秋冬季农业开发现场会在草盘地镇召开。

20日 五道水养生茶谷项目总体规划评审会在县政府视频会议室举行。

26日 县药茧办组织全县药企负责人、种植大户、种植专业合作社负责人和部分村支书、村主任约100人到安徽省亳州市皖北药业公司中药材良种繁育与标准化栽培基地、铁皮石斛标准化育苗栽培室、亳州市中药材专业市场参观学习。

11月

1日 天津红日药业股份有限公司投资的全成分中药配方颗粒生产项目落户英山县，总投资1亿元。签约仪式在天津红日集团举行，英山县县长田洪光和天津红日药业股份有限公司总经理张坤在合作协议书上签字。

2日 英山县委宣传部、湖北新华书店（集团）有限公司英山分公司联合举行中共十九大文件及学习辅导读物首发式。

3日 县林业局在鸡鸣尖放飞国家二级保护动物——雕鸮。

8日 全县2017年度扶贫项目档案管理暨“村出列、户脱贫”工作现场培训会在雷家店镇召开。

同日 英山县举行信用信息汇集系统操作培训会，县城管局、公积金中心、县供电公司、县自来水公司、电信公司、县图书馆、县公交公司等相关单位负责人员参加培训。

10日 大润发佳洁士希望小学捐建仪式在坡儿堖小学举行。

11日 在四季花海举行“相遇四季花海·邂逅今生挚爱”交友联谊派对，为来自全县教育系统和县直单位的50多名单身男女青年搭建交流平台。

16日　广东省湖北黄冈商会常务副会长丁敏华、胡建军，商会执行秘书长王先喜等企业家到英山县考察。

18日　台盟湖北省委、省台湾同胞联谊会到英山县开展“两岸同心”志愿义诊活动。

20日　全市“四大行动”重点项目拉练工作会议在英山县召开。

21日　大型反腐题材黄梅戏剧目《铁面金光悌·审和珅》亮相国家大剧院。

23日　爱建证券有限责任公司监事会主席强智勇，纪委书记、合规总监田海林等一行到英山县考察，就双方共同成立爱建证券英山金融扶贫工作站相关事宜进行沟通交流。

27日　大别山生态温泉谷、白莲河“一带一路”旅游度假区总体规划评审会在洪广毕昇酒店召开。

29日　湖北省委统战部秘书长陈昌宏，省政协常委、亚洲实业有限公司董事长谢俊明等海外联谊会爱心企业家一行到英山县开展“我为精准扶贫添力加油、海联慈善走进英山济困”活动。

12月

5日　湖北品尚投资开发有限公司在英山县投资的南山国际康复养老中心项目在县招商局会议室签约，副县长黄伟代表县政府与项目投资方代表签约。该项目总投资3亿元。

6日　副县长徐明轩率县药茧办、县林业局主要负责人到江苏省邳州市和安徽省亳州市考察木本药材种植及市场。

7日　省地震局震害防御处专家组到英山县检查验收防震减灾科普教育基地项目。

8日　英山县乡镇生活污水治理PPP项目开工仪式在石头咀镇举行。

同日　全省丘陵山区农业机械化现场推进会在英山县召开。

13日　国家林业局天保中心总工程师闫光锋、信息处处长刘跃辉在湖北省林业厅天保中心主任刘友明、黄冈市林业局副局长陈智化的陪同下，对英山县天然林保护工程落实情况进行实地考核调研。

14日　英山县生态保护红线划定工作会议召开。

16日　第26届中国食博会暨国际食品交易会在武汉国际会展中心开幕。英山县团黄贡茶、绿羽茶业、大别山菌业、毕圣泉酒业4家企业参展。英山云雾茶获“荆楚优品”证书。

19日　中国人民政治协商会议英山县第九届委员会第二次会议在县黄梅戏剧院开幕。

同日　英山县在同程旅游2017全球旅游目的地峰会上荣获2017“十大口碑好评旅游目的地”。

20日　英山县第十八届人民代表大会第二次会议在温泉镇城区召开。

21日　中国地质大学（武汉）组织专家、教师、研究生组成的马克思主义学者宣讲队到英山县各地宣讲中共十九大精神。

23日　英山县首届温泉滑雪节在大别山南武当旅游区开幕，英山县领导袁宇民致欢迎辞。

24日　武汉市中鑫弘博置业有限公司走进温泉镇柳林河小学，开展“关爱留守儿童，助力精准扶贫”爱心捐赠活动，为该校学生捐赠197个书包、197个笔袋，还有笔、本、文具及儿童玩具，价值5万多元。

25日　湖北如普帽业有限公司生产的3万顶帽子在英山县工业园公司厂区整装上车发往欧洲，贸易额10万美元。

26日　英山县残疾人联合会第三次代表大会在县黄梅戏剧院召开。

同日　市委考核组到英山县验收共青团改革工作。

27日 2017年腾讯大楚网媒体峰会暨颁奖盛典“智慧未来，赢响湖北”在武汉举行，英山县旅游局荣获“湖北创新传媒大奖”。

28日 “中国社会扶贫网”英山上线启动仪式暨信息管理员培训会在县黄梅戏剧院举行。

29日 英山县黄沙整治暨综合性会议召开。

同日 县水产局举办全县渔业科技培训班，全县35名渔业科技示范企业负责人参加培训。

同日 宏泰集团文旅公司投资的桃花源森林小镇建设项目在武汉华天大酒店举行签约仪式，该项目总投资20亿元。

同年 英山县完成全民参保登记。全省山区农业机械化现场会在英山县召开。

同年 英山县温泉镇南冲畈村杨梅高效种植科普示范基地被湖北省科协授予优秀科普示范基地称号，获得奖补资金10万元。

同年 名德鱼苗孵化养殖有限公司被省科协授予“湖北示范企业”称号，获奖补资金10万元。

县情概览

建置　区划

【建置沿革】 夏商时期，属扬州。秦始皇划全国为三十六郡，英山属九江郡。西汉元狩年间（前122—前117年），改属江夏郡蕲春县。东汉建安十三年（208年），分江夏郡置蕲春郡，英山为蕲春地；东汉延康元年（220年），蕲春郡属吴。西晋元康年间（291—299年），置西阳国，英山属西阳国。东晋咸和四年（329年），撤西阳国为西阳郡，辖蕲春等县，英山属蕲春县；东晋太元三年（378年），改蕲春县为蕲阳县，属南豫州新蔡郡。南齐永明四年（486年），改蕲阳县为齐昌县，建齐昌郡，英山属齐昌。隋朝改齐昌县为蕲春县，废义州义城郡，存罗田县，英山属蕲州。唐武德四年（621年），建兰溪县，撤罗田县入兰溪县；天宝元年（742年），改兰溪县为蕲水县，属淮南道蕲春郡；乾宁三年（896年），淮南道节度使杨行密取蕲州。天复二年（902年），称吴王，辖蕲州。五代时期，英山仍属蕲州。宋至道三年（997年），分全国为十五路，蕲州隶淮南路；元祐八年（1093年），置罗田县，属淮南西路蕲州管辖；咸淳六年（1270年），准段朝立奏，割罗田县东之直河乡置英山县，以段朝立知英山县事。元至元十五年（1278年），英山属六安州，隶河南江北行中书省淮西江北道肃政廉访使庐州路。明洪武元年（1368年），撤中书省，将南京所属各地划归六部直辖，包括庐州府所属的英山；洪武十四年（1381年），英山属庐州府六安州。清顺治初年，英山隶属江南布政使司庐州府；康熙元年（1662年），江南布政使司分设安徽布政使司，英山属凤颍六泗道；雍正二年（1724年），升六安为直隶州，英山属六安直隶州。1912年，英山直隶安徽省，不久改归淮泗道。1914年11月，改属安庆道。1931年，英山县改称红山县，成立红山县苏维埃政府，并建立中心县委，属中共鄂豫皖特区苏维埃政府皖西站道。1932年，红军主力转移，国民政府复称英山县，11月划归湖北省第三行政督察区（专署设在蕲州）。1936年，湖北第三、第四行政区合并为第二行政督察区（专署设黄州），英山属第二行政督察区。1949年10月1日，英山县属湖北省黄冈专员公署（后改为黄冈地区行政公署）管辖。1996年，黄冈市成立，英山县隶属黄冈市。

【行政区划】 2017年，英山县下辖温泉镇、南河镇、红山镇、金家铺镇、石头咀镇、草盘地镇、雷家店镇、杨柳湾镇、方家咀乡、孔家坊乡、陶家河乡11个乡镇，312个村、7个社区。

自然地理

【位　置】 英山县地处湖北省东北部，大别山西南麓。北纬30° 00′ 31″—31° 08′ 58″、东经

115° 31′ 53″—116° 04′ 02″。北与安徽省金寨、霍山两县毗连；东与安徽省岳西、太湖两县交界；南与湖北省蕲春、浠水两县接壤；西与湖北省罗田县相邻。距武汉市约180千米，距黄冈市约130千米，距黄石市约120千米。县政府所在地为温泉镇。

【面 积】 英山县面积1449平方千米。东西宽约为18.8千米，南北长约为76.7千米。

【地形地貌】 英山县地貌特征主要表现为“三山夹两河”。全境以中低山为主，境内地势北东高、南西低，山脉和水系多呈东北向或南北向，北部大别山主峰天堂寨向东北延伸，构成了云峰顶、石鼓寨、五峰山、黄梅尖等一系列山峰，再向西南分支为三列山脊，夹着东西两条大河贯穿全境。北部山区山顶多呈尖脊状，南部山顶多呈浑圆状。山顶海拔一般在210—594米，最高点为大别山主峰天堂寨，海拔1729.13米。县内海拔1000米以上的山峰20多处，主要集中在北部边缘。最低点为白莲河水库边缘船形垸，海拔约90米，平均坡度17度。根据海拔绝对高度的相差性，海拔高度、坡度、切割深度等形态因素的相似性，全县地貌类型分为高山、中山、低山、丘陵四种。

人口 民族 宗教

【人 口】 2017年年末，全县户籍总人口40.02万人，比2016年年末减少0.47万人，年末常住人口36.34万人，比2016年末增加0.07万人，年末总户数14.65万户，比2016年年末增加0.1万户。全年出生人口5255人，出生率为13.1‰；死亡人口7045人，死亡率为17.6‰；人口自然增长率下降4.5‰。出生人口性别比108.01。年末，全县城镇新增就业人员3200人，城镇登记失业率1.68%。

【民 族】 2017年，全县常住少数民族人口300多人，民族26个，大多数人因工作、婚姻等原因入境定居。少数民族流动人口20多人在境内从事经营活动，新疆籍维吾尔族5人经营羊肉串烧烤、干果工作；青海、甘肃籍回族17人经营兰州拉面；四川阿坝藏族4人销售藏医药、民族饰品。县内有民族产品定点生产企业1家、有少数民族流动人员服务中心1处、社区少数民族服务站5个。

（肖小洁）

【宗 教】 2017年，登记宗教活动场所16处，其中佛教场所13处、道教场所3处；筹备设立基督教临时堂点1处；有非宗教活动场所164处，其中拟依法登记28处、委托代管56处、民间信仰80处。宗教团体为南武当道教协会、英山县佛教协会。信教群众4万多人。

（肖小洁）

气 候

【概 况】 2017年，英山县年平均气温偏高，降水略偏少，日照略偏多。年平均气温17.2℃，比历年值高0.6℃。全年降水量1396.2毫米，比历年略偏少，最长连续降水日数为10天，出现在9月27日—10月6日。最长连续无降水日数出现在10月20日—11月12日。全年日照时数1884.1小时，比历年略偏多。无霜期271天，多于历年值。2017年为弱暖冬年，冬季气温总体偏高，春季气温总体偏高，入春较常年提前。夏季气温略偏高，入夏略偏早，降水明显偏少；梅雨期偏短，强度偏小。秋季气温总体正常，入秋明显偏晚，降水偏多。年内主要气象灾害为强降水（包括局地强对流）、连阴雨（包括低温寡照、阴害）、高温、低温冰冻、雾霾等。

【气候影响】 冬季气温总体偏高，降水时空分布不均。日照时数整体偏多。冬季的主要气象灾害为干旱、低温雨雪冰冻及雾霾，给全县农业、交通、能源及人体健康造成不利影响，且前期高温、少雨、干燥天气导致林火高发。

春季气温总体偏高，多连阴雨天气。入春较历年提前，季内气温波动不大，异常偏高。2—3月，日照时数总体偏多，无阴雨寡照天气，季末多高温天气。4月降水总量偏多，时空分布不均。主要气象灾害为强降水、连阴雨以及高温天气，给全县农业、交通及人体健康造成一定影响。

夏季气温总体略偏高，入夏较常年略偏早，梅雨期偏短，强度偏小。季内出现三段高温天气过程，高温日数偏少；降水时空分布不均，较常年明显偏少，洪涝灾害轻。夏季主要气象灾害为局地强对流造成的大风、暴雨等灾害和短暂高温等，对交通、农业等行业造成了一定影响。

秋季气温总体正常，冷空气过程频繁，强度弱。全县入秋较常年明显偏晚。降水时空分布不均，较常年偏多，季内出现多次连阴雨和降水过程。日照时数明显偏少。秋季主要气象灾害为区域性强降水及连阴雨过程及其造成的洪涝与地质灾害，对交通、农业等造成一定影响。

【主要气象要素分布】 气温。2017年平均气温17.2℃，比历史常年偏高0.6℃，属正常年景。夏季气温普遍偏高，年极端最高气温为40.8℃，出现在7月28日。年极端最低气温为–4.8.℃，出现在12月18日。

降水。2017年全县年降水量1396.2毫米，比常年偏少2%，且分布极不均匀。全年1月、3月、4月、8月、9月降水量分别较常年偏多40%、28%、39%、146%、55%。

日照。2017年全县年日照时数为1884.1小时，偏多于常年1%。2017年各月日照时数变化较平稳，总体较常年偏多。1月、2月、4月、5月、7月为明显的高值。6月、8月、9月、10月为明显的低值，与长时间的阴雨寡照天气有关。

2017年各月平均气温与历年同期对比表

表4 单位：℃

月份	2017年气温	历年平均气温	与历年差值
1	7.2	3.9	3.3
2	7.4	6.4	1.0
3	11.2	10.5	0.7
4	17.3	16.7	0.6
5	22.3	21.8	0.5
6	24.7	25.2	–0.5
7	29.6	28.1	1.5
8	27.7	27.5	0.2
9	23.5	23.6	–0.1
10	17.4	17.8	–0.4
11	12.2	11.3	0.9
12	5.6	5.8	–0.2
全年	17.2	16.6	0.6

2017年各月降水量与历年同期对比表

表5 单位：毫米

月份	2017年	历年平均	与历年比较
1	68.3	48.8	40%
2	53.9	68.3	–21%
3	124.4	96.9	28%
4	197.5	141.7	39%
5	85.8	162.3	–47%
6	122.8	247.3	–50%
7	142.4	246.2	–42%
8	392.1	159.5	146%
9	131.5	84.7	55%
10	48.2	78.7	–39%
11	16.1	54.3	–70%
12	13.2	31.4	–58%
全年	1396.2	1420.1	–2%

2017 年各月日照时数与历年同期对比表

表 6　　　　单位：小时

月份	2017 年	历年平均	与历年比较
1	120.5	109.0	11%
2	137.6	103.3	33%
3	114.5	112.8	2%
4	181.1	145.9	24%
5	203.7	174.3	17%
6	137.1	167.6	−18%
7	255.2	205.6	24%
8	186.0	221.6	−16%
9	117.6	175.0	−33%
10	135.3	162.1	−17%
11	148.5	144.7	3%
12	147.0	144.7	2%
全年	1884.1	1866.6	1%

水　文

【概　况】 区域内有东河、西河，南河 3 条主要河流，有张家咀、詹家河、红花咀 3 座大中型水库。区域内设有 2 个水文站，英山站位于温泉镇上河摆巷、落令河站位于孔家坊乡八仙畈，有 4 个水位站、18 个雨量站、18 个省级以上报汛站点、3 处水质监测站、4 处水资源调查点。

【四次较大降雨】 2017 年，域内发生四次较大降雨洪水过程：第一次降雨洪水过程为 4 月 6—14 日，东河累计平均降雨 134.5 毫米、西河累计平均降雨 79.6 毫米。第二次降雨洪水过程为 6 月 24 日至 7 月 5 日，东河累计平均降雨 71.3 毫米、西河累计平均降雨 96.7 毫米。第三次降雨洪水过程为 7 月 9—16 日，东河累计平均降雨 96.4 毫米、西河累计平均降雨 88.0 毫米。第四次降雨洪水过程为 8 月 12—25 日，东河累计平均降雨 226.7 毫米、西河累计平均降雨 187.7 毫米。

【雨量监测】 2017 年，东河流域平均降水量 1453.5 毫米，汛期 4—9 月占全年降水量的 76.8%，流域内最大降水量草盘地站 1624.0 毫米，最小降水量金华岩站 1310.0 毫米，最高水位 103.37 米，出现在 8 月 20 日，最大流量 615 立方米 / 秒，最低水位 100.70 米，出现在 3 月 11 日；西河流域平均降水量 1386.0 毫米，汛期 4—9 月占全年降水量的 77.7%，流域内最大降水量石头咀站 1534.5 毫米，最小降水量金家铺站 1278.0 毫米，最高水位 109.90 米，出现在 7 月 10 日，最大流量 218 立方米 / 秒，2017 年最低水位 108.05 米，出现在 12 月 6 日。

【水质监测】 域内设有 3 个水功能区监测断面：浠水源头水保护区英山断面、西河英山保留区落令河断面、张家咀水库保留区张家咀水库断面，各水功能区水质目标均为Ⅱ类。2017 年浠水源头水保护区英山断面 6 月不达标，主要超标项目为总磷、氨氮，其余月份达标，全年评价达标率为 91.5%；落令河断面、张家咀水库断面全年水质均为Ⅱ类，全年评价达标率为 100%。

山脉　河流　资源

【英山县山脉概况】 英山山脉源自秦岭秦岭多脉延至中原，成大别山脉，至三省垴（跨鄂、豫、皖三省界），东行为天堂寨，入境分为东、中、西三大支，境内海拔 600 米以上的山峰 53 座。

【仙人台】 仙人台是大别山英山东支山脉的最后一座高峰，位于南河镇界牌石村与蕲春县交界处，北纬 30° 32′ 48″—30° 33′ 50″、东经 115° 40′ 46″—115° 42′ 53″，西南侧 1.85 千米处为界牌石村民委员会，北侧 2.8 千米处为黑锋尖，南侧约 1 千米处为香炉尖。东西走向，山长 3.21 千米，宽 1.33 千米，面积约 4 平方千米，主峰海拔 1176 米，森林覆盖率达 46%。

仙人台峰峦叠嶂，气势磅礴，主峰东、南、西三面悬崖峭壁，一块三层楼高的巨石从峰顶向外凸出，形成一个天然的石台，石台上有一座石观，称为祖师殿，殿外三面均如刀削。祖师殿长 8 米、高 6 米，观墙的四壁和顶全用方形条石砌成。殿内矗立着4根巨大的石柱，大厅正中供奉着真武祖师，周围刻有数百个姿态各异、栩栩如生的小型佛像浮雕。殿门刻有对联："眼光俯视大千界，心地高悬第一峰。"

据民国《英山县志》记载，仙人台为英山八景之一，又称仙人壁立。

仙人台山高坡陡，土质为风化花岗片麻岩，腐质土层深厚，适合松、杉、栎树及青茶、油茶、药材等经济作物的生长。据传，当年李时珍编写《本草纲目》时，无数次攀登仙人台寻药尝药，书中记载的1094种中草药中，有99种出自仙人台。

【英山县河流概况】 英山水系属浠水水系。境内高山峻岭，峡谷纵横，河系较为发达，水资源丰富，河流曲折坡陡，水流湍急，水位变化大。英山县形状南北长、东西窄，东河、西河自北向南纵贯其中，形成两条主要河流——东河、西河，东、西河两侧支流分布比较均匀。全县大、小干支流共计192条，总长1352千米，河网密度0.94千米/平方千米。境内干流1条，一级支流23条，二级支流20条，三级支流2条，其中5千米以上的河流46条共609.4千米，10千米以上的河流15条。流域面积200平方千米以上的河流有3条（东河、西河、如意河）；流域面积200平方千米以下100平方千米以上的河流有2条（土门河、深水河）；流域面积100平方千米以下50平方千米以上的河流有4条（三门河、百丈河、大畈河、瓦寺前河）。流域面积50平方千米以下20平方千米以上的河流有18条。全县河流除孔家坊乡的汪铺河、金家铺上水田支流入罗田县外，其他大小河流最终均流入白莲河水库。

【瓦寺前河】 瓦寺前河是南河镇境内最大的一条河流，发源于望江尖以东小界岭，流域面积73平方千米，有2条较大支流。流经12个行政村，全程23千米，干流呈东北西南走向。

【地表水资源】 2017年，全县地表水资源量为14.5947亿立方米，年径流深1008.0毫米，比2016年偏少26.9%，与常年基本持平。径流在英山县境内呈东北至西南递减状。汛期（4—9月）径流量占全年径流总量约85%，非汛期径流量占全年径流总量的15%。

特产及非物质文化遗产

【蔡萍麻花】 蔡萍麻花俗称石头咀"细果儿"。英山县石头咀镇蔡萍麻花制作坊生产经营。蔡萍麻花以精制面粉、本地芝麻、本地菜籽油为主要原料，运用传统工艺纯手工制作，属纯原生态食品，麻花以小巧精制、香脆可口传世。蔡萍麻花严格按食品卫生管理操作规程分区制作，规模化生产，不失传统风味。

蔡萍麻花制作工艺有近千年历史。

古时，森林中常有毒蝎，每年二月初二，家家户户就和一些面粉，把和好的面拉成细长条，捏成毒蝎尾巴的形状，用油炸着吃，据说这样能避免被毒蝎咬伤，人们称之为"咬蝎尾"。

后来"炸蝎尾巴"就演变成麻花，名称也被人们改称为"细果儿"。

石头咀的"细果儿"被带到浠水、蕲州、九江甚至带到杭州，吃法也越来越丰富多样。干吃是最常见的，刚出锅的细果儿，口中一嚼，又香又脆；掰碎用开水泡着吃，又香又酥又软，连

蔡萍麻花

汤都可以喝；或下到肉汤锅里，聚香、脆、酥、软、鲜于一锅，成为一道名菜。

1951年年初，英山县成立中国粮食公司英山粮食部，同时设立英山粮食部石头咀营业组。石头咀粮食营业组除粮食购销以外，也开展粮食加工、副食品加工，副食加工最初的主要业务就是炸细果儿。石头咀老街居民王建华从小跟随父亲一起制作经营“石镇细果儿”，熟知配方和制作工艺，因此，被石头咀粮食营业组聘请为炸细果儿师傅。1983年，王建华儿子王国泉顶替父亲之职，到石头咀粮管所炸细果儿。2004年，石头咀粮管所改制，王国泉和妻子蔡萍承接石头咀粮管所炸细果儿业务，成立石头咀镇蔡萍麻花作坊。蔡萍麻花作坊占地面积约1000平方米，工人50多人。日生产小麻花500多公斤，产品销武汉、上海、北京、杭州多个大中小城市。

2015年，“蔡萍麻花”商标在国家商标局注册。同年3月，蔡萍麻花参加首届黄冈东坡美食节美食展，获“长天湖杯”特别奖。

【英山粉丝】 英山粉丝按主要原料分为绿豆粉丝和葛根粉丝。“毕府”牌是英山粉丝的主要品牌，粉丝晶莹剔透，外观精美，食用口感舒适，营养价值较高。

英山绿豆粉丝以绿豆作为原料生产加工制作而成，主要成分为绿豆淀粉精华，含钙、磷、铁等多种矿物质。英山绿豆粉丝为中国名产，1938年在巴拿马举行的万国博览会上获银质奖章后享誉中外，产品远销欧美和东南亚各国。

英山野生葛根粉丝以大别山生长的千年野生葛根作为原料，经科学加工精制而成，主要成分为葛根淀粉精华，含有丰富的微量元素和氨基酸，属富硒产品。

【英山天麻】 英山天麻又名定风草、赤箭，以块茎入药，其地下干燥块茎为名贵的中药材。包括原变型红天麻、绿天麻、乌天麻、黄天麻和松天麻，其中以原变性红天麻和乌天麻的栽培最为广泛。

1972年、1975年，英山县先后在草盘区和石镇区小河冲药材厂进行天麻野转家生试种。1978年，英山天麻采用有性繁殖种植。1986年，家种英山天麻推广到栗树咀、新店、张家咀、河铺、占河、红花、西硔等乡，全县天麻种植户142户，年生产3500窖，产量4000公斤，收入15万多元。

2017年，英山天麻生产主要镇区有石头咀、草盘地、陶家河3个乡镇、18个村，约2万户，全年生产鲜天麻250万公斤、干天麻500吨。

英山天麻主要种植、加工企业有湖北宏图中药材科技有限公司、英山县吉利中药材有限责任公司、英山县金牛药茶农民专业合作社、英山县兴业中药材有限公司。

【英山油茶】 明代，英山县人民就开始油茶的种植，英山油茶在种植上具备得天独厚的优势地理条件。

截至2017年，全县栽植油茶树150万株，油茶种植面积达7200公顷，2017年产量8250多吨，雷家店、温泉、石头咀3个镇的产量占全县的60%以上。全县有油茶专业户10000多户，有油茶加工企业5家，有购销网点300个，1500多人从事油茶购销。英山县的油茶产品主要销售区域有台湾、广东、福建、湖南、广西、安徽、江西、河南、湖北以及美国、英国、澳大利亚等国。

【英山茶乡鸡】 英山茶乡鸡属肉蛋兼用型地方良种，养殖历史悠久，是大别山南麓黄冈英山境内名优土特产，是国家地理标志保护产品。

英山县成片的茶园是原生态自然畜禽养殖区，全县11个乡镇均有茶乡鸡养殖。

茶乡鸡鸡舍搭建在茶园周边，鸡群在茶园觅食，青草、鲜茶叶、昆虫是茶乡鸡的主要食物。散养茶乡鸡放养密度小，成鸡活动范围广，活动量大，体质好，鸡肉蛋白质含量高，脂肪含量低。

英山茶乡鸡体格中等、体质强健、体态匀称、体型紧凑、外貌秀丽；成年公鸡体重1.5—2.5公斤，成年母鸡体重1—2公斤；冠分单冠和豆冠，以单冠居多，冠齿5—7个，冠后缘冠叶分叉，冠、肉捶、耳叶和脸均呈红色，眼大略向外突起，虹彩呈浅栗色；喙短略弯曲，呈青黄色；公鸡尾羽呈佛手状和直尾，母鸡尾羽上翘；公鸡羽色深红，母鸡以麻黄、黄色为主；具有抗病性、适应性和就巢性强、耐粗饲的特点。

英山茶乡鸡肉表皮浅黄，光滑滋润，肌肉丰满有弹性，肌间脂肪分布均匀；表皮和肌肉切面有光泽，肉质鲜美，无异味；鸡汤透明澄清，清香四溢，回味无穷。

经农业部食品质量监督检验测试中心（武汉）检测，英山茶乡鸡蛋白质含量高达26%，水解氨基酸总量23.66%，脂肪含量只有1.06%，胆固醇含量438.6毫克/千克。

【英山花鼓】 英山花鼓由天花鼓（又称打花鼓、圈子戏）、地花鼓（又称唱花鼓、唱唱儿）、南调花鼓、北调花鼓四种类型而构成。四大类花鼓的曲目内容，表演艺术、音乐曲调各具特色，形成不同的流派。

天花鼓偏重于打击乐来烘托气氛，锣鼓伴奏，边打边唱。

地花鼓既有打击乐烘托气氛，也有丝竹乐器伴奏，大多是演唱，一人唱众人和，自打自唱自帮腔。

南调花鼓不同于天花鼓和地花鼓。这类花鼓盛行于英山东北部与河南安徽交界的地区。东西二河中下游则少有人传唱，其曲目以演唱“凤阳歌”为主，也有演唱人情风俗的即兴而歌。唱词以七字句的“四句回头”词体较多，衬词衬句运用充分，其表演形式为一男一女，男提小锣，女背花鼓，分解动作，造型频繁，表演优美。曲调轻快，婉转动听。

北调花鼓声腔高亢激越，节奏鲜明，锣鼓伴奏，俗称“打拗经”，表演随心，曲目多以风土人情、咏物抒怀为主。英山县草盘地镇雷家店一带盛行北调花鼓。

全县机构设置和负责人名录

中共英山县委员会

书记：陈武斌（2011.10任）

副书记：田洪光（2013.7任） 蔡寿益（2016.5任）

常委：陈武斌（2011.10任） 田洪光（2013.7任）
蔡寿益（2013.8任） 施振宇（2014.8任）
丁建怀（2016.5任） 卢 峰（2015.8任）
李 文（2016.6任） 程永富（2016.8任）
张春梅（女）（2016.12任）

英山县人大常委会

主任：段丽芬（女）（2017.12任）

副主任：汪校铃（2016.12任）
黄 泓（女）（2011.12任）
谭 俊（2011.12任）
王 曙（2016.12任）
董锦林（2016.12任）
吴小元（2017.12任）

人大办公室

主任：肖浪平（2009.12任）

英山县人民政府

县长：田洪光（2013.7任）

副县长：李 文（2014.8任）
徐明轩（2016.9任）
黄 伟（女）（2016.9任）
阮利红（2016.10任）
苗爱军（2016.11任）
郑伦福（2016.12任）
张思森（2016.4任）
姜武艺（2015.12）
张抗抗（2017.2任）
周 鹏（2017.11任）

政协英山县委员会

主席：陈志珍（女）（2016.12任）
副主席：伍　惠（女）（2016.12任）
郑成贵（2011.11任）
周清良（2011.11任）
裴朝阳（2015.2—2017.10）
江光霞（2016.12任）
胡永跃（2017.12任）
秘书长：李爱群（女）（2016.12任）

英山县人民武装部

部长：邹迪祥（2014.2任）
政委：林国兵（2015.2任）
副部长：肖剑锋（2013.3任）

县委办公室

主任：伍　松（2016.12任）
副主任：赵伯宗（2015.3任）
田天祥（2016.12任）
郑登峰（2016.11任）
余　波（2016.11任）
肖红光（2016.12任）
工会主任：方　林（2016.12任）

县纪委（监察局）监委

纪委书记：施振宇（2014.8任）
纪委副书记：胡　干（2016.11任）
柯　飞（2016.11任）
纪委常委：雷　刚（2016.11任）
沈　勇（2015.3任）
陈仕林（2016.11任）
胡凤平（女）（2016.11任）
监察局局长：胡　干（2016.11任）
监委主任：施振宇（2017.12任）
监委副主任：胡　干（2017.12任）
柯　飞（2017.12任）
监委委员：雷　刚（2017.12任）
沈　勇（2017.12任）
陈仕林（2017.12任）
李国强（2017.12任）

县委组织部

部长：丁建怀（2016.6任）
副部长：吴小元（2003.11任）
陈　伟（2011.6任）
王　超（2017.7任）
李　颖（女）（2017.7任）
县委人才办主任：祖　涛（2015.12任）

县委宣传部

部长：卢　峰（2016.12任）
副部长：冯廷权（2012.1任）
段宗寅（2005.7任）
陈丽娟（女）（2012.9任）
胡　健（2012.9任）
工会主任：冯雪梅（女）（2016.11任）

新闻宣传中心

主任：冯廷权（2012.1任）

县委统战部

部长：程永富（2016.12任）
副部长：郑飞飞（女）（2016.11任）
余海峰（2015.2任）
袁学武（2013.10—2017.8）
段宇飞（2017.9任）

县委政法委

书记：蔡寿益（2016.12任）
常务副书记：王定寅（2011.5任）

副书记：王寻路（2013.10 任）

刘　旦（2013.11 任）

综治办主任：王定寅（2011.5 任）

防范办主任：王寻路（2013.10 任）

维稳办主任：刘　旦（2013.11 任）

综治办副主任：汤均祥（2010.5 任）

法治办副主任：陈　婷（女）（2016.9 任）

县网格中心副主任：鲁　刚（2015.2 任）

县直机关工委

书记：王　超（2015.4—2017.1）

曾　毅（2017.2 任）

副书记：徐威玲（女）（2015.4 任）

人民武装部部长：刘长永（2003.8—2017.1）

汪贞友（2017.2 任）

县机构编制委员会办公室

主任：黄太原（2009.12 任）

副主任：周　勇（2013.5 任）

事业单位登记管理局局长：冯雪燕（女）（2013.3 任）

县信访局

局长：郑登峰（2016.12 任）

信访督查员：秦多武（2010.7 任）

副局长：胡　鹏（2013.10 任）

佘财明（2012.1 任）

县委党校（行政学校）

第一校长：陈武斌（2015.12 任）

校长：丁建怀（2016.12 任）

行政学校校长：李　文（2016.11 任）

常务副校长：胡天堂（2009.12 任）

副校长：方海涛（2007.4 任）

县档案局

局长：方　立（2012.9 任）

副局长：龙　磊（女）（2005.9 任）

汪　涵（2016.11 任）

县委党史办

主任：方汇文（2016.11 任）

副主任：喻　欢（2015.4—2017.8）

县对台工作办公室

主任：程世华（2015.2 任）

副主任：胡爱武（女）（2011.5 任）

县老干局

局长：李　颖（女）（2017.9 任）

副局长：韩　亮（女）（2011.1 任）

县保密局

局长：金咏梅（女）（2015.12—2017.8）

喻　欢（2017.9 任）

副局长：冯小红（女）（2016.12 任）

县机关事务管理局

局长：胡　静（女）（2015.5 任）

书记：叶芝放（2015.5 任）

副局长：王　汇（女）（2016.12 任）

县政府办公室

主任：查海滨（2017.2 任）

党总支书记：舒劲松（2016.1 任）

副主任：程　新（2007.4 任）　王志义（2013.4）

熊　师（2013.10 任）　郑　虎（2016.11 任）

工会主席：胡　飞（2015.12 任）

县民政局

局长：林梅香（女）（2015.12 任）

副局长：何冠亚（2015.12 任）

郑红生（2015.5 任）
老龄办主任：马双进（2015.4 任）
老龄办副主任：余品修（2015.3 任）
烈士陵园管理处主任：何柏胜（2016.11 任）
军休所所长：程　庆（2011.5 任）
工会主席：陈　佳（女）（2013.11 任）

县扶贫开发办公室

主任：彭　哲（2016.10 任）
副主任：徐利朝（2009.12 任）
李水淋（2016.11 任）
程贤良（2016.9 任）

县移民局

局长：胡卫东（2015.2 任）
副局长：夏　猛（2013.4 任）
总工程济师：段　枫（2015.12 任）
工会主席：田新婷（女）（2017.7 任）

县志编纂委员会办公室

主任：杨　光（2015.12 任）
副主任：萧　宇（2016.12 任）

县地震局

局长：胡四清（2013.4 任）
副局长：毛　意（2013.4 任）

县民族宗教事务局

局长：曾晓明（2003.8 任）
副局长：李相文（2015.3 任）

县人民防空办公室

副主任：汪东胜（2015.12 任）

县政务服务中心管理办公室

主任：段　斌（2016.11 任）
副主任：程贵芹（女）（2013.3 任）

县农村工作领导小组办公室

主任：詹宗保（2016.11 任）
副主任：马　峰（2016.11 任）
余　晓（2013.5 任）

县农业局

局长：杜典兵（2015.2 任）
副局长：徐成友（2016.11 任）
吴建生（2015.12 任）
熊之曦（2008.1—2017.2）
程文革（2017.9 任）
总工程济师：尹益民（2007.8 任）
工会主席：程卫星（2013.4 任）

县畜牧兽医局

局长：段　慧（2015.12 任）
副局长：沈金文（2010.5 任）
林　勇（2013.4 任）
总畜牧兽医济师：何伯生（2017.10 任）
工会主席：徐正鹏（2017.10 任）

县水利电力局

局长：沈卫东（2013.10—2017.2）
萧卫东（2017.2 任）
防汛抗旱指挥部办公室主任：郭金东（2015.12 任）
副局长：张　进（2005.9 任）
余宗元（2015.12 任）
陈立志（2015.12 任）
党组成员：方久忠（2015.12 任）
工会主席：程　俊（2015.12 任）
总工程济师：邓建新（2016.6 任）

防汛抗旱指挥部办公室副主任：盛　勇（2010.5 任）

县林业局

局 长：吴　勇（2016.11 任）
总工程济师：柳树国（2016.11 任）
副局长：郑　鹄（2005.9 任）　乐治先（2010.6 任）
　　　　陈　涛（2016.11 任）
工会主席：周华文（2010.6—2017.9）
绿化办专职副主任：徐　炼（2017.1 任）
防火办主任：付　剑（2016.11 任）
森林公安局局长：陈宝华（2017.2 任）

县水产局

局长：胡德国（2012.12 任）
副局长：王文彬（2013.4 任）
　　　　邓　梅（女）（2016.11 任）
工会主席：余志松（2012.10 任）
总支委员：胡　斌（2015.2 任）

县农业机械管理局

局长：胡安仁（2015.12 任）
副局长：肖　斌（2010.8 任）
工会主席：王雄英（女）（2013.4 任）

县气象局

局长：胡益文（2016.12 任）
副局长：汪　峰（2009.9 任）　齐本新（2014.5 任）

县水文局

局长：胡海洋（2014.4 任）
副局长：黄华耀（2015.11 任）
综合办主任：陈　鹏（2015.11 任）

县茶叶产业化办公室

主任：何青松（2017.2 任）
副主任：陈　鑫（2017.2 任）
　　　　程瑶瑶（女）（2017.6 任）

县药材和茧丝绸产业化办公室

主任：王峰林（2015.5—2017.2）
　　　熊之曦（2017.2 任）
副主任：金涌泉（2003.8 任）
　　　　段江涛（2014.7 任）
工会主席：杜　锋（2014.7 任）

县经信局

局长：杨先锋（2012.9 任）
副局长：段劲松（2015.3 任）
　　　　方胜军（2012.10 任）
　　　　曹　辉（2015.4 任）
总工程师：段金平（2015.12 任）
工会主席：陈晓红（女）（2015.12 任）

县商务局

局长：余　智（2016.11 任）
副局长：段春林（2005.9 任）
　　　　郝修兴（2016.12 任）
　　　　熊之曦（2017.2 任）
工会主席：雷金华（2009.12 任）
总经济师：郑吉安（2016.12 任）

县供销合作社联合社

主任：肖卫东（2009.12 任）
监事会主任：徐卫国（2007.5 任）
副主任：翟　强（2013.10 任）
　　　　许新志（2013.10 任）
工会主席：张六一（女）（2017.2 任）
总会计师：王亚平（女）（2017.2 任）

县粮食局

局长：王剑波（2012.9 任）
副局长：陈绪松（2007.5 任）

郑荣华（女）（2015.12 任）
工会主席：陈明志（2010.6 任）

县旅游局

局长：曾晓玲（女）（2014.6 任）
副局长：段晓辉（2014.6 任） 黄　欢（2015.2 任）

县招商局

局长：余　勇（2015.2 任）
副局长：甘小勇（2015.4 任） 杜　曙（2017.1 任）

县安商局（工业经济联合会）

总支书记：段　斌（2016.12 任）
副会长：柯友湖（2015.4 任）
王力君（2016.12 任）
徐世超（女）（2016.12 任）

县地方税务局

局长：高维斌（2016.6 任）
纪检组长：叶之荣（2014.10 任）
副局长：程晓宏（2015.7 任） 段立新（2015.7 任）
段文峰（2014.10 任）

县国家税务局

党组书记：徐　峰（2010.7 任）
副局长：黄开斌（2010.7 任） 高　翔（2013.5 任）
万仓夏（2013.6 任）
纪检组长：夏奇勇（2017.3 任）

县财政局

局长：胡永跃（2013.10 任）
副局长：汪金华（2007.4 任） 王小武（2010.7 任）
张浩波（2017.2 任）
县综改办主任：刘先进（2017.2 任）
国资局副局长：汤友生（2009.12 任）
党组成员：余意潮（2010.7 任）
工会主席：段爱民（2017.2 任）
总会计师：冯　挺（2013.10 任）

县金融工作办公室

主任：熊　师（2013.10 任）

县交通运输局

局长：余　勇（2015.8 任）
副局长：王　勇（2015.3 任）
袁建国（2012.9 任）
查耀坤（2013.5 任）
工会主席：余胜球（2003.8 任）
总工程师：王　欣（2013.4 任）

英山县供电公司

总经理：赵　亮（2016.1 任）
党支部书记：谭建峰（2018.1 任）
纪委书记：李　兵（2015.3 任）
副总经理：张　革（2016.10 任）
邓红新（2016.10 任）
肖　芸（女）（2018.1 任）

县农村能源办公室

副主任：张朝武（2013.4 任）
总工程师：洪　九（女）（2013.4 任）

县住房和城乡建设局

局长：黄　威（2017.2 任）
副局长：肖　庆（2016.11 任）
郑　晖（2016.11 任）
李兵建（2010.6 任）
总工程师：徐宝生（2016.12 任）
工会主席：石向红（女）（2010.5 任）

县城市管理执法局

局长：方刚强（2016.11 任）

副局长：程子威（2017.6 任） 李友章（2013.5 任）
　　　　胡时民（2015.12 任） 付孝涛（2017.10 任）

县城乡规划局

局长：段卫国（2016.11 任）
副局长：刘　军（2016.11 任）
　　　　段智勇（2017.6 任）
工会主席：郑在寅（2013.12 任任）
开发区规划分局局长：王建峰（2013.12 任）

县房地产管理局

局长：段学军（2016.10 任）
副局长：童龙乔（2005.6 任）
　　　　黄曙光（2011.6 任）
工会主席：张　炼（女）（2013.12 任）
开发区房管分局局长：胡文艺（2013.12 任）

市政工程建设管理局

负责人：闵明星（2016.1 任）
副局长：刘才富（2014.9 任） 叶　臻（2014.9 任）

县国土资源管理局

局长：段满意（2014.5 任）
副局长：段学军（2015.1 任） 李建立（2012.7 任）
　　　　沈剑锋（2012.7 任） 刘　海（2015.6 任）
总工程师：张向前（2012.9 任）
纪检组长：余汉辉（2012.9 任）
工会主席：徐　丽（女）（2012.9 任）

县地质矿产局

局长：马　勇（2015.7 任）
副书记：段桂桃（女）（2009.3 任）
副局长：胡建设（2015.7 任）

县水土保持局

局长：杨　奎（2011.5 任）
副局长：金　平（2014.4 任） 杜　海（2014.4 任）
工会主席：柯美友（2014.4 任）

县环境保护局

局长：赵俊群（2015.12 任）
党组书记：段宗礼（2009.12 任）
副局长：张国军（2007.5 任） 余　军（2011.6 任）
总工程师：胡永霞（2007.5 任）
工会主席：黄俊君（2013.4 任）

县发展和改革局

局长：王峰林（2017.2 任）
副局长：张纯良（2015.12 任）
　　　　郑焱东（2016.11 任）
工会主席：林　冯（女）（2015.3—2017.9）
　　　　　沈　莉（女）（2013.10—2017.9）

县审计局

局长：余文旭（2010.9 任）
总审计师：孙永福（2007.4 任）
副局长：胡志高（2006.1 任） 秦永清（2007.4 任）
工会主席：刘喜芹（女）（2007.4 任）
经济责任审计局局长：闻　波（2010.9—2017.3）
　　　　　　　　　　赵仁刚（2017.3 任）

县物价局

局长：汪世坤（2015.12 任）
副局长：孔　涛（2015.2 任）
　　　　刘宗耀（2013.10 任）
工会主席：石爱君（2013.10 任）
分局局长：金晓玲（女）（2017.2 任）

县统计局

局长：丁卫国（2013.10 任）
总统济师：胡　睦（2007.5 任）
副局长：方　源（2007.6 任）

郑　箫（2011.2—2017.2）
黄　琼（女）（2017.2 任）
工会主席：王再飞（2007.4 任）

县人力资源和社会保障局

局长：胡安志（2015.2 任）
县纪委派驻纪检组长：吴思良（2015.4—2016.11）
副局长：游　志（2012.10 任）
张浪平（2012.10 任）
汪　潮（2012.10 任）
县医保局局长：邓水平（2012.10 任）
公务员局副局长：程　明（2015.12 任）
工会主席：金磊威（2012.10 任）

县工商行政管理局

局长：余　意（2013.9 任）
纪委书记：胡亮华（2014.4 任）
副局长：段卫东（2011.10 任）
杨启全（2013.5 任）
付火明（2014.4 任）

县质量技术监督管理局

局长：倪世宏（2011.10 任）
副局长：王裕飞（2011.10 任）
伍拥军（2011.10 任）
段有元（2011.10 任）
纪检组长：韩　梅（女）（2016.4 任）

县食品药品监督管理局

局长：冯矫正（2015.2 任）
副局长：胡　浩（2014.3 任）
张晓华（女）（2015.3 任）
王佐德（2011.5 任）
总工程师：段宗涛（2016.11 任）
工会主席：陈　芸（女）（2013.12 任）

县公共资源交易监督管理局

局长：郑劲松（2016.11 任）
副局长：段　刚（2017.2 任）
交易中心主任：沈建军（2014.6 任）

县城市建设投资管理中心

主任：黄　威（2013.10 任）　姜水中（2017.9 任）
副主任：姜水中（2006.4—2017.9）
胡德平（2013.10 任）
张　巍（2016.11 任）
徐鑫潮（2017.9 任）
总经济师：金本威（2017.1 任）

县住房公积金管理中心

主任：姜新安（2017.8 任）
副主任：郑明开（2006.11 任）
陈　铭（2013.5 任）
总会计师：黄志双（2013.5 任）

县安监局

局长：杨晨曦（2015.4 任）
副局长：陈国荣（2005.9 任）
胡　旭（女）（2013.4 任）
县安委会办公室副主任：刘长永（2017.1 任）

县产品质量检验检测中心

主任：杜国志（2015.2 任）
副主任：曾　庶（2017.3 任）
工会主席：王爱武（女）（2017.2 任）

县公安局

局长：苗爱军（2016.11 任）
政委：肖　军（2010.5 任）
纪委书记：段利文（2010.9 任）
副局长：沈　乔（2005.9 任）

卫　国（2005.9 任）
刘学成（2010.11 任）
副政委：柯益群（2006.11 任）
查勇兵（2010.9 任）
政工监督室主任：程　钢（2010.9 任）
温泉派出所所长：余运光（2010.9 任）
治安大队长：石　俊（2010.9 任）
工会主席：段伯年（2013.11 任）

县消防大队

大队长：金国政（2012.12 任）
教导员：刘承慰（2015.12 任）

县人民检察院

检察长：占　涛（2016.12 任）
副检察长：周建航（2017.7 任）
张　敏（2013.11 任）
工会主席：张红星（2013.11 任）

县人民法院

院长：汪　峰（2016.12 任）
纪检组长：熊　武（1999.3 任）
副院长：龚　林（2007.4 任）　董　勇（2007.4 任）
丁卫东（2007.4 任）　江光霞（2007.4 任）
工会主席：李保刚（2010.10 任）
政治处主任：沈　勇（2010.10 任）
专委：龚　剑（2013.11 任）
徐　志（2013.11 任）

县司法局

局长：蒋德民（2016.11 任）
副局长：谢铁祥（2016.11 任）
胡时勇（2010.11 任）
徐雪珺（女）（2010.9 任）
纪检组长：伍卫东（2010.9 任）

英山县法治英山建设

办公室副主任：饶正祥（2013.11 任）

县文化新闻出版广电局

局长：叶文生（2017.11 任）

县电视台

台长：余爱珍（女）（2014.6 任）
支部书记：罗春生（2014.6 任）
副台长：石海燕（女）（2015.2 任）
王　进（2015.2 任）
段山英（女）（2015.5 任）

县广播电台

台长：张晓梅（女）（2004.6 任）
支部书记：汪海军（2007.8 任）
副台长：余昭祥（2008.1 任）
叶君红（女）（2015.6 任）
周乐意（2015.2 任）

县教育局

局长：胡　涂（2015.12 任）
副局长：许世祥（2007.8 任）　郭华山（2017.7 任）
督学：肖永如（2013.10 任）
工会主席：周思源（女）（2013.10 任）

县卫生和计划生育局

局长：刘东升（2016.11 任）
纪检组长：张志红（女）（2015.3 任）
副局长：周　黎（2014.2 任）
林　愚（2015.3 任）
周其珍（2015.3 任）
徐庭志（2015.12 任）
总会计师：贺淑贞（女）（2015.3 任）

工会主席：周咏梅（女）（2015.3 任）
医改办副主任：陈　林（2015.3 任）

县体育局

局长：闻德才（2012.10—2017.3）
　　　李友章（2017.3 任）
副局长：郑　刚（2007.5 任）
工会主席：黄琴琴（女）（2016.11 任）

县科学技术局

局长：姜意安（2017.2 任）
党组书记：吴宝志（2016.11 任）
副局长：周利文（2015.4 任）
工会主席：陈　娜（女）（2015.4 任）

县总工会

主席：程永富（2016.12 任）
常务副主席：刘安平（2010.8 任）
副主席：王德意（2010.3 任）
经审委主任：汪海元（2017.1 任）

共青团英山县委

书记：郑　炜（女）（2016.11 任）
副书记：伍　佳（2017.2 任）

县妇联合会

主席：陈　君（女）（2017.10 任）
副主席：朱金春（女）（2012.12 任）

县工商业联合会

主席：周素梅（女）（2015.2 任）
党组书记：余海峰（2016.11 任）
副主席：王海军（2016.11 任）
秘书长：周奉凤（女）（2017.2 任）

县文学艺术界联合会

主席：陈丽娟（女）（2010.7 任）
副主席：郑　烨（2012.12 任）
　　　　刘宗伟（2012.12 任）
　　　　黄云开（2012.12 任）
　　　　沈剑锋（2012.12 任）
　　　　汪金华（2012.12 任）
秘书长：许子琴（女）（2007.4 任）

县科学技术协会

党支部书记：袁安平（2015.2 任）
主席：伍　惠（女）（2015.3 任）
副主席：涂胜桥（2015.4 任）

县残疾人联合会

理事长：段宇飞（2010.10—2017.9）
　　　　袁学武（2017.9 任）
副理事长：刘磊飞（2013.11—2017.10）
　　　　　陈武梅（女）（2017.10 任）

吴家山林场

场长：方汇文（2014.6 任）
副场长：熊　铭（2010.7 任）　田春（2010.7 任）
纪检组长：胡定新（2010.7 任）
人武部部长：段　俊（2010.7 任）
工会主席：王　勇（2010.7 任）

桃花冲林场

场长：祝曙洺（2015.7 任）
人武部部长：吴东平（2010.7 任）
工会主席：郇　刚（2010.7 任）

县烟草专卖局

党组书记、副局长：姜永生（2017.7 任）
副局长：汤　亮（2016.12 任）

王继伟（2014.8 任）

县盐务管理局

局长：万南斌（2010.1 任）

书记：曾绪钢（2014.7 任）

副经理：杜　峰（2013.8 任）

英山银监办

主任：王济黎（2014.5 任）

中国人民银行英山县支行

行长：王德群（2012.3 任）

副行长：韩海华（2007.12 任）

胡海峰（2011.4 任）

中国工商银行英山县支行

行长：周炳坤（2017.3 任）

副行长：李　彬（2016.3 任）　马　凯（2015.5 任）

中国农业银行英山县支行

行长：明　亮（2016.7 任）

副行长：方　德（2017.11 任）

吴　莉（女）（2018.4 任）

中国建设银行英山县支行

行长：胡柏林（2016.12 任）

副行长：涂双友（1995.10 任）

段正清（2003.8 任）

舒　杨（2015.11 任）

中国农村发展银行英山县支行

行长：杨　林（2015.3 任）

副行长：周文涛（2016.3 任）　徐　飞（2016.3 任）

湖北英山农村商业银行

董事长：刘志勇（2015.12—2017.11）

程　林（2017.11 任）

监事长：程国全（2015.12—2017.12）

罗新宏（2017.12 任）

行长：徐胜宏（2017.12 任）

副行长：徐胜宏（2015.12—2017.12）

吴险峰（2015.12—201710）

樊曙光（2017.10 任）

李　强（2015.12 任）

中国邮政储蓄银行英山县支行

行长：陈楫怀（2012.9—2017.11）

黄凌云（女）（2017.11 任）

副行长：余　意（2017.1 任）

湖北英山长江村镇银行

董事长：胡青峰（2015.2 任）

代理行长：王胜勇（2017.10 任）

监事长：鲁德成（2014.5 任）

副行长：黄春荣（女）（2015.8 任）

王胜勇（2016.8 任）

中国人寿保险英山县支公司

总经理：刘佳群（2014.9 任）

副经理：李家斌（2013.6 任）

邵凤华（女）（2016.3 任）

中国人民财产保险英山支公司

经理：许　可（2016.8 任）

副经理：张胜先（1998.2 任）　裴　爽（2011.4 任）

陈　義（2016.8 任）

中国太平洋财产保险英山支公司

经理：吴光辉（2016.4 任）

中国太平洋人寿保险英山支公司

经理：彭义林（2015.4 任）

信达财产保险英山支公司

经理：杨先勇（2015.2 任）

中华联合财产保险英山支公司

经理：毛小红（女）（2011.5 任）

副经理：姜　玲（女）（2015.6 任）

泰康人寿保险英山支公司

经理：胡　翼（2012.12 任）

中国平安人寿保险英山支公司

总经理：王志林（2011.3 任）

副经理：冯良秀（女）（2011.5 任）

黄迎春（女）（2012.6 任）

王　洁（女）（2015.5 任）

欧阳兰（女）（2014.8 任）

饶　平（女）（2016.6 任）

中国平安财产保险英山支公司

经理：王东平（2013.10 任）

华安财产保险英山支公司

经理：佘三年（2016.4 任）

副经理：胡佰胜（2016.4 任）

方丽娟（女）（2016.4 任）

自来水公司

经理：李　群（2016.4 任）

书记：李　沈（2015.1 任）

副经理：伍　军（2009.5 任）

周华章（2014.12 任）

中国电信股份有限公司英山分公司

总经理：汪　洋（2009.9 任）

副总经理：蔡　鹏（2008.1 任）

王爱生（2008.8 任）

中国联合网络通信有限公司英山县分公司

总经理：杨文华（2015.5 任）

中国移动通信集团湖北有限公司英山分公司

总经理：王　军（2015.12 任）

副总经理：储海英（女）（2014.2 任）

王佐群（2015.2 任）

湖北省广播电视信息网络股份有限公司英山支公司

总经理：黄克勤（2006.1 任）

副总经理：黄治安（2010.3 任）

徐　良（2010.3 任）

陈　宇（2010.3 任）

蔡曙光（2009.3 任）

中国邮政集团公司湖北省英山县分公司

总经理：姚　阳（2016.1 任）

副总经理：徐远洋（2015.8 任）

地热开发管理公司

经理：段劲松（2016.7 任）

副经理：陈　胜（2014.1 任）

付宇坤（2014.1 任）

工会主席：田　楠（女）（2015.1 任）

中国石化销售有限公司湖北黄冈英山石油分公司

副经理：吴　峰（2016.4 任）

经理助理：贺　喜（2010.9 任）

英山赛洛天然气公司

经理：曹国祥（2016.5 任）

财务部经理：曹月莲（女）（2016.7 任）

安全运营部经理：王水兵（2013.8 任）
市场部经理：黄中祥（2016.7 任）
客服部经理：段朝阳（2016.7 任）
综合部经理：石燕飞（女）（2016.7 任）

英山县黄梅戏剧团

团长：刘　伟（2013.10—2017.6）
　　　胡　军（2017.6 任）
党支部书记：王昌启（2006.9 任）
副团长：方走新（2014.12 任）
办公室主任：裴国昌（2014.12 任）
工会主席：王　丽（女）（2014.12 任）

英山县博物馆（文物局）

馆长（局长）：胡义斌（2004.6 任）
党支部书记：江咏生（2001.3—2017.7）
副局长：舒华英（女）（2014.6 任）

英山县文化市场执法大队

大队长：夏　淼（2014.6 任）
党支部书记：余　斌（2015.12 任）

英山县图书馆

馆长：涂新国（2006.5 任）
党支部书记：石　兵（2010.1 任）
副馆长：陈雅玲（女）（2001.1 任）
工会主席：程秀梅（女）（2003.9 任）

英山县文化馆

馆长：叶雨霞（女）（2010.12—2017.7）
　　　江咏生（2017.7 任）
党支部书记：徐拥军（2004.3 任）
副馆长：张新安（2008.4 任）
　　　　程　平（女）（2008.4 任）
工会主席：汪　金（女）（2010.12 任）

英山县戏剧创作室

主任：肖崇东（2003.4 任）

英山县文化活动中心

副主任：杜　娜（女）（2010.12 任）
　　　　王想群（2014.12 任）

英山县新华书店

经理：陈建中（2012.3 任）
副经理：蒋春华（女）（2014.1 任）
　　　　闵小丹（女）（2016.11 任）

电影发行放映公司

经理：万　里（2004.3 任）
支部书记：张建军（女）（2015.6 任）
副经理：陈　翔（2007.5 任）　杜　益（2007.5 任）

中小学教学研究室

主任：马跃前（2010.10—2017.9）
　　　郑兴国（2017.9 任）
副主任：段　云（1997.10 任）
　　　　查振兴（2008.10 任）
　　　　叶成林（2011.10 任）
工会主席：张绪政（2011.10 任）
办公室主任：柯知明（2011.10 任）

英山第一中学

校长：王　超（2012.1—2017.9）
　　　刘振武（2017.9 任）
副校长：李学开（2003.8 任）　杜典意（2007.8 任）
　　　　程煜生（2007.8 任）
工会主席：段小青（女）（2013.10 任）

英山理工中等专业学校

校长：刘振武（2013.10—2017.9）

党委书记：陈先平（2013.10任）
副校长：何亚雄（2005.10任）
杨百元（2010.10任）
石云峰（2017.9任）
杨玲珑（2010.10任）
郭三红（女）（2010.10任）

英山实验中学

校长：张平良（2010—2017.9）
黄新柳（2017.9任）
副校长：彭衍胜（2002任） 芮天赋（2007任）
张 鹏（2010任） 陈义令（2010任）
工会主席：姜文清（2010任）
办公室主任：胡百泉（2010任）

英山实验小学

校长：杨立新（2011.9—2017.9）
蔡 干（2017.9任）
党总支总书记：赵 丽（女）（2014.7任）
副校长：付卫东（2011.9任） 吕迎光（2011.9任）
李阳广（2011.9任）
范 卉（女）（2011.9任）
工会主席：郑伦斌（2011.9任）

县温泉小学

校长：杨劲松（2017.9任）
副校长：程树民（2006.5任） 王 勇（2006.5任）
胡 菊（女）（2011.8任）
工会主席：肖耀楣（女）（2011.8任）

思源实验学校

校长：查四新（2016.1—2017.12）
周文革（2017.12任）
副校长：郑国安（2013.2任） 刘 刚（2013.2任）
程世伟（2013.2任） 周爱民（2013.9任）
办公室主任：黄 建（2013.2任）

县直机关幼儿园

园长：段金容（女）（2014.10任）
副园长：郑学红（女）（2008.5任）
范反修（女）（2008.5任）
工会主席：陈中媛（女）（2011.8任）

英山特殊教育学校

校长：张永宏（2011.8—2017.12）
徐 波（2017.12任）
副校长：郑 舟（2017.12任）

县人民医院

党委书记：姜卫中（2017.1任）
院长：姜卫中（2015.3任）
副书记：郑亚东（2017.1任）
纪委书记：邵文明（2017.1任）
副院长：李扬威（2005.9任） 沈 强（2010.7任）
段秋林（2010.7任） 陈 革（2015.3任）
总会计师：汪 洪（2007.8任）
工会主任：石 峰（2017.1任）

县中医院

院长：蒋 智（2012.9任）
党支部书记：郑天舒（2010.10任）
副院长：张 磊（2010.10任）
田祥能（2014.6任）
王 闯（2008.3任）
工会主席：樊 莉（女）（2014.6任）

县妇幼保健院

院长：段宗贵（2015.3任）
党支部书记：郑春林（2015.3任）
副院长：陈 跃（2013.9任） 苏锦友（2013.9任）
徐又新（2010.12任）

工会主席：王新国（2013.9 任）

县疾病预防控制中心

主任：万　军（2015.4 任）
党支部书记：李　洪（2009.10 任）
副主任：余林生（2009.12 任）
　　　　李　亚（女）（2013.7 任）
工会主席：龙善煜（2012.9 任）

县红十字会

常务副会长：郑伦青（2015.5—2016.11）
　　　　　　胡久红（女）（2016.11 任）
办公室主任：柯昌义（2010.7 任）

县慈善总会

会长：林梅香（女）（2015.12 任）
主任：彭佳慧（女）（2011.9 任）

英山县经济开发区

主任：陈德峰（2017.2 任）
常务副主任：沈又年（2015.12 任）
纪工委书记：黄　辉（2016.11 任）
副主任：邓红玲（女）（2015.3 任）
　　　　高　见（2016.11 任）
人民武装部部长、工会主席：余　洋（2015.3 任）

南河镇

书记：万物春（2015.7 任）
副书记：伍　阳（2016.10 任）
　　　　熊智慧（2016.10 任）
　　　　舒营森（2016.10 任）
纪委书记：周　伟（2016.10 任）
组织、统战委员：陈　思（女）（2016.10 任）
宣传委员：戚　丽（女）（2016.10 任）
委员：郑星荣（2015.4 任）
　　　查保金（2016.10 任）
主席：万物春（2015.7—2017.12）
　　　王鄂峰（2017.12 任）
镇长：伍　阳（2016.10 任）
副镇长：郑星荣（2015.4 任）
　　　　查保金（2016.10 任）

方家咀乡

书记：段水平（女）（2016.9 任）
副书记：邬鹏程（2015.3 任）
　　　　叶晓华（2016.10 任）
　　　　胡　勇（2016.10 任）
纪委书记：潘阿明（2016.10 任）
组织委员：黄　锐（女）（2016.10 任）
宣传委员：石杜衡（2016.10 任）
委员：王保华（2015.4 任）
　　　郑　展（2015.4 任）
主席：段水平（女）（2016.9—2017.12）
　　　李曙光（2017.12 任）
乡长：邬鹏程（2015.3 任）
副乡长：王保华（2015.4 任）
　　　　石杜衡（2016.10 任）

温泉镇

书记：胡向京（2015.10 任）
副书记：饶　铁（2015.3 任）
　　　　王保平（2016.10 任）
　　　　刘明亮（2016.10 任）
纪委书记：沈　锐（2016.10 任）
组织委员：郑红英（女）（2015.4 任）
宣传委员：张有科（2016.10 任）
委员：徐　亮（2015.4 任）
　　　方海波（2016.10 任）
　　　王红年（女）（2016.10 任）
主席：胡向京（2015.10—2017.11）
　　　胡凤平（女）（2017.11 任）
副主席：王耀明（2009.11—2017.11）

镇长：饶　铁（2015.3 任）

副镇长：徐　亮（2015.4 任）

王红年（女）（2016.10 任）

王　颖（女）（2016.10 任）

红山镇

书记：陈　琼（2015.1 任）

副书记：高金磊（2016.10 任）

徐跃飞（2015.4 任）

金　权（2016.10 任）

纪委书记：吴　桐（2016.10 任）

组织委员：宓秀丹（女）（2016.10 任）

宣传委员：徐新生（2016.10 任）

委员：胡　敏（2015.4 任）

徐永林（2011.9 任）

余　强（2016.10 任）

主席：陈　琼（2015.1—2017.11）

段学君（2017.12 任）

镇长：高金磊（2016.10 任）

副镇长：胡　敏（2015.4 任）

余　强（2016.10 任）

孔家坊乡

书记：万志勇（2015.9 任）

副书记：杨愿军（2015.4 任）

胡　诚（2015.4 任）

武运鑫（2015.4 任）

纪委书记：杨　洋（2016.10 任）

组织、统战委员：郑荣娜（女）（2016.10 任）

宣传委员：闻小康（女）（2016.10 任）

委员：李　皓（2016.10 任）

鄢术德（2016.10 任）

主席：万志勇（2015.9—2017.9 任）

郑　军（2017.9 任）

乡长：杨愿军（2015.4 任）

副乡长：李　皓（2016.10 任）

鄢术德（2016.10 任）

金家铺镇

书记：王　欣（2016.10 任）

副书记：涂梦佳（女）（2015.3 任）

李世干（2015.4 任）

胡丙成（2016.10 任）

纪委书记：袁　爽（女）（2016.10 任）

组织委员：彭乃柱（2011.9 任）

宣传委员：胡　吉（2016.10 任）

委员：叶　胜（2015.4 任）

袁　猛（2015.4 任）

郑德胜（2016.11 任）

主席：王　欣（2016.10—2017.12）

叶　胜（2017.12 任）

镇长：涂梦佳（女）（2015.3 任）

副镇长：袁　猛（2016.11 任）

郑德胜（2016.11 任）

石头咀镇

书记：张春梅（女）（2015.2 任）

副书记：余　峰（2013.10 任）

余昭文（2015.4 任）

吴展宏（2016.10 任）

纪委书记：王　立（2016.10 任）

组织、统战委员：马　杰（女）（2016.10 任）

宣传委员：贺超勇（2015.4 任）

委员：陈丛山（2016.10 任）

冯海权（2016.10 任）

主席：张春梅（女）（2015.2—2017.12）

宋达朝（2017.12 任）

镇长：余　峰（2013.10 任）

副镇长：陈丛山（2016.10 任）

冯海权（2016.10 任）

草盘地镇

书记：黄军文（2015.2 任）

副书记：严万彪（2016.9 任）

杜　健（2016.10 任）

段　文（2016.10 任）

纪委书记：李　宪（2016.10 任）

组织委员：郑　威（2016.10 任）

宣传委员：黄　琼（女）（2016.10 任）

委员：张九洲（2016.10 任）

主席：黄军文（2015.2—2017.12）

肖　曙（2017.12 任）

镇长：严万彪（2016.9 任）

副镇长：黄　琼（女）（2016.10 任）

张九洲（2016.10 任）

陶家河乡

书记：邬曙东（2017.10 任）

副书记：徐　涛（2015.3 任）

盛　皖（2015.12 任）

张　良（2017.10 任）

纪委书记：张　良（2017.10 任）

组织、统战委员：江　健（2015.4 任）

宣传委员：李海蓝（女）（2017.10 任）

委员：郁春红（女）（2017.10 任）

刘立新（2017.10 任）

主席：邬曙东（2016.10—2017.12）

汪立群（2017.12 任）

乡长：徐　涛（2015.3 任）

副乡长：郁春红（2017.10 任）

刘立新（2017.10 任）

雷家店镇

书记：陈连佳（2015.1 任）

副书记：王锦强（2015.12 任）

郑　箫（2016.10 任）

张　捷（2016.10 任）

纪委书记：张　捷（2016.10 任）

宣传委员：胡　玲（女）（2015.4 任）

组织委员：张鑫琦（女）（2016.10 任）

委员：胡　斌（2015.4 任）

黄　欢（2016.10 任）

胡营超（2016.10 任）

主席：陈连佳（2015.1—2017.12）

汪　龙（2017.12 任）

镇长：王锦强（2015.12 任）

副镇长：胡　斌（2015.4 任）

黄　欢（2016.10 任）

杨柳湾镇

书记：王　俊（2015.1 任）

副书记：肖政权（2015.3 任）

陈昊炜（2016.10 任）

李景升（2016.10 任）

纪委书记：李景升（2016.10 任）

宣传委员：段柳亚（女）（2015.4 任）

组织委员：李向军（2016.10 任）

委员：徐立志（2015.4 任）

段宗育（2016.10 任）

彭　彬（2015.4 任）

主席：王　俊（2015.1—2017.10）

凤元纪（2017.11 任）

镇长：肖政权（2015.3 任）

副镇长：徐立志（2015.4 任）

段宗育（2016.10 任）

付小康（2016.10 任）

中共英山县委员会

综　述

【概　况】 2017年，围绕履职尽责、转型升级、“六大创建”、创先争优、精准扶贫决策部署全县重点工作，支持人大、政府、政协、群团开展工作。

落实各级领导班子“学法、考法、述法”三项制度，明确依法执政、依法行政、公正司法、法律服务、法治教育任务，坚持领导带头开展“七五”普法，分层分级制定绩效考核办法。全面推进政务公开，完善权力清单、负面清单和责任清单。创新“日接访”“日会商”机制，县级领导干部接访168批次452人次，集中攻坚化解信访积案56件，依法打击非法越级上访、缠访闹访行为7人次。

出台《英山县党委（党组）网络意识形态实施细则》等系列文件，健全完善应急处置管理、追责问责等系列制度，开展意识形态工作责任制督查排位、约谈问责；全覆盖组织学习中共十九大精神、习近平系列重要讲话精神；严格坚持民主集中制议事决策，严肃开展谈心谈话、“三会一课”等党内政治生活，严格落实婚丧喜庆、建房购房等个人重大事项报告制度；突出履职管理，严格坚持分工负责制，层层建立责任清单；分9批调整配备各层级干部348人，免职或调整为官不为干部5名，培训干部6200多人次；开展离任领导干部经济责任审计，严格落实选人用人四项监督制度，建立选拔任用干部单位责任追溯制度，坚持干部监督联席会议，加大信访线索追查力度，对拟提拔副科级干部暂缓提拔1人、约谈提醒2人；扎实推进选人用人、超配干部“结账清零”、不担当不作为问题专项检查治理，问责选人用人问题单位7家，整改落实干部超配问题43个、不担当不作为问题24个。加强“整县推进”，制定出台“1+7+N”方案和三年过硬计划，县委常委领衔创办示范点14个，推行党组织星级指数管理，聚力整顿软弱涣散党组织29个，升级党员群众服务中心70个，健全“大党建”，党建责任分级落实，经常性工作督查、考核问效，追责问责常态化。加强党风廉政建设，强化“四书一体”责任链条，落实联系基层、述责述廉、调研督办、廉政谈话、全程纪实制度，创新“五必须”模式，一票否决26人，层层压实“两个责任”；聚焦脱贫攻坚，全力配合省委专项巡视，利用“大数据”查处问题53起；开展政治巡察三轮，立案审查21人；结合省委巡视“回头看”等问题整改，查处“四风”问题14起、涉腐问题140件；实施“镇屏村画”工程，大力开展“六廉”活动。

（谭镇涛）

【经济社会发展】 2017年，全县实现生产总值98.68亿元，比2016年增长6.4%；第一、二、三产业结构比为35.7∶32.6∶31.7。全社会固定资产投资完成94.55亿元，社会消费品零售总额39.79亿元，公共财政预算收入4.9亿元，城市居民人均可支配收入达到2.4万元，农村常住居民人均可支配收入1.07万元。

全省深度贫困地区座谈会、全省“千企帮千村”、全市精准扶贫、教育扶贫、抓党建促脱贫等现场会先后在英山县召开。英山县抓党建促脱贫、千企帮千村、全域旅游、脱贫攻坚等工作分别在全国、全省、全市会议发言交流经验。

2017年，全力攻坚精准脱贫，全县划分3大战区，集结21个专班，先后发动春季攻势、夏季行动。全面落实“1131”“五天四夜”和每周“扶贫日”制度，大力开展“五级代表在行动”，建立专项巡察、集中督查和“双百分”考核机制，调度干部资源向脱贫攻坚一线集结。组织开展文艺会演、评选脱贫之星，引导群众挺起精神脊梁。全面落地医疗、教育、生态、易地搬迁、危房改造、民政兜底扶贫政策，加大投入力度解决农村安全饮水5416户，落实公益性就业岗位3500个、抱团创业贷和自主创业贷2.1亿元、产业奖补资金1392万元，78个贫困村光伏发电站建成运营。推动164家市场主体和313个自强互助脱贫合作社与贫困户对接，大力发展茶叶、药材等特色产业脱贫。贫困村“十有”建设按期完成，四季花海连接线、草太线改造、张草线东段公路和150千米村级公路建设或改造完工。整合扶贫资金约14亿元；中国红十字会支援价值1000多万元物资、省委统战部、省工商联和“千企帮千村”资金2100多万元、省直单位对口帮扶370万元、武汉黄陂区对口帮扶1100多万元、县内干部职工捐资123万元；开展土地增减挂钩、实现指标交易10.7亿元；募集关爱教育基金1028万元。3.3万名贫困人口稳定脱贫，25个贫困村整体出列。自强互助脱贫合作社、金融扶贫、旅游扶贫、开发农村公益性岗位等模式在全省全国推广。

大力创建“省级生态文明示范县”，持续开展绿满英山行动，全面建立河湖库长制，创建省级生态乡镇9个、生态村38个，市级生态乡镇1个、生态村49个；大力开展中央环保督察问题整改和“雷霆行动”，召开督办推进会30多次，约谈问责5人；制定产业准入负面清单；投入资金1.8亿元，完成白莲河库区等十大专项整治任务，淘汰黄标车449辆，关停养殖场11家，拆除土库124座、“三无”船只599艘，改造燃煤锅炉39台；大力建设“美丽乡村”，持续推进“三边三改三化”、城乡垃圾治理和“扫帚行动”“厕所革命”，推动美丽乡村由点到面、扩面成片。

工业园入驻企业25家，投产10家；6家企业上市挂牌，累计上市32家，占比居全市第一；规模农产品加工企业发展到37家；培育田园综合体14个，创建省级休闲观光农业示范点3家，发展市级以上农业龙头企业40家，英山县现代中药材产业园入列省级产业园；新建农村电商服务站139家，126种农产品销往16个国家，线上交易额突破11.6亿元。推进“湖北名牌”培育发展计划，实施“2345”品牌质量工程，“三品一标”认证达到9个，英山云雾茶品牌价值16.22亿元，“英山苍术”“英山石斛”“英山桔梗”被列入国家地理标志保护产品名录。

捆绑推进大别山世界地质公园、国家全域旅游示范区、桃花冲省级旅游度假区创建，启动“东河百里秀”建设，“四季花海”开业运营；开展“英山民歌大家唱”活动，新建和改扩建旅游厕所33座，打造“云游英山”，成立工商旅游分局、旅游巡回法庭、旅游警察大队；成功举办第四届茶文化旅游节，推出“全域山水画廊·四季旅游英山”广告语；全年接待游客603万人次，创旅游综合收入36.2亿元，同比增长29%。

招商引资重点项目31个，协议投资77亿元，篓子石、自在湾度假区等一批重大项目落户英山县；争资立项16亿元，争资额居全市第一；入库PPP项目13个，总投资175.14亿元；“十个六”工程全面实施，在建亿元以上项目21个、500万元以上项目248个；大学生创业孵化基地入驻团队51个，中小微企业孵化基地荣获国家创业创新示范基地；制定落实招商引资奖励政策和鼓励企业创业创新发展办法，坚持县级领导和县直部门联系企业制度，做实“企业沙龙”，积极构建“亲”“清”政商关系，解决企业共性问题100多个，为企业减负1360万元。深化校企合作，转化应用科技成果50多项；28家企业技改投资19.8亿元，增幅居全市第一。完成第三期拆迁218户，现场制止违法建设200多起，打击顶风违建16起。

完成城区道路改造项目11个、背街小巷改造项目5个；安监管理高压推进、常抓不懈；食品药品监管严防严查、力度加大；新增城镇就业3491人，城镇登记失业率控制在1.74%以内；职教中心一期工程完工；新中医院主体工程即将封顶，“智慧卫计”享誉全国；大型黄梅戏《铁面金光悌 · 审和珅》登演国家大剧院。

（谭镇涛）

重要会议

【概　况】 2017年，县委召开第十四届全体会议2次，其中全体（扩大）会议1次；十四届县委常委会召开会议28次，其中常委会（扩大）会议3次；县委召开全县重要工作及专项工作大会3次。湖北省委、省政府在英山县召开现场会2场，黄冈市委、市政府在英山县召开现场会2场。

【十四届县委全体（扩大）会议】 1月11日，中共英山县委十四届二次全体（扩大）会议暨全县经济工作会议召开，会期1天。全体县委委员、候补委员，在职副县级以上领导，乡镇党委书记、乡（镇）长，开发区常务副主任，县直单位党政主职，人大、政协专委会主任参加会议。全会由县委常委会主持。全会推荐提名出席中共十九大代表候选人，审议通过《中共英山县委十四届二次全体（扩大）会议决议（草案）》，研究部署2017年经济工作。

3月27日，中共英山县委第十四届四次全体会议召开，出席会议的有全体县委委员、候补委员。会议就英山县推荐出席省第十一次党代会代表候选人作说明，推荐出席省第十一次党代会代表候选人。

【十四届县委常委会（扩大）会议】 2017年，十四届县委常委会召开会议28次，其中常委会（扩大）会议3次。

1月11日，召开县委常委会会议，研究组织人事工作，审议通过《中共英山县委十四届二次全体（扩大）会议暨全县经济工作会议方案（草案）》《中共英山县委十四届二次全体（扩大）会议暨全县经济工作会议决议（草案）》和工商联换届方案。

1月24日，召开县委常委会（扩大）会议，审定《2017年三级干部大会方案（草案）》、《“五城同创”表彰方案（草案）》、《2017年工作部署综合性会议方案（草案）》、纪委全会方案（草案），2017年度“十个六”工程项目及责任分解方案。

2月13日、20日，召开县委常委会会议，专题研究组织人事工作。

2月20日下午，召开县委常委会会议，传达全市组织部部长会议暨抓基层党建工作述职评议会议精神，讨论《中共英山县委关于2017年县委中心组理论学习安排的意见》。

3月3日，召开县委常委会会议，传达省、市有关“两会”期间信访维稳工作精神，研究2017—2018年英山县招商引资行动实施方案。

3月22日，召开县委常委会会议，传达学习全国“两会”会议精神，传达市纪委《形式主义、官僚主义集中整治活动方案》。

3月31日、4月1日，召开县委常委会会议，专题研究组织人事工作。

4月25日，召开县委常委会会议，传达中央、省、市改革工作会议精神；审议《英山县全面深化改革领导小组2017年工作要点（讨论稿）》。

5月2日，召开县委常委会（扩大）会议，审议征迁工作方案；讨论个人所得税相关事宜；传达省委办公厅关于意识形态工作的意见；传达全省项目投资推进会会议精神。

6月21日，召开县委常委会会议，研究纪委有关案件情况；研究有关干部人事工作；审议"三创"目标考核办法；研究党建组织工作；学习省委常委、统战部部长尔肯江·吐拉洪和市委书记、市人大常委会主任刘雪荣到英山县调研座谈的讲话精神。

6月30日，召开县委常委会会议，研究纪委有关案件；传达省第十一次党代会精神；传达学习《中共中央印发〈关于加强新形势下党的督促检查工作的意见〉及〈秘书工作〉第6期关于〈意见〉的3篇文章》；传达全面深化改革相关会议精神；讨论通过《中共英山县委关于落实意识形态工作责任制情况报告》；传达学习中央办公厅《关于当前意识形态领域形式主义的通报》、省委办公厅《关于进一步加强当前意识形态工作的通知》。

7月13日，召开县委常委会会议，传达全省基层党建工作重点任务推进会精神；传达学习习近平在山西深度贫困地区脱贫攻坚座谈会上的重要讲话精神。

7月17日，召开县委常委会会议，汇报是否纳入非深度贫困地区、保持既定2017年度脱贫摘帽计划不变的请示事项；就《是否纳入非深度贫困地区、保持2017年脱贫摘帽目标不变的请示》开展讨论；传达全市扶贫领域监督执纪会议精神；传达书记刘雪荣关于"7·14"溺水事件的重要批示；传达全市政法半年工作总结会议精神；传达全市宣传工作半年总结会议精神。

7月28日，召开县委常委会会议，传达全省深度贫困地区脱贫攻坚座谈会会议精神；传达学习《省扶贫攻坚领导小组关于印发〈湖北省深度贫困地区脱贫攻坚工作实施意见〉的通知》；传达全市文化小康建设工作推进会会议精神；讨论通过全县脱贫攻坚第三次推进大会方案。

8月18日，召开县委常委会会议，讨论研究《关于省委第一巡视组巡视"回头看"和市委"两个责任"半年督导检查反馈意见整改工作方案》；审定"贯彻落实省委第一巡视组巡视'回头看'反馈意见整改工作会议暨全县招商引资工作专题推进会"方案；讨论研究全面深化改革工作；传达《于绍良同志赴罗田县、英山县暗访和调研基层组织建设有关情况》；传达中组部深度贫困地区抓党建促脱贫攻坚工作经验交流座谈会议精神；讨论研究带薪休假相关制度；听取第三轮巡察情况汇报。

8月29日，召开县委常委会（扩大）会议，传达学习湖北省委扶贫领域专项巡视工作动员部署会议精神；学习《中共湖北省委巡视工作领导小组办公室关于开展十一届省委第一轮巡视（扶贫领域）专项巡视的通知》；介绍省委巡视相关工作筹备情况；传达省委第一巡视组组长张金良讲话精神。

9月7日，召开县委常委会会议，研究城管体制改革工作；研究相关单位领导职数设定工作；研究意识形态工作。

9月19日，召开县委常委会会议，研究组织人事工作；审议通过县交运局、县林业局、县开发区党组织设置调整方案；审议通过终止违纪党代会代表资格的方案；讨论通过"三大攻坚战"实施方案；传达全市"雷霆行动"工作会议精神。

10月5日，召开县委常委会会议，传达《中共黄冈市委关于国庆中秋假期有关工作暗访情况的通报》；相关单位汇报前期各方面工作情况。

10月30日、31日，召开县委常委会会议，专题研究组织人事工作。

11月30日，召开县委常委会会议，研究人民武装部相关工作；研究落实《中共黄冈市委办公室转发市人大常委会党组〈“聚力脱贫攻坚、五级代表在行动”工作机制〉〈“聚力脱贫攻坚、五级代表在行动”联席会议制度〉〈“聚力脱贫攻坚、五级代表在行动”活动领导小组名单〉的通知》《中共湖北省委办公厅印发〈关于进一步规范全省县乡人大组织机构设置、人员编制和工作机制的意见〉的通知》；研究“两会”召开有关工作；研究英山县监察体制改革试点工作有关事宜，传达学习巡视巡察相关文件、会议精神；研究处分有关干部问题；审议《“中国社会扶贫网”在英山启动上线工作方案》；部署中共十九大精神宣讲工作；传达省市抓党建促脱贫攻坚会议精神，研究党建工作；传达中央、省、市近期系列改革会议精神，审议《英山县全面深化改革工作分类考核评估办法（送审稿）》；研究组织人事工作。

12月3日，召开县委常委会会议，专题研究组织人事工作。

12月12日，召开县委常委会会议，学习讨论《中共中央办公厅印发习近平总书记关于进一步纠正“四风”、加强作风建设重要批示的通知》和《湖北省贯彻〈中共中央政治局贯彻落实中央八项规定实施细则〉精神实施办法》；传达学习《中共黄冈市委常委会关于坚决维护以习近平同志为核心的中共中央权威和集中统一领导的具体规定》、黄冈市贯彻《中共中央政治局贯彻落实中央八项规定实施细则》精神实施办法；研究通过安全生产“打非治违”专项行动方案；传达学习《中共黄冈市委常委会关于坚决维护以习近平同志为核心的党中央权威和集中统一领导的具体规定》《黄冈市贯彻〈中共中央政治局贯彻落实中央八项规定实施细则〉精神实施办法》。

12月19日，召开县委常委会会议，专题研究组织人事工作。

【全县重要工作及专项工作大会】 2017年，县委召开全县重要工作及专项工作大会3次。

4月11日，全县城建城管暨省级生态文明建设示范县创建工作会议召开，田洪光、程永富、谭俊、阮利红、苗爱军、郑伦福、郑成贵以及11个乡镇的乡（镇）长、县直单位负责人参加会议。县长田洪光主持会议并讲话。县委常委、统战部长程永富，副县长阮利红、郑伦福分别部署城市管理与执法工作、省级生态文明示范县创建工作以及城市建设、国土资源管理工作。

6月9日，2017年度全县脱贫攻坚“夏季行动”誓师大会召开。在职县级领导、乡（镇）长、县直单位主要负责人，受表彰对象参加会议；乡镇、开发区、林场全体干部，乡（镇）直单位负责人、开发区分局负责人，省市县驻村扶贫工作队员、村干部、精准扶贫市场主体负责人在各乡（镇）分会场收听收看会议直播。县长田洪光主持会议。县委书记陈武斌就扶贫攻坚作重要讲话。田洪光就《2017年英山县脱贫攻坚“夏季行动”实施方案》部署夏季工作。县经济开发区、方家咀乡、温泉镇、红山镇相关负责人表态。会上，表彰11名驻村扶贫工作先进个人，通报两起在精准扶贫工作中失职失责的案件以及关于精准扶贫建档立卡、易地搬迁、村级自强互助脱贫合作社专项督查情况。

12月14日，英山县生态保护红线划定工作会议召开，陈武斌、田洪光、段丽芬、陈志珍、卢峰、李文、谭俊、徐明轩、黄伟、阮利红、郑成贵，省环科院专家黄峰及有关单位主要负责人参加会议。县委书记陈武斌主持会议。会上，省环科院专家黄峰汇报生态保护红线划定工作，参会人员就生态保护红线划定工作展开讨论，经过商议，一致确定英山县生态红线划定为51%。

【全省专项工作现场会】 2017年，湖北省委、省政府在英山县召开专项工作现场会2场。

7月24日，全省深度贫困地区脱贫攻坚座谈会在英山县召开。蒋超良、王晓东、陈一新、黄楚平、梁伟年出席会议，十堰、恩施、黄冈市的党委主要负责人，省直有关厅局主要负责人，9个深度贫困县的党委主要负责人，英山县乡（镇）党委主要负责人参加会议。省长王晓东主持会议。省委书记蒋超良就深度贫困地区脱贫攻坚做重要讲话。王晓东就落实会议精神讲话。

9月14日，精准扶贫行动现场推进会在英山县召开。省委常委、统战部部长尔肯江·吐拉洪出席会议并作重要讲话，市委书记刘雪荣致辞，省委统战部副部长、省工商联党组书记、常务副主席王兆民主持会议，省工商联主席刘顺妮通报全省“千企帮千村”精准扶贫行动推进情况。全省各市（州）和神农架林区统战部、工商联、扶贫办负责人，省直有关部门负责人，“千企帮千村”精准扶贫行动村企结对签约企业家、帮扶村代表以及北京、重庆等地商会负责人参加会议。

【全市专项工作现场会】 2017年，黄冈市委、市政府在英山县召开现场会2场。

3月30日，全市精准扶贫第七次现场推进会在英山县召开。市委书记刘雪荣，市长肖伏清，市委副书记、政法委书记刘美频，市委常委、红安县委书记余学武，市委常委、蕲春县委书记赵少莲，副市长余友斌，省委驻村工作队黄冈片区负责人、市扶贫攻坚领导小组办公室成员、部分市直单位负责人、各县（市）区主要负责人、党委或政府分管扶贫工作负责人，有扶贫任务的乡（镇）主要负责人，市直驻村扶贫工作队队长参加会议。英山县委书记陈武斌作经验交流，市直“五个一批”牵头单位作表态发言。会前，与会人员分两组参观孔家坊乡神峰山庄物流配送中心、杨柳湾镇东冲河村科技扶贫产业基地、大广茶业公司林冲村茶旅融合产业扶贫基地、大别山茶叶谷生态产业基地、石头咀镇吉利中药材公司、雷家店镇程家咀易地扶贫搬迁社区等现场。会议主要精神是贯彻落实中央和省委关于精准扶贫的决策部署，实施“春季攻势”，落实“五个一批”政策。

9月27—29日，全市发挥老促会作用参与精准扶贫现场会在英山县召开。市老促会会长高迎涛，市政府副秘书长、市扶贫办主任方荣，市老促会和市直单位相关领导，各县（市）区老促会会长、副会长、秘书长参加会议。

（田　冬）

上级调研

【尔肯江·吐拉洪调研精准扶贫工作】 6月17日，省委常委、省委统战部部长尔肯江·吐拉洪到英山县调研精准扶贫工作。调研组一行先后到神峰山庄蔬菜产业基地、神峰山庄物流配送中心、孔家坊乡郑家冲村、杨柳湾镇茶叶谷七仙坪调研产业扶贫及茶叶旅游产业扶贫情况，到杨柳湾镇烂柴河村调研贫困户出列情况，到雷店镇程家咀村调研易地扶贫搬迁情况，对英山县精准扶贫工作给予肯定。

【蒋超良调研精准扶贫工作】 7月24日，省委书记蒋超良，省委常委、省委秘书长梁伟年到英山县调研精准扶贫工作，先后走访孔家坊乡四顾墩村、孔家坊乡神峰山庄蔬菜产业扶贫基地、金家铺镇龙潭河村的湖北志顺茶产业扶贫基地，还与部分人大代表座谈，听取开展“聚力脱贫攻坚、五级代表在行动”活动情况及脱贫攻坚的意见建议，并肯定英山县精准扶贫工作。

（田　冬）

县委办工作

【概　况】 中共英山县委办公室（简称“县委办”）内设机要局（密码局）、政研室、督查室、保密局、党史办、总值班室、秘书科、政工科、信息科、经济科、文书处理科、行政科、老干科以及新增设县委主责办（由县委办主任兼任县委主责办主任）、县改革办（由县委政研室主任兼任县改革办主任）。2017年年末，在岗31人。

【撰　文】 2017年，完成工作报告、会议讲话、工作汇报、经验交流、调研报告等各类文稿200多篇，在《中国县域经济报》《湖北日报》《黄冈通讯》等党报党刊上发表各类文章50多篇。有关调研、总结改革经验的文章多篇次在湖北省委《政策》《调查与研究》、黄冈市委《黄冈通讯》《改革信息》以及《湖北日报》等媒体刊物上发表。全年开展专项督查54次，对改革领导小组负责的17个重点改革项目、25个改革专项领导小组负责的100多项改革项目进行全面督察。上报《督查专报》54期，开展督办240多次，对“四大行动”（重点项目、招商引资、服务企业、创业创新）推进情况和102个“十个六”工程项目（2017年建设60个、2016年续建42个）落实情况进行多次督查。全县34项中央环保督察整改任务全部完成销号。

【办　会】 主办各类公务活动192次，重点做好省委书记蒋超良、省委统战部部长尔肯江·吐拉洪到英山县调研精准扶贫工作以及全市精准扶贫第七次现场推进会、全省深度贫困地区脱贫攻坚座谈会、全省“千企帮千村”精准扶贫行动现场推进会主办工作。全年办理上级来文600多件，发文130多件。

【信　息】 收发电报1200多份，完成“提升工程”、电子政务内网建设，加密视频会议室（位于新党校4楼报告厅）建设完成并投入使用。全年上报信息320多条，省市采用超过80条，及时上报突发事件。10月，送审《中国共产党英山历史第一卷（1927—1949）》，出版《鄂豫皖根据地惨痛一页——英山“肃反”沉冤录》。

【追　责】 追究“两个责任”落实不力等问题25人，县委办通知承办会议83次，较2016年同期126次下降37%，做到开会少、开会小、开会短、开会严、开会简。

【保　密】 召开全县保密工作会议，与乡（镇）和县直各单位一把手签订保密工作目标责任书，全县200多人接受保密知识培训。组建保密执法大队，建立保密检查常态化机制，每季度对全县重点保密单位进行检查。

【协　调】 县委办参与市容整治指挥部办公室日常管理工作以及牵头毕昇大道责任区市容整治工作，通过落实“三包、四包”、整治、教育、带动、引导，加快市容整治步伐，规范用地和建设秩序，改善市容市貌，服务“五城同创”。

【督　办】 “雷霆行动”下发督办函63件、督办通报15期，组织4次约谈问责，组织县“雷霆行动”，县委办进行30多次重点督办，分解整治责任，实施销号管理，完成十大专项整治任务，12月20日提前向市“雷霆行动”办公室销号。

【服　务】 牵头调研中皖国际、茶韵古镇、茶香小镇、夜市一条街、才知文化广场等项目，形成调研报告，为县委领导决策提供参考。推进“十个六工程”联系项目丽景生态度假村和茶香小镇建设，督促丽景生态度假村完成2017年景区建设任务，全程跟踪服务协调茶乡小镇项目土地纠纷和殡仪馆搬迁工作。

（田　冬）

组织工作

【概　况】 中共英山县委组织部（简称“县委组织部”）内设办公室、研究室、组织科（组织员办公室）、综合干部科、干部调配科、干部教育科、干部监督科、电教中心。县委人才工作领导小组办公室、县农村实用人才培养示范基地设在县委组织部，非公有制经济组织和社会组织工作委员会、县党代表联络办公室、领导班子和领导干部考核评价工作领导小组办公室挂靠县委组织部。

2017年，全县基层党组织有党委26个，党组28个，党工委3个，党总支67个，党支部816个。全县有党员21131名，其中机关事业单位7423名，农牧渔民党员12037名，社区党员1080名，非公领域党员591名。

【“两学一做”学习教育常态化制度化】 2017年，县委把“支部主题党日”作为“学”的基本载体，突出党章党规和习近平系列重要讲话重点，每月一章节、每年一轮回，持续学、深入学，强化思想武装。实行党员席位制、签到点名制，县委集中开展支部主题党日12次、专题讨论8次，集中党课4次。针对不同党员群体的学习需求分类施策，采取在家党员支部集中学，流动党员寄学或“连线”学，年老体弱党员“一对一”送学或帮学，实行诵学、自学、讲学、赛学、送学、寄学、帮学、听学、议学等“九学联动”，实现全体党员参学。在农村，广大党员围绕小康建设，在脱贫攻坚、美丽乡村建设、乡村治理等工作一线示范带头、发光发热，如孔家坊乡四顾墩村老党员汪澄10多年如一日，定期编印《思想道德简报》，促进村风文明。在机关，广大党员围绕效能建设，在“五城同创”、征地拆迁等主战场冲锋在前，挑重担、啃骨头，用实际行动践行“两学一做”。

【干部教育培训】 2017年，县委党校被中央党校评为全国山区县级党校建设先进单位。先后邀请省委党校副校长肖卫康、省委党校教授徐仲韬到党校授课；省人大常委会副主任、市委书记刘雪荣，省人大常委会副主任、省委组织部原常务副部长胡志强，省委组织部干部教育处原处长高义勇，省委党校副校长朱训集，市委常委、市委组织部部长赵斌，市委组织部正县级组织员、纪检员潘春华，市委组织部副部长朱凤娥，市委党校常务副校长梅守福等省市领导先后到党校建设工地和新党校调研考察，检查指导工作。武汉东风本田集团分8批次选派400多名干部职工到县委党校举办外训班，黄陂区委党校与县委党校结对帮扶。县委党校与英山毕昇洪广酒店签订学员食堂、学员公寓租赁经营权外包合同，形成长期合作办学模式。

开展学习贯彻中共十八届六中全会、十九大精神集中培训，培训各级各类干部10000多人次；选派270多名领导干部参加中央、省市级培训学习；县委党校举办了新任科局级干部进修班、骨干班和新录用人员培训班等3期主体培训班，培训干部200多名。开展全县组工干部专题培训、精准扶贫工作专题等3期专题培训班，培训干部1000多名；组织43名党务政工干部赴浙江省开展基层党建“整县推进”外训学习；部门办班培训干部职工6000多人次；组织143名领导干部参加完成领导干部在线网络学习。

【干部监督管理】 2017年，实行选拔任用干部单位主要负责人和纪检负责人“双签字”制度，严防“带病提拔”；召开2017年度干部监督联席会议，建立成员单位定期上报沟通干部监督信息制度；实施个人有关事项和重大事项报告制度，136名领导干部按要求报告个人有关事项和重大事项，1名考察对象因重要事项未提前报告，县委组织部停止其后续考察；结合县委巡察同步开展选人用人专项检查，责成被县委巡察查出存在选人用人问题的7家单位进行整改；开展超配干部问题专项整治，市委组织部反馈的31个问题全部整改到位；开展不担当、不作为问题专项治理，整改问题24个；对23名领导干部进行离任经济责任审计；受理办结信访举报24件，对1名拟提拔对象暂缓提拔任用，对2名拟提拔对象进行谈话提醒；督促2017年度“一报告两评议”满意度明显偏低的4家单位进行整改；对2名拟提拔副科级干部因信访举报问题进行提醒谈话；参加30家单位的股级干部督会，中止2家单位不规范股级干部调整，暂缓提拔受县纪委通报批评对象；清理整顿干部多占政策性住房4起、退（离）

休领导干部在社会团体违规兼职2例；规范因私出国（境）证件管理；对乡镇干部“走读”问题进行督办检查。

【干部选拔任用】 2017年，县委分9批调整配备科级干部311人，重新提拔重用表现突出犯错误干部3人，培养中层干部349人，新招录选调生、公务员62人，对全县35岁以下年轻干部、女干部、非党干部进行摸底统计并跟踪培养，按规定程序对违法违纪、被问责、不适宜担任现职的22名干部免职或调整岗位，落实公务员职务与职级并行待遇55人。

【人才强县战略】 2017年，建立县委统一领导、组织部门牵头抓总、成员单位各司其职、相关单位配合的领导机制，将人才工作纳入全县组织工作要点，制定全县人才工作五年规划、《英山县贯彻落实省委省政府人才引进“二十条”实施办法》、扶持大学生创业“十扶十免”政策等优惠政策，突出旅游、金融、茶叶、药材、科技等急需紧缺人才和高层次创业人才重点，开展高校实习实训宣传对接11场次，引进实习实训大学生1125人，聘用科技副总12人。建成省级校企共建研发中心2个，新增校企合作科研平台4家，新认定高新技术企业4家。建立257名英山县籍在外人才名录，吸引20多名优秀人才回乡创业。实施乡土人才培养计划，开办电商、农技、企业经营等培训班20期，培训专业人才400人、技术人员6400人。举办“毕昇科技杯”创新创业大赛，在县电视台开办《创新创业我的梦》专题栏目20期，宣传优秀大学生创业团体、返乡创业明星。建成人才公寓80套，150多名企业高管“拎包入住”。实施“工匠工程”，每村储备各类乡土人才5—10名。

【基层党建】 2017年，县委对全县860多个基层支部分领域开展全覆盖普查摸底，对12项指标230多项内容分门别类建立工作台账。形成以《基层党建“整县推进”实施意见》为主体，以抓党建促脱贫攻坚工作22条意见、县委常委抓基层党建“一岗双责”清单、党组织和党员“双五星”争创等10多个配套文件抓落实抓深化的工作体系。

【农村党建】 2017年，县委常委包镇联村，分领域建立党建联系点55个，领衔创办“整县推进”示范点14个，带动乡镇党委班子成员每人创办1个示范点、包保联系1个后进村；县级领导干部按照联系乡镇、县直单位和分管工作包片联点，包保联系述职评议突出问题整改村8个、党员群众服务中心提升建设村7个、软弱涣散村29个、集体经济5万元以下贫困村40个。对全县860多个基层支部分领域开展全覆盖普查摸底，对12项指标230多项内容分门别类建立工作台账，制定《英山县基层党建“整县推进”三年全面过硬计划》，出台村（社区）党员群众服务中心标识牌制度牌匾清理规范。县委将党建工作与中心工作深度融合，让党建工作真正转化为生产力、凝聚力、竞争力。方家咀乡四棵枫村通过“党建+旅游+文化”，充分挖掘党组织内涵，将该村的自然资源、人文资源和美丽乡村建设与旅游开发项目有机结合，开发“四季花海”旅游项目，成为远近闻名的旅游名村。在11个乡镇建设示范点35个，初步建成3条以交通主干道为线的党建示范带。县委常委带头建立基层党建“一岗双责”清单，14个党建责任区党（工）委书记在《英山周刊》集中“晾晒”承诺，领衔党建项目30多个；县委成立8个督导组开展集中督查4轮、抽查6轮，实行现场评分制，纳入平常考核，对问题突出的党组织和相关责任人，严肃追责问责，县乡两级先后约谈问责5批次90多人。

【社区党建】 2017年，县委强化社区“共驻共建”，实行“双百分”挂钩，解决组织建设、硬件建设、经费保障等问题，落实社区办公用房，为社区筹集资金60多万元。在7个社区探索成立社区“大党委”，开展首个“社区党员奉献日”活动，3600多名在职党员进社区报到为群众服务，认领“小心愿”“小梦想”2300多个，初步构建“条块结合、资源共享、优势互补、共驻共建”的社区区域化党建工作新格局。

【非公党建】 2017年，组建非公单位党支部23个、党小组68个，形成“党建进车间、支部在身边、党员不一般”的局面。开展“百日攻坚行动”，实现党的组织和党的工作非公单位全覆盖，向非公单位选派党建指导员85名，对指导员开展2轮集中培训，创建以奖代补示范点10个。推进农民专业合作社党建工作，对全县279个农民专业合作社行业分布、地域归属、党员数量、运行状况等进行全面调查摸底，逐项统计分析，草盘地镇宏业药材专业合作社党支部，在精准扶贫中采取“支部+基地+党员+群众”模式，发挥党员“双建双带”作用，带领6个村困难群众脱贫致富。

选派205名党员指导全县8人以上的332家非经济组织、85家社会组织的党建，实现党组织和工作全覆盖。开展专项督查2轮，新发展党员21名，集中培训党支部书记3轮；落实非公党费返还以奖代补新建示范点5个，召开全县非公党建工作现场推进会2次；开展非公党建“微党课”比赛，以赛促学、以赛促讲。

（程璞和）

宣传工作

【概　况】 中共英山县委宣传部（简称“县委宣传部”）内设秘书科、新闻科（加挂调研科）、干部科、宣传教育科（加挂文艺科教科）、理论科、未成年人教育科。县精神文明建设指导委员会办公室为宣传部内设机构。县委对外宣传办公室（县政府新闻办公室、县互联网信息管理办公室）为宣传部管理的正科级事业单位。2017年年末，在岗13人。

【意识形态工作】 调整充实英山县意识形态工作领导小组，建立意识形态工作联席会议制度，召开联席会议7次。出台意识形态工作系列规范性文件，在干部述职、考核、任用中增加意识形态工作考察内容。对全县11个乡镇（开发区）、90家县直单位开展专项督查和“回头看”工作，逐家列出问题清单，并对排名后三名的单位负责人进行约谈。

【理论学习】 组织县委中心组专题学习11次。出台《县委中心组理论学习安排意见》《党委中心学习组管理制度》等文件，加强学习全过程管理。组织中共十九大精神和省委第十一次党代会精神理论宣讲和百姓宣讲，实现乡镇和县直一级单位全覆盖，其中百姓宣讲60多场次，受众达3.6万人次。6月10日，全省理论热点面对面示范点建设工作推进会在英山县召开，在推进会上推广英山县宣传工作经验。

【主题宣传】 先后开展“六大创建”“五大行动”“脱贫攻坚”“喜迎十九大”等主题宣传。《人民日报》、新华社、中央电视台、《湖北日报》、湖北卫视等主流媒体多次对英山县脱贫攻坚、茶产业、乡村旅游进行重点报道。

【典型宣传】 全国“两会”期间，新华社、中央人民广播电台报道全国人大代表王金初的“英山声音”。8月，中央电视台7套《聚焦三农》栏目连续播出县一中学生黄江、黄河姐弟受益“寒门学子”公益行动的典型事例。中共十九大期间，湖北卫视以《我在人民大会堂见到了总书记》为题，对首届“全国文明家庭”中的王金初进行专题报道。

【对外宣传】 2017年，邀请中央、省、市媒体记者330人次到英山县采访；举办茶文化旅游节新闻发布会；全国交通广播脱贫攻坚新闻纪实行动走进英山县。全县在市级以上主流媒体刊发新闻报道3164篇（条），其中国家级81篇（条）、省级499篇（条）、市级2584篇（条）。

【文化文艺活动】 开展系列弘扬主旋律、传播正能量文化文艺活动。组织“英山民歌大家唱”“凝聚精神力量，推进精准扶贫”专题晚会在全县33个脱贫出列村巡演，观演群众超过5万人次。反腐大戏《铁面金光悌 · 审和珅》于11月21日亮相国家大剧院。首届鄂豫皖三省四市“大别山歌会”比赛中，英山县参赛选手获得一等奖1个，三等奖1个。英山县7人次获“黄冈楷模”。孔家坊乡被省委宣传部确定为湖北省基层思想政治工作改革创新示范点。英山县毕昇纪念馆、段氏府、姜镜堂纪念馆被列为市级爱国主义教育基地。

【文明创建】 开展“我脱贫我光荣”评选活动，评选出“脱贫之星”1256人，15名“脱贫之星”在英山春晚登台受奖；开展“十星级文明户”创评，评出“十星级文明户”1869户；开办道德讲堂，举办道德讲堂125场次；开展“道德之星”系列评选，评选出“好媳妇”“好孝子”“好邻里”等668人次；组织“道德法庭进农户”939场次。

（叶　锐）

【通讯员队伍建设】 2017年，县新闻宣传中心构建通讯员网络，畅通联系渠道，加强对全县通讯员的业务指导。推荐、带领全县各行各业的骨干通讯员，参加《湖北日报》春季通讯员培训班、《黄冈日报》通讯员培训班和省记协县域新闻媒体培训班，提升英山县骨干通讯员新闻写作水平；开展“新闻写作培训下基层”活动，在杨柳湾镇、县工商局等乡镇和县直单位开展新闻写作培训，受训通讯员约500人次。9月，召开全县骨干通讯员座谈会，邀请全县100多名骨干通讯员开展培训，夯实通讯发展基础。

【《黄冈日报 · 英山周刊》】《黄冈日报 · 英山周刊》围绕县委、县政府工作挖掘亮点，相继策划精准扶贫、五城同创、党风廉政建设、雷霆行动、创业创新等专栏、专题报道，全面反映各乡镇、各单位、各行业的工作成果。围绕茶文化旅游节、文化科技卫生三下乡等节会活动，及时推出相关报道，先后在国家、省、市主流媒体推出重点报道30篇次。特别是宣传精准扶贫工作，推出稿件300多篇，树立一批具有影响力的典型，分别被省市媒体中转载报道100多次。常设栏目有《深化“五城同创”推进“六大创建”》《毕昇论谈》《创业创新先锋榜》《精准扶贫不落一人》《红盾光彩》等，每期四版。2017年，《黄冈日报 · 英山周刊》出刊49期。

【“英山新闻宣传”微信公众号】 公众号主界面菜单包含今日英山、权威发布、微官网3项。公众号紧扣县委、县政府工作中心，服务经济社会发展大局，及时传达县委、县政府重大决策部署及重要会议精神，发布关注度高的重大新闻事件，为用户推送新、短、实、图文并茂的新闻稿件。2017年，公众号推出文章229条，其中产生单篇文章阅读量突破10万人次、网友留言300多条、单日增加粉丝5000多人的记录。“英山新闻宣传”微信公众号以总榜第七、单榜第一的成绩进入全省十强政务微信行列。

【湖北手机报 · 英山版】 以传达主流声音、引导社会舆论、反映群众意愿、服务群众生活为核心，运用短小精炼的文字，采编各乡镇各部门的工作动态、新闻资讯，以短信的方式，每天定时发送给读者，分为封面新闻、时政要闻、综合新闻、荆楚新闻、国内国际等版块，为读者提供海量资讯。2017年，手机报推出261期。

（舒智慧）

统战工作

【概　况】 中共英山县委统一战线工作部（简称“县委统战部”）内设秘书科、统战科，英山县光彩事业办公室、英山县中华职教社挂靠县委统战部。2017年年末，在岗8人。

【政治统战】 县委切实履行统战工作主体责任；县委召开4次常委会会议，专题听取统战工作情况汇报；县委书记主持召开全县统战工作会议，研究部署党外干部政治安排，增设20名党外干部专用职数，集中使用；把好党外干部招录关、培养关，重点培养副科级以下党外干部，指导性下达党外副科级干部、中层干部的培养使用计划。县四大家领导每人联系2名以上党外人士，围绕政府工作报告、农业供给侧结构改革、职业教育等课题开展3次协商，围绕"凝心聚力十三五"开展调研，形成调研报告32篇，为县委、县政府决策提供参考。

【经济统战】 按省市"千企帮千村"活动要求，以五大发展理念为引领，创新帮扶模式，引导非公经济主体与贫困村、贫困户结对帮扶，将企业资金、技术、管理、人才、市场等方面优势与农村特色资源有机结合，完善"政府+市场主体+银行+保险+贫困户"的"五位一体"推进机制，鼓励各类非公经济主体开展送政策、送订单、送技术、送信息、送种苗、送农资、送股份"七送"服务。全县共组织271家市场主体与78个贫困村对接，对接帮扶10090户28127人，帮助脱贫18781户59881人。市委统战部、省委统战部分别于5月5日、10月13日在英山县召开全市、全省"千企帮千村"精准扶贫行动现场会，省委常委、统战部部长尔肯江出席会议，总结推广英山神峰山庄"能人带户"、志顺茶业龙头带动、宏图中药材订单农业、电子商务创业园电商扶贫、长安建筑公益扶贫5种帮扶模式，神峰模式当年入选全国扶贫办产业帮扶重点推介模式。

【社会统战】 借助省委常委、统战部部长牵头联系英山县的契机，县委统战部门主动出击，争取省委领导和省委统战部门重视支持。争取支持英山县扶贫攻坚帮扶项目9个，帮扶资金539万元，利用全省"千企帮千村"现场会，争取对村帮扶资金1500万元。省委统战部从部机关经费中帮扶211万元援建英山14个易地扶贫搬迁点，惠及贫困户443户611人，改善集中居住五保户、低保户、一般贫困户生活条件、生活配套设施及基础设施配套建设。

（刘友群）

县直机关工委

【概　况】 中共英山县委县直机关工作委员会（简称"县直机关工委"）内设县直机关人民武装部，2017年年末，在岗5人。

2017年，县直机关增设党支部10个，撤销总支2个、党支部20个，审批换届机关党组织138个，发展新党员82人，预备党员转正63人。截至2017年年末，县直机关工委辖党组35个、党委13个（含直属机关党委4个）、党总支58个、党支部325个，党员6655人。

【调研活动】 2017年，县直机关工委学习贯彻中共十八届六中全会和中共十九大精神，推进"两学一做"学习教育常态化制度化，落实省委基层党建"整县推进"新要求，狠抓机关党建实效管理，促进县直机关党员干部服务能力提升。

县直机关80多名党组（党委、总支、支部）书记和320多名机关基层支部书记做出承诺，编印机关党建工作任务指导书。完成6家单位党组织规范设置，98个党组织按期换届。新建党组织2个，撤销13个基层支部，督促按期换届12个，调整设置14个。指导督促县直20家单位成立功能性社会党组织49个。县直机关全年发展新党员82名，转正预备党员63名，否决不合规定对象1名。对170多名入党积极分子、预备党员全面轮训。培训党组书记、党务干部1200人次。全年累计收缴党费181.88万元。落实"三会一课"、专题民主生活会、专题党组织生活会、领导干部双重组织生活、党员党性定期分析、民主评议党员等制度。推进“一单位一品牌、一部门一特色”创建工作，组织县直单位分管领导和党务干部85人分批次考察借鉴武穴、罗田、麻城等地学习基层党建“整县推进”示范创建先进经验，民政局、公积金中心等7家单位基层党建“整县推进”示范创建工作取得较好成效。

组织调研活动20场次，调研基层党组织30家，收纳意见建议123条；印发《县直机关单位党建工作十大规范》2000多册。对81家县直一级单位党组织及其下属基层党组织“支部主题党日”活动、基层党建“整县推进”建设定期督查，累计督查4批次324人次，查找问题1026条。及时开展约谈问责，先后对副县级以上领导干部所在的13家单位党组织负责人、16个连续两个季度督导考评排名本组后5名的一级单位主要负责人、20个下属基层党组织较多的重点单位实行专项督查提醒；对2016年度党建考核末两位的单位主要负责人进行重点约谈；对党费收缴不规范的3家县直单位分管领导和党务政工干部进行专项约谈。

持续开展县直机关事业单位“纪律作风明察暗访”活动。全年派出明察暗访组12个、150人次，查出违反工作纪律单位3家，干部2人。

推进“十佳优质服务单位”评选，评选出财政局、民政局等县直机关“十佳优质服务单位”10个。

（吴佳思）

机构编制工作

【概　况】 英山县机构编制委员会办公室（简称“县编办”）内设综合科、机构编制科，下设事业单位登记管理局。2017年年末，在岗8人。

截至2017年12月31日，全县行政机构64个，核定行政编制1442名，实有人员1325人；机关其他编制17名，实有人员17人；工勤编制62名，实有人员46人。全县事业机构380个，核定事业编制7712名，实有人员6827人，全县行政事业单位实有人员8215人。全县注册中文域名410个，325家行政事业单位网站挂标成功。

【机构改革】 核定县工商局、县质监局编制，印发“四定方案”。整合县农业局和县食药监局农产品监管职能，将乡镇农产品质量安全监管职能从农业部门划转到食药部门，在乡镇食品药品监督管理所增加农产品质量监管站机构。完成县质检所和计量所的人员编制划转。

【机构编制管理】 2017年，全县启用55名行政编制用于招考公务员，其中县直单位27名，乡镇28名。启用137名事业编制用于事业单位公开招考工作人员，其中县人民医院60名，用于招聘专业技术人员；县教育局77名，用于招聘农村义务教育教师15名，用于招聘学前教育专业教师50名，用于招聘特殊教育专业教师2名，用于招聘高中教师10名。

【行政审批制度改革】 对接国务院、省政府、市政府决定取消、下放行政审批事项，编制《县政府决定取消、调整的行政审批事项目录》《英山县县级行政审批事项目录（2017版）》，印发《县人民政府关于取消和调整县级行政审批项目的决定》（英政发〔2017〕13号），先后取消10项、承接9项、调整15项、合并5项、新增17项；经过调整后，保留行政审批事项206项，比2014年清理前共计减少158项，减少43.4%。

【编制乡镇政府权责清单】 起草《英山县推行乡镇政府权力制度实施方案》，召开乡镇政府权责清单建设推进会，印发《县人民政府办公室关于推行乡镇政府权力清单制度实施方案的通知》；在乡镇清权、确权、配权、晒权、制权“五步连走”的基础上，采用“三报三审”工作方法，逐一审核各项行政职权的设定依据、责任事项、责任事项依据、行政职权运行流程图等要素，编制乡镇政府权责清单共计 803 项，并在政府网站公示。

【“红顶中介”专项整治活动】 2017 年，开展“红顶中介”整治活动，脱钩行业协会 1 家，拟脱钩改制 2 家。印发《县人政府关于印发英山县县级行政审批中介服务事项清单的通知》（英政办发〔2017〕24 号），首次以清单的方式将中介服务事项名称、所涉及行政审批事项名称、设立依据、机构资质资格设定、处理决定等内容向社会公布。清理规范县级行政审批中介服务事项 95 项，涉及 24 个行政审批部门，其中保留事项 90 项，取消事项 5 项。各行业中介组织进入省行政审批中介服务网。

【“双随机、一公开”监管】 2017 年，印发《县人民政府办公室关于公布“双随机”抽查事项清单的通知》（英政办发〔2017〕25 号）并在县政府门户网站公示公开。结合各单位梳理的“双随机、一公开”抽查事项清单，逐部门、逐单位、逐事项审核，制发《英山县“双随机、一公开”抽查事项清单》，全县 44 个部门（单位）公示 246 个事项。应用湖北省“双随机、一公开”监管平台，1—9 月，全县累计开展“双随机、一公开”抽查 554 次。

【机构编制政务公开】 2017 年，县编办在机构编制政务工作网公开各类机构 444 个，其中行政机关 64 个、事业单位 380 个。公开各类编制 9213 名、各类人员 8276 名。其中行政编制 1442 名，使用编制人员 1388 名；工勤编制 62 名，使用编制人员 46 名；机关其他编制 17 名，使用编制人员 17 名；事业编制 7692 名，使用编制人员 6825 名。行政机构编制、事业机构编制和实有人数公开率达到 100%。上传动态信息 24 条；收到网上咨询 6 条，回复率 100%。

【事业单位登记管理】 2017 年，增设法人登记 3 家、变更 9 家。3 月，完成全县 354 家事业单位 2017 年度法人年度报告公示。全县事业单位网上登记率、网上年度报告公示率、事业单位法人证书赋码换证率均达到 100%。

（吴　逍）

信访工作

【概　况】 中共英山县委、英山县人民政府信访局（简称“县信访局”）内设群众来访接待中心、网络信访中心、综合协调办公室、督办科、接访办信科。2017 年年末，在岗 10 人。

2017 年，全县信访总量与 2016 年同期相比有所上升，来访总量为 677 批 1012 人次，赴省异常访 3 批 8 人次；进京越级访 6 批 10 人次。来信总量 160 件，包括省、市信访局转办 118 件。全县共受理网上信访件 847 件。信访部门及时受理率 100%，责任部门及时受理率 100%，按期办结率 99.89%，信访部门参评率 97.75%，责任部门参评率 84.60%，信访部门满意率 99.16%，责任部门满意率 99.14%，网信占比 74.53%（上级要求为 60%）。全年收到省、市交办件 13 件，按期办结，办结率 100%。

【“四访促和谐”活动】 2017 年，英山县继续开展领导干部“四访促和谐”活动，出台 2017 年度县级领导干部接访安排表、县级领导包案文件（英办发〔2017〕13 号），县委、县政府主要领导带头开门接访，主动约访，带案下访，上门回访，县领导和各部门负责人一起直面信访人，直面矛盾，现场办公。全年县级领导有 45 人次接访，接待来访群众 168 批次 452 人次，县委书记、县长阅批群众来信 85 件，落实包案 2 件。

【化解信访积案】 2017 年，英山县继续将化解信访积案纳入到全县“两学一做”学习教育中。印发《英山县集中化解和整治重点突出信访事项实施方案》，开展重信重访专项行动，将信访积案分解落实到县“四大家”领导身上，落实“包掌握情况，包思想转化、包问题解决、包稳控管理、包息诉罢访”和“一个问题、一名领导、一个专班、一套方案、一抓到底”的“五包”“五个一”包保责任制。全年成功化解56件信访积案。

【开展矛盾纠纷排查】 创新基层矛盾纠纷化解机制，在全县推广实施“三合一”矛盾纠纷化解工作机制。加强源头预防与治理，坚持经常性排查与集中排查相结合，坚持属地为主、条块结合的工作方法，随时掌握社情民意，做到发现得早、化解得了、控制得住、处理得好；对重复访、越级访、集体访和可能引发群体性事件的信访隐患，进行分类排查，实行自下而上定期报告、零报告和重大情况报告制度。县纪委、县两办督查室全方位督查，加大对进京非正常上访的管理力度。2017年，公安机关依法处理7人次进京非正常上访人员。

【“阳光信访”基础业务规范化大检查】 2017年，在全县11个乡镇、35个重点县直单位全面开展“阳光信访”基础业务规范化大检查，从登记、受理、办理、送达四个方面自查自纠，列出问题清单，逐一交办到相关责任单位，要求做到立行立改。转发《湖北省信访事项网上办理工作规则（试行）的通知》（英信文〔2017〕5号），对信访事项相关文书制作、受理、办理和送达等程序进行全面规范。

（储　蓄）

党校工作

【概　况】 中共英山县委党校（简称“县党校”）内设办公室、组教科、行政科。2017年年末，在岗15人。

【培训活动】 2017年，举办学习贯彻中共十九大精神培训班两期，培训县委管理干部及村（社区）党组书记800多人次，开设科局级干部进修班、骨干培训班和新录用工作人员主体班培训3期，培训在职党员干部200多人次。全年在主体班培训党员干部1000多人次。开展全县精准扶贫实务操作工作专题培训活动，9月20—27日分两个批次对全县约350名驻乡镇农村工作总队队长、驻村工作队长、乡镇分管扶贫工作领导、乡镇扶贫办主任集中培训。在县政府办、县招商局、县商务局、县金融系统等县直单位宣读中共十九大精神，培训干部1200多人次。应邀到石头咀镇、县法院、县住建局、县公安局等单位上党课40多次，5000多人次参加学习辅导报告会。开展对外培训，东风本田集团400多人分8个批次到英山县委党校开展革命传统教育，通过听取英山革命史和参观烈士陵园等方式，对东风本田集团预备党员和共青团员进行“不忘初心、牢记使命”主题教育，《东风汽车报》报道英山党校培训工作。

【党校建设】 县党校新校舍于2014年12月12日开工建设，2017年6月30日整体搬迁并投入使用。新校舍占地面积2.7公顷，建筑面积11600平方米，主体建筑有教学综合楼、学员食堂和活动中心、学员公寓等，总投资4500万元。

（胡　立）

档案管理

【概　况】 英山县档案局（馆）内设机构为四股一室，下设英山县档案技术服务中心。2017年年末，在岗10人。

【档案业务】 2017年，收藏电子（光盘）档案70件，照片15000张，反映英山县风光和环境变化的照片、视频资料10兆，收藏有石氏宗谱。全年，接待档案查阅1141人次，4500多卷次，有效利用992人次，复制2500多页，出证明992次，借阅25卷（件），远程利用11次。查阅档案内容主要涉及文书档案、退伍军人档案、林权档案、养老保险、人事调动、精简档案、土地证、知青档案、史志报刊等到。2017年，新增档案管理省一级单位20家。全年，英山档案信息网网站点击量约20万次，总访问量15万次。

（熊德良）

对台工作

【概　况】 中共英山县委台湾工作办公室（简称“县台办”）内设综合办公室。2017年年末，在岗2人。

【接待考察】 2017年，接待到英山县考察、旅游、投资的台胞、台属、台商12人次，处理涉台事务10件、投诉案件3起。走访调研台资企业，为台资企业争取奖励扶持资金15万元。

【服务台企】 县台办针对台企出口退税应退未退、招商引资优惠政策未落实、电力未预先通知突然停电等一系列问题开展调研。经协商，电力部门同意，凡维修线路停电，除通过电视和相关媒体公示，须提前向承庆鞋业公司送达书面通知。3月18日，承庆鞋业公司提出从台湾调过来工作的干部没有住处，县台办与房管部门协调，帮助台企解决6套廉租住房。7月13日，上海祁迹纺织科技有限公司董事长沈祁耀到英山县考察蚕桑种植、生产及销售等方面情况，县台办联系药茧办技术人员和当地蚕桑土专家召开座谈会，并实地考察孔家坊乡果桑采摘基地、石头咀镇周畈村果桑采摘园、叶桑种养基地、饲料桑园养殖基地，市台办综合科科长杨志、黄冈台协副会长陈大仁陪同考察。省、市台办给予承庆鞋业公司专项资金共15万元。

【服务台胞台属】 春节期间，走访慰问台属。为1名台湾籍女性出具更名证明，办理更名公证书，为其恢复身份；帮助1名台胞处理房屋转让事宜；为涉台婚姻当事人1人及其亲属出具证明，办理赴台探亲公证、通行证等；为1人办理入台通行证及亲属关系证明等。

（胡爱武）

保密工作

【概　况】 英山县国家保密局（简称“县保密局”）2017年年末，在岗3人。

【保密管理】 2017年，完善保密工作管理档案和信息数据库，改进全县保密工作管理系统软件。调整县保密委员会组成人员。5月12日，县委常委会议，传达学习中央、省、市保密工作会议精神，对全县的保密工作进行部署。5月25日，召开全县保密工作会议，各乡镇、县直机关单位负责人参加会议，会上，各单位签订保密工作责任书。中、高考期间，县保密局对考试中心及全县各个考点进行检查，对中、高考的试卷保密管理工作进行24小时全程跟踪，确保英山县的中、高考试卷安全。

【保密培训宣传】 4月，组织相关单位保密干部50人到黄冈师范学院参加3天的全市涉密人员保密培训学习。5月，在县委党校开办政工干部培训班，对政工干部进行保密知识培训。12月，会同县司法系统在飞达广场集中进行保密法宣传活动，发放宣传资料2000多份。

【保密检查】 县保密检查执法大队每季度对全县各单位开展保密安全检查。4月和10月，开展两次专项检查。对县委办、县政府办、县纪委、县委政法委、县委组织部、县统战部等13家涉密单位进行检查。12月，市保密局对英山县保密工作重点单位、部门、部位进行抽查，没有发现问题。

（冯小红）

老干部工作

【概　况】 中共英山县委老干部局（简称“县老干局”）内设办公室、安置服务股，下设休干所和老干部活动中心（老年大学），县关心下一代工作委员会办公室挂靠县老干局。2017年年末，在岗 6 人。

2017 年，全县有离休干部 43 人，其中正县级 3 人，副县级 20 人，正科级 20 人；退休干部 3134 人，其中正县级 12 人，副县级 20 人，享受副县级待遇 20 人。

【服务老干部】 2017 年，全面落实离退休老干部政治、生活待遇，上门走访服务老干部 150 多人次，通过电话为老干部解答疑难 50 人次，探望住院老干部 26 人次，参加老干部遗体告别仪式 9 次。开展老干部文化、体育、艺术活动，做好关心下一代工作，开展关爱留守儿童调研活动，看望留守儿童并给予帮扶资金。

【落实老干部政治待遇】 2017 年，组织老干部集中学习活动 12 次；开展上门送学 60 多人次；印发《关于深入开展"畅谈十八大以来变化、展望十九大胜利召开"正能量活动和"建言十九大"活动的通知》，举办"畅谈十八大以来变化、展望十九大胜利召开""建言十九大"座谈会 1 次；组织离休老干部参观考察 3 次，县"四大家"离退休老干部集中参观考察 2 次；邀请老干部参加全县各类重大政治经济活动 10 多次。

【落实老干部生活待遇】 2017 年，组织离休老干部体检 1 次；县领导慰问看望副县级以上离退休干部 34 人次，县老干局领导代表县委、县政府慰问看望离休干部、离休干部遗属及享受副县级退休干部 160 人次；增调离休干部基本离休费和护理费。走访看望特困离休干部、特困离休干部遗属，给予帮扶资金共 1.5 万元。

【老年大学建设】 英山县老年大学（老干部活动中心）位于英山县茶乡大道旁，建筑面积 2068.6 平方米，总投资约 600 万元。2017 年，主体工程、内外部装修、配套设施建设和设备设施采购工作完成。县老干局、老年大学迁至新址办公，并做好老年大学开学前的各项准备工作。

【组织老干部活动】 举办迎"三八"老年门球赛、书法座谈会，开展老年书法研讨、送文艺下乡活动；承办市老干部合唱团送文艺下乡慰问演出，英山县老年艺术团参加演出；参加全市第三届老干部象棋比赛、全省体育舞蹈公开赛（黄冈站）比赛，英山代表队获体育舞蹈团体金奖。

（韩　亮）

机关事务管理

【概　况】 英山县机关事务管理局（简称"机关事务管理局"）内设综合股、接待股、公车改革和办公用房管理股、公共节能管理股，下设综合执法应急公务用车保障中心。2017 年年末，在岗 14 人。

【用房专项清理】 2017 年，开展办公用房专项清理，对全县 202 个机关事业单位 834 处房屋以及 40 个单位出租房产进行全面清查和登记，建立办公用房使用管理台账。在全县开展办公用房清理整改"回头看"，136 家单位上报自查自纠整改材料，其中 32 家单位对经营性用房和闲置资产据实申报，12 家单位采取隔断、腾退的方式对超标准及违规使用办公用房进行整改；对未进行自查自纠、办公用房超标准、国有资产闲置或出租出借的 12 家单位进行专项督查，现场反馈问题，现场进行整改。配合县政府督查室、县国资局对 25 家单位办公用房进行调剂；对 11 个乡镇食药监所办公现状进行 3 次专题调研和督办，制定房屋调剂方案；在县人民医院旧址，协调解决县检测中心、县医保局等 10 家单位办公用房。

【接待工作】 2017 年，先后接待副国级领导 2 人，接待省部级领导 33 次；接待厅局级领导 57 次；组织各类重大活动、重要会议 5 次。严格管理、使用接待经费。组成 3 个工作专班对县经济开发区、11 个乡镇和 18 个县直单位 2017 年度财务支出、公务接待和公车管理等进行专项检查。中秋、元旦和春节等重要节假日期间，组织工作专班到旅游景点、宾馆、娱乐场所和农家乐对公务用车情况进行明察暗访。

【完成公车改革】 2017 年，县委、县政府出台《英山县党政机关公务用车使用管理暂行办法（试行）》，明确和细化公务用车保障范围和公车纪律。出台《英山县公务出行租车服务管理暂行办法（试行）》，明确租车服务范围、审批流程、费用管理和监督管理等职责。出台《关于跨县域异地来我县任职干部国家法定休息日和节假日往返两地交通费补助的通知（暂行）》。党政机关公务用车 115 台（除公、检、法、司等部门外）全部换发尾数带“A”的新牌照。核实、登记 105 家事业单位 170 台公务用车的基本信息，统一喷涂公务用车标识。12 月，与县编办、县人社局和县财政局等相关部门协调，依据县编办核定的参改单位人员编制数，将公务交通补贴发放到参改单位。

（张晋珲）

英山县人民代表大会

综　述

【概　况】 英山县人民代表大会常务委员会（简称“县人大常委会”）内设办公室、研究室、法制工作委员会、财政经济工作委员会、代表人事任免工作委员会、教科文卫工作委员会、农村工作委员会、城建环保工作委员会、预算工作委员会。办公室内设信访室、秘书科、调研科、行政科、休干科。2017 年年末，在岗 37 人，其中正县级 1 人、副县级 9 人、正科级 24 人、副科级 2 人、工勤人员 1 人，聘用工人 4 人。

【工作情况】 2017 年，县人大常委会召开常委会会议 7 次，听取审议县政府关于城区学校布局调整工作、2017 年财政预算调整方案、省级生态县创建、《湖北省农村五保供养条例》贯彻实施、易地扶贫搬迁工作，听取县法院和县检察院半年工作情况报告、县人民法院关于对失信被执行人制度落实情况专项报告；听取和审议 2017 年上半年国民经济和社会发展计划执行情况、2016 年财政决算执行和其他财政收支情况的审计工作报告、全域旅游工作情况报告，审议通过英山县人民政府工作报告、县第十八届人民代表大会第一次会议及“聚力脱贫攻坚、人大代表在行动”代表建议办理情况的报告；视察 2016 年水利基础设施灾后恢复情况、工业新城重点项目建设情况、全域旅游创建工作、生态文明示范县创建工作、易地扶贫搬迁工程建设情况、长冲茶叶公园、中药材企业发展情况、城区学校布局调整；调研计划、财政预算半年执行情况、工业园区建设情况、易地搬迁扶贫工作情况；开展《湖北省农村五保供养条例》贯彻实施情况执法检查；对县民政局、国土局等 9 家县直单位进行工作评议；对代表议案建议进行交办督办；依法任免国家机关工作人员 61 人（次）。

重要会议

【十八届人大二次会议】 2017 年 12 月 19—23 日，英山县第十八届人民代表大会第二次会议在英山城区隆重召开。会议审议通过《政府工作报告》；审查和批准《英山县 2017 年国民经济和社会发展计划执行情况与 2018 年计划草案的报告》；审查和批准《英山县 2017 年财政预算执行情况和 2018 年财政预算》；审议通过《英山县人大常委会工作报告》；审议通过《英山县人民法院工作报告》；审议通过《英山县人民检察院的工作报告》；审议通过《英山县人民政府关于县第十八届人民代表大会第一次会议议案办理情况的报告》；审议通过《英山县人民政府关于县第十八届人民代表大会第一次会议及“聚力脱贫攻坚、人大代表在行动”代表建议办理情况的报告》。会议选举产生县第十八届人大常委会主任，补选副主任1名、委员2名。选举产生县监察委员会主任。会上，新当选成员集体向宪法宣誓。

【县第十八届人大常委会第一次会议】 2月21日，县人大常委会举行第一次会议。段丽芬主持会议，汪校铃、黄泓、谭俊、王曙、董锦林出席会议，县委常委、副县长李文，县人民法院院长汪峰，县人民检察院检察长占涛依法列席会议。会议审议通过县人大常委会研究室主任陈汇兰所做的英山县人大常委会2017年工作要点（草案），县人大常委会办公室主任肖浪平所做的关于英山县人大常委会代表资格审查委员会组成人员名单情况的报告。会议审议通过有关人事任免事项。会上，段丽芬就常委会组成人员如何履行职责作讲话。

【县第十八届人大常委会第二次会议】 4月27日，县人大常委会举行第二次会议。段丽芬主持会议，汪校铃、黄泓、谭俊、王曙、董锦林出席会议，县委常委、副县长李文，县人民法院院长汪峰，县人民检察院检察长占涛依法列席会议。会议听取和审议《县财政预算调整方案的报告》《英山县2017年部门预算细化情况的报告》；审议通过《英山县人大常委会关于在全县开展第七个五年法治宣传教育的决议》《英山县人大常委会议议事规则（修订草案）》《英山县人大常委会主任会议议事规则（修订草案）》《英山县人民代表大会代表履职评价试行办法（草案）》《县政府关于将318国道英山县城区段改建工程项目政府购买服务资金纳入财政年度预算管理的议案》《县政府关于将城西新城污水处理工程建设项目政府购买服务资金纳入财政年度预算管理的议案》；听取关于补选英山县第十八届人大代表资格审查情况的报告；会议审议通过有关人事任免事项。

【县第十八届人大常委会第三次会议】 6月28日，县人大常委会举行第三次会议。段丽芬主持会议，汪校铃、黄泓、谭俊、王曙、董锦林出席会议，副县长张抗抗、县人民法院院长汪峰、县人民检察院检察长占涛依法列席会议。会议听取和审议县人民法院半年工作情况报告、县人民检察院半年工作情况报告、县人民法院关于对失信被执行人制度落实情况专项报告；审议通过《英山县人大常委会人事任免办法（修订草案）》《英山县国家工作人员宪法宣誓组织实施办法（草案）》。会上，段丽芬向与会人员传达关于“聚力脱贫攻坚、五级代表在行动”活动的相关要求。

【县第十八届人大常委会第四次会议】 8月30日，县人大常委会举行第四次会议。段丽芬主持会议，汪校铃、黄泓、谭俊、王曙、董锦林出席会议，县委常委、副县长李文，副县长阮利红，县人民法院院长汪峰，县人民检察院检察长占涛依法列席会议。会议听取和审议县政府关于英山县2017年上半年国民经济和社会发展计划执行情况的报告、关于英山县2017年上半年财政预算执行情况的报告、关于英山县2016年财政决算（草案）、2016年财政预算执行及其他财政收支情况的审计报告、关于英山县全域旅游工作情况的报告，会议审议通过有关人事任免事项，新任命人员向宪法宣誓。

【县第十八届人大常委会第五次会议】 11月1日，县人大常委会举行第五次会议。段丽芬主持会议，汪校铃、黄泓、谭俊、王曙出席会议，副县长阮利红、县人民法院副院长龚林、县人民检察院检察长占涛依法列席会议，县人大财政经济委员会和法制委员会委员、部分乡镇人大常委会副主任、部分县人大代表应邀列席会议。会议听取和审议县政府关于英山县2017年财政预算调整方案、省级生态县创建、《湖北省农村五保供养条例》贯彻实施、易地扶贫搬迁等工作情况的报告，批准2017年县级预算调整方案。审议通过有关人事任免事项，新任命人员向宪法宣誓。段丽芬向全体与会人员传达中共十九大精神，并就贯彻落实中共十九大精神提出要求，举办一场法制讲座。

【县第十八届人大常委会第六次会议】 12月13日，县人大常委会举行第六次会议。段丽芬主持会议，汪校铃、黄泓、谭俊、王曙、董锦林出席会议，副县长李文、县人民法院院长汪峰、县人民检察院检察长占涛依法列席会议。会议听取和审议财政预算执行和其他财政收支情况审计查出问题整改情况的报告、县政府关于十八届人大一次会议议案和代表建议办理落实情况的报告、县十八届人大代表补选代表资格审查情况的报告、县人大常委会2017年工作评议情况的报告、县第十八届人大第二次会议筹备情况的报告，通过县人民政府关于优化温泉城区学校布局方案的议案以及代表资格审查情况的报告，做出召开十八届人大二次会议的决定。审议通过有关人事任免事项。

【县第十八届人大常委会第七次会议】 12月23日，县人大常委会举行第七次会议。段丽芬主持会议，黄泓、谭俊、王曙、董锦林、吴小元出席会议，副县长李文、县监察委员会主任施振宇、县人民法院院长汪峰、县人民检察院检察长占涛依法列席会议。审议通过有关人事任免事项，新任命人员向宪法宣誓。

上级调研

【蒋超良调研产业扶贫】 7月24日，省委书记、省人大常委会主任蒋超良到英山县调研产业扶贫情况，实地查看孔家坊乡四顾墩村、神峰山庄蔬菜产业扶贫基地、湖北志顺茶产业扶贫基地。调研中，蒋超良还专程参加孔家坊乡人大召开的代表小组组长汇报会，与部分人大代表座谈，听取开展“聚力脱贫攻坚、人大代表在行动”活动情况及脱贫攻坚的意见建议。省委常委、省委秘书长梁伟年，省人大常委会副主任王玲，市、县党政主要领导参加座谈。

【苏晓云参加“聚力脱贫攻坚、人大代表在行动”活动】 8月10日，全国人大常委会民族委员会委员、湖北省民营经济促进会会长苏晓云到金家铺镇参加“聚力脱贫攻坚、人大代表在行动”土门坛代表小组活动，苏晓云入户走访了金家铺镇龙珠村精准扶贫户，与活动小组的人大代表进行亲切座谈，听取开展“聚力脱贫攻坚、人大代表在行动”活动情况及脱贫攻坚的意见建议，并与小组人大代表们就山桐子产业开发在英山县的前景进行讨论。段丽芬、董锦林参加座谈。

【傅德辉调研】 10月19日，省人大常委会党组书记、常务副主任傅德辉到英山县开展县乡人大工作和建设专题调研，先后到金家铺镇、金家铺镇龙珠村、孔家坊乡四顾墩村、孔家坊乡等地，调研“聚力脱贫攻坚、人大代表在行动”活动开展情况、“代表之家”建设情况、乡人大主席团阵地建设等工作，详细询问了县乡人大班子配备、县乡人大工作中遇到的困难、对开展好县乡人大工作的建议等。当日下午，县乡人大工作和建设座谈会在洪广毕昇酒店召开，县委书记、县人大常委会主任陈武斌汇报了英山县乡人大工作和建设的情况。省人大常委会秘书长朱毅，市委副书记、代市长邱丽新，市人大常委会党组书记、常务副主任罗刚，市人大常委会副主任梅咏成以及县领导陈武斌、田洪光、段丽芬、汪校铃、黄泓、谭俊、王曙、董锦林、陈德峰陪同调研。

【计划、财政预算半年执行情况调研】 7月，县人大常委会副主任董锦林带队，县人大常委会预工委、研究室及人大财经委部分委员对2017年英山县上半年国民经济计划和财政预算执行情况开展专题调研。

【工业园区建设情况调研】 8月7日，县人大常委会副主任董锦林带领县人大财工委、研究室工作人员调研工业园区建设情况，实地查看重点项目建设情况，听取园区负责人情况汇报。

【易地搬迁扶贫调研】 10月13日，县人大农工委、研究室会同县发改局、县搬迁扶贫办负责人到方咀乡大畈河村、孔家坊乡王畈村以及金家铺镇金冲村、江冲村、龙珠村等地调研易地搬迁扶贫工作。

视察工作

【2016年水利基础设施灾后恢复】 4月19日，段丽芬带队对2016年水利基础设施灾后恢复情况进行视察。汪校铃、黄泓、谭俊、王曙、董锦林，副县长徐明轩陪同视察。段丽芬一行先后视察梅岩村大桥、水口桥拦河堰等9处2016年洪灾损毁设施修复情况。下午，视察组听取副县长徐明轩、县水电局局长肖卫东的专题汇报，并就视察情况进行讨论。

【工业新城重点项目建设】 8月15日，县人大常委会组织主任会议成员、部分委员对县经济开发区工业新城进行视察，副县长黄伟参加视察。段丽芬一行实地察看中嘉国际商城、湖北金源麻纺织科技有限公司、大别山苍术精深加工产业园、毕昇科技产业园、湖北如普帽业有限公司、湖北丰合制衣有限公司、大学生创业孵化器7家企业，了解企业生产发展等相关情况。实地察看后，段丽芬主持召开座谈会。座谈会上，开发区管委会主任陈德峰作专题汇报，县人大财经委副主任委员、预工委主任沈煌作调研报告，与会人员进行讨论。

【全域旅游创建工作】 8月29日，段丽芬、汪校铃、黄泓、谭俊、王曙、董锦林视察英山县全域旅游创建工作，县政府党组成员袁宇民陪同视察。段丽芬一行先后到四季花海、桃花溪旅游度假小镇、毕昇纪念陵园、天马寨旅游景区等地实地了解英山县全域旅游创建工作。

【生态文明示范县创建工作】 9月27日，县人大常委会开展生态文明建设示范县创建工作视察，段丽芬、汪校铃、黄泓、谭俊、王曙、董锦林参加视察，副县长阮利红参加视察。段丽芬一行实地查看红色文化阵地段氏府、二份塆“牛奶河”治理、湖北九英石业环保“五有”达标治理、千斤坪禽畜养殖整治、鸡鸣河农村环境综合整治、杨柳湾镇垃圾中转站建设、河南畈茶文化广场建设、杨柳湾茶叶谷建设。

【易地扶贫搬迁工程建设情况】 10月13—16日，县人大常委会农工委、研究室在方家咀、孔家坊、金家铺、红山、雷家店、杨柳湾6个乡镇，大畈河、王家畈、金家冲、江家冲、龙珠、程咀、施家湖7个村，就英山县2016年以来开展易地扶贫搬迁工作进行专题视察。

【长冲茶叶公园和药材产业发展情况】 11月28日，段丽芬带队，县人大常委会部分组成人员、部分涉农人大代表及人大常委会农工委、研究室负责人一行在英山县长冲茶叶公园及工业新城、工业园、草盘地、雷家店等中药材企业开展视察活动。徐明轩、汪校铃、谭俊、王曙、董锦林参加视察。

【城区学校布局调整】 12月8日，段丽芬带队，县人大常委会部分组成人员、部分人大代表一行在温泉城区视察莲花小学、长四小学、职教中心、博文实验学校、温泉小学新址、县第二幼儿园等建设现场，副县长黄伟陪同。副主任黄泓在县教育局主持召开视察城区学校布局调整座谈会，听取副县长黄伟和县教育局局长胡涂关于学校布局调整方案的汇报，与会人员进行讨论。

【县直部门工作评议】 4月27日，县十八届人大常委会第二次会议审议通过《英山县人大常委会关于在县直部门中开展工作评议的决定》，对县民政局、县国土局、县食药监局、县工商局、县教育局、县人社局、县环保局、县旅游局、县移民局9个县直部门开展工作评议。评议期间，县人大常委会成立工作评议领导小组和3个工作评议指导组认真组织和指导评议工作，分别对被评议部门开展视察调查，多形式听取收集意见和建议，及时反馈和督查。12月13日，召开工作评议测评大会，9个部门均为2017年度工作评议合格单位。

【代表建议办理】县十八届人大一次会议期间，大会秘书处收到代表建议205件；开展“聚力脱贫攻坚、人大代表在行动”活动中，代表提出需县级层面解决的建议52件。3月23日，县人大常委会与县政府、县政协联合召开“两案”交办会。常委会推行会议督办、现场督办、重点督办、跟踪督办等方式，确保建议办出实效。常委会主任会议成员督办城镇社区建设、“一河两岸”建设、中药材产业发展等8件重点建议，解决一批事关人民群众切身利益的民生问题。12月13日，召开代表建议办理见面测评会，组织领衔代表集中投票测评，十八届人大一次会议代表建议办理满意率为98.05%、落实率为85.86%，“人大代表在行动”代表建议办理满意率为98.08%、落实率为90.93%。

重要活动

【颁发当选证书和任命书大会】3月23日，县人大常委会召开颁发当选证书和任命证书大会。段丽芬，汪校铃、黄泓、谭俊、王曙、董锦林，副县长李文、苗爱军、张抗抗，县法院院长汪峰、县人民检察院检察长占涛出席会议。会上，分别向第十八届人民代表大会第二次会议当选人员颁发当选证书、向第十八届人大常委会第一次会议任命人员颁发任命证书，并分批向宪法宣誓。

【“聚力脱贫攻坚、五级代表在行动”活动现场推进会】6月27日，县人大常委会召开“聚力脱贫攻坚、五级代表在行动”活动现场推进会。段丽芬出席会议并讲话，汪校铃、王曙出席会议，雷家店镇党政负责人，11个乡镇人大常委会副主任、人大秘书，部分代表小组组长，县人大常委会机关干部参加会议。与会人员参观杨柳湾镇和雷家店镇人大主席团办公室、代表之家建设情况和程咀代表小组、黄栗树代表小组活动室建设情况，听取2个乡镇活动开展情况介绍。

英山县人民政府

综　述

【概　况】 2017年，全县国民经济生产总值98.68亿元，增长6.4%；固定资产投资94.55亿元，增长1.1%；规模以上工业增加值19.4亿元，增长8%；社会消费品零售总额39.8亿元，增长10.5%；外贸出口总额2600万美元，增长15.9%；地方公共财政预算收入4.89亿元，增长8%；城镇和农村常住居民人均可支配收入分别为24137元和10703元，增长率分别为8.2%和9.5%。全县新增登记注册市场主体4335户，增长12.9%。为企业解决困难问题256项、减负1360多万元。百丈河村、乌云山村、神峰山庄被评为省级休闲示范点。制定“1+5”总体方案和各专项行动方案，商品房去库存2638套。行政许可和行政处罚实行“双公示”，县级信用信息系统初步建成。实施“多证合一”、网上申办营业执照。投入1.35亿元担保资金及风险补偿金，为市场主体融资3.2亿元，增长171%。五项社会保险参保36.6万人次。

【工　业】 2017年，实现工业总产值82.8亿元，增长8.4%。工业新城新入驻企业25家，建成投产10家。企业转型升级步伐加快，新增“入规”企业5家、上市挂牌企业6家；全年完成规上企业技改28家，技改投资19.8亿元，增幅居全市第一；新申报高新技术企业3家，高新技术增加值占GDP的比重达到3.62%。

【农　业】 2017年，新认定2家省级重点龙头企业，新增2家规模以上农产品加工企业，全县规模以上农产品加工企业升至37家。新增“三品一标”4个。新增药材种植面积2333公顷。

【第三产业】 2017年，接待游客603万人次，同比增长33%；创旅游综合收入36.2亿元，同比增长29%。电商线上交易额11.6亿元，其中农产品交易额4.5亿元，英山县被评为全国供销e家电商建设样板县。制订出台全域旅游标准化体系，县游客接待中心、四季花海、滑雪场等项目竣工运营，西河十八湾沿线景区提档升级，东河百里秀景观建设稳步推进。举办第四届茶文化旅游节。

【脱贫攻坚】 2017年，先后开展脱贫攻坚“春季攻势”、“夏季行动”、秋冬季农业综合开发及产业扶贫、村出列户脱贫暨档案资料规范建设等重大行动。整合扶贫资金15亿元，实现全省贫困县占补平衡、增减挂钩节多指标交易10.7亿元。发放抱团增收贷、自主创业贷等小额信贷2.1亿元。完成易地扶贫搬迁3155户6247人，教育助学1.3万人，生态扶贫1.3万户4.3万人，解决农村5416户17089人的安全饮水问题，医疗救助大病患者和慢性病患者3302人，农村政策兜底低保对象3874户6677人、农村特困供养对象5531人，救助孤儿66人。78个重点贫困村光伏发电站并网发电。落实驻村帮扶“1131”和“五天四夜”工作机制，实现3.3万名贫困人口稳定脱贫，25个贫困村整体出列。全省深度贫困地区脱贫攻坚座谈会、“千企帮千村”精准扶贫现场推进会和全市精准扶贫现场推进会等会议先后在英山县召开。

【招商引资】 2017年，新签约招商项目31个，协议投资额77亿元，其中投资过5亿元的项目7个，协议投资额60.2亿元。篓子石度假区、自在湾度假区、桃花源森林小镇、红日中药颗粒剂和金骉药业等一批重大项目落户。

【项目建设】 2017年，在建500万元以上项目248个，其中亿元以上项目21个。入库PPP项目17个，城乡污水PPP项目落地。谋划储备2018年“两库”项目61个。国家扶持项目资金16亿元。

【城市建设】 2017年，启动数字化城管，城区建设加速推进，主干道和背街小巷改造基本完成，城区污水管网和供水管网不断完善，一河两岸休闲带建成开放，毕昇广场和莲花广场提档升级，新城水厂建设、张家咀水库引水工程等项目有序推进，西汤河污水处理厂试运行，城区第三期房屋征迁218户全部完成。

【基础设施建设】 2017年，白莲河环库公路英山示范段、草太线改造、张草线东段及东西河河堤水毁修复工程基本完工，150千米村级公路建设、16座危桥改造、11座水库整险、467千米公路安全防护等工程全面完成。

【环境保护】 2017年，11个乡镇污水处理工程动工。建成“户分类、村收集、镇转运、县处理”的垃圾治理体系。造林绿化1734公顷，创建省级生态乡镇9个、生态村38个，市级生态乡镇1个、生态村49个。落实产业准入负面清单，否决招商引资项目计划投资额5亿多元。完成白莲河库区、水源地保护、畜禽养殖、企业排污等专项整治，落实河（库）长制度。

【培训就业】 2017年，职业技能和农村实用技术培训4200人次、创业培训3300人次，城镇新增就业3491人，就业困难人群实现就业1462人，失业人员再就业1870人，城镇登记失业率控制在1.74%以内。

【社会事业】 2017年，农村薄弱学校改造及县直第二幼儿园建设等工程扎实推进，职教中心一期工程完工，县乡村三级医疗卫生机构全面实行药品零差价。文体文艺繁荣发展，大型黄梅戏《铁面金光悌 · 审和珅》亮相国家大剧院，“村村通”“村村响”“百姓舞台”等民生工程有序推进，“民歌大家唱”“道德讲堂”等群众性精神文明创建活动全面开展，全民健身体育馆启动建设，群众性体育运动蓬勃开展。

重要会议

【全县经济工作会议】 1月12日，召开全县经济工作会议。传达学习中央、省市经济工作会议精神，部署2017年全县经济工作。2017年经济工作总体要求：决战精准脱贫、致力绿色振兴、深化“五城同创”、推进“六大创建”战略、抓好五大行动，把握五大发展新理念、四个率先新定位、稳中求进总基调、供给侧结构性改革主线、推进发展新动能，促进经济社会平稳健康发展。

【县政府十八届一次全体（扩大）会议】 2月10日，县政府召开十八届一次全体（扩大）会议，分解落实县政府工作报告所提出的各项任务。县长田洪光就做好全年政府工作，列出清单：聚焦三个目标、增强三个意识、强化三个担当、提升三个能力、加强三个建设。

【“四大行动”“雷霆行动”工作部署会议】 3月6日，召开全县干部大会，部署“四大行动”和“雷霆行动”工作，县委书记陈武斌主持会议，县长田洪光作主题讲话。“四大行动”着眼于抓基础、上规模，为未来经济社会发展增动力；“雷霆行动”着眼于优生态、提质量，为未来发展腾空间。县政协主席陈志珍，县委常委、宣传部部长卢峰，县委常委、副县长李文，县委常委、统战部部长程永富，副县长黄伟、阮利红分别就工业经济、招商引资、环境保护、雷霆行动、重大项目、创新创业、服务企业行动、优化经济发展环境、品牌质量创建、计划生育、安全生产等工作进行具体布置和安排。

【县政府廉政工作会议】 3月23日，县政府召开廉政工作会议，贯彻落实国务院和省政府第五次廉政工作电视电话会议精神，部署2017年政府系统廉政建设和反腐败工作。县长田洪光、县纪委书记施振宇出席会议，县委常委、副县长李文主持会议。会议要求坚持依法行政，持续简政放权、严格行政执法，全面落实权力清单、责任清单、负面清单，切实规范行政行为。

【国家全域旅游示范区暨大别山南武当AAAAA级旅游景区创建工作会议】 1月3日，县政府召开创建国家全域旅游示范区和大别山南武当AAAAA级旅游景区工作会议，县领导田洪光、丁建怀、卢峰、黄泓、阮利红、裴朝阳、袁宇民参加会议。副县长阮利红就创建国家全域旅游示范区和国家AAAAA级旅游景区工作进行部署和安排。温泉镇、县交运局、大别山南武当旅游区、桃花冲风景区负责人分别作表态发言。

【全县农村工作暨扶贫开发工作会议】 3月1日，全县农村工作暨扶贫开发工作会议召开。陈武斌、田洪光、蔡寿益、段丽芬、陈志珍、施振宇、丁建怀、卢峰、李文、程永富、张春梅等县“四大家”领导参加会议。陈武斌要求从“七个着力”入手，推动全县“三农”工作和扶贫开发工作再上新台阶。田洪光强调各级各部门把“春季攻势”作为一项重大政治任务来抓，积极谋划建立稳定的脱贫长效机制。蔡寿益宣读《关于表彰2016年度全县精准扶贫精准脱贫工作先进单位和优秀个人的通知》《英山县全面落实脱贫攻坚责任制实施细则》。

【“两会”建议提案交办会议】 3月23日，县政府召开“两会”建议提案交办会议，县领导田洪光、段丽芬、陈志珍、李文、汪校铃、郑成贵出席会议。县长田洪光要求各承办单位加强组织领导，强化精细管理，推进面商办理，突出重点办理，全面完成建议提案办理工作。

县政府会同县人大、县政协商议决定，205件代表建议、103件政协提案，按照分级负责、归口办理的原则，交由全县68家单位承办。

【全市精准扶贫现场会在英山县召开】 3月30日，全市精准扶贫第七次现场推进会在英山县召开。市委书记刘雪荣，市长肖伏清，市委副书记、政法委书记刘美频，市委常委、红安县委书记余学武，市委常委、蕲春县委书记赵少莲，副市长余友斌，以及省委驻村工作队黄冈片区负责人、市扶贫攻坚领导小组办公室成员、部分市直单位负责人、各县（市）区主要负责人、分管扶贫工作负责人，市直驻村扶贫工作队长参加会议。县委书记陈武斌在会上发言。

【城建城管暨生态文明示范县创建工作会议】 4月11日，全县城建城管暨生态文明示范县创建工作会议召开。会议全面总结2016年城建城管工作，分析存在的问题，部署2017年城建城管和生态文明示范县创建工作。县长田洪光，县委常委、统战部部长程永富，县人大常委会副主任谭俊，副县长阮利红，副县长、县公安局局长苗爱军，副县长郑伦福，县政协副主席郑成贵等领导出席会议。田洪光主持会议并讲话，程永富、阮利红、郑伦福分别就城市管理与执法工作、省级生态文明示范县创建工作、城市建设、国土资源管理工作进行部署和安排。

【英山县全域旅游推介会在武汉举行】 4月16日，英山县全域旅游推介会暨新闻发布会在武汉举行，会上宣布第四届湖北·英山“四季花海”杯茶文化旅游节于4月21—23日在英山县举行。

省旅游委副主任李开寿、省农机局副巡视员万福祥等领导应邀出席。县委书记陈武斌，县委常委、组织部部长部丁建怀，县委常委、宣传部部长卢峰，副县长阮利红参加活动。人民网、新华网、《湖北日报》、湖北卫视等30多家媒体参加新闻发布会。

【第三期房屋集中征迁工作会议】 5月2日，县委、县政府召开“五城同创”第三期房屋集中征迁工作会议，陈武斌、田洪光、段丽芬、陈志珍、施振宇、丁建怀、卢峰、李文、程永富、张春梅、邹迪祥等领导以及县直包保单位主要负责人，开发区、温泉镇、红山镇党政负责人，温泉镇北汤河村、西汤河村、蔬菜村，红山镇板桥村、张畈村、叶坊村、邵河村、屏峰村，开发区九龙口村等村干部参加会议。田洪光主持，陈武斌讲话。县委常委、副县长李文就征迁工作进行部署和安排。

第三期房屋集中征迁总任务222户，其中温泉镇133户，红山镇88户，开发区1户。

【全市“千企帮千村”精准扶贫现场会议在英山县召开】 5月5日，全市“千企帮千村”精准扶贫现场会在英山县召开。市委常委、统战部部长、市总工会主席易先荣出席会议并讲话，市政协副主席、市工商联主席张友启主持会议。市直相关部门负责人、各县市区委统战部部长、工商联主席、工商联党组书记、扶贫办主任以及企业家代表参加会议。县委书记陈武斌、统战部部长程永富参加会议。与会人员实地查看英山县孔家坊乡神峰山庄、林冲村茶叶产业扶贫基地、金家铺镇志顺茶业公司等企业帮扶脱贫情况。英山县工商联、湖北骏源豆制品股份有限公司、湖北龙成生态农林综合开发有限公司、湖北志顺茶业股份有限公司负责人在会上分别交流经验。

【统筹整合落实扶贫资金工作会议】 6月14日，县政府召开统筹整合落实扶贫资金工作会议，县长田洪光，县委常委、副县长以及41家相关单位负责人参加会议。

2017年，全县精准扶贫资金需求总量达14.99亿元，其中统筹整合财政专项资金93861.11万元，含扶贫搬迁专项资金5.39亿元，统筹撬动金融及社会资金56038万元。

【全市教育精准扶贫现场推进会议在英山县召开】 6月23日，全市教育精准扶贫现场推进会在英山县召开。副市长陈少敏出席会议。县委常委、宣传部部长卢峰，各县市区政府分管领导、扶贫办主任、教育局局长、资助中心主任等参加会议。

【全县精准扶贫攻坚推进会议】 7月3日，全县召开精准扶贫攻坚推进会，贯彻落实习近平山西讲话精神和湖北省第十一次党代会精神，出台多项扶贫政策，助推全县脱贫攻坚目标如期实现。县委书记陈武斌主持会议。县长田洪光讲话。县委副书记、政法委书记蔡寿益传达省委常委、统战部部长尔肯江·吐拉洪和市委书记刘雪荣在英山县扶贫调研时讲话精神；县委常委、纪委书记施振宇通报全县脱贫攻坚“夏季行动”第一轮巡察工作督查情况；县委常委、组织部部长丁建怀通报对驻村帮扶工作队检查抽查情况。

【全省深度贫困地区脱贫攻坚座谈会在英山县召开】 7月24日，省委、省政府在英山县召开深度贫困地区脱贫攻坚座谈会，省委副书记、省长王晓东主持会议。省委书记蒋超良出席会议并讲话。省委副书记、武汉市委书记陈一新传达习近平在深度贫困地区脱贫攻坚座谈会上的重要讲话精神。省委常委、常务副省长黄楚平，省委常委、省委秘书长梁伟年出席会议。恩施、十堰、黄冈3个市州的党委书记在会上分别表态发言，房县、巴东、咸丰、神农架林区、郧西、丹江口、竹山、竹溪、英山9个深度贫困县（市、区）的党委书记作交流发言。

【全县脱贫攻坚第三次推进会暨半年工作总结会议】 8月3日，召开全县脱贫攻坚第三次推进会暨半年工作总结会议，传达全省深度贫困地区脱贫攻坚座谈会和市委五届五次全体（扩大）会议精神，总结上半年工作，部署下半年脱贫攻坚任务。陈武斌、田洪光、蔡寿益、陈志珍、丁建怀、李文、程永富、张春梅等领导，各乡镇党政主要负责人、开发区、农村扶贫工作队，县直单位负责人参加会议。县委书记陈武斌主持会议，县长田洪光讲话。

【全县招商引资半年工作推进会】 8月18日，县委县政府召开招商引资半年工作推进会议，通报2017年1—7月招商引资工作进展情况，分析上半年招商形势，确定下半年工作任务。陈武斌、田洪光、蔡寿益、段丽芬、陈志珍、丁建怀、李文、程永富、张春梅等领导，各乡镇党委书记、开发区和县直单位主要负责人参加会议。

【全省第二次“千企帮千村”精准扶贫行动现场推进会在英山县召开】 9月14日，全省第二次“千企帮千村”精准扶贫行动现场推进会在英山县召开。省委常委、统战部部长尔肯江·吐拉洪出席会议并讲话，黄冈市委书记刘雪荣致辞，省委统战部副部长、省工商联党组书记、常务副主席王兆民主持会议。省委副秘书长杨邦国，中国光彩事业促进会副会长、省工商联副主席、劲牌有限公司董事长吴少勋，省工商联主席刘顺妮，省扶贫办党组书记、主任胡超文，省委统战部秘书长陈昌宏，农发行湖北省分行行长胡世财，省农信联社党委书记、理事长李亚华，省工商联副主席赵序飒，省工商联副巡视员王丽翔，市委常委、统战部部长易先荣，市政协副主席、市工商联主席张友启出席会议。全省各市州和部分县工商联、扶贫办、光彩事业促进会负责人以及结对帮扶的企业家代表和贫困村代表参加会议。与会人员先后到湖北志顺茶业龙潭河村产业扶贫基地、神峰山庄黄林冲蔬菜产业扶贫基地、英山县紫楹石斛产业公司老鹳冲村扶贫基地、程家咀村易地扶贫搬迁安置小区参观。县委书记陈武斌以《借力“千企帮千村”共划扶贫“同心圆”》为题介绍英山县31家民营企业与贫困村结对签约扶贫经验。

【全市抓党建促脱贫攻坚工作现场会在英山县召开】 10月19日，黄冈市委组织部在英山县召开全市抓党建促脱贫攻坚现场会，集中学习中央及全省抓党建促脱贫攻坚会议精神。市委常委、组织部部长赵斌出席会议并讲话。英山县委副书记、政法委书记蔡寿益在会上致辞。市委组织部副部长雷兴威主持会议。市扶贫办、市财政局、市农办负责人出席会议，各县市区组织部部长、财政局、扶贫办、农办相关负责人和全市19个重点贫困乡镇党委书记参加会议。与会人员先后实地参观英山县石头咀镇武显庙村、周家畈村、居委会、凉亭村、众汇银杏中药材合作社和大屋冲村党建工作。石头咀镇负责人介绍该镇抓党建促扶贫的经验。

【全县扶贫项目档案管理暨“村出列、户脱贫”工作现场培训会】 11月8日，全县扶贫项目档案管理暨“村出列、户脱贫”工作现场培训会在雷家店镇召开。会议就村出列户脱贫程序规范、档案资料管理规范，年度各项扶贫工作全面达标等内容进行现场培训。县长田洪光出席会议并讲话，副县长徐明轩就2017年度扶贫项目档案管理和“村出列、户脱贫”工作进行具体安排，县政协副主席周清良主持会议。县脱贫攻坚指挥部21个工作专班负责人、各乡（镇）长、开发区负责人、县扶贫办主任及相关负责人参加会议。

【脱贫攻坚工作调研座谈会】 12月1日，县委、县政府召开脱贫攻坚工作调研座谈会，县领导陈武斌、田洪光、蔡寿益、段丽芬、陈志珍、丁建怀、李文、张春梅以及各乡镇、开发区、县脱贫攻坚指挥部21个专班主要负责人参加会议，副县长徐明轩主持会议。

2018年精准扶贫的目标任务是“县摘帽、村出列、户销号”，全县1.8万名存量贫困人口达到“一有两不愁三保障”标准，8个深度贫困村脱贫出列，10.68万名贫困总人口脱贫销号、78个贫困村脱贫出列、贫困县脱贫摘帽。

【县政府常务会议】1月13日，召开县政府第二次常务会议。会议研究2016年度综合考核评比表彰、项目土地出让违约金、东升幼儿园项目用地性质调整、县地热开发公司划转、温泉北路干茧仓库拆迁补偿、精准扶贫贴息贷款发放等事项。

4月24日，召开县政府第三次常务会议。研究招商引资财政支持政策、2017年县域经济发展调度资金分配、博文实验学校建设用地、精准扶贫、安全生产等工作，审议《英山县行政审批事项目录（草案）》《英山县“双随机”抽查事项清单（草案）》《英山县行政审批中介服务事项清单（草案）》《关于取消、承接和调整的行政审批项目等事项目录（草案）》《英山县房屋征收补偿与安置办法（草案）》。

6月27日，召开县政府第四次常务会议。传达学习《黄冈市人民政府关于实施招商引资“一号工程”的意见》（黄政发〔2017〕7号）精神，研究桃花溪小镇项目建设、大别山汽贸广场土地成交价款滞纳金征收、红二十八军革命历史纪念馆建设、安全生产等事项，审议《英山县乡镇政府权责清单（草案）》。

8月14日，召开县政府第五次常务会议。研究县内国有林场改革、湖北宝福石业有限公司石头咀镇天堂村境内花岗岩矿采矿权遗留问题、茶产业整合上市相关工作等，审议《英山县质监系统检测机构划转方案（草案）》《关于优化温泉城区学校布局的方案（草案）》《英山县农村客运集约化经营实施方案（草案）》《英山县博文实验学校项目合同书（草案）》《高端纺织面料制造项目合同书（草案）》。

8月25日，召开县政府第六次常务会议。研究政府性债务风险防范化解、大别山（叶家山）养生度假区项目推进、消防等工作，审议《英山县关于严控机关事业单位编外人员意见稿》《关于深入推进城市管理执法体制改革改进城市管理工作的实施意见稿》《全县还建小区剩余存量房源处置方案（草案）》《精准扶贫小额贴息贷款投资到长安公司为贫困户增收方案（草案）》《关于深化供给侧结构性改革的实施意见稿》。

9月26日，召开县政府第七次常务会议。研究全县经济发展支持政策、原华刚厂矽肺病人药费补助标准调整、中央环保督察反馈意见整改、“雷霆行动”升级版及白莲河水库综合整治推进、安全生产、公共设施农用地管理等工作，审议《关于庆祝建军90周年暨“9·30”烈士公祭日活动方案（草案）》。

10月18日，召开县政府第八次常务会议。研究还建房不动产权证办理等工作，审议《英山县畜禽养殖区域规划（2016—2020）（草稿）》《英山县推进“互联网+放管服”改革实施方案（草稿）》《英山县虎杖生物提取加工项目合同书（草稿）》。

11月30日，召开县政府第九次常务会议。研究县民政局自然居酒店房产收回补偿、红都宾馆延迟退屋支付违约金问题，审议《英山县2017—2019年光伏扶贫项目建设方案（草案）》《英山县光伏扶贫项目运维管理办法（草稿）》《英山县光伏扶贫资金收益分配管理办法（草案）》《关于进一步加强农村集体“三资”管理若干规定（草案）》《关于推进安全生产领域改革发展的实施意见稿》《中医药及特医食品加工生产项目合同书（草稿）》《南山国际康复养老中心项目合同书（草稿）》《全成分中药配方颗粒生产项目协议书（草稿）》《恒元丰彩印包装项目合同书（草稿）》。

12月14日，召开县政府第十次常务会议。学习《中华人民共和国统计法实施条例》，研究安徽巨成中皖房地产开发有限公司英山分公司变更登记事项，审议政府工作报告（草稿）、英山大别山仙养谷文化生态景区旅游项目合同书（草稿)、五道水养生茶谷项目合同书(草稿)。

【县政府专题会议】 1月13日，副县长郑伦福在县政府会议室主持召开专题会议，研究迎宾大道工程建设结算问题。

1月23日，副县长徐明轩在县政府会议室主持召开会议，研究城镇退役士兵安置遗留问题。

2月14日，副县长、县公安局局长苗爱军在县政府四楼会议室主持召开会议，专题研究应急救援综合指挥中心建设工作。

2月17日，县长田洪光在县政府会议室主持召开会议，专题研究精准扶贫医疗救助工作。

2月24日，县委常委、副县长李文在县农商行会议室主持召开会议，专题研究县域经济发展调度资金，部分过桥贷款到期偿还问题。

2月24日，副县长郑伦福在县政府会议室主持召开会议，研究城区道路及其桥梁移交、318国道英山县城区段改建工程变更有关问题。

2月24日，县长田洪光在县政府会议室主持召开专题会议，研究企业上市工作。

3月27日，县长田洪光在县政府会议室主持召开会议，研究茶叶企业整合上市、重大项目用电、英山县保障性安居工程配套基础设施建设2016年度中央预算内投资项目分配、PPP项目推进及棚户区项目策划申报等事项。

4月25日，副县长苗爱军在县政府四楼会议室主持召开专题会议，研究解决县应急救援综合指挥中心建设用地有关遗留问题。

6月22日，副县长李文在石头咀镇政府会议室主持召开专题会议，研究英山后花园小镇项目建设有关事项。

7月5日，副县长李文在县政府会议室主持召开专题会议，就南河镇原地税分局办公用房调剂划拨有关问题进行讨论。

7月21日，县长田洪光在县政府会议室主持召开专题会议，研究落实下岗志愿兵有关待遇问题。

7月21日，县长田洪光在县政府会议室主持召开专题会议，研究天然气特许经营权和特许经营范围划分事项。

8月8日，县委常委、副县长李文在县政府三楼会议室主持召开银企恳谈会。会议听取银企汇报，就偿还县域经济发展调度资金、信贷支持进行协商。

9月7日，副县长黄伟在县卫计局会议室主持召开专题会议，研究县卫校改革后人员养老保险缴纳、退休人员养老金发放等问题。

9月18日，县长田洪光在县政府视频会议室主持召开会议，研究英山县乡镇生活污水治理项目。

9月19日，县长田洪光在县水电局会议室主持召开会议，专题研究2018年农田水利高效节水项目申报工作。

11月9日，副县长黄伟在县政府会议室主持召开会议，专题研究县残疾人康复中心建设及相关事项。

上级调研

【深化供给侧结构性改革纪律作风保障工作调研】 2月15日，市委常委、市纪委书记王立兵到英山县调研深化供给侧结构性改革的纪律作风保障工作。市委副秘书长白家松，市纪委常委、市监察局副局长李世梁，英山县纪委书记施振宇参加调研。

【精准扶贫工作调研】 2月17日，省人大常委会副主任王玲到英山县调研。调研组一行15人就《湖北省农村扶贫条例》贯彻实施情况，先后检查温泉镇百丈河村、方家咀乡四棵枫村、方家咀乡葫芦盆村党员群众活动中心，查阅精准扶贫和农村“三资”台账，随机走访困难群众，肯定英山县光伏发电、农家乐等扶贫方式。

【产业扶贫工作调研】 2月22—23日，湖北省农业厅党组副书记、副厅长徐能海到英山县调研产业精准扶贫工作。县委副书记、政法委书记蔡寿益，县人大常委会副主任王曙，副县长徐明轩、张抗抗先后陪同调研、参加座谈。

【纪委监督责任落实工作调研】 6月8日，市委常委、市纪委书记王立兵一行到英山县检查督导落实纪委监督责任执行情况，并就相关工作进行调研，县委书记陈武斌，县委常委、县纪委书记施振宇陪同。

【县域科技创新工作调研】 6月30日，科技部基层处处长杨如一行4人到英山县调研县域科技创新工作，察看科技创业园、走访杨柳湾镇东冲河村、了解英山县科技创新工作情况。

【“万企帮万村”精准扶贫工作调研】 7月2日，全国工商联扶贫与社会服务部副巡视员邵逸率调研组到英山县调研“万企帮万村”精准扶贫工作。县领导程永富、徐明轩陪同调研并参加座谈。

【扶贫工作调研】 7月24日上午，省委书记、省人大常委会主任蒋超良到英山县视察调研产业扶贫工作。他强调发展特色产业是提高贫困地区自身发展能力的根本举措，要发挥绿色资源优势，打好“生态牌”，大力发展能让贫困人口受益的特色产业，支撑和促进精准脱贫。省委常委、省委秘书长梁伟年，省人大常委会副主任王玲参加调研。

【基层党建“整县推进”工作调研】 7月27—28日，市委组织部副部长雷兴威带领全市基层党建“整县推进”调研督办工作组到英山县开展检查调研，并集中反馈调研检查情况。县领导陈武斌、蔡寿益、段丽芬、陈志珍、施振宇、卢峰、李文、程永富、张春梅及各乡镇、县直单位主要负责人参加反馈会。

【垃圾治理和污水处理工作调研】 8月12日，市委常委、常务副市长张社教到英山县调研督办垃圾治理和污水处理工作。县长田洪光、副县长郑伦福陪同调研。

【移民特色经济工作调研】 11月1日，省移民局巡视员郑志康一行到英山县检查调研年度后期扶持政策实施情况。市移民局局长陶志斌，县委书记陈武斌、县委副书记蔡寿益陪同调研。

检查督办

【易地扶贫搬迁考核】 2月16—17日，省易地扶贫搬迁考核组到英山县考核易地扶贫搬迁工作。县领导田洪光、蔡寿益、李文、徐明轩陪同。考核组先后到南河镇、方家咀乡、孔家坊乡、红山镇、雷家店镇等地易地搬迁贫困户家中，对新建住房的建房面积、住房安全、安全饮水、生活用电、道路通行、资金到位等情况逐一考核，对易地搬迁住房建设前期、年度计划完成率、建设标准等资料进行查验。

【“雷霆行动”工作督办会召开】 4月17日，全县“雷霆行动”工作督办会召开。会上传达贯彻中共黄冈市委“雷霆行动”督办会议精神，县领导田洪光、蔡寿益、丁建怀、卢峰、李文，县“雷霆行动”工作领导小组成员、十大专项整治牵头单位分管负责人参加会议。田洪光等领导就进一步加大“雷霆行动”力度和措施提出具体要求。

【“雷霆行动”升级版督办】 5月24日，县长田洪光带领县“雷霆行动”办公室、环保局、发改局、住建局、质监局等相关负责人现场督办。县委常委、宣传部部长卢峰，副县长阮利红陪同。田洪光要求各单位明确整改方向，列出整改清单，明确整改结账时限。

【防汛工作检查】 5月31日，县长田洪光到张家咀水库检查指导防汛工作，实地察看水库设施建设情况、听取水库水位、排洪闸运行、泄洪道疏通、防汛值班等相关情况的汇报，详细询问水库安全度汛的各项措施的落实情况，提出确保汛期安全度汛的具体要求，副县长阮利红陪同。

【运用大数据对精准扶贫政策落实情况进行大检查】 8月4日，湖北省监察厅副厅长马世永带领巡查督导组到英山县督导检查大数据监督检查入户核查工作。黄冈市副市长余友斌，县领导陈武斌、蔡寿益、施振宇、张春梅陪同检查。马世永要求：坚持谁复核谁负责的原则，制定复核计划，实行全程痕迹化监管；抓住工作重点，紧盯薄弱环节，注重研究政策，结合实际情况，确保问题定性准确；坚持进度服从质量，以质量为准绳；把握时间节点，对查实的问题线索，纪委要及时介入，分类处置到位，促进问题整改，形成有力震慑，提升大数据监督检查工作质效，保障精准扶贫各项政策措施落到实处。

【省委扶贫专项巡视】 8月31日至10月31日，省委第一巡视组对英山县扶贫工作开展专项巡视。围绕扶贫领域突出问题，受理反映县委、县政府领导班子及成员、下一级党组织领导班子主要负责人和重要岗位党员领导干部及村（社区）党员干部问题的来信来电来访。重点是关于贯彻落实中央、省委有关产业扶贫、易地扶贫搬迁、健康扶贫、教育扶贫、社会保障扶贫、金融扶贫、危房改造等决策部署，是否存在弄虚作假、阳奉阴违的问题，形式主义、做表面文章的问题，对挪用扶贫资金贪污、截留私分、优亲厚友、虚报冒领、雁过拔毛、抢占掠夺的问题，数字脱贫、虚假脱贫、发现问题不整改等问题的举报和反映。

【市委群团改革专项督察】 9月11日，市妇联主席张曙红带领督察组到英山县就群团改革工作进行专项督察。督察组在县委常委、组织部部长丁建怀陪同下，先后深入杨柳湾镇芭茅街村、温泉镇东门社区、电子商务创业园、毕昇科技产业园、红山镇乌山春茶叶企业，就妇联区域化建设改革、村级“会改联”工作、儿童早期发展社会家庭支持服务项目、非公团建、“职工之家”建设、科技助力精准扶贫样板工程等改革项目进行调研。

【农村生活垃圾治理工作督查】 10月10日，县长田洪光先后到方家咀乡、南河镇、陶家河乡、草盘地镇对农村生活垃圾治理工作进行督查。副县长郑伦福陪同。

【河库长制工作检查验收】 11月1日，黄冈市河库长制工作验收小组到英山县对河库长制工作进行阶段性验收。验收组实地查看红山镇、开发区段河库长制工作现场，查阅相关资料，并听取专题汇报。验收组对英山县将河库长制工作纳入三创考核，并在省市要求六项河库长制度基础上新增了四项内容，将全县万立方米以上大塘纳入河库长制进行管理，设立塘长等新的创新措施给予充分肯定。

政府办工作

【概　况】 英山县人民政府办公室（简称“政府办”）内设政府应急管理办公室（加挂总值班室牌子）、政府政务督查室、秘书一科、秘书二科、秘书三科、秘书四科、秘书五科、文书科、调研信息科、政工科、行政科、老干科、监察室。下设3个机构：英山县人民防空办公室、英山县金融工作办公室、英山县政府电子政务信息中心。英山县外事侨务办公室设在政府办，归国华侨联合会与外事侨务办公室合署办公，实行一个机构，两块牌子。英山县国防动员委员会综合办公室设在政府办。2017年年末，在岗46人。

【公文起草】 起草政府工作报告、领导讲话、工作汇报、经验交流等各类文稿近400篇，向省、市上报信息180多条（篇），被《湖北政务信息》《黄冈政务信息》等采用20多条（篇）。

【信息调研】 围绕全县中心工作以及群众关注的热点，深入基层一线调研撰写各类调研报告20多篇，编发《政府调研》3期，为促进全县乡村振兴、药材产业发展等工作提供决策参考。在《省政府调研》《黄冈日报》《黄冈经济》《黄冈通讯》等刊物上发表领导署名文章、调研宣传等文章100多篇。

【政务督查】 围绕“五城同创”、脱贫攻坚、“六大创建”、全域旅游等县委、县政府中心工作以及政府工作报告所提出的任务、人大代表建议和政协委员提案办理等工作，逐一分解落实，坚持跟踪督办和定期督办相结合，提高政府工作执行力。全年印发督查通报10期，严厉整治工作不实、弄虚作假的行为，约谈单位5家，各单位自行整改问题400多项，解决全县性的重大问题15项。政府部门承办的建议提案办结率100%，满意率98%。

【阳光政务】 建立“12345”市民热线平台，妥善解决一批群众关心的重点、难点问题。健全政府电子政务中心建设，更新网络设备，实现上下互联互通和办公自动化。回应群众关切，利用LED显示屏、县政府政务公开栏，及时通报全县重大项目进展情况，发布有关政策政务公开信息，促进政府工作在阳光下运行。

【应急管理】 修订完善《英山县突发公共事件总体应急预案》《英山县自然灾害救助应急预案》《英山县防汛抗旱应急预案》等20个专项应急预案，完善统一指挥、反应灵敏、协调有序、运转高效的应急管理机制。实行24小时全天候值班制，不定期对乡镇、部门应急值守工作进行检查督办。及时做好应急信息接收、汇总、分析和报送，统筹安排春节、五一、十一、元旦等长假期间政府办公大楼值班保安工作。

【信访接待】 坚持全员抓信访，建立首问负责、部门协同、上下联动信访工作机制。全年共接待群众来信来访196起，办结181起，办结率同比提高21%。妥善处理“7 · 14”四名青少年溺亡等重大突发事件。

（查献展）

扶贫工作

【概　况】 英山县扶贫开发办公室（简称“扶贫办”）内设综合科、老区建设科、扶贫科3个科室。下设扶贫开发指导培训中心。英山县老区促进会办公室设在扶贫办（由扶贫办代管）。2017年年末，在岗13人。2017年年末，25个拟出列贫困村13165户33923人拟脱贫对象经市、县两级评估，达到出列脱贫标准。

【整村推进】 2017年，国家安排英山县整村推进专项资金3840万元，集中投放到33个未出列贫困村。其中，投资620万元用于产业发展，新发展茶叶、油茶、药材、果园、蔬菜等特色产业基地1075亩，改造老茶园718亩，新建油茶、茶叶加工企业3个，建设仓储1个；投资1280万元发展光伏产业，为32个贫困村（阮基冲村2016年已建成）每村新建50千瓦光伏发电站1座；投资1880万元加强基础设施建设，重点解决村庄环境整治、新修通村、通组、通垸道路及小型水利公益设施建设；投资60万元入股到所在村重点招商引资项目，尝试性开展资产收益扶贫方式。

【“十有”建设】 2017年，统筹整合资金1.82亿元用于33个未出列贫困村“十有”建设。其中，投资2000万元支持贫困村公路建设，投资398万元用于农村公路的养护、管理；投资1190万元用于贫困村安全饮水建设；投资1570万元用于光伏扶贫接入；投资1908万元用于易地扶贫搬迁集中安置点用电接入；投资1560万元用于贫困村电网改造；投资2047万元用于贫困村村级小学建设和贫困人口新成长劳动力职业教育技能培训；投资347万元新建村级标准卫生室12个、改扩建5个、规范达标14个，实现出列贫困村村级医疗服务全覆盖；投资300万元建设贫困村文化广场、图书室以及村级文化设施；投资800万元用于“三网整合”建设，解决光纤进村入户问题；投资200万元支持贫困村党员群众活动中心和贫困村“三支队伍”

建设；投资3840万元用于重点贫困村基础设施建设、产业发展、公共服务水平提升；整合中央彩票公益金专项资金2000万元用于6个深度贫困村的基础设施和小型公益设施建设。截至2017年年末，全县行政村客运班车通达率100%；建档立卡贫困人口饮水安全率100%；全县农村生产用电覆盖率100%；高中学段教育毛入学率97.47%；贫困人口新成长劳动力参加职业教育技能培训比率96%；出列贫困村村级医疗服务全覆盖；固定宽带人口普及率达到16%。

【产业扶贫】 推行"村级自强互助脱贫合作社+建档立卡贫困户"一体化产业扶贫模式，农村有劳动能力的贫困户成立村级自强互助脱贫合作社，县财政以奖代补，激发贫困户发展产业的内生动力；推行"龙头企业+合作社+基地+贫困户""龙头企业+基地+贫困户""家庭农场+贫困户""能人大户+贫困户""乡村旅游+贫困户""农村电商+贫困户"等多种经营主体帮扶模式，带动贫困户发展产业增收脱贫。发展特色种植业、养殖业，休闲旅游业、电子商务，惠及全县有劳动能力的28027个贫困户，户平均年增收超1800元，11629户脱贫。

【特色种植扶贫】 全县茶叶、中药材、蔬菜、林果特色种植基地1.82万公顷，其中优质高效茶叶扶贫基地1.04万公顷，以苍术、桔梗、天麻等为主的道地中药材扶贫基地5000公顷，蔬菜扶贫基地2800公顷，以油茶、银杏、油桐为主的林果扶贫基地600公顷；四大产业扶贫市场主体122家，对接帮扶贫困户15237户38702人。2017年，四大产业扶贫基地总收入突破10亿元，贫困户平均每户增收3100元。

【特色养殖扶贫】 以养殖茶乡鸡、黑土猪、黑山羊、土鸡、土黄牛为代表的25家特色养殖业市场主体，帮扶3601户贫困户11523人，实现人均增收346元，平均每户增收1107元。其中，两家养殖茶乡鸡专业户带动1691户贫困户实现平均每户增收超过万元。

【旅游扶贫】 扶持7家从事旅游产业的市场主体，带动旅游景区景点带动周边48个贫困村1334户贫困户参与乡村旅游产业链，实现平均每户年增收过万元。

【电子商务扶贫】 与京东商城建立战略合作关系。湖北美佳商贸有限公司在全县成立4个电商精准扶贫合作社，建成农村电商服务站点156家，其中，精准扶贫户电商服务站48家。

【易地搬迁】 2017年，省政府下达英山县易地扶贫搬迁任务6242人，当年搬迁3155户6247人，加上2016年度超计划的2836人（2017年完成），实际迁移9083人。投入资金8.9亿元，建筑住房22.8万平方米。

【教育扶贫】 2017年，落实学前幼儿资助77.8万元，义务教育阶段家庭经济困难寄宿生补助金420.5万元，高中助学金299.1万元，高中建档立卡家庭经济困难学生免学费242.28万元，发放大学生生源地信用助学贷款1985万元。全年累计资助家庭经济困难学生17290人次。2017年，春季"雨露计划"扶持对象1572人，发放资金235.8万元；秋季"雨露计划"扶持对象1960人，补助资金490万元。

【医疗救助】 实行"医保+大病保险+民政救助+补充医疗保险"的"四位一体"健康扶贫模式。政府为每名建档立卡贫困人口每人每年投保20元小额人身意外伤害商业保险，每年为每名贫困人口购买256元补充医疗保险（政府兜底），两项投保率均达到100%，投保额度在全省95个县（市、区）中排名第九；对农村五保供养对象等特殊群体医保个人缴费部分全额资助。2017年年底，为全县所有建档立卡贫困人口全额代缴2018年新农合保费180元/人、新农保保费100元/人。对参保贫困人口执行先诊疗后付费，出院时"一站式"办理结算，经分级诊疗转诊到县外定点医院住院的，在县医保局"一站式"及时结算，落实贫困人口年度个人住院和慢性病门诊治疗总费用报销补偿比例达到90%以上，年累计个人自负费用5000元封顶政策。2017年，全县精准扶贫对象年度住院27521人，住院总费用14651.1万元，其中合规费用11859.1万元、新农合首段报销9033.7万元、大病保险报销691.5万元、民政救助260万元，余下部分由政府集中投保的补充保险政策兜底1356.1万元，综合报销比例达到合规费用的95.6%。

【光伏发电扶贫工程】 6月30日，全县78个村建设光伏电站扶贫任务全部完成，各光伏电站于6月29日全部并网发电。县政府相继出台《英山县光伏扶贫资产收益分配管理办法》《英山县光伏电站安全管理及运行办法》。10月，英山县2017—2019年光伏项目方案经县政府常务会审议通过。

【两无兜底】 2017年，民政兜底对象共计9521户12358人，共计发放资金6740.06万元。其中农村低保3845户6682人，月发保障金167万元，发放农村低保资金2122万元；特困供养人员5610户5610人，发放特困供养资金4564万元；农村孤儿66户66人，发放孤儿救助金54.06万元。

（刘　维）

库区移民

【概　况】 英山县移民局（简称“县移民局”）内设办公室、计划股、建设股、培训股、财会股、监察室，下设移民培训中心。2017年年底，在岗20人。

【库区移民建设项目】 2017年，全县统计移民现状人口33517人，享受粮价补贴48976人，共计82493人。发放原迁移民直补资金733万元，粮价补贴资金96万元，到位率100%。

2017年，完成库区移民后扶建设项目542个，总投资3146万元，其中，大中型水库增长人口后扶项目1065万元，两区经济发展项目1811万元，小水库解困项目140万元，库区移民培训项目130万元。项目建设涉及农田水利、道路交通基础设施建设、生产开发、生态整治、移民培训等。完成乡村道路硬化58千米、修复拓宽机耕路19.2千米、修复河堤塘堰580米、修建农村文化广场28个、完成村庄整治项目38个、垃圾治理项目125个、光伏发电项目1个、培训移民2040人次。通过验收，截至10月底，所有建设项目合格率99%。

【“美丽乡村”示范点】 2017年，为方家咀乡闵河村投资200万元用于特色养殖、村庄整治、精制茶厂建设，打造省级移民“美丽乡村”。

【移民培训】 2017年，投资130万元举办各类培训班17期，培训移民2040人次，重点培训茶叶、药材、电商、旅游等产业发展的所需人才。全县15个移民电商服务站发挥龙头带动作用，让5000多人走上电商创业道路。

（黄小琼）

地方志工作

【概　况】 英山县地方志编纂委员会办公室（简称“县志办”）2017年年末，在岗4人，聘用3人。

【志鉴编纂工作】 2017年，完成《英山年鉴（2017）》编纂，调整和完善篇目设置。《乌云山村志》《曹家店村志》初稿完成。复制收藏上海图书馆珍藏的《英山县志》（道光三年版），全书共6册。截至2017年，英山县出版部门志、行业志及地情文史书籍60卷。其中《英山县志》4卷，部门（行业）志21卷（涉及农牧业、林业、水电、茶业、工业、轻纺工业、民政、商业、烟草、粮食、供销合作社、物价、金融、教育、邮电、交通、财政、英山方言、英山地名等方面），《英山年鉴》2卷，《英山统计年鉴》26卷，其他地情书籍（文史）7卷。

民族宗教事务

【概　况】 英山县民族宗教事务局（简称“民宗局”）内设办公室（加挂民族股牌子）、宗教股2个股室。核定机关事业编制5名。2017年年末，在岗4人。

【民族宗教创建活动】 2017年，全面推进依法管理民族宗教事务，引导宗教人士和信教群众参与“精准扶贫·你我同行”和“五个一”活动。开展民族团结进步创建活动，推荐1名新疆务工人员作为黄冈市新疆商会副会长候选人。依法调处2起涉及少数民族矛盾纠纷。5月，英山县佛教协会第一次代表大会在英山宾馆成功召开，大会审议通过《英山县佛教协会章程》，选举产生英山佛协第一届理事会。

【培训与整治】 举办宗教政策法规培训班，以学习新修订《宗教事务条例》为主要内容。组织全县各宗教团体负责人、宗教活动场所负责人、宗教教职人员70多人参加培训。继续开展宗教场所、教职人员、宗教活动三个方面的重点治理，聘请5名政协委员及宗教人士担任行风政风监督员，广泛听取社会意见，收集社会各界人士建议和意见30多份，整理汇总重点问题10多条，分别逐一整改，查处违规设置功德箱、以教牟利2起，查处假僧假道1起，处理在未经登记场所从事宗教活动问题1起。

【武当文化国际交流】 截至2017年年末，英山南武当道协在10多个国家建立武当会馆和中国太极学堂等传播机构。9月26日，在意大利罗马举行欧洲道教协会成立庆典，会长游玄德担任协会会长及永久荣誉会长。

（肖小洁）

政协英山县委员会

综　述

【概　况】政协英山县委员会（简称“县政协”）设办公室、法制提案工作委员会、学习文史工作委员会、祖国统一联谊工作委员会、科技经济工作委员会、委员工作委员会、研究室。2017年，成立县政协委员信息管理中心。2017年年末，在岗28人。

2017年，县政协根据《政协英山县委员会2017年度工作要点》安排，召开全体会议、常委会议、主席会议、专题协商会议，组织开展视察调研活动，对“一府两院”工作报告、半年经济运行情况、农村垃圾治理、民营企业发展、职业教育、农业供给侧结构性改革、中药材产业发展、旅游与产业融合等事关全县经济社会发展重大问题，提出意见和建议。先后接待全国政协人口资源环境委员会副主任徐绍史、省政协副主席肖旭明、市政协主席洪再林等国家、省、市政协领导到英山县调研视察。12月，召开政协英山县第九届委员会第二次会议，补选胡永跃为政协英山县第九届委员会副主席。抓好提案工作，落实《中共英山县委常委领衔督办政协重点提案实施办法（试行）》《政协英山县委员会重点提案遴选与督办工作办法》。加强委员管理，出台《政协英山县委员会关于县政协委员履职管理考评办法（试行）》。

重要会议

【政协英山县九届二次全体会议】12月18—22日，政协英山县第九届委员会第二次全体会议召开。全体政协委员参加会议，县委、县人大、县政府领导出席会议，离退休领导、英山县市政协委员、乡镇党政负责人、县直部办委局负责人，乡镇联系政协工作的负责人列席会议。县委书记陈武斌致开幕词，县政协主席陈志珍作《政协英山县第九届委员会常务委员会工作报告》，副主席江光霞作《政协英山县第九届委员会常务委员会关于九届一次会议以来提案办理工作情况的报告》。委员刘宗坤、余博荣、盛皖、伍拥军、周素梅在会上分别作题为《立足强县富民　建设中药材产业强县》《全面落实执法体制改革　推进城市管理提档升级》《强化精神扶贫　决胜精准脱贫》《开发利用地理标志　助推建设小康英山》《壮大民营经济　增强发展动力》的发言。县委书记、县长分别作重要讲话，对委员提出的意见建议进行充分肯定。大会通报表彰2017年度10名优秀政协委员和九届一次会议期间提出的10件优秀提案。大会审议通过《中国人民政治协商会议英山县第九届委员会第二次会议关于常务委员会工作报告的决议》《中国人民政治协商会议英山县第九届委员会第二次会议关于九届一次会议以来提案工作报告的决议》《中国人民政治协商会议英山县第九届委员会第二次会议政治决议》。补选胡永跃为政协英山县第九届委员会副主席。九届二次会议期间，全体县政协委员列席县第十八届人民代表大会第二次会议，听取、讨论政府工作报告、县人民法院和人民检察院工作报告及其他报告。

【政协九届常委会会议】 2017 年，县政协常务委员会召开会议 6 次。

3 月 9 日，县政协常委会第一次会议在县政协会议室召开。县政协主席陈志珍主持会议，副主席伍惠、郑成贵、周清良、裴朝阳、江光霞，秘书长李爱群及政协常委参加会议，会议审议通过《政协英山县委员会 2017 年度工作要点》《政协英山县委员会关于县政协委员履职管理考评办法（试行）》《政协英山县委员会关于各界别联络组组长副组长人员名单》。

7 月 28 日，县政协常委会第二次会议在县政协会议室召开。县政协主席陈志珍主持会议，县政协副主席伍惠、郑成贵、裴朝阳、江光霞，秘书长李爱群及政协常委参加会议，县委常委、副县长李文列席会议。会上，李文代表县政府通报英山县 2017 年上半年经济运行情况，并就全年经济工作同县政协常委开展双向交流。

11 月 8 日，县政协常委会第三次会议在县统计局四楼会议室召开。县政协主席陈志珍主持会议，副主席伍惠、郑成贵、周清良、江光霞，秘书长李爱群及政协常委参加会议，副县长郑伦福、10 家重点提案办理单位主要负责人及各乡镇联系政协工作负责人列席会议。会议听取县政府关于 2017 年度提案办理工作情况汇报、听取 10 家重点提案办理单位关于提案办理工作情况汇报，对 10 家单位提案办理满意度进行测评；讨论通过《政协英山县委员会重点提案遴选与督办工作办法》《关于对违法政协委员杨跃飞、舒劲松的处理意见》《关于接受裴朝阳同志辞去政协英山县第九届委员会副主席、常委、委员职务的请求》《关于接受汪龙溪同志辞去政协英山县第九届委员会委员职务的请求》；县政协常委会议组成人员集中开展中共十九大精神专题学习，陈志珍作专题辅导报告。

12 月 14 日，县政协常委会第四次会议在县政协会议室召开。县政协主席陈志珍主持会议，副主席伍惠、郑成贵、周清良、江光霞，秘书长李爱群及常委参加会议。会议审议《政协英山县第九届委员会常务委员会工作报告》《政协英山县第九届委员会常务委员会关于九届一次会议以来提案工作情况的报告》；审议通过有关人事任免事项，同意增补张永红等 5 人担任政协英山县第九届委员会委员；审议通过县政协九届二次全体会议有关文件；同意授权主席会议确定未尽事宜。

12 月 19 日，县政协常委会第五次会议在县政协会议室召开。县政协主席陈志珍主持会议，县政协副主席伍惠、郑成贵、周清良、江光霞，秘书长李爱群及政协常委参加会议，县委组织部副部长王超，县政协各界别联络组组长列席会议。会议听取县委关于增补政协英山县第九届委员会副主席人事安排情况的说明；审议县政协九届二次全体会议有关文件。

12 月 21 日，县政协常委会第六次会议在县政协会议室召开。县政协主席陈志珍主持会议，县政协副主席伍惠、郑成贵、周清良、江光霞，秘书长李爱群及政协常委参加会议，县政协各界别联络组组长列席会议。会议听取各界别联络组关于讨论九届二次会议有关报告和酝酿政协副主席候选人名单情况的汇报；审议九届二次全体会议有关文件。

考察、视察及调研

【产业与旅游融合工作考察】 5 月 16—20 日，县政协主席陈志珍带领部分县政协委员、县直相关部门负责人赴安徽歙县，浙江松阳县、磐安县、开化县开展产业与旅游融合学习考察，将考察成果形成《关于赴皖浙四县开展产业与旅游融合学习考察报告》。

【职业教育工作视察】 5月26日，县政协主席陈志珍，副主席伍惠，郑成贵、周清良、裴朝阳、江光霞，秘书长李爱群及部分政协常委、委员对英山县职业教育工作进行视察，副县长黄伟陪同视察。视察组实地察看县职教中心、毕昇科技产业园实训基地，观看县理工中专学生实训技能展示。在随后召开的座谈会上，委员们听取英山县职业教育工作情况汇报。针对英山县职业教育开展情况，委员们提出意见建议，形成《关于我县职业教育工作视察报告》。

【农业供给侧结构性改革专题调研】 6月5日至7月10日，县政协组织部分委员围绕推进英山县传统农业供给侧结构性改革进行专题调研，调研组深入乡镇、村、农业企业、涉农部门等县直和基层单位，摸清全县传统农业基本现状，分析存在的问题，探索改革途径及办法，形成的调研报告，得到县委、县政府主要领导批示，印发全县。

【农村垃圾治理工作视察】 8月25日，县政协主席陈志珍，副主席伍惠、郑成贵、周清良，秘书长李爱群及部分常委、委员视察农村垃圾治理工作，副县长郑伦福陪同视察。视察组先后到杨柳湾镇桥头边村、施家湖村，雷家店镇程咀村、过路滩村，雷家店镇垃圾中转站等地实地了解农村垃圾治理情况，随后召开农村垃圾治理工作专题视察座谈会，听取县政府及县住建局、县农办、县环卫局负责人有关农村垃圾治理工作情况汇报。

【全国政协专题调研】 5月12—13日，全国政协人口资源环境委员会副主任徐绍史率领全国政协精准扶贫监督调研组到英山县调研，省、市、县领导郑心穗、刘雪荣、刘美频、洪再林、赵少莲、童德昭、陈武斌、田洪光、陈志珍、徐明轩、姜武艺、周清良等陪同调研。徐绍史一行先后到英山县神峰山庄蔬菜产业基地、大广茶业林冲扶贫基地、湖北志顺茶产业扶贫基地等重点精准扶贫市场主体，实地察看产业发展情况、助力精准扶贫具体举措，详细了解扶贫政策贯彻落实、光伏发电和种植业等产业发展、农民人均纯收入来源，教育、医疗、基础设施建设等情况。调研组就英山县、罗田县、麻城市、武穴市、黄梅县脱贫攻坚工作召开座谈会，听取市委市政府及5县（市）情况汇报。并就英山县脱贫攻坚工作专门召开座谈会，听取县委、县政府、乡镇部分贫困村及相关企业的汇报。

【省政协专题调研】 2017年，省政协副主席肖旭明、文史和学习委员会副主任林习珍到英山县调研指导工作。

8月15日，省政协副主席肖旭明带队到英山县开展产业和精准扶贫工作调研，市、县领导黄正林、吴佑元、陈武斌、田洪光、陈志珍等陪同调研。肖旭明一行先后参观县电商创业园、毕昇科技产业园、杨柳湾镇万亩茶叶连片基地、金家铺镇志顺茶业、孔家坊乡神锋山庄、红山镇乌云山村产业建设情况，并到陶河乡调研精准扶贫工作，听取英山县精准扶贫工作情况汇报。

5月25—26日，省政协文史和学习委员会副主任林习珍率领部分省政协常委、委员，围绕“复兴‘万里茶道’东方茶都、叫响湖北茶业品牌”主题，到英山县调研茶叶品牌建设情况。市政协副主席郭应虎，市政协文史委主任秦慧玲、县政协主席陈志珍、黄冈市政协文史委副主任程贵斌、县政协副主席周清良陪同调研，副县长徐明轩和县农业、茶叶、工商、商务、质监、食药监管、旅游7家单位负责人以及6家茶叶企业领导参加座谈。林习珍一行先后到杨柳湾镇茶叶产业基地、湖北志顺茶业股份有限公司和红山镇乌云山茶叶公园进行实地参观考察，详细了解英山县茶叶生产加工销售和茶旅融合工作取得的进展，听取茶叶企业对茶叶品牌建设工作的意见和建议。

【市政协专题调研】 2017年，市政协主席洪再林、副主席张友启、吴佑元、童德昭到英山县调研指导工作。

3月15日，市政协主席洪再林一行到英山县调研政协工作，县委书记陈武斌、县长田洪光、县政协主席陈志珍和副主席郑成贵、周清良等陪同调研。洪再林一行实地察看县政协办公机构，看望政协机关干部。随后，洪再林深入到县社会福利中心和神峰山庄进行调研。

4月6日，市政协副主席张友启、吴佑元带领部分市政协委员到英山县调研农村养老事业情况。县政协主席陈志珍、副县长徐明轩、县政协副主席周清良陪同调研。调研组一行先后实地察看红山养老院、孔家坊乡福利院、孔家坊乡孔家坊村养老集中安置点，听取英山县农村养老服务工作情况汇报。

5月23日，市政协副主席童德昭一行到英山县视察，县政协主席陈志珍，县委常委、副县长李文，县政协副主席裴朝阳陪同视察。童德昭一行对雷家店镇河道整治工程、雷家店程家咀村扶贫搬迁点、英山县工业新城进行视察。

民主协商及提案工作

【民营经济发展专题协商】 9月12日，县政协组织部分政协常委、委员与县政府办、县财政局、县人社局、县经信局、县安商局、县招商局、县科技局负责人以及民营企业负责人代表在县政府视频会议室就民营经济发展问题进行专题协商。县政协主席陈志珍，副主席伍惠、郑成贵、周清良、江光霞，秘书长李爱群参加协商，副县长黄伟、副县级调研员陈海波、英山经济开发区管委会主任陈德峰应邀参加座谈。与会人员分别就人才引进、企业融资、证照办理、劳务用工、服务环境、降低成本、精准扶贫等民营经济发展中的热点、难点问题进行讨论，相关职能部门负责人表态发言。

【县政协九届一次会议提案】 县政协九届一次会议征集提案128件。经审查，立案103件，其中重点提案15件。3月23日，县人大、县政府、县政协在县地税局会议室联合召开“两案”交办大会。县领导田洪光、段丽芬、陈志珍、李文、汪校铃、郑成贵以及各乡镇、县直各部门主要负责人参加会议。会上，将103件提案全部交由59家单位承办。

【重点提案专题督办】 6月7日，县政协主席陈志珍，副主席伍惠、郑成贵、周清良、裴朝阳、江光霞，秘书长李爱群就县政协086号重点提案《关于老汽车站新建现代化智能停车场的建议》进行专题调研，副县长郑伦福陪同调研，086号重点提案的提案人参加调研。调研组一行实地察看老汽车站办公楼、居民楼分布情况，听取黄冈市东方运输集团英山全顺有限公司关于停车场建设的前期筹划和项目规划编制情况汇报。7月27日，县政协在黄冈东方运输集团英山全顺有限公司会议室召开086号重点提案办理协商会。县政协主席会议成员、副县长郑伦福、086号重点提案的提案人、县委督查室、县政府督查室负责人，县住建局、县规划局、县国土局、县交运局、英山全顺公司负责人参加会议。与会委员就提案办理情况与承办单位进行沟通交流。对县政府及承办单位前期所做的工作给予高度评价，一致赞同和支持老汽车站新建改造停车场项目，并提出4点建议：加快进度，确保项目入库，用足扶持政策，强化检查督办。提案办理协商活动形成《县政协086号〈关于老汽车站新建现代化职能停车场的建议〉提案办理的协商意见》。

【提案办理民主测评】 11月8日，县政协召开九届三次常委会会议，决定对10家重点提案承办单位进行民主测评。副县长郑伦福应邀列席会议。会上，郑伦福代表县政府作《关于县政协九届一次会议提案办理情况的通报》，103 件政协提案均按规定时限办结并向提案委员作出答复，实现办结率 100%、见面率 100%、落实率 86.4%。县扶贫办、县水电局、县公安局、县规划局、县国土局、县人社局、县环保局、县城管执法局、县商务局、县民政局 10 家单位负责人就 2017 年度县政协重点提案办理情况进行汇报；县政协组织与会政协常委对 10 家县直单位提案办理落实情况进行现场测评并宣布结果。

【县领导领衔督办重点提案】 县政协提案委员会对 103 件提案进行综合分析，会商县委督查室、县政府督查室及相关提案承办单位，经县委常委会会议研究确定 9 件重点提案由县委常委领衔督办；县政协主席会议经研究确定 2 件重点提案由县政协主席会议成员领衔督办；确定 4 件重点提案由副县长领衔督办。4 月 7 日，县政协召开县委常委督办重点提案专题联席会议，县政协副主席伍惠、周清良、江光霞及 9 家提案承办单位负责人参加会议。会上，将每名县委常委领衔督办的重点提案分别交与重点提案承办单位进行办理。

文史工作及委员活动

【概　况】 2017 年，征集文史资料 35 个（篇、幅），组织撰写文史稿件 26 篇，省政协编辑的《湖北文史（第 103 辑）》录用《茶叶增值一招鲜》文史稿 1 篇，市政协编辑的《黄冈文史——我的高考（第 20 辑）》录用稿件 12 篇（其中获得一等奖 1 篇、优秀奖 1 篇）。建立有 85 人的文史撰稿人队伍，搜集英山农业学大寨、英山黄梅戏、非物质文化遗产等 8 个方面的文史素材。

【政协委员培训学习】 3 月 29 日，县政协举行政协委员培训会，全体县政协委员、住英山县市政协委员以及 11 个乡镇联系政协工作的负责人参加培训。会上，主要学习如何写好社情民意信息、扎实开展政协基础知识学习全面提升政协委员履职水平、如何搞好政协调查研究、县政协提案工作基础知识等内容。

【政协委员助推精准扶贫】 6 月 10 日，县政协向全体县政协委员发出“发挥政协委员作用，助推精准扶贫精准脱贫”倡议书，号召全体县政协委员积极参与英山县精准扶贫工作，为脱贫攻坚贡献力量。6 月 18 日，县政协主席陈志珍、副主席裴朝阳带领部分县政协委员到金家铺镇象鼻咀村开展委员联谊暨助推精准脱贫捐赠活动，捐赠现金 3.1 万元。7 月 13 日，县政协主席陈志珍、副主席郑成贵带领部分县政协委员到孔家坊乡孔家坊村开展委员联谊暨助推精准脱贫捐赠活动，政协委员一行先后参观孔家坊村美丽新村示范点、村文化广场、香榧育苗基地、大棚蔬菜产业基地、易地搬迁安置点等现场，实地感受乡村建设发展变化，了解乡村近年来发展情况和脱贫攻坚取得的成果，政协委员们向村捐赠扶贫资金 6.9 万元、真丝夏凉被 15 床、鸡苗 2 万只。10 月 26 日，县政协副主席周清良、江光霞带领部分县政协委员及县人民医院骨干医师赴陶家河乡长岭岗村开展送医送药下乡活动，免费为因病致贫农民做心电图、B 超等检测，赠送价值近 8000 元的药品。

【“委员活动日”学习活动】 9 月 21 日，县政协举行“委员活动日”学习活动。县政协全体委员、各乡镇联系政协工作的负责人、县政协机关全体干部职工参加学习。活动当天邀请县委党校、县纪委有关负责人解读“7 · 26”习近平重要讲话精神、讲廉政主题党课。

（叶　波）

中共英山县委纪律检查委员会

纪检监察工作

【概　况】 中共英山县委纪律检查委员会（简称“县纪委”）内设办公室、组宣部、党风政风监督室、信访室、案件监督管理室、纪检监察一室、纪检监察二室、纪检监察三室（干部监督室）、案件审理室；向县直单位派驻5个纪检组。2017年12月，成立英山县监察委员会，与县纪委合署办公。2017年年末，县纪委在岗60人（含英山县人民检察院转隶14人）。

【信访举报】 2017年，受理信访件412件。其中上级转办133件（省市纪委交办件24件），本级受理279件；来信70件，来访137件，来电12件，网上举报60件。从信访件反映问题性质分，违反政治纪律行为1件，违反组织纪律行为5件，违反廉洁纪律行为219件，占53%；违反群众纪律行为113件，占27%，违反生活纪律行为17件，占0.4%，违反工作纪律行为57件，占13%。涉及科级干部的53件，占12%，一般干部的37件，占0.8%，村级干部的322件，占78%。

【纪律审查】 2017年，全县纪检监察机关共立案170件，较2016年增长1.19%，其中科级干部21人（正科级干部9人、副科级12人）。2017年结案135件，给予党政纪处分134人，移送司法机关线索6条，采取“两规”措施1人。共追缴违纪资金1300多万元。受处分人员（不含2016年立案，2017年结案件）按处分档次划分：给予党政纪轻处分115人，占85.8%；给予党纪重处分19人，占14.2%；做出重大职务调整2人。谈话函询15件次，同比下降70%。诫勉谈话61人次，上升15.1%。约谈10人次，与2016年同期持平。提醒谈话53人次，上升29.3%。

【廉政教育活动】 2017年，开展第十八个党风廉政建设宣传教育月活动，全县2万多名党员干部参与宣廉倡廉。选聘27名讲师，依托全省首家县级廉洁教育学校为40多家单位讲廉政党课。实施“镇屏村画”工程，运用“清廉英山”logo宣传教育走出户外、入市进村。开展“全民倡廉”群众性文化活动，营造全民倡廉崇廉助廉的社会环境。

【廉政宣传】 2017年，英山县纪委向上级媒体报送反腐倡廉宣传稿件762篇次，被省级以上媒体采用176篇，其中《人民日报》1篇、《中国纪检纪检报》2篇、《中国县域经济报》22篇、《湖北日报》11篇、《农村新报》14篇、《楚天风纪》5篇、中央纪委监察部网站4篇、省纪委监察厅网站52篇。此外，《黄冈日报》采用229篇、市纪委监察局网站采用239篇、“遗爱清风”微信公众号采用118篇。英山县大型反腐历史黄梅戏剧目《铁面金光悌·审和珅》在国家大剧院演出后，《人民日报（海外版）》《中国县域经济报》《湖北日报》等媒体纷纷予以报道。英山县扶贫领域监督执纪问责、纪律作风建设、阳光信访、巡察工作、廉洁教育、“镇屏村画”、“全民倡廉”等亮点被各级媒体报道。

【党风监督】 建立全县副科级以上干部廉洁档案1200多份。建立健全党员领导干部个人重大事项报告制度，全年收到副科级以上干部报告个人重大事项83人次，按照不低于30%的比例对报告执行情况进行抽查，发现问题线索1个，诫勉谈话1人，收缴违纪金4100元。常态化开展纪律作风巡查，立案查处“四风”类案件14件，给予党纪政纪处分13人，组织处理6人，通报曝光典型案例6人次。创建并在全县范围内推广党风廉政建设“五必须”模式（县直单位及开发区、乡镇、村必须有一本大事记、两张清单、三本日志、四类责任主体、五项基础要求），压实“两个责任”。先后组织开发区、104家县直单位、11个乡镇、312个村集中进行培训，共计2000多人次。组织“五必须”模式现场推进会4次。落实从严治党，组织人员对县直部门党风廉政建设“两个责任”落实情况进行监督检查和日常督办，及时通报检查结果。

出台《关于强化执纪问责整治“为官不为”问题专项治理工作方案》等7个专项整治方案，开展作风建设专项治理、形式主义官僚主义专项治理、“为官不为”专项整治工作。立案处理4人，组织处理11人，免职2人，岗位调整2人，点名通报13人。组织领导干部经济责任问责学习教育2次，对违反领导干部经济责任的相关党员领导干部进行严肃执纪问责，其中党纪处理12人，诫勉谈话9人，约谈15人，通报批评3人，责令写书面检查3人。组织全县104个县直单位、开发区和11个乡镇开展违规公款吃喝和基层干部景区入股经商自查自纠，发现整改问题20个，对“零问题”单位统一交由财政监督局进行专项检查，组织处理3人。开展环保督察督查工作，印发《英山县落实中央环境保护督察组反馈问题的执纪问责整改工作方案》，落实《生态文明建设目标评价考核办法》，将考评结果作为各地党政领导班子和领导干部综合考核评价的重要依据。

【监察体制改革试点】 按监察体制改革试点相关部署和要求，县监察委员会转隶编制15个、人员14人，设置内设机构12个。12月23日，英山县十八届人大二次会议选举施振宇当选为英山县监察委员会主任。英山县十八届人大常委会第七次会议任命胡干、柯飞为英山县监察委员会副主任，任命雷刚、沈勇、陈仕林、李国强为监察委员会委员。

【扶贫领域监督执纪】 2017年，编印《脱贫攻坚监督执纪问责工作知识手册》，出台扶贫领域监督执纪问责工作意见和巡察督查工作实施办法，成立脱贫攻坚监督执纪问责、大数据监督检查、信访举报“三大作战室”。对脱贫攻坚和大数据监督检查工作进行多次巡察督查，发现扶贫领域相关问题168个，移交问题线索43件，转立案9件，提出整改意见建议22条。开设“信访举报直通车”和“963888”举报热线，全方位搜集扶贫领域问题线索。查处扶贫领域不正之风和腐败问题73件，党政纪处分52人，组织处理37人，移送司法机关2人，通报曝光24人次。

【大数据监督执纪】 2017年，制定《关于在全县开展运用大数据对精准扶贫政策督查方案》，通过数据比对，共比对出问题线索55947条，其中问题数43124条、输入错误12823条。经过入户核查、抽查、立行立改等环节，共上报查实问题线索7787条（涉及扶贫领域问题线索3274条）。涉及党员领导干部、村干部、财政供养人员问题线索800条，党纪政纪处理41人（含追责3人），组织处理143人（含追责11人），建章立制11个，部门整改600人，部门复核认定符合政策30人；主动退缴款物24.42万元收缴国库。涉及其他人员问题线索6987条，县直部门拟整改5908条，部门复核认定符合政策1079条。

（吴　项）

巡察工作

【**概　况**】英山县委巡察工作领导小组办公室（简称“县巡察办”）成立于2016年8月。2017年年末，在岗7人。

【**主要巡察工作**】2017年，县委召开书记专题会议3次、“四大家”联席会议1次、县委常委会议2次、巡察工作领导小组会议专题4次。建立29人参加的巡察组长库、41人参加的专业人才库。印发《英山县关于开展第四轮巡察促进脱贫攻坚工作方案》《决战精准扶贫助力脱贫攻坚巡察督查工作实施办法》，组织5个巡察组3次对脱贫攻坚、4次对“大数据”监督检查进行巡察督查；重点督查精准扶贫、精准脱贫政策措施、项目资金、主体责任落实情况，随机抽查全县313个村531户，掌握全县脱贫攻坚工作开展情况。分三轮对20家单位开展巡察，发现问题630个、问题线索331件。移交问题线索立案审查33人（含正科4人、副科4人），追缴违纪资金800多万元，挽回经济损失近千万元。《湖北巡视工作》刊登英山县巡察工作经验材料1篇，省级媒体发表新闻报道7篇，市级媒体发表新闻报道17篇，县级媒体发表新闻报道71篇，刊发《英山周刊·巡察专版》1次，县巡察办编印《英山巡察工作》简报2期。

（吴　项）

法治　军事

政法委及综治

【概　况】 中共英山县委政法委员会（简称“县委政法委”）内设办公室、干部科、执法监督科。加挂英山县社会治安综合治理委员会办公室（简称“县综治办”，下设县网格管理中心）、英山县维护社会稳定工作领导小组办公室、英山县国家安全领导小组办公室、县委法治英山建设领导小组办公室（内设法治综合科）。2017年年末，在岗15人。

【平安建设现场会】 4月7日，召开全县政法工作平安建设现场会，乡镇党委副书记、综治办主任、副主任，县经济开发区分管主任，县直各系统及吴家山、桃花冲林场分管负责人参加会议。蔡寿益出席会议并讲话，会议贯彻落实市委、县委政法工作会议精神，总结2016年全县综治平安建设工作，部署安排2017年工作任务，在全县拉开“平安楼栋”“平安塆格”等平安创建活动序幕。

【综治平安建设工作现场推进会】 5月11日，组织召开全县综治平安建设工作现场推进会，对乡镇、开发区综治平安建设工作进行拉练检查，集中参观方家咀乡治安联防队，传达贯彻全市综治平安建设红安现场会精神，对各乡镇、开发区开展治安巡逻和提升公众安全感两大重点工作进行督办推进。

【维护社会稳定】 逐层签订社会管理综合治理目标责任书和法治建设工作责任书；每季度召开维稳形势分析研判会；各部门定期召开综治维稳专题会议。完成全国“两会”、“一带一路”高峰论坛、茶文化旅游节、中共十九大期间等重大活动、重要节会的安保维稳任务。茶文化旅游节期间，开展安全大检查、食品药品安全大检查等专项行动；开展危爆物品寄递物流安全大检查，共排查涉爆单位3家，涉爆作业人员17名，签订寄递物流安全生产责任书52份。开展火灾隐患大排查、大整改，组织学习消防安全知识，开展消防安全应急演练。突出重点人群管理，共排查重性精神障碍患者740人，发现3—5级重性精神障碍患者40人，送治病情加重人员（随访中发现的）43人。各乡镇每月召开1次综治例会，县综治办每月召开1次矛盾纠纷排查协调会，研判矛盾排查形势，通报工作情况，安排部署后期工作重点，全县共排查矛盾纠纷716起，化解686起，化解率96%。化解积案，对信访积案采取对接帮扶、生活解困、思想解结、开听证会等多形式多办法化解。强化督办问责，落实日报制度，各乡镇、各单位每天一报，特别是在中共十九大期间，落实24小时值班备岗制度，组织专班分别对各乡镇、县直各单位非访重点人员包保稳控情况进行督办检查。全县建立调委会368个，其中乡镇级调委会12个，村（居）民调委会352个，行业性专业性调委会4个（交调委、婚调委、医调委、诉调对接中心），调解员1187人，其中聘任首席调解员398人，调解组织建设覆盖率达到100%。

【平安英山建设】 2017年，大力加强社会治安立体防控体系建设，有119家县直单位、254个村（社区）有视频监控系统，安装视频监控探头3660个。开展“秋风”“春雷”“打击电信网络诈骗”“三打击、一整治”等一系列专项整治行动，破获各类刑事案件628起，刑事拘留66人，逮捕35人，移送起诉38人，捣毁“盗抢骗”犯罪团伙23个，挽回经济损失300多万元。按市综治委统一部署全面开展“平安联防”活动，11个乡镇及开发区成立不少于20人的联防队，配备统一服装和装备，5月11日起全天候巡逻，重点开展夜间巡逻联防，维护社会稳定。开展“平安楼栋”“平安塆格”联创活动，印发《关于在全县开展“平安楼栋”“平安塆格”创建活动的通知》，通过召开专题会议、入户走访等多种形式宣传平安创建，落实“六个一（一名平安楼栋（塆格）长，一份平安承诺书，一条平安公约，一支护楼、护院队，一批监控探头，一块责任榜）”全县创建平安楼栋9987栋，平安塆格4219个。全面开展公众安全感提升工作，印发《深化平安英山建设提升“一感两度两率”工作实施方案》，层层动员，分工负责，落实责任，组织乡镇综治办、县直单位、社区网格员深入城区沿街、集镇区、公路沿线、车站医院、社区等人员密集场所，先后进行3轮公众安全感调查问卷模拟测评，现场宣传平安建设，共发放收回调查问卷3万多份。不断夯实综治基层基础工作，加强网格化管理，加强网格员队伍建设，定期召开城区网格员工作会议，加强网格管理相关业务知识培训，提高社区网格员工作保障，月工资增加200元。按中央、省、市统一部署，着力推进县、乡、村（社区）三级综治中心建设，落实场所、人员、设施等保障。南河镇、方家咀乡等乡镇、村综治中心挂牌运行，视频监控并入网格化内网，实现市、县、乡、村四级联网运行。强化重点人群服务管理，先后召开部门联席会议6次，安排部署重性精神障碍患者管控救治工作，对75名重性精神障碍患者落实以奖代补政策资金18万元。

【法治英山建设】 2017年，县委着力推进法治英山建设，各级领导干部形成“办事依法、遇事找法、解决问题用法、化解矛盾靠法”的政治自觉。明确分工，密切配合，形成“五驾马车”的英山模式。推进各级班子学法、考法、述法“三项制度”。打造莲花法治文化公园、县游客接待中心、车站及一中沿线三条高标准的法治文化街，投资近15万元高标准建设莲花法治文化广场，县直所有单位、乡镇、村（社区）设有法治教育专区、专栏。清理部门行政权力和政务服务事项，制定权力清单、负面清单，出台责任清单。推进预算、决算、收费、处罚等政务公开，县、乡、村三级财政预决算公开率达100%。取消、承接和调整行政审批项目等事项56项（取消10项、承接9项，调整15项、合并5项，新增17项）。编制《英山县行政审批事项目录（2017版）》《英山县县级行政审批中介服务事项清单》，保留行政审批事项206项，清理规范县级行政审批中介服务事项94项（保留事项89项，取消事项5项）。编制印发“双随机”抽查事项清单，公示公开清单涉及的44个部门246个事项。

借助网络平台，通过执法记录仪全程留痕、询问提审全程录像、文书全部上网等多种方式，最大限度地公开办案全过程。

成立英山县人民检察院派驻森林公安局检察官办公室、英山县社区矫正工作管理局，配备监控设备、考勤机、执法记录仪等技术装备。

【跨省劳务致死赔偿调解】 4月14日，石头咀镇综治办运用“三会合一”调解模式成功化解1起跨湖北、安徽两省劳动损害致死人员赔偿纠纷，有效维护两地和谐稳定。

（陈　俊）

公　安

【概　况】 英山县公安局（简称“县公安局”）内设政工监督室、指挥中心、警务保障室、警务督察大队、国家安全保卫大队、法制大队、刑事侦查大队、治安管理大队、交通警察大队、经济犯罪侦查大队、出入境管理大队、公共信息网络安全监察大队、情报信息中心、消防大队（武警现役建制）、禁毒大队、机动大队、食品药品犯罪侦查大队、内保大队、看守所、拘留所。下辖开发区及11个乡（镇）派出所。交通警察大队下辖杨柳湾、石头咀、温泉、南河、草盘地5个乡（镇）中队。

2017年年末，在岗民警237人，机动大队配备警员50人，温泉派出所巡逻队16人。

【业务办理】 2017年，各类刑事案件立案1028起，破获277起，连续十二年命案无积案；查处各类行政案件1596起，查处违法行为人994人，行政拘留268人。查处各类交通违法行为77978起，查处交通违法行为人14342人次，处置交通事故4290起，破获交通肇事逃逸案62起；办理“五小”机动车注册登记5000辆，办理牌证10000个。检查各类消防安全重点单位和人口密集场所1661家，发现火灾隐患3434处，督促整改隐患3250处，出动抢险救援167次，抢救财产价值662万元。看守所全年收押245人，拘留所收拘256人，全年无安全事故。受理来信来访163件163人，息诉157件157人，息诉率93%，调处矛盾纠纷36件涉及38人。受理二代身份证28054人次，临时身份证5369人次，户籍业务审批2312人次；办理因私出境8925人次；境外入境人员稳控48人次；新增国家工作人员信息25条。

2017年，全县实行24小时社会治安动态监管，出动巡防警力2.6万多人次，出动警车5000多台次。开展户口登记管理专项清理整顿，清理重户口216人；为272人发放居住证；办理边境证35个。3月29日，武英高速英山毒品查缉站挂牌成立。9月27日，新业务技术大楼投入使用；看守所迁址新建工程正在加速建设；政府投入700万多元，在一期301个监控点全部正常运行的基础上，对120个高清监控探头、11个卡口进行改造；启动“生命安全防护工程”，改造危险路段300千米，增设防护栏163.9千米、示警桩17954根、示警墩7338个、警示标示584套、广角镜262个、减速带589米。视频监控提供破案线索420条，通过天网系统配侦协破案件63件，查获人数90人次，找到走失群众48人。依托电子警察系统查处交通违章59911起，协破案件75件。

创办全省机动车驾驶员安全教育夜校，聘请工作经验丰富的民警以及安监、综治、交通、法检客运、驾校等单位人员参与教学，对全县校车、客车、旅游车、货车、公交车、出租车、班线客运和通村“面的”等重点驾驶员进行安全教育轮训，累计开办培训班30多期，培训学员2800多人次。

【治安维稳】 全年开展集中大清查16次，排查出租房屋700家次，工厂矿区63家次，十小场所259家，发现治安隐患460处，下达隐患通知书71份。全年共收缴猎枪1支、气枪6支、手榴弹8枚、手雷1颗、地雷1颗、军用子弹350发、机枪子弹3发、猎枪弹160发、管制刀具165把。完成元旦、春节、两会、茶文化旅游节、湖北省党代会、全省扶贫攻坚会议、“金砖会晤”峰会、中共十九大以及省委书记蒋超良到英山县调研、省委巡视组进驻英山县等一系列安保任务。

（胡　捷）

【破获“5·19”故意杀人案】 5月19日15时，英山县刑侦大队接到石头咀派出所报警，毛坳村五组居民陈某某在自己家中将母亲余某某杀死。接到报警后，刑侦大队侦技人员迅速赶赴现场进行勘察，在现场周边开展走访调查。5月19日，犯罪嫌疑人陈某某被抓捕归案。

【破获系列入室盗窃案】 2016年10月24至2017年1月16日，英山城区发生多起夜间超市被盗案，现场香烟、高档白酒及现金被盗，损失巨大。刑侦大队经过深度研判，锁定团风籍劳释人员吴某某及两名同伙有重大作案嫌疑。2017年2月6日凌晨，位于英山县城最繁华地段中心菜场对面的兴昌超市被盗，被盗香烟及高档白酒价值5万多元。侦技民警通过现场勘查及视频追踪发现吴某某团伙再次窜至英山县作案。2月6日，英山县公安局抓捕组驱车赶往黄州，在市局技侦支队、刑侦支队及新港路派出所的支持协助下，在黄州区将犯罪嫌疑人吴某某、卢某勇、卢某阶抓捕归案。

2017年3—4月，英山县乡村频发白天入室盗窃案件，刑侦大队现场勘验、调查走访，技术中队对所发案件梳理分析、开展串并案分析，确认这些案件为两个系列。4月13日，英山县温泉镇沙湾河村蔡某家再度发案，技术人员勘验中心现场后扩大搜索范围，在被害人家后山上发现一双手套。技术人员通过对英山县籍盗窃前科人员DNA数据进行人工筛选，发现有前科人员董某某STR数据15个基因位点与现场物证吻合。后将这一发现报告市局鉴定中心，市局DNA专家经反复核查，发现现场物证两个基因位点存在杂峰干扰，其数据应与董某某DNA数据一致。6月1日，嫌疑人董某某被抓获。

3—5月上旬，英山公路沿线的东、西、南河乡村频发白天撬窗入室盗窃案件。6月12日，英山县刑侦大队在浠水城区某宾馆抓获涉嫌盗窃犯罪嫌疑人徐某明。

【破获生产销售伪劣产品案】 2016年12月13日，网安大队调查发现“4·19”生产销售伪劣产品一案中的涉案嫌疑人陈某在武汉有重要贩卖假烟下线，该下线从2016年5月起长期向“4·19”生产销售伪劣产品案的涉案嫌疑人陈某处购买伪劣卷烟，其销售数量、金额巨大，涉嫌犯罪。2017年11月3日，网安大队成功破获该案，抓获犯罪嫌疑人5名。

【破获其他侵犯公民人身权利民主权利案】 3月2日，英山县公安局网安大队接湖北省公安厅网安总队线索：武汉斗鱼科技有限公司举报网上名称为“斗鱼全民虎牙熊猫战旗”“天涯网络客服频：5487”两家店铺对外销售斗鱼直播平台带有直播功能的账号，且销量较大，严重侵犯公民个人信息。8月19日，网安大队成功破获“3·3”侵犯公民个人信息案，抓获犯罪嫌疑人3名。

（胡　捷）

检　察

【概　况】 英山县人民检察院（简称“县检察院”）设有副科级机构3个：反贪污贿赂局（内设侦查科、综合科）、政治处、反渎职侵权局。有股级机构10个：办公室、人民监督员办公室、侦查监督科、公诉科、监所检察科、民事行政检察科、控告申诉科（加挂举报中心、刑事赔偿工作办公室和案件管理办公室的牌子）、检察技术科、法警队、职务犯罪预防科。2017年年末，在职干警55人。

【案件受理】 2017年，批准逮捕刑事犯罪嫌疑人96人，提起公诉149人。依法不批准逮捕17件28人，不起诉1件1人，建议人民法院从宽处罚18件。严肃查办危害经济安全、扰乱经济秩序犯罪，共批准逮捕12件14人，提起公诉6件9人，涉案金额3300万元。立案查办贪污贿赂案件7件7人，渎职侵权案件4件5人，初查成案率达到

93%，其中大要案9件10人，为国家挽回经济损失近千万元。先后开展个案预防和专项预防7次，案例分析7件，向行政管理部门发出检察建议7份，深入企事业单位开展预防讲座11场。与县邮政公司携手共建湖北省首条以“精准扶贫”为主题的“预防职务犯罪邮路”。监督立案7件7人、撤案6件6人；纠正漏捕、漏诉各7人；对认为确有错误的刑事判决依法提起抗诉2件；提出量刑建议136人，采纳130人，采纳率95.6%；开展监所安全防范检察50多次，消除安全隐患11起，办理羁押必要性审查4件4人，纠正监外执行漏管2人，协助开展社区矫正对象培训11次；发出纠正违法通知书11份。完善“两法衔接”工作，督促35家行政机关在信息平台录入行政处罚案件585件。全年共办理民事行政诉讼监督案件4件，提出检察建议4件，出公益诉讼诉前检察建议3件，提起公益诉讼1件。

【检务公开】 为实验中学、理工中专、白石坳小学等15所学校近5000名师生宣讲未成年人权益保护法律法规。开展“公众开放日”“专项座谈会”“案件监督评议”活动15次，发布程序性信息199件、法律文书104份、重要案件信息33件，全年共推送各类信息102条、微博127条、微信120条，制作专题片3部，在国家级媒体及期刊发表文章6篇。

6月，在全市率先成立派驻森林公安检察官办公室。12月1日，提起的湖北省药品领域首例刑事附带民事公益诉讼案件开庭审理。12月，完成反贪局、反渎局、职务犯罪预防科3个部门14名人员的转隶。

（胡君子）

法　院

【概　况】 英山县人民法院（简称“县法院”）内设办公室、政治处、立案庭、刑庭、民一庭、民二庭、行政庭、审监庭、执行局、研究室、法警大队、监察室、司法鉴定科、信访办、审管办15个机关庭科局室队。基层设有温泉、杨柳湾、金家铺、南河4个中心人民法庭，另设有旅游巡回法庭和5个巡回审判点。截至2017年年底，在编干警87人。

【案件受理】 2017年，受理各类案件2358件，审、执结2031件，结案率96.7%，收、结案同比分别增长17.9%和18.5%。建立有黄冈市首个旅游巡回法庭，成立旅游巡回法庭工作领导小组。

【刑事审判】 2017年，受理刑事案件117件，审结108件，审结率92.3%，依法从重打击群众反映强烈的毒品犯罪，审结贩卖毒品、非法持有毒品等案件7件10人，判处五年以上有期徒刑5人。审结故意伤害、强奸、聚众斗殴等严重暴力犯罪和抢劫、盗窃、诈骗等多发性侵财犯罪案件46件，判处罪犯67人。审结贪污、贿赂、滥用职权等职务犯罪案件5件8人，对未成年人犯罪、轻微刑事犯罪和具有自首、立功等情节的被告人，依法从轻、减轻处罚。

【民商事审判】 2017年，受理民商事案件1439件，审结1265件，结案率88.3%，其中审结婚姻家庭、继承、抚养、赡养等案件282件。设立家事纠纷调解工作室。审结交通事故、医疗纠纷、劳动争议等案件188件，保障群众安居乐业。积极应对经济下行压力，精心审结金融借款、买卖、民间借贷等合同纠纷197件，妥善处理股东出资、股权转让、公司破产重组等案件14件，平等保护公司、股东和债权人的合法权益，着力维护诚实信用、公平竞争的市场经济秩序。

【案件执行】 2017年，执结案件563件，执结标的额3354.08万元，与2016年同期相比分别增长22.6%和30.4%，执结率83.1%，位居黄冈市法院第二。突出科技支撑，利用“点对点”网络查控系统查询被执行人财产信息159次，入驻淘宝、京东司法拍卖平台，对房屋、车辆等标的物进行网络拍卖，提高了执行财产查控率和变现率。突出执行联动及惩戒，通过电视、互联网、城区广场显示屏等滚动曝光失信被执行人名单381人次，严格限制失信人贷款、招投标、高消费等行为，将其中的党员干部、公务人员等特殊主体名单报送纪委部门。123名被执行人迫于压力主动到法院履行义务，执行难问题得到有效缓解。

【法务便民】 根据公民不同需求，提供网上查询、视频开庭、在线调解等个性化服务，方便群众诉讼；推行“车载法庭”“假日法庭”活动，将庭审搬到田头、村委、农家等特定地点，选取典型案件就地审理、以案说法，《人民法院报》先后两次对英山县人民法院巡回办案工作予以报道。组织法官送法进校园、进乡村；组织干警上街开展法律义务咨询，提升群众法治意识和法律水平。依法为困难案件当事人缓、减、免交诉讼费35万多元，为特困申请执行人发放救助金40万元。

【司法公开】 2017年，在网络发布裁判文书1782份，邀请陪审员参与审理案件556件，发布司法信息349条。与县电视台合作开设《法庭内外》专栏，正面引导、积极作为，营造良好的法制舆论环境。加强信息化建设，新建科技法庭2个，实现庭审直播功能全覆盖，法官办案全程留痕、全程公开。

【社会治安综合治理】 成立婚姻家庭调解委员会，建立健全覆盖社区、乡镇、村组的诉调对接服务网络，诉前化解纠纷142起，办理司法确认案件101件。完善诉访分离、依法终结制度，建立案件全流程风险评估机制，开展开门接访、带案下访、上门回访，邀请律师参与“千案化解”，协同相关部门、基层组织做好信访人的释法说理、教育疏导等工作，多渠道化解信访矛盾。全年接待群众来访69次，化解信访案件3件，重大政治活动期间无进京赴省上访。

（王思森）

司法行政

【概　况】 英山县司法局（简称“县司法局”）内设办公室、劳动教养管理股、法制宣传教育股、律师公证工作管理股（加挂国家司法考试股牌子）、法律援助工作股、社区矫正工作办公室、司法鉴定管理股、法制股、计划财务装备股、基层工作股、政工股11个职能股室。2017年年末，在岗68人。

【人民调解】 全县有人民调解委员会368个，调解员1184人，其中乡镇人民调解委员会12个、村（社区）调解委员会316个、企事业单位调解委员会35个，建立行业性、专业性调解委员会5个。2017年10月，成立英山县拘留所被拘留人矛盾纠纷化解人民调解委员会。与安徽金寨长岭乡和霍山县上土市镇等地区建立联防联调工作机制。2017年，全县各乡镇及专业调委会共计调处矛盾纠纷3562件，调解成功3501件，成功率达到98%以上。其中，婚调委调解婚姻家庭纠纷202起，交调委调解案件结案44起，医调委受理医患纠纷案件15件，共挽回经济损失2000多万元。采取数字目标管理模式，推进“三会合一”现场调解模式。5月，县委办、县政府办联合下发《关于深入推进人民调解“三合一”化解矛盾纠纷工作机制的实施意见》。全年举办“三会合一”现场调解会20多场次。

【“七五”普法规划】 2017年，出台“七五”普法规划。组织“法治宣传月”活动，强化普法讲师团培训，选派讲师团成员分期到各中小学、各乡镇及县直机关开展法治专题讲座20场次。落实“谁执法谁普法”责任制，组织“精准扶贫，与法同行”电视专题宣传节目5期。7月，县司法局组织拍摄的以精准扶贫对象老人赡养问题为题材的法制宣传专题片《我们一起善待老人》在英山电视台开播，引起社会各界的强烈关注，被省委组织部评为优秀电教片。

【社区矫正】 截至2017年年底，英山县累计接收社区服刑人员693人，累计解除社区矫正614人；社区矫正机关接受矫正对象79人；完成审前社会调查40例，非监禁刑刑罚判处比例达到100%。2017年，回归刑释解教人员34人，无一人重新犯罪，无一人脱管漏管。

【法律服务】 公证行业全年共办理涉及产权、土地、婚姻、合同等各类公证业务523件。律师行业共计办理各类案件382件，担任195家单位法律顾问。全年办理法律援助案件253件，接待法律援助咨询事项2508人次。

【司法行政改革】 2月，完成社区矫正改革，成立社区矫正局，实行统一调查评估、统一入（解）矫宣告、统一严管、统一集中教育（简称“四统一”）模式，建立安全防范“微监管”工作机制，实现有效监管。10月，县司法局完成公证改革。此外，法律援助律师值班和案件评查制度改革，司法鉴定会审和出庭制度改革，人民监督员教育管理改革都取得良好效果。

【司法干部集训】 3月21日，县司法局举行全县司法行政系统干部职工集训。集训由县纪委领导、局党组成员、律师代表、基层司法所长代表分别授课。全体司法行政工作者共100多人参加集训。

【全市基层社矫工作现场会在英山县召开】 9月7日，由市司法局举办的全市基层社矫工作现场会在英山县召开，全市各县、市、区司法局基层股长、社矫办主任一行50多人参加会议，会议为期两天。与会人员实地参观石头咀镇人民调解文化长廊和村司法行政工作室的建设模式，并举行座谈会。县委副书记、政法委书记蔡寿益参会并致欢迎词，各县、市、区参会人员代表在会上交流发言。

【公、检、法、司社区矫正工作联席会召开】 11月17日，县司法局与县检察院、法院、公安局联合召开社区矫正工作联席会议，会议就实践中社区矫正管理中出现的现实问题进行沟通、协调、磋商，有效地推进司法机关统筹联动，推进社区矫正工作走向正规化、法制化。

【开展国家宪法日宣传活动】 12月4日，全县开展“12·4”国家宪法日活动，英山县第一个“法制宣传月”序幕拉开。活动当天，县委副书记、县政法委书记、县法学会会长蔡寿益现场指导，并深入扶贫联系点宣讲《十九大法治精神》，副县长苗爱军应邀在县思源中学讲授《宪法与公民生活》。

（徐友林）

军　事

【概　况】 中国人民解放军湖北省英山县人民武装部（简称“县人武部”）内设军事科、政工科、后勤科，下辖11个乡镇、县直机关工委、吴家山林场、桃花冲林场人民武装部、县经济开发区人民武装部。2017年，有现役干部3名、文职人员8名。

2017年，坚持学习贯彻习近平关于改革强军系列重大战略思想，每季度安排一个专题学习，做好“六个肃清”工作。严格落实军委国防动员部和省军区作战值班秩序规范，加强业务培训，规范战备秩序，严格请示报告程序，完善军地应急协作机制。按照“三个第一”要求，修订完善森林灭火、防汛抢险救灾、群体上访和暴恐袭击事件等预案以及英山县兵要地志。狠抓民兵整组，编实建强应急、支援、储备队伍，实现“用建一致、结构精干、人装配套、名实相符”。

【征兵工作】 2017年，积极应对全域性征兵“降温”形势，坚持“五率”考评牵引，以完成任务、遏制退兵和纯正风气为目标，强化党政“一把手”征兵责任，严格依法征兵、廉洁征兵，严把兵员质量关口，圆满完成新兵征集任务，实现“零退兵”。县委书记、县长，乡镇主要领导亲自过问征兵工作，常务副县长担任县征兵工作领导小组组长、县人民武装部部长担任征兵办主任；注重“两长”制度落实，抓高中校长和村主任挖潜力，逐一落实到村干部，一家一家包干动员，与预征青年和家长见面，打通宣传发动“最后一公里”。组织5所高中的班主任和精准扶贫驻村队员、联村干部担任宣传员，一对一、面对面精准发动、摸清底数。坚持把兵员质量当作征兵工作的生命线来抓。从全县卫计系统抽调思想好、责任心强、业务水平高的医务人员组成体检专班。严格落实村、乡（镇）、县三级联审和区域联审制度，坚持“谁政审、谁签字、谁负责”的原则，落实“三走访”“四见面”“五清楚”等措施，有效保证兵员的政治质量。坚持优中选优原则，对体检政考双合格人员，结合考察当兵意愿，组织主检医生、政考组长、各乡镇长、人武部集体定兵。聘请县人大代表、政协委员、退役军人、应征青年家长、纪检监察干部等人员担任廉洁征兵监督员，并公布联系电话，形成人人能参与监督的氛围。

（邹　森）

【人防工作】 县人防办设法规宣传科、工程和指挥通信科2个职能科室。2017年年末，在岗5人。2017年，全面推进人防工作执法管理，全年审批建设项目32起：修建防空地下室4处，其他异地建设人防工程项目28处。按照《中华人民共和国人民防空法》的相关规定，对应建未建人防工程的两家建设单位罚款10万元。开展“双随一公开”检查活动，组织人防专家及相关技术人员对10处人防基础设施进行实地考察评审。英山县第二个地下人防工程开工建设。城区新增1台警报器，实现城区警报设施全覆盖。9月18日，在城区所有中小学校开展城市防空袭警报试鸣活动和防空防灾紧急疏散演练活动，印发人防政策宣传资料500多册。在各居民小区公告栏张贴人防知识宣传图片，全方位、多途径开展人防宣传教育。

（陈　强）

群众团体

英山县总工会

【概　况】 2017年，县总工会内设维权服务部、生产宣教部、组织基层部、综合办公室。下辖英山县总工会困难职工帮扶中心、英山县工人文化宫、英山县职工技术协作服务中心。2017年年末，机关在岗10人。

全县工会组织611个，其中机关单位工会71个、事业单位工会197个、企业工会339个、新社会组织4个。2017年，新建基层工会组织52家，净增工会会员3420人（其中农民工会员1644人）。

【工会活动】 2017年，全县职工开展“践行新理念、建功‘十三五’”为主题的劳动竞赛活动和“大练兵、大比武”技能竞赛活动，113家规模以上企业、12600名职工参加竞赛。开展中青年缝纫工技能竞赛，涌现一批中青年技术能手，湖北如普帽业有限公司缝纫工徐菊容获得全县中青年缝纫工技能大赛第一名。开展和谐企业创建活动，全县50%的“三上”企业和重点服务业参加，黄冈市东方运输集团英山全顺公司、湖北润禾农业股份有限公司、湖北金五环建筑有限公司3家民营企业进入2017年黄冈市和谐企业行列。

职工提出合理化建议326条，创新成果19项，技术革新23项，推广应用新技术、新工艺8项，创造经济效益3220多万元。

五一期间，县总工会组织全国、省（部）、市、县四级50多名劳模代表参加“畅游武汉东湖”“亲历海洋世界”劳模休养活动。

2017年，湖北农村商业银行股份有限公司工会荣获“湖北五一劳动奖状”，湖北如普帽业有限公司缝纫工徐菊容荣获“黄冈五一劳动奖章”。

【职工之家建设】 2017年，投资50万元新建毕昇科技产业园、陶家河乡、温泉镇3个职工之家和职工服务中心，县总工会为职工之家和职工服务中心购置电脑、电视机、电子显示屏、图书、桌椅、体育健身器械等基础设施，建设职工活动室、职工书屋和运动场地。

【帮扶服务职工】 元旦、春节期间，县总工会向全县困难职工和特困农民工发放生活救助资金85万元，为各级困难劳模提供生活、特殊困难救助金30多万元，为60多名身患大病的困难职工提供大病救助。8月，举行2017年第十次长安“金秋助学”资金发放仪式，为70多名考取大学的困难职工和特困农民工子女提供就学资助。帮助2000多名农村富余劳力和下岗失业职工与30多家县内外企业签订就业合同。

【维护职工权益】 县总工会受理职工和农民工法律维权案件34件，办结32件，结案率为94.1%，为职工和农民工挽回损失518万元。县总工会在英山县外出务工人员较多的武汉市、深圳市和浙江省玉环县分别建立英山县外出务工人员法律援助中心，为外出务工人员进行异地维权。

【工会改革】 2017年，县总工会开展群团改革，制定《英山县工会改革实施方案》和《英山县总工会专项改革实施细则》，调整县总工会机构设置和人员配置。县总工会机关内设机构由“两部一室”改设为“三部一室”，即维权服务部、生产宣教部、组织基层部、综合办公室。县总工会下辖县总工会困难职工帮扶中心（现挂牌英山县总工会职工服务中心）、县工人文化宫、县职工技术协作服务中心。机关行政编制确定为4名，县总工会困难职工帮扶中心增加全供给事业编制1名。按照群团组织领导班子专兼挂职的安排，增设挂职副主席1名、兼职副主席2名。落实财政供给单位工会经费县财政代扣和非财政供给单位工会经费国税代收制度。

成立由县委常委、县总工会主席程永富任组长的英山县推进产业工人队伍建设改革协调领导小组。县委、县政府出台《英山县产业工人队伍建设改革实施方案》。

【“爱心驿站”建设】 2017年，建成县总工会困难职工帮扶中心和南门大桥桥头户外职工“爱心驿站”，购置电冰箱、微波炉、热水器、空调等基础设施，为环卫工及其他户外工作人员提供服务。黄冈市东方运输集团英山全顺公司、县人民医院、县妇幼保健院建成“爱心母婴室”。

（萧辉民）

共青团英山县委

【概　况】 共青团英山县委（简称“团县委”）内设办公室、组织部。2017年年末，在岗3人。

【工作概述】 2017年，县委、县政府出台《共青团英山县委改革实施方案》，确定团县委行政编制4名、事业编制1名。在县电商创业园、温泉镇东门社区、四季花海等处建设5个青年之家。支持大学生村干部徐梁成立英山青少年关爱留守儿童志愿团，吸纳青年志愿者150多人。在偏远农村中小学校建设7个“希望书屋”。通过“乐善助学”“麦田计划”以及时代广场等企业和个人筹集助学金49万元。东风集团捐赠11万元用于改善麻元希望小学配套设施建设；凯德集团向孔坊新狮希望小学捐赠价值3万多元物资；大润发、佳洁士集团向温泉镇坡儿垴小学捐赠45万元用于建设希望小学。

【发展基层组织】 2017年，团县委印发《关于全面规范我县团员发展及管理工作的通知》《关于在全县共青团开展以“践行新思想拥抱新时代”为主题的组织生活会的通知》，严格执行团组织关系转接，足额收缴团费，团组织生活进一步规范。

截至2017年年末，非公企业建立团组织38家，符合条件的非公企业团组织做到应建尽建，对不符合建立团组织的非公企业和园区外非公企业，选拔基层优秀团干部到企业担任团建指导员，指导企业开展团建工作。

【建立教育团工委】 12月，教育团工委成立。选举产生15名委员，其中1名书记、副书记4名、团县委1名，工作人员兼任团委副书记，实行团县委和教育局双重领导，全面统筹推进教育共青团工作。

【推行团干部联系服务青年制度】 2017年，全县团干部直接联系服务青年1300人，经常性开展“1+100”联系青年线下活动。4月23日，麦田计划英山团队组织300多名爱心志愿者开展“爱行2017——全民健康行公益徒步活动”的线下活动，为贫困学生捐赠近2万元。

【扶持青年创业就业】 2017年，团县委为两名大学生创业者争取“我选湖北”高校毕业生扶持计划资金7万元。全年组织11期培训，培训学员460人。

【志愿服务】 2017年，培训12支志愿者队伍，先后6次为省、市精准扶贫现场会提供随车志愿服务。发动100多名青年志愿者参与“弘扬雷锋精神，共建美丽家园”为主题的大别山世界地质公园创建志愿活动。印发《市容环境综合整治志愿服务活动方案》，向各责任区发放小红帽，设置曝光台，引导广大市民爱护卫生环境。

春节期间，团县委开展“暖冬行动”志愿服务，200多名志愿者服务1200多人次，发放各类宣传资料1000多份。学雷锋活动期间，全县各级团组织共开展“学雷锋”志愿服务活动30多场次，2700多名团员青年参加爱心敬老、卫生清扫等志愿服务。3月5日，30多名志愿者在县飞达广场为110多名患者实施义诊，为10多人提供法律咨询，发放各类宣传资料近千份。4月21日，团县委组织10名志愿者为英山县第四届“四季花海”杯茶文化旅游节提供中转车引导服务。6月底，在全县范围内开展“美丽英山，我用青春为您代言”旅游志愿者招募活动，广泛动员社会志愿服务力量服务全域旅游。12月5日，团县委开展“创建文明城，志愿服务进社区”志愿服务活动，志愿者走进鸡鸣社区为居民进行免费义诊、法律咨询等活动。

【关爱留守儿童】 2017年，为200多名建档立卡的贫困留守儿童提供爱心捐赠、亲情看护、课业辅导、心理疏导、发放物资3.2万元。举办“我是一个小小导游员”素质拓展和“我的中国梦”演讲比赛等关爱服务活动。建设17个“希望家园”。暑假期间，从返乡大学生、大学生村干部、社会志愿者中招募58人，为400多名贫困留守儿童提供课业辅导、心理疏导、陪护等关爱服务。

1月，团省委学校部部长徐本禹到英山县大屋冲村和七里岩村走访、调研、慰问留守儿童，为17名留守儿童捐赠1万元助学金。5月11日，湖北大学团委在石头咀镇中心小学向12名贫困留守儿童颁发“慈源奖学金”1.2万元。5月31日，中船重工第717研究所团委向陶家河乡中心小学52名留守儿童捐赠价值1.2万元的微心愿物资。

【乐善助学金发放】 8月19日，团县委在县国税局二楼会议室举行2017年“关爱留守儿童，助力精准扶贫”乐善助学金发放仪式。

（郑　润）

英山县妇女联合会

【概　况】 英山县妇女联合会（简称“县妇联”）内设办公室（加挂基层组织建设和社会联络部）、家庭和儿童工作部。2017年年末，在岗4人。

全县11个乡镇配备专职副主席16名、兼职副主席22名，选举执委211人。319个村（社区）妇代会改建为妇联，配备专职妇联主席、副主席632名，村（社区）执委3582名。

【工作概述】 2017年，县妇联维护妇女儿童合法权益，加强基层组织建设。组织“春风行动”，安置转移妇女劳动力1020人。开展“三亮”活动和示范“妇女儿童之家”创建。开展“精准扶贫巾帼先行”母婴护理培训活动，培训妇女1076人。开展“三八红旗手”“巾帼文明岗”评比。召开庆“三八”表彰大会，表彰一批省市县级先进集体、先进个人和典型家庭。成立英山县缠花协会，英山缠花作品亮相波兰。

【评选“最美家庭”】 2017年，县妇联在县、乡、村三级评选全县“最美家庭”600多户，向市妇联推荐28户，方小怡家庭、汪澄家庭荣获黄冈“最美家庭”奖，姜涛家庭获黄冈“最美家庭”提名奖。

【开展廉洁文化进家庭活动】 县妇联制定《英山县妇联关于开展“党风带家风、家风促党风”家庭助廉活动的实施方案》，发出《争当廉内助培植好家风》助廉倡议书1000多份，组织全县新任科级领导干部配偶155人召开“党风带家风家风促党风”家庭助廉座谈会，观看警示纪录片《慎微》，活动现场全体干部及家属书写廉政卡片，引导广大党员干部廉洁修身、廉洁齐家，树立良好家风，筑牢家庭反腐倡廉思想道德防线。

【关爱妇女儿童活动】 完善学龄前儿童早教服务试点，建成标准化早教社区1处。全市2017年度“恒爱行动”现场会在英山县召开，市妇联副主席徐菲、市副县级调研员董祥参加活动。向各界爱心妈妈代表发放爱心毛线75公斤，并将全县爱心妈妈们织好的230件毛衣在“三八”妇女节前夕全部送到贫困地区的儿童手中。湖北省儿童中心开展的儿童安全自护教育楚天行“护蕾行动”走进英山实验中学和长冲中学，活动邀请省儿童中心特聘生命阳光公益救援中心讲师李晓涵和覃小川为学生专题讲授女童防性侵等安全教育知识。春节期间，筹集社会捐助的善款2.5万多元，慰问全县29名贫困妇女儿童。开展“金凤工程”助学行动，为5名贫困女大学生争取助学资金17500元。

【维护妇女儿童权益】 3月8—15日，在飞达广场开展“三八”妇女维权周系列活动，发放普法宣传资料和小册子800多份，现场解答涉及婚姻、权益保障等方面法律咨询50人次。全年共接待来信来访48例，受理率100%，办结率达到100%。为40多名妇女提供法律咨询，协调司法机关为多名遭受家庭暴力的妇女处理矛盾。同时，将上访案例同步录入“全国妇联信访信息管理系统”“阳光信访系统”。

【“两癌”免费筛查】 实施农村妇女“两癌”免费筛查项目，完成检查目标人群2500人，向“全国妇联农村妇女‘两癌’免费检查项目数据采集信息系统”采集录入患病妇女160名，向46名患病妇女发放“两癌”救助金共计46万元。

【支持妇女创业】 2017年，继续实施《英山县贯彻落实支持妇女创业就业完善小额担保贷款财政贴息政策实施方案》，对20多名创业妇女免费培训10天，落实妇女小额担保贷款500万元。

（周　彬）

英山县工商业联合会

【概　况】 英山县工商业联合会（简称“县工商联”）内设综合办公室、总商会会员信息服务中心。2017年年末，在岗5人。县工商业联合会（总商会）第十届会员代表大会以来，有兼职副主席7人，副会长14人，常委50人，执委132人，名誉副主席15人，新增设秘书长1人。

截至2017年年底，全县组建各级各类商会26个，其中乡镇商会11个、行业商会6个、异地商会9个，会员2300多人。2017年，重组升级英山建材行业商会。

【工作概述】 2017年，召开全县第十次会员代表大会，完成总商会换届。制作电视专题片《搭平台，纳四海精英；牵纽带，助五城同创》；组织50多家企业外出商务考察，为招商局及相关部门提供招商引资信息60多条，举办招商推介会25场；对2016年度优秀单位和先进个人进行表彰。举办首届全县“企业创廉”大会，在全县120多家非公企业、行业协会、商会中开展“廉洁企业”评选活动，推动党风廉政工作向非公经济领域推进。英山“企业创廉”先进经验被中华工商时报全联通网、新华网、《湖北日报》、湖北省人民政府网等20多家媒体网站刊登转载，打造企业创廉的“英山样本”。先后在各级报刊网站发表文章108篇，其中国家级22篇、省级25篇、市级38篇、县级23篇。

【开展“千企帮千村”】 2017年，组织271个非公经济主体帮扶313个村、19205个贫困户，实施公益扶贫项目161个，资助物资和资金14447.8万元。“神峰模式”成为全国产业扶贫十佳典型案例。2017年，全国政协精准扶贫调研座谈会、全国工商联“万企帮万村”精准扶贫行动调研座谈会、全省“千企帮千村”精准扶贫行动现场推进会、全市“千企帮千村”精准扶贫行动现场推进会分别在英山县召开。县委书记陈武斌、县工商联主席周素梅分别在省、市“千企帮千村”推进会上作经验交流发言。英山县“千企帮千村”工作被人民网、新华网、《中国工商》杂志、《中华工商时报》、湖北卫视、《湖北日报》、《楚商》杂志、《黄冈日报》等50多家媒体网站报道，成为全省民企扶贫的“英山样本”。

【举办企业家沙龙】 先后围绕“中梗阻”、党风廉政建设、学习贯彻中共十九大报告、企业办证难、反腐及优化环境、公共资源交易、高层次人才引进、精准扶贫、营改增税务政策等主题举办20多期活动，为非公经济人士畅通言路、解决难题开辟“绿色通道”，被省委统战部作为经验推荐报送到中央统战部办公厅、省委办公厅及相关领导，打造“亲”“清”政商关系的“英山样本”。

【服务企业】 2017年，建立促进非公有制经济发展联席会议制度，联席会由县政府44个部门组成，为企业提供时政解读、项目建设、企业上市、外贸出口等方面服务，先后为会员企业解决矛盾纠纷56起。为企业聘请法律顾问和名誉主席16名。多次组织召开洽谈会、银企对接会破解企业融资难。组织企业参加形式多样的考察交流活动。

【公益扶贫】 英山县非驻会副主席、总商会副会长20人向窑坳村捐款捐物12万多元；表彰通报“我脱贫、我光荣”示范户；向贫困户发放物资和资金3万元。争取武汉市黄陂区企业家40万元资金和物资、县内会员企业30万元支持公益扶贫事业。

（周奉凤）

英山县文学艺术界联合会

【概　况】 英山县文学艺术界联合会（简称“县文联”）内设办公室。下设大别山文学艺术研究中心，下辖8个协会。

2017年，县文联主办期刊——《大别山》，创办“英山文联”微信公众号，组织文艺创作采风5次，读书会8次，征文2次，举办摄影、书法展2次，举办演讲比赛1次，送春联1次。

【英山县召开文艺工作座谈会】 3月7日，英山县召开文艺工作座谈会，县委书记陈武斌，县委常委、宣传部部长卢峰出席活动并就繁荣英山文艺工作讲话，副县长阮利红宣读表彰文件，县委宣传部副部长、县文联主席陈丽娟代表县文联作工作汇报，原英山县委副书记、英山作协名誉主席段仲谋与全县文艺界人士70多人参加会议。会上颁发英山首届“毕昇文学奖”和2016年度英山县优秀文艺志愿者奖。

【创建“湖北摄影之乡”活动】 2017年，英山创建“湖北摄影之乡”活动在茶文化旅游节开幕式上，湖北省摄影家协会主席杨发维授牌，县长田洪光接牌。2017年，完成“印象英山”航拍摄影大赛。

【举办全民阅读活动】 2017年，县文联推出“英山读书会”全民阅读活动，先后举办端午诗会、中秋诗会、十九大主题朗诵会、“读书的力量·诗词采风朗诵会”等8场（次）活动。

【开展“喜迎十九大”系列活动】 2017年，举行“喜迎十九大”主题征文活动；开辟“十九大时光”文艺专栏；举办“喜迎十九大·四季看英山”黄冈市文艺家英山采风活动；举行“喜庆十九大·欢度重阳节”专场文艺演出；组织参加鄂豫皖三省四市首届大别山歌会。

【编印《英山扶贫纪实文集》】 2017年，县文联组织省市县文艺家开展英山“精神扶贫·文艺惠民”活动，开展“新春走基层·精神扶贫”文艺创作采风活动，编辑出版《英山扶贫纪实文集》，先后在《湖北日报》、荆楚网、《湖北画报》、《黄冈日报》、黄冈新闻网、黄冈新视窗、英山电视台、《英山周刊》、“英山文联”微信公众号发表新闻报道和纪实作品120多篇。

【开展系列文艺活动】 2017年，百名文艺家走进英山县开展文艺采风创作活动；举办“大别山地质公园”“精准扶贫”“冷家山红叶节”摄影赛；开展“留住美好，温暖情怀”文艺下乡活动。完成乌云山村诗词楹联比赛评审。乌云山“楹联文化村”一期建设工程完成。在乌云山村开展民歌教唱活动。邀请湖北省摄影家协会开展摄影讲座和技能培训；举行书画家孙德生《写意桃花冲》作品捐赠仪式。

【文艺成果】 2017年，段仲谋、陈丽娟、胡涂、张保良、郑烨、刘平海、盛莉、王淑存、郑烈煌、陈秀丽、高旭洲、汪印潭、付亦收、何维顺等撰写的作品，公开出版或在市级以上报刊发表500多篇（首），其中盛莉的短篇小说《干掉榴莲》荣获第二十六届全国梁斌小说优秀奖，饶惠熙的《杂感》古体诗获第三届“诗词中国”一等奖。盛莉参加湖北省第五届中青年文艺评论家高研班学习，何维顺参加省作协第七届高研班学习，郑烈煌、王再飞加入湖北省作家协会，章卫军、明星加入湖北省摄影家协会。

（萧书燕）

英山县科学技术普及协会

【概　况】 英山县科学技术普及协会（简称“县科协”）下辖科技馆和28个协（学）会。县普及和学会部挂靠县科协。2017年年末，在岗4人。

【工作概述】 2017年，举办茶叶生产加工、大棚蔬菜种植、药材种植、水产养殖、畜禽养殖等技术培训班5期，培训科技带头人计400多人次；举办妇女技能培训班4个，培训近千人次；开设农村党员干部群众创业技能培训4个，

英山县2017年度文艺创作成绩一览表（省级以上部分）

表7

作者	作品	体裁	刊物/出版社/获奖
刘平海	《大河》	长篇小说	《芳草》第1期
张保良	《温馨十年父子情》	散文	《长江丛刊》
	《映雪红梅别样看》	人物传记	文汇出版社
余　昆	《夜空（十首）》	诗歌	《芳草》第6期
胡　超	《此山中（六首）》	诗歌	《芳草》第6期
郑烈煌	《腊月再访大屋畈》《那山那茶那人》《栗花开处是吾家》	散文	《湖北日报》“乡里乡亲”版
王淑存	《心在山水间》	散文集	现代出版社
程望春	《杨柳风》	长篇小说	广东旅游出版社
肖崇东	《谁在背后捣鬼》	故事	《今古传奇·故事版》第4期
	《串案奇谈》	故事	《今古传奇·故事版》第7期
	《改名换姓》	故事	《上海故事》第6期
	《枯井案》	故事	《上海故事》第10期
饶惠熙	《杂感》	诗词	第三届“诗词中国”一等奖
盛　莉	《干掉榴莲》	短篇小说	第二十六届全国梁斌小说优秀奖
汪印潭	《牛（外九首）》	诗歌	2017年度中华文学奖全国优秀诗歌三等奖
周　翠	《大别山情怀》	歌曲演唱	鄂豫皖三省四市首届大别山歌会一等奖
陈平等	《英山好地方》	歌曲演唱	鄂豫皖三省四市首届大别山歌会三等奖
胡应名等	《铁面金光悌·审和珅》	黄梅戏剧本	国家大剧院演出

培训 280 人次。通过这些专业技能培训，学员基本掌握了茶叶生产加工、大棚蔬菜技术、水产养殖技术等农业实用技术。开展以“科技强国、创新圆梦”为主题的 2017 年科技周、科普展教等活动。先后以“节能减排”“安全避险”“健康生活”等为主题，利用社区资源，组织开展“全国环保日”“爱我温泉城、争做文明人”等科普宣传。全年举办科普报告会 2 场，科普咨询 6 次，发放科普宣传册、书籍 5000 多份。3 月，举办黄冈市青少年科技创新大赛选拔赛，全县 8 所科普示范学校上报参赛作品 240 件，英山县选送的作品有 109 件分别获得一、二、三等奖。英山县学生柯牧妍、汪昕阳的征文《何以解忧，唯有科技强国》《树报国之志，凌科技之举》被湖北省青少年科技中心评为优秀征文。

【举办第一届青少年科技创新大赛】 10 月，举办英山县第一届青少年科技创新大赛，共收到 368 件科技创新作品。评选出优秀科技实践活动 1 项，二等奖 2 项，三等奖 1 项；优秀科幻画一等奖 16 幅，二等奖 21 幅，三等奖 20 幅；优秀科幻作文一等奖 24 篇，二等奖 48 篇，三等奖 19 篇；优秀组织奖 8 个；优秀辅导教师奖 29 名。

【茶树新品种及繁苗技术引进与推广】 湖北乌山春茶业公司和楚山春茶业公司共同实施的“湖北省黄冈市英山县茶树新品种鄂茶一号及工厂化繁苗技术引进与推广”项目被中国科学技术协会立项，获得奖补资金 20 万元。

【科技助力精准扶贫】 县科协组织茶叶专业科技人员到温泉镇马鞍寨村、红山镇乌云山村、雷家店镇程家咀村开展茶树新品种鄂茶一号及工厂化繁苗技术引进与推广技术培训 6 场次，培训农民学员 1560 人次。带动贫困户 480 户 1800 多人，人均增收 1360 元以上。辐射带动全县建档立卡贫困村 309 个，建档立卡贫困户 2.11 万户，贫困人口 6.73 万人，人均增收 1160 元。

【全国科普日活动】 9 月 18 日，英山县 2017 年全国科普日活动启动仪式在金家铺中学举行。活动主题是“创新驱动发展，科学破除愚昧”。

18 日，参加启动仪式的学生及群众 1000 多人，县科协、卫计局、教育局、科技局、司法局、英山半夏协会、团黄贡茶有限公司 7 家单位近 30 名科技工作者向群众宣传卫生保健、疾病预防、公共安全、法律法规等实用科普知识，免费发放各类科普宣传图册 1000 多份及科普图书 100 多本。启动仪式现场对金铺中学优秀科技小制作及论文共 16 件作品给予表彰。市科协、市科技馆科普现场展示 20 多种小发明。

19 日，县科协、教育局、卫计局、农机局、畜牧局、农业局、林业局等 10 个县直单位学会联合在县莲花小区开展“创新驱动发展，科学破除愚昧”为主题的科学普及活动。

21 日，英山乌山春茶产业技术协会和英山楚山春茶叶专业技术协会专业技术人员组成科技助力扶贫工作队到乌云山村、程咀村开展鄂茶一号无性系茶苗繁育技术培训，受益人数达 300 人次。

（吕海霞）

英山县残疾人联合会

【概　况】 英山县残疾人联合会（简称“县残联”）内设办公室、康复股和教就股。下设英山县残疾人就业服务所、英山县残疾人康复中心。2017 年年末，在岗 5 人。

【康复补助】 2017 年，继续实施 0—6 岁残疾儿童抢救康复工程，为 51 名残疾儿童提供康复补助 78 万元；免费实施白内障复明手术 127 例；落实精防工作任务，为 200 名贫困精神病患者提供 10 万元服药补贴；开展“精准康复下乡镇、辅具器具进家庭”活动，共发放各类辅助器具 355 件（次）。全县办理各类残疾人证 764 本。

全年发放“两项补贴”（重度残疾人护理补贴和困难残疾人生活补贴）431.95 万元，其中重度残疾人护理补贴349.4万元，困难残疾人生活补贴82.55万元；扶持残疾人农家小店主12名，给予每人帮扶资金5000元；为20名未入学的适龄残疾儿童开展送教上门服务，每人补助资金3000元；为301名残疾人提供农村实用技术培训，补助资金15万元。

【湖北省残疾人艺术团到英山县演出】 5月17日，湖北省残疾人艺术团在英山县举行“助残圆梦·喜迎十九大”主题文艺演出。演出在县黄梅戏剧院举行，县人大常委会副主任汪校玲、县政协副主席江光霞及省残联相关领导观看演出。

【县残联举行第三次代表大会】 12月26日，英山县残疾人联合会第三次代表大会在县黄梅戏剧院召开。县委书记陈武斌，市残联党组成员、副理事长叶文青出席会议并讲话，县委副书记蔡寿益主持会议。县领导段丽芬、陈志珍、丁建怀、卢峰、李文、程永富、张春梅、汪校铃、吴小元、黄伟、江光霞出席会议。部分退休干部、各乡镇党委书记、开发区常务副主任、县直一级单位主要负责人、县政府残疾人工作委员会成员单位负责人参加会议。

大会选举产生县残联第三次代表大会主席团和执行理事会。大会主席团聘请县长田洪光担任县残联第三次代表大会主席团名誉主席，县委副书记蔡寿益，县委常委、组织部部长丁建怀，县人大常委会副主任汪校铃，县政协副主席江光霞担任县残联第三次代表大会主席团名誉副主席，副县长黄伟当选县残疾人联合会第三次代表大会主席团主席。袁学武担任县残联第三次代表大会执行理事会理事长。

（石　宣）

农业　水利

农　业

【概　况】英山县农业局（简称“县农业局”）内机关设办公室（加挂行政审批股）、人事股、发展计划财务股（挂对外合作股的牌子）、科技教育股（挂产业政策与法规股牌子）、种植业股（挂经济作物股、菜篮子工程办公室牌子）、市场经济信息股（挂农业产业化办公室、旅游股牌子）、纪检监察室7个职能股室。下属单位共23家，其中正局级单位2家，即县茶叶产业化办公室（加挂绿色食品办公室）、县能源办；副局级单位5家，即县农业技术推广中心、县农业行政执法大队、县种子管理局（与农业行政执法大队合署办公）、县国营长冲茶场（加挂英山县茶叶研究所）和县满溪坪良种场；股级单位5家，即湖北省农业广播电视学校英山分校（加挂湖北省农业广播电视学校英山县领导小组和农业培训中心、农村信息宣传中心）、县农产品质量安全监督管理办公室、县蚕种场、县农业科学研究所、县农村能源技术服务中心；乡镇农业技术推广服务中心11个，隶属县农业局和乡镇党委政府双重管理。2017年年末，在岗287人。

【概　述】2017年末，全县农业人口328849人，常用耕地面积1.72万公顷，茶园1.7万公顷；林业用地10.16万公顷，其中，林地8.24万公顷，灌木林地1.56万公顷，未成林地0.24万公顷，无立木林地0.12万公顷；森林覆盖率66.18%；全县分布的野生植物149科562属1105种，其中国家二级以上保护树种10种。有绿化苗木基地20多处，面积800公顷，有油茶林0.47万公顷，放养水面2000公顷。农业总产值54.46亿元。

全县共登记农民专业合作社725户。包括种植业441户，其中林业16户；养殖业94户，其中水产12户；农业生产资料购买5户；农产品销售1户；农产品加工51户；农业技术、信息服务30户，其中农机20户（国家级1户，省级1户）；其他类103户。

有省级畜禽养殖示范场8个，市级畜禽养殖龙头企业6个，精准扶贫畜禽养殖市场主体26个。

（汤　砾）

种植业

【概　况】2017年，全县粮食种植3.06万公顷，产量12.95万吨；油料9803公顷，产量1.94万吨；茶叶1.7万公顷，产量2.83万吨，产值20.76亿元；药材面积1万公顷，产量4.03万吨；蔬菜及食用菌面积7033.4公顷，产量17.33万吨。新认定农业龙头企业市级3家、省级2家，全县省级龙头企业达到8家、市级龙头企业24家。相继建成神峰山庄、福辉家庭农场等20多个示范点。

【技术推广】 2017年，推广扬两优6号等主导品种26个，“一种两收”、轻简栽培等关键技术应用27项，高产创建示范6项2667公顷。院县共建成果转化项目5个，良种覆盖率达98%，技术到田率达99%。培育的980个核心示范户、130个种粮大户、18个家庭农场、30多家农业企业成为新科技推广应用的前沿阵地。

【农产品加工】 2017年，新增规模以上农产品加工企业2家，全县规模以上农产品加工企业达37家。规模以上农产品加工值42.2亿元，同比增长9.67%。农产品加工值与农业总产值比率超过1.04∶1。皋陶茶业公司茶产品获得生态原产地产品保护证书，该企业首次获茶叶自营出口权。

【现代农业园区建设】 2017年，全县新建现代农业产业园4个，升级7个，基地规模1667公顷，投入建设资金近10亿元，“十个六”工程6个项目进展顺利。英山现代中药材产业园被省农业厅认定为首批省级农业产业园。精心打造神峰山庄、志顺茶业等一批三产融合产业园，全县生态种养、休闲观光、农产品加工等多种经营方式共同发展的园区格局初步形成。

【农产品质量安全】 2017年，开展土壤、茶叶和微肥质量抽检，抽检样品182个，产品合格率100%。开展“三品一标”认证，新增绿色食品认证3个、有机食品认证1个。绿色、有机食品茶认证共13个。推进农业投入品源头监控，实施“从基地到餐桌”全程质量监管，2017年立案查处质量案件18起，其中移交公安机关处理1起，挽回农业经济损失230万元，农产品质量安全水平进一步提升。

【农业生态建设】 2017年，“一控两减三基本”行动有了新的进展，“雷霆行动”升级版纵深推进；测土配肥施肥推广4.8万公顷，秸秆还田2.35万公顷，农作物秸秆综合利用率达92%，有机肥替代化肥示范应用8000公顷，化肥用量同比减少0.6%。主要农作物专业化统防统治占比60%以上，绿色防控规模达1.54万公顷；农药施用量首次出现负增长，同比减少1%以上，农业面源污染有效改善。推进沼气工程、清洁能源项目，加快秀美英山建设。

（朱建明　陈海萍）

林　业

【概　况】 英山县林业局（简称“县林业局”）内设办公室、政工股、发展计划与资金管理股、造林绿化管理股（加挂旅游股牌子）、森林资源管理股、政策法规股、监察室7个职能股室。下辖吴家山、桃花冲、五峰山、英山尖4个国有林场，森林公安局，开发区林业分局，11个乡镇林业管理站，野生动物和森林植物保护站，林木种苗管理站（加挂林业技术推广中心、毕升森林公园两块牌子），3个木材检查站，林政稽查大队，森林资源评估中心（加挂林业调查规划设计队牌子），天然林保护中心（加挂退耕还林办公室牌子），林工商公司。县森林防火指挥部办公室和绿化委员会办公室设在林业局。2017年年末，全系统在岗370人（不含林场村林农）。

【森林资源开发】 2017年，依法审批林地征、占用48宗，面积47.46公顷；持续封山育林，全年采伐林木1.07万立方米；扩大天然林保护面积27000公顷，规范18800公顷生态公益林管理；严控野生动物疫病疫源，及时处置放生小鲵、雕鸮等珍贵野生保护动物；开展第二轮古树名木资源普查；对全县10个古树群落、1096株古树名木实行挂牌保护，杜绝移栽、采挖天然野生树木；办理林业行政案件189起、刑事案件23起。全县森林覆盖率达到66.18%，森林蓄积量突破600万立方米。强化309名护林员队伍管理，聘任生态护林员2008名，建立12支半专业森林防扑火队伍，完成3.3万公顷越冬代松毛虫防治任务。

新增油茶、香榧、猕猴桃、山桐子、矮化银

杏等经济林466.67公顷；新增金雷茶叶、有良香榧专业合作社、篓子石旅游开发公司、斐富家私4家林业产业化省级重点龙头企业；推进国有林场改革，核定吴家山、桃花冲、五峰山、英山尖4个国有林场为政府公益Ⅰ类事业单位，核定事业编制82人；办理及换发林权证85本；流转山林14宗2666.67公顷；新办理林权抵押贷款1000万元。牵头“四季花海·旅居新镇”项目，工程按计划有序推进；“桃花冲生态文化小镇”一期工程完成，二期工程有序推进；成立张家咀国家湿地公园管理机构，标桩立界、规划设计、生态修复等工作陆续开展；完成精准扶贫整合资金1380万元；整合资金804万元，解决生态护林员每人每年4000元补助款。

在杨柳湾镇东冲河村租赁农田新建苗圃1.33公顷，培育两年生湿地松12万株；在马坳中心苗圃基地嫁接油茶“长林3号、23号”优良品种100万株，湿地松容器苗60万株，定植碧桃2万株，河柳3万株。

【植树造林】 2017年，栽植各类苗木500多万株，完成荒山造林、村庄绿化、道绿绿化面积1784.67公顷，完成“绿满英山”行动3年总任务；完成新一轮退耕还林任务626.67公顷；全县新增13个“湖北省绿色示范乡村”。投资310万元，完成城区发展大道路段绿化。

【森林防火】 2017年，县林业局利用广播、电视、宣传车、标语、横幅、短信平台、新年挂历等形式，开展防火宣传，提升全民森林防火意识。采取建通信基站、在重点林区配备对讲机、为护林员配备北斗卫星定位手机、添置防火设备等措施，提升防扑火能力，全年无重大森林火灾发生；年底，投资50多万元在各乡镇显要路口、重点地段制作固定宣传牌40块，悬挂横幅100多条，发放森林防火宣传挂历4万份，制作防火值班袖标1000个；发送防火短信12万多条；利用县电视台滚动字幕播出森林防火公告；各中小学校开展一堂防火课；309名护林员、2008名生态护林员、乡镇干部以及所有林业工作人员全员上岗，全面开展宣传工作；召开毕升森林公园邻村防火联防会议；印刷防火宣传资料1000多份；新建固定防火宣传牌10块；投资3万多元安装视频监控系统，加强森林防火监控。全年，查处火灾案件18起，起诉6起。

【天然林保护工程】 2017年，县绿化委员会印发《英山县停止天然林商为性采伐管护工作方案》。县政府成立由分管副县长任组长、相关部门负责人为成员的天然林保护工作领导小组，领导小组办公室设在县林业局，各乡镇成立相应领导小组，具体负责抓好天然林保护的日常工作。

2017年，经省林业厅批准，英山县天然林指标增至2.7万公顷，涉及3个国有林场、6个乡镇所属的62个行政村。2017年，完成2.7万公顷天然林保护区划落界任务，省财政每年补助林农607万元。县政府与乡镇政府、乡镇政府与各项目村、林业局与林业管理站层层签订目标责任书，明确建设任务。

【生态护林员】 2017年，全县从建档立卡贫困户中选聘符合条件人员2008人担任生态护林员，涉及县经济开发区、11个乡镇和3个国有林场，312个行政村和1个营林大队。省级财政专项补助资金162万元用于支付生态护林员工资。

【生态公益林】 2017年，全县生态公益林1.89万公顷，涉及7个乡镇102个村和5个国有单位。其中国家级公益林1.4万公顷，省级公益林4872.99公顷。中央、省生态补偿资金389万元，惠及全县102个村17759户及5个国有单位。国家级公益林1.4万公顷，按地类分：有林地1.33万公顷，灌木林地207.01公顷，未成林造林地280.2公顷，宜林地226.17公顷。省级公益林4872.99公顷，按地类分：有林地4805.99公顷，国特灌17.09公顷，未成林49.91公顷。

【有害生物防治】 4月2—4日，采用直升机喷洒生物农药（森得保水剂）的方式进行松毛虫防治，动用直升机202架次，使用生物农药阿维·苏云菌15吨，完成全县9个乡镇232个村3.3万公顷飞防任务。县林业局投入30多人次，机械15台次、药物100多公斤，对全县8.7公顷疑似松材线虫病进行防治。悬挂诱捕器3个诱杀松褐天牛，阻止松材线虫病随松褐天牛传播。

【2017年古树名木资源普查】 根据湖北省绿化委员会、湖北省林业厅《关于在全省开展第二轮古树名木资源普查工作的通知》要求，县林业局成立普查工作领导小组，制订《英山县古树名木资源普查工作实施方案》，于2017年3—10月对全县古树名木进行全面普查。

复查以2003年和2011年的普查成果为基础，采用资料查询、知情人访谈、现场调查的方法，利用高精度GPS进行坐标采集、采用高清数码照相机对古树做多角度拍摄，摄影图片统一采用jpg格式，处理为长边1000像素，文件大小控制在500KB以内，为今后编撰古树名木摄影图集做好准备。

复查中调查全县古树名木22个科，40个属，51个种。种类为高大或矮化乔木、灌木、藤本，具体科、属、种：

柏木，刺柏（柏科刺柏属）、黄檀，槐树（碟形花科黄檀属）、枸骨，大叶冬青，无刺枸骨（冬青科冬青属）、皂荚（豆科皂荚属）、国槐（豆科槐属）、紫藤（豆科紫藤属）、藤黄檀（豆科黄檀属）、山合欢（豆科合欢属）、映山红（杜鹃花科杜鹃属）、枫杨（胡桃科枫杨属）、化香（胡桃科化香属）、枫香（金缕梅科枫香属）、檵木（金缕梅科檵木属）、栓皮栎，麻栎，短柄枹栎（壳斗科栎属）、青冈栎（壳斗科青冈属）、苦槠（壳斗科锥属）、板栗（壳斗科栗属）、桂花（木樨科木樨属）、大叶女贞，女贞（木樨科女贞属）、黄连木（漆树科黄连木属）、三角槭，鸡爪槭（槭树科槭树属）、五角枫（槭树科槭属）、紫薇（千屈菜科紫薇属）、香果树（茜草科、香果树属）、石楠（蔷薇科石楠属）、三尖杉（三尖杉科三尖杉束属）、山茶（山茶科山茶属）、柿（柿科柿属）、马尾松，黄山松，大别山五针松（松科松属）、金钱松（松科金钱松属）、雪松（松科雪松属）、旱柳（杨柳科柳属）、银杏（银杏科银杏属）、榉树（榆科榉属）、榆树，榔榆（榆科榆属）、朴树，子弹树（榆科朴属）、青檀（榆科青檀属）、樟树（樟科樟属）。

古树分布于全县11个乡镇和吴家山、桃花冲、五峰山3个国有林场。

2017年，纳入普查古树名木1097株，按照古树名木等级分类，一级古树19株，二级古树52株，三级古树1026株。按照生长环境分类，散生834株，群生263株（均为三级古树），分布在10个古树群落。按照生长状况划分，正常株958株；衰弱株97株；濒危株39株；死亡株3株。

英山县2003年纳入普查古树名木660株，其中一级古树12株、二级古树72株、三级古树576株，名木0株。2017年，部分二级古树因年龄与上期差距较大，有12株变为三级古树，8株变为一级古树。2003年纳入普查至2017年普查时，古树名木数量减少18株，其中一级古树减少1株、三级古树减少17株。

（胡　静）

畜牧业

【概　况】 英山县畜牧兽医局（简称“县畜牧局”）内设办公室、计财股、政工股、畜牧生产股、畜产品安全股、兽医股。下设动物卫生监督所、动物疫病预防控制中心、技术推广站、生猪屠宰管理办公室、11个乡镇畜牧兽医服务中心。2017年年末，全系统在岗193人（其中乡镇145人）。

【养　殖】 2017年，生猪存栏20.31万头（其中能繁母猪2.15万头），出栏17.85万头；牛存栏3.695万头（其中能繁母牛1.058万头），出栏1.03万头；山羊存栏9.1万只，出栏13.3万只；禽存笼129.03万只，出笼144.44万只。全年猪肉产量1.37万吨，牛肉产量0.12万吨，羊肉产量0.3万吨，禽肉产量0.17万吨，鸡蛋产量0.89万吨。全县规模化养殖场377个，其中猪场47个、牛场17个、羊场37个、蛋鸡场247个、肉鸡场24个、鸭场5个。

全县王水生养鸡场、段孟青养鸡场、高红养鸡场、百丈河养殖场、雄峰养猪场、润禾公司、刘声寅养猪场、闻得清养猪场8个养殖场获得无公害畜产品认证；有百丈河惠农科技有限公司、生福安畜禽养殖有限公司、绿源养殖专业合作社、雄峰畜牧有限公司、一鸣禽业蛋鸡场、兴惠牧业合作社、高红养鸡场、湖北润禾农业有限公司8个省级示范场；有百丈河惠农科技有限公司、雄峰畜牧有限公司、一鸣禽业有限公司、得清生态农业专业合作社、英太寨牧业有限公司、湖北润禾农业有限公司、高红养鸡场7个市级龙头企业；有畜禽养殖专业合作社33个。畜禽养殖业参与精准扶贫的市场主体26个。

【动物疫病防控】 落实动物防疫责任制、建立重大动物疫病应急机制。财政安排“以钱养事”专项经费320万元，主要用于科技培训、良种推广、疫病防控、物化投入等工作。提高兽医实验室免疫抗体检测水平，巩固、完善“无规定动物疫病区”建设。做好全年春秋两季猪瘟、猪蓝耳、牲畜口蹄疫、鸡新城疫、禽流感、小反刍兽疫六种强制免疫普注和补注工作，猪、牛、羊、禽发病死亡率均控制在省定标准之内。2017年春季，在省内外多个县市发生禽流感、羊布病的严峻形势下，英山县采取疫情监测、设立临时检查点、禁止畜禽异地移动、补注疫苗等措施，确保全县清洁无疫。全年没有发生重大动物疫情。

【畜产品安全生产监督】 检疫工作实行“定岗位、定人员、定职责、定奖惩”，严把“产地、运输、屠宰检疫”三关，确保畜禽检疫率、上市畜禽产品合格率、不合格产品无害化处理率均达到100%。建立完善养殖档案、检疫日志以及相关台账。加大生猪屠宰管理执法力度，2017年取缔私屠滥宰“黑窝点”1个。规范屠宰场建设，县城区建A级屠宰场1个，陶河乡建B级定点屠宰场1个，取缔乡镇不达标屠宰场9个。全年开展生猪养殖场、屠宰场“瘦肉精”抽检1800批次，合格率为100%。加强养殖环节兽药饲料、饮用水等监管，建立养殖档案。培训养殖场业主、饲料兽药经营人员422人次，发放资料1040份，送达《致养殖场一封信》377份，签订养殖场安全监管责任书377份。开展畜产品安全监管联合执法行动3次，全年查处畜产品质量安全案件85起；查处生猪私屠滥宰案件2起；检出病害动物0.115万头（只）、病害动物产品0.875吨，全部进行无害化处理。张家咀动物防疫监督检查站于3月建成，4月进驻办公。全年没有发生畜禽产品质量安全事故。

（马胜峰）

水　产

【概　况】 英山县水产局（简称“县水产局”）内设办公室、计财股、政工股、生产股。下辖英山县乡镇水产服务中心、英山县水产技术推广站、英山县渔政船检港监管理站、英山县水产良种繁殖场和湖北英山罗非鱼良种场。2017年年底，在岗10人。

【水产养殖】 2017年，全县放养水面达到1670公顷，水产品产量5623吨，渔业产值6138万元。在全县11个乡镇开展科技下乡活动3次，发放技术资料6000多份，举办技术培训2次，培训渔民、专业合作社成员和技术骨干150人，上门服务320人次，接受上门咨询380多人次，培植科技示范户35户。在全县重点推广罗非鱼、青鱼、鳖、黑尾鲌、鳜鱼、小龙虾6个新品种，推广罗非鱼高效养殖、名特优水产品养殖、水库健康养殖、稻田综合种养、特种水产养殖、种青养鱼6项关键技术。

【培育渔业新型市场主体】 培育金都鸿兴渔业专业合作社、名德鱼苗孵化有限公司、乾阳罗非鱼专业合作社、正龙水产养殖家庭农场等各类渔业市场主体，带动全县养殖户发展特色渔业。

【渔业供给侧结构改革】 全县11个乡镇养殖经营单位和养殖户开展产业结构调整，减少鲢鳙等常规鱼类养殖规模，推广罗非鱼、鳖、鳜鱼、小龙虾、黑尾鲌等名特优水产新品种，提高水产品质量。利用依山傍水的山水资源优势，结合全县“全域旅游”战略和“美丽乡村”建设，大力发展集观光、旅游、垂钓、餐饮、娱乐于一体的休闲渔业。

【渔业执法监管】 2017年，控制大水面投肥，保护饮用水源，打击偷鱼、电鱼、毒鱼等违法行为，维护全县渔业安全生产，规范经营秩序。

【白莲河水库综合整治】 县水产局抽调渔业骨干执法人员组成工作专班，开展白莲河水库综合整治工作。在综合整治活动中，共拆除网栏库汊5处，清理水库网箱71口，面积52.3公顷。8月31日，英山县“雷霆行动”网箱取缔工作第一家获得黄冈市“雷霆行动”领导小组办公室验收。开展“雷霆行动”升级版整治围网栏和网箱养殖，取缔野猪河水库和枫树坳水库养殖网箱，完成湖库整治任务。

【学术研究】 县水产局王文彬撰写的论文《当前长江流域渔政管理能力建设的实践与思考》荣获农业部“生命长江　美丽中国——长江流域渔业管理能力建设”征文三等奖。12月31日，王文彬撰写的论文《罗非鱼稻田综合种养技术》荣获黄冈市人民政府第九届自然科学优秀学术论文二等奖。

（王文彬）

水　利

【概　况】 英山县水利局（简称“县水利局”）内设办公室、水政水资源股（行政审批股）、计划财务股、政工股、建设管理股、水库管理股、水土保持股、水利股、农电股、安全监督股（旅游股）、监察室。下辖河道堤防建设管理局，水土保持局及张家咀、詹河、红花、松山铺、枫树坳5个水库电站管理处，县农村饮水安全工程建设管理办公室、水政监察大队、县水利水电工程质量监督站、农田水利技术推广中心、县抗旱服务队、水电勘察设计室、满溪坪电站、水电汽车维修中心、水电预制厂、11个乡镇水利管理站等27家二级单位。2017年年末，全系统在岗408人。

【防汛抗旱】 对全县85座水库、50平方千米以上河流、在建水利工程、大塘、大堰拉网式排查，从防汛组织、汛前检查、指挥平台、岗位职责、工程体系、监测预警、防汛预案、避灾抢险、应急队伍、防汛物资、宣传培训、防汛经费等方面入手，开展六查六办，查思想准备、防汛预案、物资储备、责任落实，对查出的90处隐患落实责任，挂牌督办，限期整改销号。加强指挥部中心建设和信息化建设，改造升级县级监测预警平台，补充和新建3个自动雨量监测站、6个图像监测站、8个重点乡镇视频系统建设，新建全县63座小型水库水雨情自动测报系统，扩展预警信息发布功能，通过手机、网络实时检测水库水位、库容、降雨量、大坝和溢洪道影像和数据信息，提升科学防洪信息化水平，及时掌握雨情情况、提前预警预报、发布预警信号，为领导决策、启动应急预案提供科学依据，减少经济损失和人员伤亡。加强协调，落实以行政首长负责制为核心的防汛抗旱责任制，坚持24小时值班值守，及时掌握各地水、雨、工情，成功应对6月底和7月初的三次强降雨袭击。

【项目建设】 2017年，水利项目资金达1.22亿元。解决全县32个贫困村建档立卡贫困人口17089人饮水困难的问题，占省下达计划任务的193.9%，水质合格率达84.96%，比省市对英山县考核目标提高16.96%；实施国家水土保持重点建设工程项目，治理孔家坊乡闻家冲、杨柳弯镇茶叶谷等小流域，治理项目区水土流失面积17.19平方千米；完成叶家坊、刘二沟等11座小型水库整险加固建设任务；完成西河张家咀至石头咀镇镇区12.05千米河道治理，完成大畈河流域山洪沟治理，完成詹河、红花水库水源地保护项目，启动实施栗树咀河道治理。突出水利薄弱环节，推进重大水利设施建设。7月30日，局长肖卫东给省水利厅厅长周汉奎写了一封信，反映英山县水利亟待整修等四个问题。周汉奎收到信后高度重视，组织相关处室专题研究，8月29日下达《关于英山县灾后水利重建资金问题的意见》，为英山县追加资金6380.48万元。东河草盘段、红山至杨柳段河道治理总投资5787万元初步设计报告评审获得通过。2017年，围绕重点工程和民生项目对今后五年的项目做出规划，规划投资25亿元。

【小型水库除险加固】 截至2017年年末，全县注册的85座水库中完成除险加固的有82座（含张家咀、詹河、红花水库）。9月，对叶家坊、刘二沟、油菜垅、强儿塆、虎形地、过风坳、团练冲、雷公尖、马家河、汪山、蔡家山11座小型水库实施除险加固，年末全部完工，投资1466万元。

【河道治理】 3月，开工治理西河张家咀至石头咀镇镇区12.05千米河道，投资2967万元。4月，审查《西河栗树咀段治理工程初步设计报告》。6月，省水利厅批复西河栗树咀段治理工程设计报告。

2017年河道治理资金使用一览表

表8

项目 地点（村）	治理长度 （千米）	投资金额 （万元）
石头咀镇窑湾村	治理河道3.5千米	1100
石头咀镇程璋河村	治理河道1.2千米	320
石头咀镇古城村	治理河道3.1千米	400
石头咀镇饼子铺村	治理河道1.5千米	300
石头咀镇冯畈村	治理河道1.1千米	130
石头咀镇毛坳村	修复拦河堰 治理河道0.8千米	230
石头咀镇周畈村	治理河道1.4千米	180
石头咀镇张家咀村	治理河道1.2千米	200

【安全饮水工程】 2017年，完成全县32个重点贫困村建档立卡贫困人口17060人饮水工程，水质合格率达84.96%，比省市对英山县考核目标提高16.96%。

2017年度农村饮水安全工程建设情况一览表

表9　　单位：户、人、万元

乡镇	村	解决饮水困难		资金	贫困等级
		户数	人口		
南河	油铺垸	24	78	6.24	重点
	关　口	22	80	6.4	重点
	付　坊	26	91	3.64	—
	瓦寺前	26	61	2.44	—
	横山冲	26	82	3.28	—
	亭子岭	16	45	1.8	—
	麻　元	10	31	1.24	—
	坪上垸	11	35	1.4	—

续表 9

乡镇	村	解决饮水困难		资金	贫困等级
		户数	人口		
南河	灵 芝	14	48	1.92	—
	窑 坳	17	49	1.96	—
	四口冲	6	20	0.8	—
	四安寨	15	67	2.68	—
	花屋沟	11	34	1.36	—
	泡桐坳	12	44	1.76	—
	王家道	28	101	4.04	—
	界牌石	6	25	1	—
方家咀	熊 冲	75	240	19.2	重点
	白羊山	39	113	9.04	重点
	葫芦盆	14	37	2.96	重点
	石龙头	28	96	3.84	—
	新 桥	29	103	4.12	—
	南 冲	36	101	4.04	—
	大畈河	23	78	3.12	—
	余 咀	22	89	3.56	—
	伯仲桥	46	119	4.76	—
	望天畈	9	32	1.28	—
	古圣寨	23	62	2.48	—
	竹园港	16	54	2.16	—
	桑 园	28	78	3.12	—
	簰形垸	19	62	2.48	—
	段家坳	28	92	3.68	—
	千斤坪	31	107	4.28	—
	向垅垸	32	120	4.8	—
	罗塘坳	29	103	4.12	—
温泉	季陵沟	34	106	8.48	重点
	沙垸河	18	52	4.16	重点
	将军山	42	129	10.32	重点
	柏树祠	53	187	14.96	重点
	下贝冲	51	169	13.52	重点
	杨树沟	29	95	3.8	—
	黄竹山	24	83	3.32	—
	赤水冲	37	120	4.8	—
	彭 畈	24	83	3.32	—
	羌 垸	17	59	2.36	—
	泻水岩	20	68	2.72	—

续表 9

乡镇	村	解决饮水困难		资金	贫困等级
		户数	人口		
温泉	枫树排	27	83	3.32	—
	西　冲	28	69	2.76	—
	上马坳	44	139	5.56	—
	花　园	16	59	2.36	—
	甘塘坳	15	47	1.88	—
	马　堑	24	55	2.2	—
	小米畈	21	60	2.4	—
	梅　岩	34	95	3.8	—
	斗米畈	11	30	1.2	—
	柳林河	27	121	4.84	—
	蛇龙尖	13	41	1.64	—
	陈　河	18	66	2.64	—
	马鞍寨	32	90	3.6	—
	茅草坳	30	89	3.56	—
	百丈河	15	50	2	—
	黑石头	5	17	0.68	—
	赵　畈	25	98	3.92	—
	石门冲	26	117	4.68	—
	塔尔畈	16	53	2.12	—
	崇山铺	22	60	2.4	—
	南冲畈	25	91	3.64	—
	大堖寨	19	81	3.24	—
	北汤河	16	48	1.92	—
	九龙口	16	62	2.48	—
红山	许　河	28	75	6	重点
	张　坊	2	4	0.32	重点
	河　东	18	50	2	—
	邵　河	36	81	3.24	—
	屏　峰	19	54	2.16	—
	乌云山	8	26	1.04	—
	石　桥	10	39	1.56	—
	叶　坊	2	2	0.08	—
	鸭掌树	17	54	2.16	—
	板　桥	22	49	1.96	—
	张　畈	11	41	1.64	—
	白　铺	21	77	3.08	—
	横　山	6	19	0.76	—
	河　口	30	84	3.36	—
	东汤河	3	11	0.44	—

续表 9

乡镇	村	解决饮水困难		资金	贫困等级
		户数	人口		
孔家坊	王家畈	14	45	3.6	重点
	郝家山	14	45	3.6	重点
	林家冲	31	101	4.04	—
	新屋咀	13	57	2.28	—
	狮子坳	19	67	2.68	—
	新　铺	12	30	1.2	—
	四顾墩	14	39	1.56	—
	闻家冲	27	94	3.76	—
	八仙畈	22	69	2.76	—
	汪家铺	17	55	2.2	—
	棕树湾	25	82	3.28	—
	陈家河	16	66	2.64	—
	陈家垸	21	62	2.48	—
金家铺	花桥河	25	81	6.48	重点
	杨家河	40	135	10.8	重点
	李家山	34	103	8.24	重点
	八里山	28	92	3.68	—
	芦花尖	9	32	1.28	—
	铁炉冲	31	95	3.8	—
	付家桥	20	67	2.68	—
	东冲坳	26	93	3.72	—
	双龙庙	25	91	3.64	—
	六口塘	26	93	3.72	—
	团练冲	27	69	2.76	—
	茶　园	14	42	1.68	—
	龙潭河	17	43	1.72	—
	龙　珠	40	125	5	—
	汪家河	20	68	2.72	—
	李家河	11	33	1.32	—
	江　冲	29	89	3.56	—
	三水田	37	142	5.68	—
	土地岗	24	81	3.24	—
	马家垱	15	46	1.84	—
	福堂畈	12	38	1.52	—
石头咀	汤　垸	54	168	13.44	重点
	郑家坊	13	53	4.24	重点
	叶家山	12	52	4.16	重点
	程家河	10	30	2.4	重点
	大河冲	10	19	1.52	重点
	老屋垸	14	36	1.44	—

续表 9

乡镇	村	解决饮水困难		资金	贫困等级
		户数	人口		
石头咀	凉　亭	21	71	2.84	—
	徐家套	29	104	4.16	—
	窑　垸	19	49	1.96	—
	饼子铺	12	40	1.6	—
	周家畈	8	33	1.32	—
	麦阳畈	18	61	2.44	—
	古　城	25	70	2.8	—
	张家山	7	26	1.04	—
	仙人岩	16	31	1.24	—
	库　区	26	95	3.8	—
	居委会	11	40	1.6	—
	苞茅冲	14	41	1.64	—
	水　口	30	91	3.64	—
	吴家山	24	73	2.92	—
	天　堂	11	40	1.6	—
	竹林垸	10	30	1.2	—
	营　坊	22	62	2.48	—
	卡　里	15	43	1.72	—
	田　畈	11	43	1.72	—
	方家畈	11	35	1.4	—
	武显庙	35	103	4.12	—
	隘口河	9	30	1.2	—
	刘家咀	4	17	0.68	—
	新　店	14	51	2.04	—
	胡家山	23	91	3.64	—
	杜　元	2	7	0.28	—
	下马头	15	59	2.36	—
	程　藻	5	14	0.56	—
草盘地	孙家垸	34	109	8.72	重点
	漆树园	33	134	10.72	重点
	茶　场	26	97	3.88	—
	红　花	14	47	1.88	—
	牛　岭	20	62	2.48	—
	河　口	17	48	1.92	—
	甲地河	32	78	3.12	—
	桃花冲	23	71	2.84	—
	韩婆墩	21	67	2.68	—
	大　屋	25	81	3.24	—
	西　硔	19	78	3.12	—
	居委会	31	109	4.36	—

续表 9

乡镇	村	解决饮水困难		资金	贫困等级
		户数	人口		
草盘地	大坳沟	22	68	2.72	—
	伍桂墩	6	21	0.84	—
	桃花冲 营林大队	33	86	3.44	—
	岩河岭	29	97	3.88	—
	黄沙河	14	57	2.28	—
	槐树坪	11	40	1.6	—
雷家店	杨树桥	54	181	14.48	重点
	飞　跃	26	76	6.08	重点
	曹家店	32	124	9.92	重点
	江家畈	28	100	4	—
	板船山	12	45	1.8	—
	新　华	12	42	1.68	—
	伍家冲	20	69	2.76	—
	东　明	32	97	3.88	—
	汪家山	37	97	3.88	—
	冷家山	14	50	2	—
	程家咀	25	64	2.56	—
	杨家坊	24	82	3.28	—
	蔡家山	28	82	3.28	—
	跃　进	9	36	1.44	—
	朱家山	13	51	2.04	—
	天花坪	19	47	1.88	—
	方家山	4	15	0.6	—
	万家冲	26	47	1.88	—
	黄栗树	24	85	3.4	—
	友　谊	19	76	3.04	—
	板塘坳	13	40	1.6	—
	上　沟	14	40	1.6	—
陶家河	陶　河	50	192	15.36	重点
	塔尔岗	22	69	2.76	—
	杨家河	28	86	3.44	—
	胡家垸	25	84	3.36	—
	詹家河	31	116	4.64	—
	严家坳	20	72	2.88	—
	英太寨	21	72	2.88	—
	桦树沟	31	101	4.04	—
	闵家畈	26	98	3.92	—
	夏家河	32	102	4.08	—

续表 9

乡镇	村	解决饮水困难		资金	贫困等级
		户数	人口		
杨柳湾	王家界	32	123	9.84	重点
	东夹铺	27	63	5.04	重点
	北流水	17	50	4	重点
	尚家山	34	128	10.24	重点
	石门楼	30	110	4.4	—
	老虎头	46	107	4.28	—
	东庄畈	59	169	6.76	—
	土门河	46	112	4.48	—
	老林冲	37	98	3.92	—
	竹林铺	30	81	3.24	—
	下涧冲	31	81	3.24	—
	金鸡岭	21	50	2	—
	水口桥	28	81	3.24	—
	腰磨畈	14	37	1.48	—
	高家坪	35	114	4.56	—
	朱家坳	39	96	3.84	—
	笕冲垸	32	82	3.28	—
	桥头边	3	4	0.16	—
	马鞍山	36	92	3.68	—
	丝茅岭	27	49	1.96	—
	东冲河	17	24	0.96	—
	岑家坳	33	96	3.84	—
	黄家垸	30	72	2.88	—
	苞茅街	16	42	1.68	—
	胡家墩	12	17	0.68	—
	三门河	38	113	4.52	—
	莲花尖	13	31	1.24	—
	新铺街	19	47	1.88	—
	杨树堰	6	19	0.76	—
	赵家山	41	116	4.64	—
	河南畈	36	70	2.8	—
	宋家榜	34	108	4.32	—
	饶家垸	32	86	3.44	—
	陈家岩	18	70	2.8	—
	界坊岭	40	144	5.76	—
合计		5409	17060	809.76	32 个

【农田水利建设】 2017 年，完成修复水毁工程 536 处，新修防渗干、支渠 151 千米，改造及整修渠系建筑物 3107 处，新修及加固堤防 26 千米，疏浚河道 53 千米，清淤沟渠 193 千米，建设村镇农村饮水工程 43 处，新增供水受益人口 1.48 万人，除险加固小型水库 11 座，新修塘堰 32 处、

维修320处，新修泵站22座、维护76座。治理中小河流2条，治理水土流失面积28平方千米，改造中低产田1020公顷，实现新增灌溉面积800公顷，恢复、改善灌溉面积1800公顷，新增旱涝保收面积767公顷，新增或改善除涝面积1000公顷，新增节水灌溉面积1440公顷。10月19日，农业综合开发现场会在草盘地镇召开，与会人员参观牛岭大塘整修等现场。11月10日，参与竞争湖北省2018年中央财政农田水利项目县成功立项，获得中央资金1400万元，计划发展高效节水灌溉面积667公顷。11月13日，县委办、县政府办、县农办组织对全县秋冬农业综合开发进行督办，全县冬春农田水利建设再掀高潮。至12月底，完成目标任务的50%。

【水资源管理】 英山县国控二期水资源监控能力建设，完成张家咀灌区、松吴灌区、西河水厂水资源监控设备安装，实行最严格水资源管理制度，启动水资源消耗总量和强度双控行动方案。

完成全县入河排污口调查摸底，接受长江委调查组对入河排污口进行现场核查，确定汉德污水处理厂为英山县城区重要入河排污口。加强重点水域保护，开展水环境治理和重要饮用水水源地保护，完成詹河水库水源地安全保障达标建设一期、二期建设项目，启动并完成红花水库水源地安全保障达标建设一期工程，加强水功能区监管，规范水库养殖行为。推行河库长制，按照省、市“四个到位”要求，完成年度任务，获得省、市验收并排进全市前列。完成全县碧水保卫战“迎春行动”任务。开展“保护水生态环境、维护河道堤防安全”专项清河行动，维修养护河堤105千米，清理东、西河主干堤垃圾，拆除水毁拦河坝3座，查处河道违法行为10起。开展“雷霆行动”和黄沙整治工作，协同相关部门拆除土库122座，网箱48个，通过源头治超、沙场设杠、现场监管、24小时巡视等措施，实施黄沙禁采。实行最严格水资源管理制度，控制三条红线，市级检查中获得好评。推进西河沿线乡镇水厂合并改革，将红山、孔家坊、金家铺、石头咀4个乡镇水厂纳入西河水厂统一管理，划定产权职责，明确人事管理，规定经营范围，保障饮水安全，提升群众满意度。启动城乡供水一体化建设，西河水厂日供水量增加2100吨。

（陈　英）

水库电站

【概　况】 截至2017年年底，英山县在册水电站34座，总装机容量25510千瓦，全年发电量5327万千瓦时。2017年，投资760万元，对全县16座水电站进行增效扩容改造，投资采取国家补贴、地方配套、业主自筹相结合的方式。

【张家咀水库】 张家咀水库电站管理处内设办公室、计财股、工管股、多种经营股、一级电站、二级电站。2017年年末，在岗77人。2017年，张家咀水库电站管理处年发电量966万千瓦时。降雨量1390毫米，达到多年平均降雨量的96%。启动张家咀水库水源地安全保障达标工程，投资49.5万元，在水库大坝及两端建设隔离防护网3445米；新建张家咀水库水质监测站一座并投入使用；投资35万元，对二级电站管理用房进行改造，全年向西河水厂供水195.5万吨。

【詹河水库】 詹河水库电站管理处内设办公室、财务股、工管股、一级电站、二级电站。2017年年末，在岗41人。詹河水库承雨面积32.8平方千米，总库容2616万立方米，兴利库容2190万立方米，正常蓄水位512.7米，洪水位516.55米。建有水电站两座，装机容量5300千瓦，其中一级电站装机2台，各250千瓦，二级电站装机2台，1600千瓦、3200千瓦各1台。

2017年，发电量1650万千瓦时，销售收入

440 万元，完成税收 12.8 万元。4 月 8 日，水利部和省、市、县领导到詹河二级电站开展汛前安全督查，安全工作得到各级领导的充分肯定。全年人员、设备均无安全事故发生。落实县“雷霆行动”要求，加快东河安全饮水水源地建设，建立一级、二级保护区，建成隔离防护网 7160 米，发展水源涵养林 18 公顷，新建生态护坡 900 米，垃圾池 25 个，沼气池 11 个，垃圾填埋场 1 处，遏制水质污染问题，经县环保局检测，詹河水库水质达到Ⅱ类标准。12 月，省物价局批复调整詹河水库二级电站上网电价，由每千瓦时 0.267 元调整到 0.37 元（含税 17%），每千瓦时纯增加 0.057 元。

【红花水库】 红花水库电站管理处内设办公室、财务股、工管股、一级电站、二级电站。2017 年年末，在岗 34 人。红花水库流域面积 78.92 平方千米，正常蓄水位 310 米，死水位为 277.5 米，历年发电死水位 282 米，总库容 2170 万立方米，死库容 86 万立方米，兴利库容 1795 万立方米，调节性能为年调节。建有两座水电站，总装机容量 2890 千瓦，其中一级电站装机 3 台，各 630 千瓦，二级电站装机 2 台，各 500 千瓦。2017 年，发电量 530 万千瓦时，销售收入 133 万元。全年无安全事故发生。总投资 420 万元的红花水库水源地保护项目，3 月开工，12 月完工。11 月，完成一级电站增效扩容投资 396.88 万元项目前期招投标工作。

【松山铺水库】 松山铺水库内设办公室、财务室、电站。2017 年年末，在岗 5 人。松山铺水库承雨面积 16 平方千米，总库容 465.5 万立方米，正常蓄水位 220.12 米，设计洪水水位 223.72 米（百年一遇）。水库电站配套 1 台发电机组，总装机容量 160 千瓦，多年平均发电量 30 万千瓦时。2017 年，实施松吴中型灌区二期节水配套改造项目，工程投资 1505.6 万元，治理东干渠电站前池至陶坊处渠道的维修加固和西干渠羌垸村处至西冲村处渠道的维修加固。

【枫树坳水库】 枫树坳水库电站管理处内设办公室、计财股、电站。2017 年年末，在岗 9 人。枫树坳水库电站管理处辖枫树坳水库、龙潭河水库。枫树坳水库建成于 1972 年，为小（1）型水库，承雨面积 8.47 平方千米，总库容 870 万立方米，正常蓄水位 232.8 米，设计洪水水位 236.35 米（百年一遇）；龙潭河水库建成于 1959 年，为小（2）型水库，承雨面积 9.33 平方千米，总库容 37 万立方米，正常蓄水位 9 米，设计洪水水位 11.6 米。

管理处辖电站 3 座，总装机容量 545 千瓦，年平均发电量 60 万千瓦时。投资 194 万元的枫树坳电站电气化改造项目，2016 年开工建设，2017 年 10 月，3 座电站电气化改造项目全部完工，投入正常运行。

【满溪坪电站】 满溪坪电站内设办公室、财务室。2017 年年末，在岗 38 人。2017 年，发电量 400 万千瓦时，其中近区供电 40 万千瓦时，年销售收入 100 万元。电站全年无安全事故发生。配合县水源地保护，每年打捞漂浮物、草渣约 30 吨。黄冈市水利局授予英山县满溪坪电站农村水电站安全生产标准化达标评级三级单位。

（陈　英）

农业机械

【概　况】 英山县农业机械管理局（简称“县农机局”）内设办公室、监督管理股、计财审计股、科教质量股。下设农机安全监理站、农机学校、农机技术推广站。下辖 11 个乡镇农机服务中心。2017 年年末，在岗 33 人。

【农业机械设备】 全县有农机销售网点 43 个，年销售额 3000 万元，其中位于金石北路的三得利农机有限公司年销售额达到 800 万元。

2017 年年末，全县机械耕作面积 1.15 万公顷，占耕地面积的91%。机械收割面积1.12万公顷，机灌及机械抗旱面积0.6万公顷，机械植保面积1.55万公顷，耕种收机化水平达到62.3%。

全县大型拖拉机215台（套）1.71万千瓦，各类耕整机、微耕机5700台（套）4.6万千瓦，各种联合收割机250台（套）1.2万千瓦，各类植保机械17900台（套），固定机泵站24处2.2万千瓦，各类提水机械2400台。茶叶加工机械2.82万台（套），其中修剪机83000台、采茶机6600台（套）。茶叶生产、修剪、采摘、加工实现机械化。各种农用运输机械1.72万辆，各种机动三轮车4650台，农村种养加工及日常生活基本上实现机械化。有碾米机1.2万台，磨粉机400台，榨油机3300台，各类饲料加工机械3.2万台，粮食、油料、饲料加工实现了机械化。全县农机总动力达到33.6万千瓦，比2016年增长1%。推广新型实用新机具2000台（套）。

【培训活动】 2017年，农机购置专项补贴300万元，拉动农机投入1500万元以上。英山县茶叶生产加工全过程机械化程度在全省名列前茅。12月，全省山区农业机械化现场会在英山县召开。全年机械耕种收3.7万公顷/次，其中茶叶机械化修剪采摘1.4万公顷/次。当年培训农机技术操作人员200人次，年检农业机械170台（套），大中型拖拉机、收割机入户率达到90%以上，农机“三率”达到60%以上，农机事故率控制在1.5‰以下。规范完善农机专业合作社1个，该社完成农机深松作业335公顷。南河镇福辉农机专业合作社建设二级维修网点，建立育秧工厂，购置大型烘干设备，实现水稻生产全程机械化。

【组建鄂东茶机大市场】 根据政协委员的提案，县农机局、县茶商会和野山香茶叶公司通过招商，引进安徽三九农机装备有限公司，在红山镇板桥村组建鄂东茶机大市场。

（黄中心）

吴家山林场

【概　况】 英山县国有吴家山林场（简称“吴家山林场”）内设党政综合办公室（挂政工股牌子）、计划财务股、生态资源保护股、开发建设股、旅游股、社会事务管理股（挂民政办牌子）。2017年年末，在岗44人。下辖吴家山村和大河冲村。2017年年末，林场总人口955人，其中在册干部职工110人（在岗人员44人、内退40人，自谋职业26人），离退休职工69人，代管村民776人。

2017年，完成绿化造林5000株，成林抚育800公顷，封山育林333公顷。无盗伐、滥伐、乱采和偷猎违法案件，无森林火警火灾发生，林业生态基础巩固。2017年，被中国体育旅游博览会组委会评为中国体育旅游精品景区。林场内有宾馆14家，农家乐40家，共有床位3500张，全年入园游客35万人次，全年旅游营业收入6500万元。

【林场宣传】 与县内外各大旅行社合作，利用电视广告、户外广告、新闻报刊媒体宣传，共同推介宣传英山县旅游。与全国各大知名网站合作，完善景区网站建设和管理，提升服务水平。开设网上售票服务和电子支付功能，利用支付宝、微信等多种支付方式实现林场网站和第三方售票平台售票订票。与浙江智游宝信息科技有限公司合作开展电子票务营销活动，提供网络分销、网络直销业务。推进智慧旅游系统应用，开展智慧旅游自助服务，与中智旅（湖北）信息科技有限公司合作打造林场智慧旅游公众服务号，提供智能回复、微网站、语音导览、地图导览、微信支付服务；组建各种微信群，随时随地与游客交流沟通。先后组织人员参加春游湖北路演活动、华中旅游博览会、浙江义乌旅交会、上海森林旅游节、武汉绿交会，承办茶文化旅游节“飞越南武当”滑翔伞精英邀请赛和主峰索道运营仪式、首届南武当滑雪节等活动；与南武当滑雪场、毕升温泉开展冬季联合营销并筹办首届温泉滑雪节；组织省摄协摄影采风活动，拍摄景区新宣传片；邀请县黄梅戏剧团、石镇文艺队在避暑旺季每周末和国庆黄金周到景区开展文艺演出活动；组织景区导游人员参加全县全域旅游导游大赛，全面宣传推介英山县旅游。

【旅游基础建设】 2017年，景区累计投入资金近2000万元，对龙潭河谷2000米的步游道栈道路面、1800米防护栏杆和30个休闲椅进行生态环保改造；更新景区标识系统标示标牌150个，新建3个科普长廊、占地面积200平方米的地质之家，改造升级游客中心，建成10000平方米主峰索道生态停车场；按AAA级标准新建龙潭河谷旅游厕所2座，改造主峰和挂天瀑等处旅游厕所3座；完成主峰索道至挂天瀑和石鼓庙路面宽7米、长5千米旅游公路路基扩修改造，新建至南武当飞行营地路面宽7米、长4.8千米公路；南武当凤鸣广场牌楼、灵官殿、龙虎殿改造升级，二期金仙院建设完工并对外开放；大河冲传统村落危房修缮工作基本完成；大别山主峰索道验收合格；新增通信设施和无线网络建设，实现林场内三大通信信号无死角，各主要景点和公共服务区无线网全覆盖；全面更新环保设备设施，配备专业环保队伍，强化林场环境整治。

【林场体制改革】 2017年，启动林场体制改革。妥善安置在册121名干部职工。办理提前退休安置10人、内部退养安置77人。设置全额供给事业编制34名，其中，设领导职数6名、股级职数6名。撤销林业管理股、行业管理股、大门管理站，设立生态资源保护股，党政综合办公室挂政工股牌子、社会事务管理股挂民政办牌子。竞聘上岗采取个人报名、考试、考评相结合的办法，设置管理岗位10人，专业技术岗位7人，森林管护技能岗位和工勤岗位17人。

【南武当滑雪场】 湖北英山大别山南武当滑雪场由湖北娅豪体育发展有限公司在景区投资建设。投入5500万元引进全套欧洲迪马克造雪设备。设有雪上娱乐项目、惊险滑雪体验、刺激雪上摩等30多项特色项目，滑雪道分为初级、中级、滑雪圈道、彩虹七彩道等满足滑雪爱好者要求。配套专业滑雪雪具2500套、滑雪服800套、滑雪圈500个、滑草用具500套，进口造雪机8台，专业压雪机1辆，雪地电梯两条。建有3万平方米的停车场和2000平方米的雪具出租大厅、游客接待中心及VIP中心。厅内设有医务室、商品店、滑雪培训学校、免费饮用开水箱；中西快餐厅可容纳1000人同时就餐。

【南武当飞行营地】 2017年，英山县云上飞航空运动有限公司投资100万元在南武当旅游区李架山地段至刘咀地段建成飞行营地项目。景区修建公路4.8千米，通往飞行营地。

【举行国际滑翔伞精英邀请赛】 4月22日，县人民政府主办、大别山南武当旅游区和大别山南武当飞行营地承办的第四届中国·英山茶文化旅游节“农商行杯”国际滑翔伞精英邀请赛在吴家山林场举行。邀请国内外滑翔伞运动员参赛，滑翔伞世界冠军翼装飞行中国队队长盛广强现场表演。比赛项目有滑翔伞自由飞行表演赛、特技表演、滑翔伞精准着陆赛、环大别山主峰飞行表演赛。活动中最高飞行高度为2140米，最远的飞行距离为87千米。

（舒　敏）

桃花冲林场

【概　况】 桃花冲林场下辖1个营林村、8个营林小组，林农228户647人。2017年年末，在册干部职工175人，其中退休人员76人，在职99人。

2017年，接待游客30.2万人次，实现综合收入10200万元。投入260万元，累计完成森林抚育0.6万亩次，大径材培育0.8万亩次，战略储备林107公顷，珍贵树种培育53公顷。修复防火线3.7万米，全年无森林火警、火灾。桃花溪小镇一期356套产权式客房6月陆续交业主，四星级玲珀莉莱酒店7月试营业；二期10栋、392套产权客房开工建设；超市、食堂、娱乐等配套到位。

【基础设施建设】 拆除30多处沿路影响观瞻建筑物，结合“移民新村”项目建设，投入300多万元启动庙岗21户63联连片危旧房改造或环境整治工程；投资30万元在中心服务区安装景观灯、路灯40盏，投资100多万元整治7千米支线公路的边沟。中央预算投资的绿色旅游基础设施建设项目开工建设，10月23日，从桃花溪小镇到安徽金龟的4.2千米省界连接公路进行招标，由蕲春绘新路桥工程有限公司中标动工新建。景区新建AAA级旅游公厕1座、改造升级原有公厕6座；硬化了桃花溪上游、昭关、滑雪场等地生态停车场12000平方米；投资80万元新建桃花溪下口电子收费系统；水利局投入120万元完成天镜湖整治工程。

【桃花源森林小镇项目建设】 2017年12月，湖北省宏泰文旅产业投资有限公司和英山县人民政府合资投资新建的桃花源森林小镇项目正式签约，该项目总投资20亿元，双方股权占比为7∶3；宏泰文旅公司以现金入股，县政府以桃花冲风景区辖区内游客接待中心、小旗岭、桃花溪等旅游资源作价入股。项目开发改造包括桃花溪景点提升改造和桃花源森林小镇两个版块，以旅游度假、养生养老、民俗文化为中心，建设禅养度假区、东方康养文化小镇、民俗风情旅游区、野奢度假区、高端酒店接待区、山地运动度假区和桃花溪景点提升改造等工程。

【桃花冲滑雪世界场开业】 2017年元旦开业，日游客量高峰期达到3000人次。建有练习道、雪圈道、初级道、中级滑道等，配套完善餐饮、安全、医疗等服务设施。

【旅游宣传】 2017年，举办“桃花溪小镇”杯首届山地自行车比赛、英山桃花冲首届红叶节，参加春游湖北路演、华中旅游博览会、浙江义乌旅交会、上海·第三届森林旅游节、武汉绿色产品交易会；投入50万元在武黄高速、汉合高速等处树广告牌4块；加入武汉一卡通、e卡通、黄冈一卡通，与10多家票务公司签订协议。10月，被湖北广播电视台资资讯广播的《荟文说戏》《戏迷荟》栏目组授予戏曲文化基地。

（胡飞舟）

农业龙头企业

【名德鱼苗孵化养殖有限公司】 简称名德鱼苗。公司拥有罗非鱼繁苗基地1.33公顷，精品养殖鱼塘2.7公顷，年产全罗非鱼育苗6万公斤，商品罗非鱼15.5万公斤。主导产品罗非鱼取得湖北省无公害农产品产地证书、农业部无公害农产品证书。公司生产经营活动带动养鱼户500户、养殖水面800公顷，农户年增收2000多万元。公司与省水产科学研究所等建立长期技术合作关系，成立6人组成的研发团队。

【湖北丰收农业机械股份有限公司】 简称丰收农机。是英山县农机制造行业的龙头企业，主要生产“丰景”牌茶叶揉捻、杀青、烘干、分级、筛选等茶叶加工机械。公司占地面积8500平方米，车间占地面积300平方米，有大中型机床设备45台（套）。2017年，生产茶叶加工机械2.1万台（套），产值4100万元，有12个产品进入国家推广目录，享受国家农机购置补贴。产品远销河南、山东、福建、安徽、江西等省市。

【斐富（湖北）家私制造有限公司】 简称斐富家私。是新加坡斐富在中国大陆投资的唯一的原木家具生产企业，也是湖北省最早生产全原木家具的企业之一。公司集家具产品研发、生产、销售、服务于一体，“派蒂克”部分产品远销东南亚、日本以及中国台湾地区。公司厂区占地面积15公顷，生产厂房面积2.1万平方米，产品展厅面积5000平方米，有各类中大型机械设备136台（套），员工118人，其中中高级管理和技术人员30多人，年生产能力6.3万件（套）。2017年，销售收入2875万元、税后利润总额267.8万元、缴税130万元。公司是湖北省林业产业化省级重点龙头企业、湖北省家具协会常务理事单位，获“政府采购协议供应商”资质，产品通过ISO 9001 : 2015国际质量管理体系和ISO 14001 : 2015国际环境管理体系认证。

【英山县有良香榧专业合作社】 简称有良香榧专业合作社。合作社有孔坊村、凡家冲村、季陵沟村、赵家畈村4个基地，种植面积达到190公顷，种植定位香榧树11.2万株，培育良种香榧苗180万株，建有占地面积2000平方米的香榧加工厂1座。合作社带动英山县王家界、锣响坳、英太寨、天花坪、石桥、大屋畈、陶坊、桃花冲、五峰山、吴家山以及通山县、岳西县、金寨县等地种植香榧310公顷。截至2017年年底，合作社总资产达到3476万元。公司是湖北省林业产业化省级重点龙头企业，曾获“武汉绿色产品交易博览会香榧果产品金奖”。

【湖北同创林业开发有限公司】 简称同创林业。公司主要从事林业种植育抚、林下药材种植及加工、森林观光康养旅游开发等。经营的石镇天堂林场总面积1600公顷，固定半固定员工30多人。2017年，各项生产开发投入200多万元，种养收入100多万元。中成林抚育40公顷，修扩公路近5千米。

产业化建设

综　述

【概　况】2017年，县委、县政府加大产业融合发展力度，聚焦农副产品深加工、生物医药、文化旅游等重点产业，大力发展草本药材，稳步发展木本药材，控制菌类药材生产，重点建设苍术、桔梗、石斛、虎杖、栀子、香榧等道地药材示范基地，逐步实现药材种植区域化，基地建设规范化，道地药材品牌化，加工药材机械化，龙头企业现代化，促进全县中药材产业由种植加工型向质量效益型转变。

【参加中国·武汉绿色产品交易会】11月10日，英山县吴家山、桃花冲国家森林公园和宗坤石斛、金雷茶业、友良香榧基地、斐富家私四家企业，参加在武汉举办的第二届"中国·武汉绿色产品交易会"。吴家山国家森林公园荣获"国家AAAA级产品"金奖、桃花冲国家森林公园荣获"森林旅游产品"优质奖、湖北宗坤石斛科技开发有限公司荣获"石斛系列产品"金奖、湖北金雷茶业股份有限公司荣获"英山云雾茶、白茶产品"金奖、英山县有良香榧专业合作社荣获"香榧果产品"金奖。

茶产业

【概　况】英山县茶叶产业化办公室（简称"县茶叶办"）内设秘书科、生产技术科、产业发展科、市场信息科。2017年年末，在岗7人。2017年，全县茶园总面积1.7万公顷，产量约2831万公斤，产值20.76亿元，均价73.33元/公斤，与2016年同期相比增产4.41%，增收7.11%，均价增长2.64%。其中名优茶产量1050万公斤，产值16.95亿元，均价161.4元/公斤，与2016年同期相比增产1.94%，增收4.1%，均价增长2.11%。大宗绿茶产量1810万公斤，产值4.27亿元，均价23.59元/公斤，与2016年同期相比增产5.9%，增收20.96%，均价增长14.18%。

2017年，全县改造老茶园680公顷，发展新茶园310公顷，新建茶树无性系良种繁育基地1.5公顷，出圃良种茶苗320多万株。巩固提升志顺、金雷、野山香、绿羽、云雾茶、皋陶、大广等一批标准茶园建设，新栽桂花、紫微、碧桃等绿化树木5000株以上，建设沼肥茶、绿色食品茶生产基地。

【技术培训】县茶叶办对龙头企业、专业合作社、茶叶大户、贫困户进行茶园管理、名优茶制作、清洁化加工、绿色生产、减肥减药、中低产茶园综合改造等技术培训，通过示范带动来促进全县茶产业科学发展。全年开展技术培训32期次，培训人员5260人次，印发技术资料10000多份。

2017年，县政府出台相关政策，为企业争取项目、招商引资、提供信息、开展培训。湖北野山香生态茗茶村、湖北大广产业园先后建成，全面投入生产。湖北万益茶业公司科技产业园投入使用，生产2800公斤乌龙茶销往香港，价值9.8万美元；湖北皋陶茶业股份有限公司出口加工车间建成投产，生产红茶6500公斤，出口荷兰，价值65.6万元。大别山生态名茶产业园、新兴茶业精制出口车间开工建设。大别茶访创意茶旅产业园完成前期筹备。

【清洁化管理】 2017年，加强茶园投入品管理，重点防范违禁农药、除草剂在茶园中使用，确保茶园生产清洁化。龙潭河70公顷茶叶基地开展绿色生产、减肥减药试验，红花、牛岭、五一、乌云山、林冲等476公顷基地开展省级绿色食品茶叶标准化原料基地创建。5月4日，召开茶叶生产经营质量安全专项整治会议，在全县茶叶加工厂开展巡回检查，对10家存在无证经营、生产场所脏乱差及掺糖使假行为的茶叶加工点进行立案查处。向英山云雾茶公司、金雷茶业、志顺茶业等10家企业颁发英山云雾茶地理标志集体商标使用许可证。

【“三品一标”认证】 2017年，全县新增绿色食品认证3个，有机食品认证1个，绿色食品茶认证数达到9个，有机茶认证达到4个，“皋陶九品”茶叶通过生态原产地认证。

【品牌建设】 召开武汉汉街茶文化旅游节新闻发布会，举办“美模SHOW英山，茶乡展风采”与“美模茶谷秀”活动。参加2017中国茶叶区域公用品牌价值评估，英山云雾茶品牌评估价值16.22亿元，居全国百强区域公用品牌第32位。英山云雾茶获2017最受消费者喜爱的中国农产品区域公用品牌称号。组织10多家茶企参加第十届武汉春季茶叶博览会、2017中国国际茶叶博览会、第十八届中国绿色食品博览会、中国国际农产品交易会，开展茶艺表演和现场展示推介。聘请专业机构策划英山云雾茶专用包装和英山云雾茶专营店面广告设计，在武英高速公路等地段树立3块“英山云雾茶、源自森呼吸”广告牌，印制精美的“英山云雾”宣传册2000册，制作英山云雾茶、茶旅融合广告宣传片，在湖北卫视、湖北经视、英山电视台等媒体开展宣传。出台茶产业奖补政策，鼓励企业在大中城市开辟英山云雾茶销售窗口中，大别茶访、大广、野山香等一批茶企在武汉等城市新增窗口5个。

【茶产业调研】 2017年，撰写《英山县茶产业供给侧改革发展的思路》《英山县茶产业发展情况汇报》，向省农业厅上报产销信息，编制《英山县茶产业优势区域创建规划》。实施国家茶叶产业技术体系减肥减药、绿色生产技术集成示范试验项目，论文《0.6%苦参碱水剂防治茶尺蠖田间防效》《茶园害虫绿色防控试验报告》在《湖北科学》杂志发表。

【第四届中国·英山茶文化旅游节】 2017年4月21日，第四届中国·英山茶文化旅游节在英山县四季花海蝶恋花绿荫广场举行开幕式。该届茶文化旅游节以“茶名天下·花香世界”为主题，以茶兴旅、以旅促茶，旨在深入挖掘英山县茶文化内涵和旅游亮点，展示茶乡风貌，推介茶叶品牌和旅游资源，放大茶文化旅游业效应。文化节期间，先后开展“相聚茶乡·花海欢歌”文艺演出、美模茶谷秀、“畅行中国·走进大别山——全国交通广播脱贫攻坚新闻纪实行动”、“飞越南武当——中国·英山滑翔伞精英邀请赛”、“穿越桃花冲”山地自行车挑战赛、百名艺术家走进英山采风、“互联网+”茶旅融合论坛等主题活动。

【颁发英山云雾茶中国地理标志商标使用许可证】 2017年4月21日，第四届湖北英山茶文化旅游节上，县茶叶办主任何青松、英山云雾茶产业协会会长叶雪平，为英山云雾茶业、金雷茶业、志顺茶业、团黄贡茶、大别茶访、乌山春茶业、野山香茶业、绿羽茶业、茶草堂产业、万益农业10家企业拥有的“毕昇”“雪平”“雷店”“志顺”“团黄牌”“大别茶访”“乌山春”“野山香”“丝茅岭”“茶草堂”“鹰棵岩”11个英山云雾茶品牌颁发中国地理标志商标使用许可证。

【参加首届中国国际茶叶博览会】 2017年5月18日，英山县云雾茶业、乌云春、茶草堂、大别茶坊4家茶企赴杭州参加首届中国国际茶叶博览会。参展产品涵盖绿茶、红茶等多个品类。赴会茶企参加中国国际茶业高峰论坛、中国品牌茶叶推介等茶博会主要活动，举办英山云雾茶专场推介活动，向中外客商宣传推介英山云雾茶。

（陈　鑫）

茶叶龙头企业

【湖北英山云雾茶业股份有限公司】 湖北英山云雾茶业股份有限公司是在原英山绿屏茶叶有限公司的基础上，通过政府引导、市场运作、增资扩股组建而成的省级农业产业化重点龙头企业。公司注册资本2600万元，建有清洁化名优茶加工中心和两条精制绿茶生产线，生产加工厂房面积18600平方米；有茶叶基地3个，茶园面积达200公顷；年生产精制绿茶4600吨，出口摩洛哥、尼日利亚、利比亚、阿尔及利亚等10多个国家和地区。

“毕昇”牌英山云雾茶被评为“湖北十大名茶”“湖北名牌产品”“湖北省十五佳有机名茶”，产品均通过有机认证和绿色食品认证。

2017年，产茶610万公斤，产值5252万元，其中名优茶5万公斤，产值1000万元。

【湖北金雷茶业股份有限公司】 2017年年末，有生态茶园420公顷。有名优茶加工中心、金雷茶艺馆、金雷旅游接待中心、黄冈茶叶直销中心、英山县惠民白茶专业合作社、湖北雾峰茶业股份有限公司、湖北金雷茶业股份有限公司院士专家工作站等附属企业。注册“三山”“春知已”“韵红颜”商标，产品获得绿色食品茶认证。开发“三山”牌英山云雾茶、“韵红颜”牌英山红茶、“春知已”牌英山白茶、英山黄茶、英山黑茶系列产品。

“三山”牌英山云雾茶采用海拔在600—1000米纯天然、无污染高山单芽到一芽一叶初展或相当嫩度的单片为原料，经过杀青、揉捻、干燥、精选等工艺加工而成，具有条索细秀卷曲、白毫显露、色泽翠绿尚润、香高持久、滋味鲜浓爽口、汤色嫩绿明亮、叶底细嫩明亮匀齐的品质特征。荣获中国英山第二十届、二十三届茶叶节名优茶评比特等奖、二十一届茶叶节名优茶评比一等奖、2014年“国饮杯”特等奖、2015年中国茶业品牌馆入馆品牌。

“春知已”牌英山白茶先后荣获2014湖北最具潜力茶叶品牌、2015年第十一届中茶杯全国名优茶评比特等奖、2016年农业部第四届中国茶叶博览会最具发展潜力品牌。

【湖北志顺茶业股份有限公司】 简称志顺茶业。下设湖北天之源茶业公司、麻城市志顺茶业公司、英山志顺销售中心。

2017年，志顺茶业建有向垅垸中心茶厂、龙潭河茶厂、大河冲高山茶厂。茶叶种植基地大部分在海拔600米以上，气候湿润、土质松软肥沃，具有得天独厚的生长环境。“志顺”牌茶业的生产严格按照绿色食品标准管理，“志顺”牌英山云雾茶畅销北京、江苏等10多个省市。

2017年，公司有员工600多人，其中管理、制茶、检测、销售等人员40人，季节性护理及采茶人员500多人。建有武汉、济南、扬州、黄冈、黄石、鄂州、麻城、新州等旗舰店、产品直销店60多个。当生产英山云雾茶春笋、春蕊、春茗9.4万公斤，生产大宗绿茶68万公斤，销售额近1亿元。

【湖北团黄贡茶有限公司】 简称团黄贡茶。是科技部项目兴县示范企业、湖北省农业产业化重点龙头企业、华中农业大学茶学教学科研基地。

公司有固定资产850万元，年销售收入6000万元。厂区建筑面积4000平方米，标准化生产车间3000平方米。有微波杀青、干燥机等环保型茶叶加工设备60台（套），产品生产过程实现能源清洁化。公司有茶园330多公顷，分布在海拔近千米的群山之中，常年云雾缭绕，土壤富含有机物质。公司主要生产卷曲型、扁型、针型名优茶，高中档机制绿茶和团黄神韵乌龙工夫茶，还开发生产野生菊花茶、苦丁茶、桑茶、金银花茶、杜仲茶等，翻身湾茶业生产的“团黄贡茶”具有叶底肥嫩，条索紧秀，色翠显毫，内质醇厚温和，栗香持久耐冲泡之特点。

公司茶叶种植、制作得到中国农科院茶叶研究所、湖北省农科院、华中农业大学等多名茶叶专家的技术支持。采取“公司+合作社+基地+农户”的发展模式，培养一批种茶、制茶能手。2017年，经理徐柏云在英山茶叶节茶王擂台赛上夺得首届“英山云雾茶茶王”桂冠，中央电视台《致富经》栏目以《茶王背后的商业秘密》为题进行报道，《湖北日报》《黄冈日报》等新闻媒体对英山团黄贡茶进行推介。

【湖北绿羽茶业股份公司】 简称绿羽茶业。是英山县茶叶龙头企业，有茶叶基地200公顷，其中在陶家河乡夏家河村、桃花冲林场有高山茶园16公顷，在温泉镇马埡村建“绿色食品”标准化茶园40公顷。公司办公场所、生产厂房占地面积6000平方米、建筑面积4000平方米，有各类茶叶机械40多台（套），冷库300立方米。

绿羽茶业有制茶、评茶经验丰富的技术人员12人。与中国农科院茶叶研究所、湖北省农科院等科研机构建立长期技术合作关系，在茶叶种植、茶园管理、茶叶采摘、生产加工、质量检测等方面获得技术保障。

“丝茅岭”牌有机茶原料全部来源于夏家河高山有机茶园。夏家河茶园群山环绕，水源、土壤、空气没有任何污染；按有机方式种植，只施有机肥，不喷洒农药，以生物方式灭虫；昼夜温差大，生长周期长，茶叶中茶多酚等有益成分积累充分，香味醇厚，内在品质高，是纯天然健康饮品。

绿羽茶业开通天猫“丝茅岭旗舰店”建立“互联网+英山茶叶”营销模式。

【湖北野山香股份有限公司】 简称野山香公司。前身是英山县天堂野山香茶厂，现为商务部进出口企业、湖北省无公害名优茶重点生产企业、农业产业化市级重点龙头企业。

2017年年末，公司资产总额3800万元，其中车间、厂房以及加工储蓄设备等固定资产价值1300多万元，有高山绿色有机茶叶基地173公顷。建成年产2000吨全自动绿化有机茶叶生产精加工基地，以及组合母本繁育园、温室温控大棚、标准化生态茶园等建成从茶叶种苗培育到科学深加工生产一条龙的生产线和茶产品综合开发利用的“野山香”生态科技园。

野山香公司注重品牌建设，通过严格的质量管理体系和品牌文化建设，“野山香”牌系列茶叶知名度逐年提升。2003年获得湖北省无公害茶叶产地认证；2004年获农业部首届无公害名茶产品；2006年荣获湖北省“鄂茶杯”金奖，全国第三届绿色食品博鉴及采购大会畅销产品，2005—2006年度获湖北省消费者协会“消费者满意”商品称号；2007年荣获中国茶叶协会“中茶杯”优质奖，并获得国际质量管理体系认证；2009年获全国农产品知名品牌，荣获首届湖北十佳文化旅游名茶和湖北省著名商标。2010年度获得湖北省著名商标和茶叶质量特等奖；2011年度荣获中国英山第二十届茶叶节特等奖；2012年度荣获先进龙头企业和十大民营经济大户的殊荣，2013年又获全国农产品知名品牌和湖北省著名商标。

2017年年末，在册员工108人，其中管理人员16人，财会人员3人，专业技术人员33人，有高级职称2人，中级职称10人。聘有制茶名师20多人，制茶能手12人，专业技师4人。

【湖北乌山春茶业有限公司】 简称乌山春茶业。位于乌云山茶叶公园，是一家集茶叶种植、加工、研发、生态观光旅游、茶文化推广于一体的综合型茶叶专业企业。乌山春茶业实行“公司+合作社+基地+农户”的经营模式，有生态茶园44公顷，合作联营周边茶园600多公顷。有名优茶加工设备102台（套），年产名优茶50吨，产值过千万元。

公司获得QS认证和无公害食品、绿色食品认证，生产的“乌山春”牌英山云雾茶，以其条索紧细、汤清叶绿、香高持久、滋味鲜醇、叶底嫩匀特色，多次在国家级、省级茶叶评比中摘金夺银，赢得各地客商的青睐。

【湖北皋陶茶业股份有限公司】 简称皋陶茶业。原名英山莲发永祥茶业有限公司，皋陶茶业位于英山县温泉镇彭畈村一组，注册资本为668万元，是黄冈市农业产业化龙头企业，主营红茶和绿茶种植、加工、销售。高淘九品名茶会馆隶属皋陶茶业旗下创新品牌，是英山县运用“茶馆+名茶专卖+互联网”品牌店为模式的茶叶连锁企业。2017年8月，皋陶茶业产品出口欧洲。

【新兴茶业股份有限公司】 简称新兴茶业。有现代化精制茶生产流水线两条，有员工88人，其中收购技师5人，精制技师2人，品茶师3人。产品珍眉绿茶获得国家质量QS认证，经安徽、浙江等口岸远销非洲、欧盟。

2017年，公司销售收入8000万元，上缴利税100多万元。

【湖北大别茶访茶业有限公司】 简称大别茶访。是一家政府引导、5家企业、8个自然人投资运作的民营公司，有标准化种植基地2000公顷，其中千亩连片基地15个，茶叶加工设备800多台（套），年生产名优茶1100吨。

大别茶访设有电商部，通过淘宝、天猫、京东、苏宁易购等网络平台宣传推介英山云雾茶，实现线上线下同步营销。结合微信公众号、微博等平台，实现国内线上线下销售渠道无缝对接。

2017年，投资2000多万元，在武汉、黄冈、黄石、英山、罗田、麻城等市县设有品牌旗舰店13个，连锁加盟店80多家。年末，有员工412人，其中专业技术人员81人。

【湖北大广茶业有限公司】 简称大广茶业。成立于2015年6月，位于孔家坊乡新屋咀村，总投资1亿元。公司依托茶叶优势资源，围绕茶旅融合发展思路，打造华中生态茶旅文化产业第一园。投资3000万元建茶叶加工厂房4000平方米、产品展销中心和办公楼3000平方米，流转基地覆盖孔家坊乡新屋咀、狮子坳、竹坳亭、难作堰、林冲、余冲、八仙畈7个村和父子岭片区，建成高效样板茶园187公顷、原始生态茶园53公顷、有机新茶园133公顷。

中药产业

【概　况】 英山县药材和茧丝绸产业化办公室（简称“县药茧办”）内设综合、财务科、资源规划科、药材发展科、蚕桑发展科。产业化管理科，2017年年末，在岗13人。

2017年，重点发展苍术、桔梗、石斛、虎杖、茯苓等道地药材品种，中药材系列产品年产值18亿元。县药茧办编写《英山县常见中药材栽培技术》科技读本，发放给全县药农。

【参加2017年国际中药健康产业（成都）博览会】 9月23日，第五届中药材基地共建共享交流大会暨2017年国际中药健康产业（成都）博览会在成都召开，副县长黄伟应邀登作《坚持四轮驱动，全力打造现代中药材示范区》经验发言，县药茧办、县食药监局率湖北辰美公司、湖北宏图公司、湖北绿欣源公司、英山吉利中药材公司等企业参会，在大会展厅设3个展位宣传英山茯苓、桔梗、苍术、天麻、葛根、野菊花等产品。

【举办现代中药材高级研讨班】 9月25日，英山县药茧办和武汉生物工程学院联合举办现代中药材高级研讨班，组织药材企业40多名领导和技术人员进行为期7天的学习培训，重点学习中药材规范化生产技术、中药材科学除草技术、中药材（深）初加工技术以及中药材高效栽培技术、品牌建设等。

【举办药材产业创业培训】 7月18日，县药茧办、县移民局在红山镇斯利发会议室举办水库移民药材产业创业培训班，中药材基地共建共享联盟植保专委会副理事长兼秘书长、华中农业大学教授王沫、中国农业大学教授张国珍、中国医学科学院研究所研究员李勇、北京同仁堂湖北公司总经理张进友、副县长张抗抗等参加开班仪式。

【召开品牌建设推进会】 7月19日，英山县药材和茧丝绸产业品牌建设推进会在红山镇斯利发会议室召开，县质监局、县工商局、县绿色食品办负责人在会上对中药材品牌创建、“三品一标”申报作专题辅导，县政协副主席裴朝阳参加会议，全县药企领导、丝绸企业负责人、村级自强互助合作社负责人近100人参加培训。

中药材龙头企业

【英山县吉利中药材有限公司】 简称吉利中药材。2017年6月，吉利中药材获湖北省农业产业化重点龙头企业称号。建设天麻、茯苓基地60多公顷，引进药材新品种石菖蒲。聘请湖北省中医研究院4名教授指导茯苓种植。投资3000多万元，建设集生产车间和仓储中心于一体的科研大楼。10月27日，“楚吉”牌英山茯苓被国家质量监督检验检疫总局授予生态原产地产品保护证书。2017年，吉利中药材公司销售茯苓、天麻等产品，实现产值7000多万元，产品出口额1000多万元。

【湖北宗坤石斛科技开发有限公司】 简称宗坤石斛。2017年，引进钩藤、黄精2个新品种。投资60万元进行仿野生石斛喷灌设备改造，林下仿野生石斛种植扩规2公顷。引进湖北省林业科学研究院研究员3人，对石斛病虫害防治、成果转化、提高单产质量开展科技攻关，获湖北省科技进步三等奖。与湖北省农科院中药材研究所合作，组建华中药用植物园英山分园并挂牌。9月，石斛系列产品获湖北省农博会金奖。2017年，公司实现产值600多万元。

【湖北辰美中药材有限公司】 简称辰美中药材。2017年，辰美中药材公司新建白前药材基地7公顷，引进玄参、白扁豆、夜交藤、虎杖、厚朴、杜仲、黄檗等新品种，聘请湖北省中医研究院教授3人指导茯苓种植及技术攻关。投资100多万元购置设备，新建150多平方米的产品检验中心。2017年年末，公司有职工156人。2017年，公司成品中药材产值7300多万元。

【湖北宏图中药材科技有限公司】 简称宏图药业。2017年，新建中药材基地400公顷，聘请华中农业大学、湖北中医药大学教授8人指导苍术病虫害防治及苍术选优复壮。苍术深加工项目一期工程，投资3000万元，在英山开发区生物医药产业园征地3.3公顷兴建苍术产业园，建厂房1万平方米、办公楼3000多平方米。2017年，宏图公司中药材产值8000多万元，产品出口额3000多万元。

【湖北一泰生物科技有限公司】 简称一泰生物。2017年10月8日成立，在英山经济开发区生物医药产业园征地2公顷建虎杖产业园，开发虎杖深加工，提取白藜芦醇、虎杖苷、大黄素等产品。11月18日，由一泰生物投资的虎杖生物提取项目在黄冈市签约。一泰生物投资1.2亿元，2017年，完成项目入园前期手续和土地平整。

【英山县百草堂实业有限公司】 简称百草堂。2017年，百草堂投资50多万元建栀子基地15公顷；投资65万元种植茯苓50万窖；投资60万元新建中药材成品仓库700平方米；投资45万元建冷藏库2间。引进药材新品种栀子、闹羊花。聘请湖北中医药研究院3名教授指导茯苓种植和深加工，聘请华中农业大学教授王沫指导栀子种植。申报英山茯苓为国家地理标志商标。2017年，销售中药材实现产值5200多万元。2017年年末，有职工58人。

【湖北安德农业开发有限公司】 简称安德农业。成立于2015年10月，注册资金300万元，拥有办公楼、生产车间200平方米，农家乐面积560平方米。2017年，投入种植及改造资金180万元，扩大种植面积14公顷，其中买断土地8.5公顷，种植石斛、白芍、牡丹、栀子、虎杖。建石斛大棚8个，面积7公顷，其中5个石斛大棚占地面积4公顷，3个铁皮石斛大棚占地面积3公顷。药材种植对接贫困户50户147人，50户贫困户务工收入每年达20万元以上。安德公司瑞祥种植园“青蛙石”牌石斛注册商标已申报。石斛产品主要销往广东省中医院、湖北省第一中医院、武汉市中医院。2017年，瑞祥种植园还种植樱桃、猕猴桃、白桃、梨，兼有农家乐、垂钓、观赏、休闲等旅游配套项目。药材产品销售实现产值80多万元。

（余一新）

茧丝绸产业

【概　况】 2017年，全县桑园面积2000多公顷，其中果桑130多公顷。年末，全县丝绸企业4家，职工307人。湖北梦丝家绿色保健制品有限公司和湖北怡莲丝绸产业发展有限公司为湖北省农业产业化重点龙头企业。

茧丝绸主要产品有桑蚕丝丝绵被、鹅绒蚕丝被、羊绒蚕丝被、可水洗蚕丝被，丝绸产品、床上用品、丝绸文化礼品，其中鹅绒蚕丝被、羊绒蚕丝被、羽绒蚕丝被、可水洗蚕丝被，获国家专利产品。

茧丝绸系列产品中，获中国名牌产品1个，中国驰名商标1个，湖北省名牌产品4个，湖北省著名商标3个，拥有国家技术专利34项。

【湖北雍华丝绸制品股份有限公司】 简称雍华丝绸。2007年1月，雍华丝绸整体搬迁至县新车站，拆老厂建新厂。12月，升级改造工程动工。

2017年，生产蚕丝被及其他床上用品共18万床（套），产值5929.6万元，上缴利税158.3万元，2017年年末，在岗职工136人。

【湖北梦丝家绿色保健制品有限公司】 简称梦丝家。2017年，生产蚕丝被51.89万条，产值1.8亿元，上缴利税510.9万元。2017年年末，在岗职工240人。

（余一新）

旅　游

【概　况】 英山县旅游局内设办公室、市场开发股、景区建设股、行业管理股、监察室，下设旅游执法大队。2017年年末，在岗14人。

2017年，全县有A级景区景点7处，其中，AAAA级旅游景区2处（大别山主峰、桃花冲风景区）；AAA级旅游景区5处（县烈士陵园、乌云山茶叶公园、大别山丽景风景区、神峰山庄、天马寨）；星级宾馆9家（三星级3家、二星级4家，一星级2家）；旅行社8家；星级农家乐6家，其中五星级农家乐1家（神峰山庄）、四星级农家乐5家（九龙山庄、玉泰丰、守拙园、众悦农庄、莲发农家）。

【旅游接待】 2017年，全县对照“全地域、全时域、全资源、全要素、全业态”的标准和要求，谋划全域旅游示范区创建，实现区域资源有机整合、产业深度融合发展和全社会共同参与。县交运局、农业局、水电局、林业局、文化局、住建局分别成立旅游股室，县法院成立旅游巡回法庭，县公安局成立旅游警察中队，县工商局成立旅游市场监督管理分局。1月3日，县政府召开创建国家全域旅游示范区专题会。7月，省旅游委副主任李开寿带队赴英山县就全域旅游示范区创建工作进行中期评估督导。先后举办“首届英山大别山南武当旅游区滑雪节”、首届温泉滑雪节、第四届中国·英山茶文化旅游节、全域旅游导游大赛复赛。英山旅游元素（毕昇活字印刷、丝巾、云雾茶）亮相中央电视台举办的《魅力中国城》“十佳魅力城市”竞演活动。2017年，全县共接待游客603万人次，实现旅游综合收入36.2亿元。

【“东河百里秀”景观工程建设】 英山“东河百里秀”景观工程起点为武英高速杨柳出入口，终点为红花水库大坝，规划范围包括杨柳、雷家店、草盘地3个镇境内小白线公路两侧，全长约35千米。

景观工程由“东河百里秀”标识牌、沙秀、水秀、风秀、田秀和彩秀组成。工程由湖北崔德基新村建设设计有限公司负责设计和技术指导。

【举行首届英山温泉滑雪节】 12月23日，首届英山温泉滑雪节在大别山南武当旅游区开幕，大别山南武当旅游区、南武当滑雪场和洪广毕昇温泉酒店负责人也分别登场做推介，开幕式现场安排精彩演出和抽奖活动。活动当天，省内外5000多名游客前来欣赏冰雪美景，体验滑雪乐趣，沐浴温泉养生，感受茶乡冬日温情。

【举办全域旅游导游大赛】 12月27日，英山全域旅游导游大赛在四季花海“蝶恋花”展馆举行。经过初赛、复赛、半决赛、决赛层层选拔，最终12名选手脱颖而出。

（汪　炀）

景区景点与服务

【四季花海·旅居新镇】 截至2017年年底，旅居新镇累计投入3.5亿元建设基础和服务实施。县城至景区花海大道全线贯通；景区内双向游览车道和观光步游道交通设施投入运营；景区监控系统、音乐广播系统、消防安保系统实现全覆盖。建成一批四季赏花景点，春季有海棠园、紫藤园、茶花园、樱桃园、兰草园，夏季有七彩杜鹃园、五彩月季园、紫薇园、合欢园，秋季有红叶岭、银杏岭，冬季有梅花园；四季草本花卉观景园有花海情缘、梯田花海、林下花海、香花谷等景点。建成养心苑野奢酒店、集装箱时尚酒店等一批景区特色酒店。建成香花谷滑草、花海卡丁车、开心靶场、亲子乐园、儿童淘气堡、星空帐篷露营地、碰碰车、双月漂车、旋转飞椅、自旋滑车、梦幻自行车、原创花灯会和游客互动机器人——花花等休闲养生体验项目。游客中心、生态停车场、花海特色餐厅、非遗商业街、花香茶楼、花样生活馆、自动售货机、花海特色小吃店、花香民宿、休闲亭阁、标识导示系统、星级厕所、垃圾清理回收设施、智能营业管理系统等障配套设施进一步完善。

2017年，四季花海公司组建演出团队，编排演出英山民歌和四季花海舞蹈节目，开展文艺家进四季花海景区采风创作活动，举办社会各界人士参与的“读书的力量”诗词朗诵会、组织中小学生研学旅行活动、端午节英山民歌、花海旗袍秀、重阳节敬老活动、双十一“相遇四季花海·邂逅今生挚爱”相亲等一系列富有花海情文化特色的宣传营销。

4月21日，中国英山第四届“四季花海杯”茶文化旅游节在四季花海·中华情园景区举办。节日期间，公司组织演唱一系列以英山茶旅文化为题材的原创歌曲，制作一套以英山茶旅文化为题材的专题宣传片，举办一台以英山茶旅文化为题材的原创演艺节目，出版一套中华情园书籍，拍摄一系列以英山茶旅文化为题材的微电影。

2017年，接待游客21.5万人次，旅游综合营收达到2300万元。五一小长假、十一黄金周时，日接待游客超万人。《人民日报》、中央电视台、新华网、新浪网、凤凰网、《湖北日报》等110多家媒体给予高度关注和跟踪报道，湖北省旅游委向全省推介四季花海项目。2017年，四季花海被评为鄂东地区市民最受欢迎的旅游景区之一、被中国互联网新闻中心评为中国最美乡村旅游目的地。

（付　亮）

【天马寨风景区】 2017年，景区投资1000万元，新建110平方米旅游厕所、300平方米五彩玻璃高空玻璃观景台、200平方米仿古风格木屋检票口、400米进口木游步道、1000多平方米景交转运站、1000米人车分流人行道，装修生态停车场门楼15000平方米。建成AAA级旅游景区。全年接待游客21万人。

（李月红　李　政）

【湖北大别山主峰风景区旅游有限公司】 简称大别山主峰风景区。成立于2008年，与英山县吴家山林场一套班子，两块牌子。2017年，有干部职工189人。公司以大别山主峰风景区为经营实体，以旅游资源开发、旅游服务、旅游产品开发、园林艺术建设和生活饮用水、集中式制供水等为主要业务。公司现有40多家农家乐和13家宾馆，有旅游服务人员350多人。

2017年，景区接待游客40多万人次，收益5000多万元；生态养殖、生态种植、绿色旅游产品、药材及食用菌栽培产值6000多万元。

【毕昇大峡谷漂流风景区】 毕昇大峡谷漂流风景区位于毕昇故里大别山旅游文化圈武合高速英山县杨柳湾出口以北30千米处，距武汉市120千米。景区占地面积670公顷，集漂流、四季滑雪、滑草、卡丁车、滑草、射箭、卡丁车、草堂KTV等多种游乐项目于一体，是湖北省首批以漂流为主综合性旅游度假区。2017年开放的第一段“勇士漂”漂流河道全长7.6千米，总落差达288米，其中落差3米以上48处、9米以上9处，15米以上2处，1处30米大落差连续S型滑道。2017年，鄂东网全国漂流最佳景点评选，毕昇大峡谷被评为“华中丛林第一漂”。

（姜　建）

【童玩谷生态园】 童玩谷生态园位于毕昇故里湖北省黄冈市英山县的武英高速杨柳出口处，规划面积1000亩，总投资1.8亿元，是鄂东地区最具特色的亲子旅游目的地和湖北省中小学生研学德育教育基地，是湖北省研学旅行服务中心指定合作基地，通过国家AAA级旅游景区和湖北省中小学生研学旅行实践教育基地的考核验收。2016年10月1日开园，截至2017年，接待游客15万人次，接待省内外中小学研学旅行5万多人次。

童玩谷生态园设置有热带植物科普、果蔬采摘、采茶制茶、农家土灶体验等项目，有活字印刷、陶艺制作、面人制作等多个传统文化体验项目，还有水上拓展、陆上穿越、超级攀爬网等十多个户外拓展项目，以及过山车、卡丁车、海盗船、高空滑索、实弹射击、水上游船等30多个游乐项目。结合大别山区域文化民俗特色按照研学教案的要求开发五个系列的研学旅行课程，分别是毕昇活字印刷体验课程、英山云雾茶非遗制茶工艺体验课程、大别山民俗文化体验课程、大别山红色文化体验课程和热带植物科普体验课程。

（余　星）

【玉泰丰度假山庄】 位于在乌云山茶叶公园村境内，规划面积8432平方米，总投资1.2亿元。2014年，被湖北省农家乐星级评定委员会评为四星级农家乐。玉泰丰山庄处处茶园翠绿，山清水秀，空气清新，景色宜人。山庄集住宿、餐饮、休闲、娱乐为一体，特色美食有黑山羊肉锅、丛菇肉片锅、河鱼煎豆腐、火烧粑、雪花粑、蛋丝等。

（汪　炼）

工信　商贸

工业与信息化

【概　况】 英山县经济和信息化局（简称“县经信局”）内设机关设办公室、经济运行股、中小企业股、科技股、电子信息股、行政法规股、政工股，下设县煤炭管理办公室、英山县企业上市工作办公室。2017年年末，在岗19人。

【工业产值】 2017年，全县规模以上工业企业74家，全年实现工业总产值81.69亿元，占计划的102.1%，同比增长9.47%；工业增长速度6.9%；工业用电量8875万千瓦时，同比增长40.98%；工业投资22.70万元，同比增长70.4%。县内主导产业汽车配件、建材、茶业、中药材等保持较好发展势头，其中，农产品加工业完成产值21.47亿元，占工业总产值的35.6%，同比增长16.9%；金属制造业完成产值13.26亿元，占工业总产值的22%，同比增长24.4%。

【服务企业行动】 2017年，县政府制订《英山县2017年服务企业行动实施方案》，成立5个工作专班，各专班由一名县级领导牵头，帮助企业落实相关政策，解决实际问题。2017年，企业减负1620万元。

【工业技术改造】 2017年，全县工业投资22.7亿元，主要用于湖北神力汽车零部件公司、湖北金源麻纺织公司、湖北佳源汽车零部件公司、湖北万益农业科技公司等一批重点企业的技术改造项目。2017年，所有改造升级项目相继竣工投产见实效，形成新的经济增长点。东风世星、兴成石化、吉利中药材等一批骨干企业为寻求技术支持，与湖北理工大学、湖北大学、湖北职业技术学院、湖北中医药大学等重点院校开展企校合作，借助高校技术力量有效推动企业技术进步。

【企业入规上市】 2017年，申报入规企业2家：湖北楚山春茶业有限公司，主导产品楚山春牌名优茶；湖北睿智新材料有限公司，主导产品环保墙体涂料。在武汉股权托管交易中心挂牌上市企业2家：4月11日，湖北皋陶茶业股份有限公司挂牌上市，股权代码101586，企业主要产品精制绿茶；6月23日，湖北楚草堂中药开发股份有限公司挂牌上市，股权代码101872，企业主要产品茯苓等英山产中药材半成品。截至2017年年末，全县上市挂牌企业达到36家。

【工业园区企业】 截至2017年年末，英山县工业园区企业24家，总投资超过26亿元，就业人数达到3100人，年产值22.5亿元。英山县中小微企业孵化器被工信部授予“国家级中小企业创业创新示范基地”称号。中小企业孵化器建设不断完善，建筑面积超过16万平方米，入驻企业22家，就业人员2060人，上缴税收1100万元。

【两网建设】 2017年，继续抓紧县内主电网线路建设，投资11804万元完成110千伏英山变电站增容改造，解决主变卡口问题；完成城区网络升级及负荷调整，主干线路转供能力、城区供电可靠性增强；完成中心村一、二、三批项目及光伏发电项目，有效解决过载、重载和低电压问题。投资800万元建设光纤“村村通”工程，当年32个贫困村实现光纤进村入户。

英山县2017年与2016年规模工业企业产值对比表

表10

单位：千元

单位	企业名称	2017年	2016年同期	增 幅（±%）
开发区	湖北东风世星汽车零部件有限公司	45249	31256	44.77
	英山佳源车身附件有限公司	51150	49094	4.19
	湖北明和服饰股份有限公司	66352	56056	18.37
	湖北泰源机械制造有限公司	65931	54463	21.06
	湖北神力汽车半轴有限公司	82873	79002	4.90
	湖北神鹰润滑设备股份有限公司	48655	43410	12.08
	湖北大众兴塑业股份有限公司	60033	56845	5.61
	湖北金马玻璃纤维有限公司	290317	252506	14.97
	湖北兴成防腐科技有限公司	39446	32535	21.24
	英山鸿洋船舶设备制造有限公司	44883	39023	15.02
	湖北瑞德门业有限公司	46175	36872	25.23
	英山县五环新型墙材有限公司	28544	27340	4.40
	湖北省兴成石化设备有限公司	162710	135873	19.75
	英山县三荣工贸科技发展有限公司	36603	32766	11.71
	英山华茂船舶舾装设备有限公司	65305	56686	15.20
	湖北辰美中药有限公司	66353	52761	25.76
	湖北恒通石化设备有限公司	42036	37123	13.23
	湖北怡莲丝绸产业发展有限公司	154624	231758	-33.28
	英山县丰合制衣有限公司	32150	36100	-10.94
	斐富（湖北）家私制造有限公司	72727	64344	13.03
	英山金峰麻纺织有限公司	105535	91709	15.08
	湖北恒奥铝业有限公司	33433	30480	9.69
	湖北菲凡家具制造有限公司	66223	47251	40.15
	湖北怡莲蚕桑科技股份有限公司	34808	33055	5.30
	英山县合力建材有限公司	44054	58361	-24.51
	英山县安达混凝土有限公司	55942	47941	16.69
	小计	1842110	1714611	7.43
农业局	英山庆龙茶业有限公司	64132	58129	10.33
药茧办	湖北雍华丝绸制品股份有限公司	59296	55459	6.92

续表 10

	企业名称	2017 年	2016 年同期	增 幅（±%）
药茧办	湖北梦丝家绿色保健制品有限公司	640453	638232	0.35
	小计	699749	693691	0.87
南河镇	英山县万达石材有限公司	141564	130177	8.75
	英山大别山矿业开发有限公司	203244	193008	5.30
	湖北九英石业有限公司	234575	185458	26.48
	湖北瑞鑫矿业有限公司	219013	175660	24.68
	小计	798396	684303	16.67
方家咀乡	湖北正荣树脂有限公司	209796	173885	20.65
	湖北志顺茶业股份有限公司	201583	200535	0.52
	湖北花缘饲料有限公司	125278	122763	2.05
	小计	536657	497183	7.94
温泉镇	湖北华发茶业有限公司	144257	120936	19.28
	湖北新流鼓风机有限公司	60711	53156	14.21
	英山县新兴茶业有限公司	167621	131158	27.80
	英山华昌舰船附件制造有限公司	29716	127795	–76.75
	湖北泓达船舶科技股份有限公司	147480	150298	–1.87
	湖北山鹰注油器有限公司	96200	84586	13.73
	英山县绿羽茶业有限责任公司	171227	138507	23.62
	英山承庆鞋业有限公司	126876	110136	15.20
	英山县嘉禾茶业有限公司	101718	86378	17.76
	英山县古韵茶叶有限公司	101895	85394	19.32
	湖北皋陶茶业股份有限公司	164665	132600	24.18
	湖北万益农业科技开发有限公司	104256	—	—
	小计	1416622	1220944	16.03
红山镇	湖北古泉酒业有限公司	110368	101951	8.26
	湖北野山香茶业有限公司	47084	43152	9.11
	湖北益大建材有限公司	51220	45813	11.80
	湖北英山云雾茶业股份有限公司	177034	168505	5.06
	小计	385706	359421	7.31
孔家坊乡	英山县东昌粮食工贸有限公司	76712	47880	60.21
金家铺镇	湖北惠丰金湘源茶业有限公司	78205	68173	14.72
	湖北天之源茶业有限公司	41205	40956	0.61
	湖北惠丰农业发展有限公司	25038	24836	0.81
	英山安然汽车附件有限公司	223751	213986	4.56
	小计	368199	347951	5.82

续表 10

	企业名称	2017 年	2016 年同期	增　幅（±%）
石头咀镇	湖北楚草堂中药开发股份有限公司	99915	94183	6.07
	湖北同创林业开发有限公司	142860	129074	10.68
	湖北际华仕翔服装有限公司	26185	19755	32.55
	英山县吉利中药材有限责任公司	118826	102623	15.79
	小计	387786	345635	12.20
陶家河乡	湖北宏图中药材科技有限公司	50196	73683	-31.86
雷家店镇	湖北金雷茶业股份有限公司	198111	170420	16.25
	湖北力帮建材科技有限公司	32158	31496	2.10
	英山县世强工具有限公司	215784	215735	0.02
	小计	446053	417651	6.80
杨柳湾镇	湖北润禾农业股份有限公司	98213	80098	22.62
	英山县森林工艺品有限公司	27961	22518	24.17
	英山县强宝墙材有限公司	146802	110787	32.51
	英山县白马商砼有限公司	33427	29505	13.29
	英山县宏瑞制砖实业有限公司	216793	192542	12.60
	英山县广大矿业有限公司	121446	95679	26.93
	英山县永丰茶业有限公司	108214	96216	12.47
	湖北世联工具股份有限公司	258106	245698	5.05
	湖北泉海茶业有限公司	86106	128822	-33.16
	小计	1097068	1001865	9.50
	全县合计	8169389	7462947	9.47

2017 年城西工业园区落户企业情况表

表 11　　　　单位：万元

企业名称	产品	投资金额
湖北唯美服饰公司	服装服饰	5000
湖北远华商贸公司	商贸物流	3000
湖北恒通石化管道设备公司	管道设备	5000
湖北泰源机械制造有限公司	汽车工具	2000
湖北神力汽车零部件公司	汽车半轴	5000
湖北佳源汽车零部件公司	汽车配件	2000
湖北楚龙兴实木家具公司	实木家具	8000
英山县中小企业孵化器	中小微企业创业基地	20000
湖北英豪服饰织造有限公司	环保服装面料	3000
湖北明锐科技工贸公司	钢化玻璃及门窗	2000

续表 11

企业名称	产　品	投资金额
湖北宏力机电设备制造公司	风机电器	6000
英山县供销物流园	商贸物流	13000
湖北中嘉置业有限公司	建材家具商城	86000
湖北长安建筑股份有限公司	建筑产业园	5000
湖北金源麻纺织有限公司	麻棉纱	6000
湖北睿智新材料公司	环保涂料	5000
湖北宏图中药材科技公司	中药材深加工	25000
湖北汉德食品有限公司	豆腐制品	5000
英山县祥云矿业有限公司	长石精加工	10000
湖北汇德工具股份有限公司	汽车配件、工具	4000
湖北谭氏光电科技有限公司	LED 光电生产	5000
湖北农联农业科技开发公司	农产品加工	5000
湖北东楚家居装饰有限公司	日式家具	5000
湖北一泰生物科技有限公司	虎杖生物提取	12000
湖北金蟲药业股份公司	金蟲药业	15000
合　计	—	262000

商　务

【概　况】 英山县商务局（简称“县商务局”）内设办公室、政工股、规划财务股、政策法规和市场秩序股、市场体系建设股、市场运行和商贸服务股、外资外经外贸口岸管理股、电子商务和信息化股。下辖事业单位2家：英山县农贸市场开发服务中心、英山县商务综合执法大队；县直国有商贸企业6家：英山县食品公司、纺织品公司、鄂东商厦、永昌商业大楼、五交化公司、英山商场；乡镇食品公司3个：南河食品公司、方家咀食品公司、雷店食品公司。2017年年末，局机关在岗29人；县直国有商贸企业在岗408人，乡镇食品公司在岗23人。

【投资政策】 2017年，全县实现社会消费品零售总额39.79亿元，同比增长10.8%；新增限上企业3家；外贸出口总额2604万美元，同比增长16.1%；利用外资20万美元。

2017年，县委、县政府坚持扩大对外开放，出台一系列外商投资政策，通过土地征用优惠、前三年税费免征、外贸出口奖励等一系列措施，扶持出口企业，促进对外贸易发展。对外贸易出口持续增长，其中，承庆鞋业出口1257万美元，同比增长7.3%；英山县皓思弘雅农业科技有限公司出口607万美元，同比增长5.7%；英山县森林工艺品有限公司出口543万美元，同比增长51.9%；英山华茂船舶舾装设备有限公司出口62万美元，同比增长608.8%；湖北万益农业科技开发有限公司出口59万美元。

【培训电商人才】 湖北农夫电子商务有限公司、湖北中金泰富有限公司开办半年制电商人才精英培训班和普通培训班，对电商从业人员、贫困户、大学生村干部、村干部、专业合作社负责人、种养殖大户、返乡青年、农村妇女进行培训。半年制电子商务培训班在全省首创，通过半年培训，培养一大批“留得住、用得上”的本土电商实用人才。截至2017年年末，累计培训电商精英人才1000人，一般电商人才20000多人次，

5000多人网上创业，为电商发展提供人才保障。

【电商带动农产品销售】 2017年，新建农村电商服务站139家。年末，全县电商站共计293家，线上交易额突破12.2亿元，其中农产品交易额5.4亿元。

【出口品种增多】 截至2017年年末，英山县办理出口登记企业39家，自营出口企业10家。新增出口产品有根雕、玻纤、蔬菜和农副产品等10多个品种，分别销往欧洲、韩国、日本、中国香港等地。

【茶叶出口实现新突破】 2017年，县政府重点扶持万益农业、皋陶九品等一批新型茶叶出口企业。湖北万益农业茶叶和皋陶九品首批茶叶销往中国香港和欧洲，出口总额达到59万美元，实现英山茶叶自营出口新突破，外贸出口找到新的增长点。

【生态原产地产品保护认证】 2017年，皋陶九品茶叶、楚吉牌茯苓的生产地纳入生态原产地产品保护范围，获得国家质监总局生态原产地产品保护认证。

【"十大美食"和"十大旅游商品"活动】 2017年，举办英山县第二届"十大美食""十大旅游商品"评选活动。英山县美食制作团队参加"魅力中国城"首轮竞演活动，将英山雪花粑推向全国。

【扶持外贸企业】 2017年，英山县获得国家外经贸发展资金70多万元。英山森林工艺、湖北五金工具和吉利中药材参加第121届和第122届广交会，万益农业参加香港国际茶叶食品展、皋陶九品参加亚欧商品贸易博览会、吉利中药材等企业参加湖北第四届"走进美洲"国际经贸洽谈会，其中吉利中药材申报并获得贫困地区第122届广交会免费展位。

【物流体系建设】 2017年，全县快递日交易量达15000件。截至2017年年底，开通南河、东河、西河3条主线，拓展陶家河、草盘地、百丈河3条支线，整合全县快递、物流，成立电子商务进农村物流运营中心和集散中心，创建"互联网+物流"集团经营模式，美佳购物、丽红超市等大型商贸流通企业相继组建专业物流配送中心。

【保护知识产权】 2017年，英山县出台《关于加强知识产权保护的年度工作要点》，发至工商局、质监局、农业局、环保局等26家双打成员单位。严厉打击侵犯知识产权和制售假冒伪劣商品行为，开展5次常规和3次非常规检查，对英山县境内侵犯知识产权等违法犯罪行为起到有效监管和遏制作用。

【质量安全监管】 2017年，全面落实安全主体责任，注重防范、排查、整改与隐患治理相结合，认真开展成品油市场、农贸市场、宾馆、大型商场和下属企业等公众密集型场所的安全专项检查，督促落实企业安全各项制度。加强成品油市场整治，县商务局成立工作专班，对全县各加油站（点）的证照、油品购销台账、油品质量升级、油气回收改造以及消防安全等进行专项检查，共计出动车辆30多台次，出动执法人员120多人次，共查处非法站（点）38家，查出安全隐患站（点）5家，整改到位4家。通过整治，全县成品油市场秩序得到规范，全年无重大安全事故发生。

【黄标车治理】 2017年，全县黄标车辆449台，审批淘汰320辆，开展对二手车交易市场和报废汽车拆解市场专项整治，建立长效监管机制。

【食品安全预防】 2017年春节前后，英山县周边地区发生了感染H5N9禽流感病例，县商务局第一时间妥善应对突发事件。英山县商务局、公安局、卫生局、工商局、畜牧局、林业局7个部门联合，采取严防严控的预防措施，关闭禽类市场，在疫情高发期禁止销售禽类产品，密切关注疫情动态，及时报送信息，英山县境内无一例H5N9禽流感发生。为应对自然灾害，保障物资供应，建立防汛物资储备清单，组织3家养殖企业参与省级猪肉储备基地（场）资质认定，其中1家获得批准。

【市容环境整治】 开展创建市级文明卫生城建设，实行第一责任单位主体责任制，抽调专人组成市容环境整治工作专班，落实门前四包工作责任，对临街出店经营、乱停乱放、乱贴乱挂、“牛皮癣”小广告进行治理。重点对农贸市场路段进行综合整治，各单位每周五对责任路段进行清扫。

（胡值源　余　玲）

供销合作

【概　况】 县供销合作社（简称“县供销社”）内机关设办公室、党务政工股、财务资产管理股、经济发展股、治安监察股。2017年年末，在岗19人。全县供销系统有9家基层合作社：温泉合作社、红山合作社、父子岭合作社、彭畈合作社、詹家河合作社、方家咀合作社、三门河合作社、百丈河合作社、过路滩合作社；有6家县直企业：联谊商场、药材公司、再生资源公司、烟花爆竹公司、惠农供销电商公司、社有资产管理公司；有3家协会组织：烟花爆竹协会、农业生产资料协会、再生资源协会；有农民专业合作社6家、村级综合服务社295家、村级电商服务站200家、乡（镇）农业电商服务站16家。

【农村电商服务站建设】 2017年，英山县被全国“供销e家”列为样板县建设行列，在全国“供销e家”的支持下，全年投资165万元，新建乡村电商服务站216家，全县行政村覆盖率达到73%。

（刘德安）

烟草专卖

【概　况】 英山县烟草专卖局（简称“县烟草局”）内设综合办公室、专卖监督管理办公室、客户服务部、财务管理办公室、安全管理办公室；下设3个基层管理所、稽查大队、中转站、营销部。2017年年末，在岗50人，其中局机关14人。

【销售业绩】 2017年，销售卷烟9219箱，销售收入2.6亿元，同比增长11.76%；卷烟单箱值2.82万元，同比增长3.35%。税利6482万元，同比增长13.6%。

【专卖管理】 2017年，全县共查获涉烟违法案件241起，查获卷烟883.3万支，案值39.3万元，其中，查获“互联网＋物流寄递”涉烟违法案件177起，查获假冒卷烟580.3条，案值27.33万元。办理省标经营网络案件1起，拘留3人，其中判刑1人。

（梅　春）

经济开发

开发区管理

【概　况】 英山经济开发区管委会（简称“开发区管委会”）内设党政办公室（加挂纪检监察室）、经济发展科（加挂生产力促进中心、经济环境投诉处理中心）、社会事务科（加挂综治办、计生办、民政办）、招商服务科（加挂工会办公室）、建设管理科。

【开发区企业】 2017 年，经济开发区老园区、工业新城分别有企业 32 家、45 家，其中规模以上企业 26 个，高新技术企业 12 个。工业总产值 32.6 亿元，工业企业增加值 7.49 亿元，实现固定资产投资 9.7 亿元，招商引资总额 6.2 亿元。湖北金骉药业股份有限公司投资 1.5 亿元，规划建设中医药、中医药保健品及特医食品生产四条生产线。2017 年年末，完成土地平整等前期工程。

【汉德豆制品加工厂建成投产】 汉德豆制品加工厂位于温泉镇西汤河村和谐大道时光隧道出口，占地面积 2.7 公顷，投资 800 万元，主要从事豆制品（豆腐、豆皮、豆干等）加工生产。2017 年 12 月，建成投产。

【职教园道路竣工通车】 职教园道路位于和谐路（职教园门口）至职教园沿河道路，全长 860 米，总投资 690 万元，按现代化城市道路设计，双向四车道雨污分流，地下管网长 1720 米。2017 年 3 月，动工改造、扩宽、硬化；12 月 30 日竣工通车。

【屏峰河流域道路竣工】 屏峰河流域道路位于屏峰河中上游板桥村出口至屏峰河与西河大河交界处，全长 1950 米，采用倾斜式挡土墙，石头驳岸 30000 立方米，土方挖填 12.5 万立方米，地下管网 1700 米，总投资 900 万元。2017 年 2 月动工，12 月底完工。

【辰美药业配方颗粒生产线动工】 该项目是天津红日药业股份有限公司所属全资子公司北京康仁堂药业有限公司投资兴建的全成分中药配方颗粒生产项目，选址湖北英山经济开发区一里沙路 32 号。占地面积 4500 平方米，建筑面积 1.4 万平方米，总投资 1.2 亿元。年加工中药材能力 2000 多吨，品种 500 多个，生产配方颗粒 600 多吨，年产值 8 亿元。2017 年 12 月 5 日动工。

【湖北一泰生物科技有限公司中药材虎杖生物提取项目落户工业园区】 湖北一泰生物科技有限公司成立于 2017 年 8 月，位于英山工业新城生物医药产业园，注册资本 5000 万元，虎杖生物提取项目总投资 1.2 亿元，分两期建设，一期建设虎杖生物提取生产线三条，二期虎杖健康食品及系列药品开发。

（王　贵）

2017 年英山县开发区规模以上企业表

表 12　　　　单位：人、万元

企业名称	进驻时间	注册资金	用工人数	年产值
湖北明和服饰股份有限公司	2009.2	1500	100	6635
湖北神鹰润滑设备股份有限公司	2010.6	600	38	4865
湖北大众兴塑料制品有限公司	2014.11	5000	500	6003
湖北泰源汽车零部件有限公司	2009.7	600	100	6593
湖北佳源汽车零部件股份有限公司	2010.6	500	57	5115
湖北东风世星汽车零部件有限公司	2009.11	1688	221	4524
湖北怡莲丝绸产业发展有限公司	2005.8	1200	180	15462
湖北金马玻璃纤维有限公司	2008.11	1258	300	29031
斐富（湖北）家私制造有限公司	2007.8	200	60	7272
湖北兴成石化设备有限公司	2008.2	1010	86	16270
湖北辰美中药有限公司	2005.3	1000	150	6635
英山县五环新型墙材有限公司	2009.1	1000	128	2854
英山鸿洋船舶设备制造有限公司	2008.5	508	34	4488
英山县安达混凝土有限公司	2010.9	1000	40	5594
湖北恒通石化设备有限公司	2015.9	2400	60	4203
湖北瑞德门业有限公司	2008.9	380	56	4617
湖北兴成防腐科技有限公司	2008.2	1000	15	3944
英山县三荣工贸科技发展有限公司	2006.12	200	50	3660
湖北神力汽车零部件股份有限公司	2015.8	3000	100	8287
湖北恒奥铝业有限公司	2013.3	500	23	3343
湖北怡莲蚕桑科技股份有限公司	2014.10	1000	60	3480
英山华贸船舶舾装设备有限公司	2003.1	392.5	100	6530
英山县丰合制衣有限公司	2015.12	800	100	3215
英山金峰麻纺织有限公司	2015.7	1200	200	10553
英山县合力建材有限公司	2010.3	1000	50	4405
湖北菲凡家具制造有限公司	2008.8	2000	120	6622

2017 年英山县开发区高新技术企业表

表 13　　　　单位：人、万元

企业名称	进驻时间	注册资金	用工人数	年产值
湖北大众兴塑料制品有限公司	2014.11	5000	500	6003
英山佳源车身附件有限公司	2010.6	500	57	5115
湖北东风世星汽车零部件有限公司	2009.11	1688	221	4524
湖北怡莲阳光丝绸纺织制品有限公司	2005.8	1200	180	15462
湖北金马玻璃纤维有限公司	2008.11	1258	300	29031
湖北辰美中药有限公司	2005.3	1000	150	6635
湖北恒通石化设备有限公司	2015.9	2400	60	4203
湖北兴成防腐科技有限公司	2008.2	1000	15	3944
湖北神力汽车零部件股份有限公司	2015.8	3000	100	8287
湖北恒奥铝业有限公司	2013.3	500	23	3343
湖北怡莲蚕桑科技股份有限公司	2014.10	1000	60	3480
英山华贸船舶舾装设备有限公司	2003.1	392.5	100	6530

招商引资

【概　况】 英山县招商局（简称“县招商局”）内设办公室、招商引资股、投资服务股、监察室，2017年年末，在岗10人。

【签约与培训】 2017年，新签约项目31个，协议投资额78.7亿元；新开工重点项目16个；新投产项目16个；新增固定资产投资额45.2亿元。全年共举行招商引资推介活动20多场，外出招商约30次，接待来访客商200多次。策划更新各类项目60多个；更新《英山招商引资工作手册》《英山投资指南》；举办招商专题培训班3期，培训招商干部200多人次。

【打造全民招商氛围】 制定《2017—2018年英山县招商引资行动实施方案》（英政发〔2017〕2号），对招商项目的引资人进行奖励，鼓励各单位、企业、个人等社会力量参与招商引资，形成“全民关注招商引资，全民参与招商引资”的浓厚氛围。全年收集招商引资信息线索300条，从中梳理进入洽谈程序项目50多个，落实项目8个。

【广药集团到英山县考察】 3月8日，广药集团到英山县考察，县委书记陈武斌，县长田洪光，县政协主席陈志珍，县委常委、石头咀镇党委书记张春梅，副县长黄伟、郑伦福，县经济开发区党工委书记陈德峰陪同考察，县委办、县卫计局、县食药监局、县招商局、县药茧办等单位负责人及辰美中药公司代表参与陪同。考察团一行到英山经济开发区、大别山茶产业城、张家咀水库、吉利中药材公司、辰美中药公司实地考察，详细了解英山中医药资源禀赋、产业发展情况，并就双方合作事宜进行深入洽谈。广药集团代表提出就“大南药、大健康、大商业、大医疗”四大板块与英山县展开合作的意向。陈武斌、田洪光在洽谈会上发表讲话。县卫计局、食药监局、药茧办等部门负责人介绍英山县中医药资源、医疗健康等方面情况。辰美中药负责人介绍英山县中药材市场发展情况，就支持与广药集团合作表态。

【卓尔集团到英山县考察洽谈】 7月5日，县委书记陈武斌在县招商局会议室会见武汉卓尔文旅集团有限公司一行，双方就英山县大别山南武当AAAAA级国际养生旅游度假区项目进行深入交流洽谈，县委常委、组织部部长丁建怀，副县长阮利红以及县招商局、旅游局、大别山主峰风景区等单位负责人参与洽谈。卓尔集团对英山的生态环境和旅游资源给予高度评价，双方就项目建设相关事项进行深入交流沟通，并初步达成一致意见。

【金澳集团投资英山县】 8月8日，县委书记陈武斌，县委常委、石头咀镇党委书记张春梅率领石头咀镇、县招商局、县交运局等相关单位负责人赴湖北潜江市金澳科技（湖北）化工有限公司考察，考察团还在金澳集团武汉CBD金澳中心就该集团在英山石头咀镇叶家山村投资的扶贫项目举行可行性研讨会。会上金奥集团当即决定向叶家山村捐赠200万元，用于完善该村基础设施和产业基地建设。双方就项目策划、具体实施达成一致意见。10月16日，大别山英山旅游度假区扶贫项目签约仪式在武汉CBD金澳国际中心举行，省委统战部副部长、省工商联党组书记王兆民，省工商联党组成员、秘书长黄启林出席签约活动，县长田洪光，金澳控股集团董事局主席舒心，金

英山县人民政府、金澳控股集团投资20亿元大别山旅游扶贫项目签约仪式

澳控股集团投资顾问、华天集团董事长喻小平，金澳控股集团董事局副主席舒文，金澳控股集团执行总裁吴金鸿等投资方负责人参加签约仪式。

【桃花源森林小镇项目签约】 12月29日，宏泰集团文旅公司投资的桃花源森林小镇建设项目签约仪式在武汉华天大酒店举行，县长田洪光、县政协主席陈志珍、副县长阮利红出席签约活动。活动由宏泰集团副总经理刘伟主持，副县长阮利红代表县人民政府与宏泰文旅公司董事长王厚芳签订桃花源森林小镇项目合作协议。县长田洪光、宏泰集团党委书记、董事长文振富分别在签约仪式上讲话。

【公牛集团到英山县考察】 8月27—28日，公牛集团一行到英山县考察，副县长黄伟在县招商局会议室会见考察团一行，并进行座谈。黄伟介绍英山县地理位置优越、物产资源丰富、自然环境优美以及英山县招商优惠政策，公牛集团负责人表示考虑以武汉为科研中心，在英山县建设制造中心意愿。

【红日药业落户英山县】 11月1日，县长田洪光率县食药监局、县药茧办、县招商局等单位及湖北辰美中药有限公司负责人一行赴天津红日药业股份有限公司进行考察交流，并就红日药业公司在英山县投资的“全成分中药配方颗粒生产项目”签订合作协议。田洪光介绍英山县丰富的中药材资源和优美的自然环境以及良好的投资环境，并表示有条件有信心保障向投资方供应优质原材料，助推红日药业发展，带动英山县中药产业发展，实现互利共赢。

英山县人民政府、天津红日药业股份有限公司签约仪式

【中医药及特医食品生产项目签约】 11月9日，吉林恒金药业集团在英山县投资的中医药及特医食品加工生产项目签约，县长田洪光、县政协主席陈志珍、副县长黄伟、县经济开发区管委会主任陈德峰出席签约仪式，县食药监局、招商局、安商局、药茧办等单位负责人，吉林恒金药业集团董事长张守斌等投资方代表出席签约活动。董事长张守斌介绍该项目发展规划。

【广东省黄冈商会企业家到英山县考察】 11月16—17日，广东省湖北黄冈商会常务副会长丁敏华、胡建军，商会执行秘书长王先喜等企业家到英山县考察，县委常委、统战部部长程永富陪同，县经济开发区、县政府办、县安商局、县招商局等单位负责人参加活动。考察团一行在毕昇科技产业园创客中心举行座谈会，程永富介绍英山县的经济发展现状、优势资源条件及发展方向和需求，诚挚邀请商会企业家到英山县发展产业。县招商局局长余勇详细讲解英山县的优势资源及招商政策。

（胡美琳）

安商服务

【概　况】 英山县工业经济联合会（安商局）（简称“经济联合会”）内设办公室、监察室、政策法规信息科（优化经济发展环境督办科）、规费管理科、证照代办科、综合服务科、电子电器维修行业管理办公室7个职能科室。2017年年末，在岗15人。

【业务办理】 2017年，安商服务围绕“一站式代办、一卡式收费、一条龙背靠背服务”，为招商引资企业和政府重点工程项目办理证照93本，为6家企业办理5证齐全证照30本，办理环评、气象、地震等批文190件。

【服务企业】 2017年，县经济联合会联系70多个新建、续建和扩建项目，到企业车间实地调研120多次，帮助协调解决困难化解矛盾纠纷150多起。在深入调研的基础上梳理出突出的、带有共性的问题25项（如融资难问题、土地纠纷问题、拆迁补偿问题等），会同有关职能部门集中研究，寻找解决途径落实责任单位，规定限时办结。

【创新机制】 2017年，在“1234”安商模式和“六联合”服务平台的基础上，进一步深化“放管服”改革，大力创新服务机制，编制英山县工业类项目暨重点工程行政审批工作流程再造图+政企服务承诺审批和容缺预审联席会议制度，容缺预审联席会议制度即办理证照主件材料齐全，各相关职能部门通过联席会先行受理预审办理，允许申办企业在以后的环节中补齐容缺材料再核发许可证，通过审批和容缺预审联席制度使各种证照办理程序进一步简化，时间进一步缩短，门槛进一步降低，政企关系更和谐。

【招商引资】 11月24日，江苏纺织（太仓）公司落户英山经济开发区中小微企业孵化基地，投资2400万元，打造现代化胚布生产线。

（胡琦丽）

政务服务

【概　况】 英山县政务服务中心（简称“政务中心”）内设秘书科、综合科、督查投诉科、代办科；下设英山县政务服务大厅；下辖11个乡镇、开发区温泉政务服务大厅，312个行政村服务中心。2017年年末，全县政务服务中心在职干部职工110人，其中县政务服务中心管理办公室在职5人。

【业务办理】 2017年，全县有48家具有行政审批职能和公共服务职能的单位进驻行政服务大厅，设立一个窗口，常驻办公人员105人，办理行政审批业务206项，公共服务业务115项。全年共受理各类行政审批和公共服务事项183119件，办结176344件，按时办结率96.3%，现场办结率90%。大厅各窗口单位年收缴非税收入5亿元。

【创新服务机制】 2017年，再度精简调整审批事项，梳理并公开县乡两级权责清单，县政府决定取消、调整行政审批项目56项，其中取消10项、承接9项、调整15项、合并5项、新增17项。创新服务机制提升服务质量，推行多证合一、同城通办、局所通办、多家联办、网上办等多项改革，按同城通办、局所通办的模式，创新登记流程，推行网上注册，截至11月底，全县共计颁发“多证合一”营业执照2542户，其中新发541户，变更1012户，换发989户。

【收费制度改革】 2017年，进一步推进收费制度改革，通过对大厅内行政事业性收费进行清理，在网站、报纸、广播电视、大厅电子显示屏等媒介及办事窗口公示，接受全社会监督。

（吴亚楠）

财政　税务　金融

财　政

【概　况】英山县财政局内设办公室、离退休人员管理股、条法股、政工股、监察室、综合股、预算股、国库股、行政政法股、教科文股、商贸股、经济建设股、地方政府债券资金管理股、农业财务股、社会保障股、企业股、国际金融股、绩效评价股、企业国有资产管理股、投资评审股；下设县国资管理中心、农村财政和经营管理局、农村综合改革办公室、农业综合开发办公室、非税收入征收管理局、会计管理局、财政监督局、政府采购办公室、财政国库集中支付中心（局）、国有资产管理中心、英山经济开发区财政分局、财政信息中心、财政投资评审中心和11个乡镇财政所。2017年年末，全系统在岗296人。

【财政收入与支出】2017年，英山县全口径财政收入12.9亿元，比2016年增收1.96亿元，增长17.9%；一般公共预算收入4.9亿元，比2016年增加6649万元，增长15.7%。地方税收收入占一般公共预算收入比重为64.9%，全年完成非税收入1.72亿元，占公共预算收入35.1%，比2016年增收1378万元，增长8.72%。一般公共预算支出30.26亿元，同比增长5.92%。民生支出25.50亿元，同比增长5.94%，占财政预算支出的84.27%。

【预算管理】完善预算指标管理办法，调整预算指标管理模式，改单层管理体制为双层体制，将业务股室纳入预算指标管理系统；核实更新财政供养人员数据库，涉及全县11464名财政供养人员，更新信息20多万条；公开2016年财政资金13项1.35亿元、2017年财政资金10项3.08亿元，专项资金使用全公开。

【国有资产管理】对全县53家行政事业单位进行清产核资，资产有偿使用收入620万元，处置收入350万元，其他非经营性国有资产收入230万元。2017年，公开拍卖县人民医院老院址临街店铺18联，拍卖收益71万元。拍卖公务用车25台，拍卖收益96万元。将县党校老校址党员公寓采取租赁经营的方式，与湖北洪广集团联合签约，合作经营，年均收益50万元。出资70万元收购科技局房产一处，出资660万元收购原民政宾馆“自然居酒店”。

【农村农业项目投资】2017年，国家一、二、三产业融合项目区落户英山县，项目资金5000万元。投资985.4万元，支付全县312个村村级专职护林员和2000名生态护林员劳资。投入债券资金9200万元，用于乡镇污水治理建设，全县首个乡镇污水处理工程开工。

【农村综合改革】2017年，申报“一事一议”财政奖补项目142个、美丽乡村4个、提档升级美丽乡村1个。湖北省综改办增补英山县“美丽乡村”名额一个，奖励英山县“一事一议”奖补项目资金 200 万元，以钱养事奖励资金 300 万元。

【三资管理】 2017 年，创新村级资金存放方式，将村级财务服务中心账户分清类别，公开招标，确保村集体经济利益和资金安全。制定《英山县财政局关于规范村级资金支付方式有关管理规定》，通过规范支付渠道有效遏制违规使用资金现象发生。

【乡镇村财政财务管理】 规范人员管理，将 2016 年乡镇政府、财政所人员调整后的信息重新核对；强化乡镇财政所内部监督管理，全县取消村集体银行支票账户 142 个，清缴资金 897 万元；规范村集体资金支付方式，各类专项资金一律实行财政直达。

【非税收入】 2017 年，非税收入下降 11.2%，罚没收入下降 7.74%。行政事业单位资产一次性处置收入增加，2017 年，非税收入处于增长态势。

【会计管理服务】 全县会计人员网上考试参考率 80%。8 月，对 11 个乡镇财政所会计人员进行专项业务培训，使用统一会计核算方法，规范农村“三资”管理。推进会计内控制度改革，全县有 234 家行政事业单位编制内部控制报告。

【政府采购】 2017 年，县采购办完成采购项目 1438 次，采购金额 2.2 亿元，节约财政资金 2002 万元，资金节约率为 9.1%。

【财政监督】 县财政局全面检查全县 2016—2017 年度易地扶贫搬迁资金使用情况；对县司法局、县规划局、县经信局 3 家单位开展会计监督检查，发现违规使用资金 618.81 万元，追缴财政资金 3.06 万元；对 31 家重点单位进行专项检查，查出违规问题 166 起，违规金额 115.21 万元，责令其全部整改，并跟踪督办，整改率 95%；印发《英山县财政局关于印发〈英山县机关财务管理规范检查工作实施方案〉的通知》，全年落实整改问题 743 起，涉及金额 302 万元，整改达标率 93.3%。

【“以钱养事”政策】 2017 年，签订规范服务合同 281 份，对全县“以钱养事”服务中心落实省级转移支付 504 万元、县级预算 478.6 万元。

【投资评审】 2017 年，完成评审项目 125 个，送审金额 9.06 亿元，审定金额 7.92 亿元，审减资金 11518 万元，综合审减率为 12.7%。完成 11 个乡镇 2459 户 5341 人集中居住点易地扶贫非五保 10 个户型的预算编制和评审工作。

【预算绩效管理】 2017 年，对县移民局、县公安局等 15 家单位部门整体支出进行绩效评价，以及基本公共卫生服务资金、移民后扶资金、再就业专项资金、扶贫资金、城区道路改建工程项目、土地整理项目、山洪灾害治理项目、小农水重点项目、以工代赈项目等 20 个项目的绩效评价，涉及资金额度 7.8 亿元。

【精准扶贫】 统筹整合精准扶贫资金 12.94 亿元，支出 12.02 亿元。

【土地确权】 完成 301 个村（8 个属于城中村、城郊村、园中村的行政村不确权）农村土地承包合同签订工作和 298 个村 83916 户农村土地承包经营权新权证的发放。

【财源建设】 整合县域经济发展调度资金和大别山试验区产业发展基金 2.95 亿元，支持 66 家重点企业，设立中小企业短贷过桥资金，发放助保贷、助农贷等小额担保贷款 1582 万元，带动增加小微企业贷款 3 亿元。

【政务公开】 2017 年，政务公开网公开财政资金 45 项 8.6 亿元。发布政务公开信息 55 条，上传更新财政资金政策 102 条，回复咨询、投诉 22 条，回复率 100%。组织流动宣传活动 32 次，接受农民现场查询 2500 人次，现场解答群众财政政策咨询 900 多条。《黄冈日报》《英山周刊》宣传报道“两公开”1 次。

（万鹏飞　李胜兰）

国　税

【概　况】 英山县国家税务局（简称“县国税

局”）内设12个职能科室，分别为办公室、核算中心、法规科、税政科、收入核算科、纳税服务科、征收管理科、人事教育科、监察室、税源管理科、机关党委办公室、工会。另设1个事业单位和1个直属机构为信息中心和稽查局。下设温泉分局、石镇分局、草盘分局、杨柳分局。2017年年底，在岗115人。

【国税收入】 2017年，全县国税收入3.53亿元，比2016年度增收1.4亿元，同比增长65.6%，完成年度目标任务的101.6%；完成地方公共财政预算收入1.55亿元，比2016年度增收6699.4万元，同比增长76.4%，完成年度目标任务的100.3%。2017年，四大行业共入库税款1.51亿元。开展“营改增”政策宣传辅导，先后培训系统内人员260人次，系统外财会人员800多人次。推进行政审批制度改革，落实国家总局规定取消的行政审批事项，网上公开7项保留税务审批事项。深化国地税合作，细化51项工作内容，联合开展各类业务培训12期，联合审定个体定额税收、信用等级评定等，推行“三证合一”和“两证整合”。开展税法宣传、培训，培训人员1200多人次，发放宣传资料3000多份。

【便民办税春风行动】 开展“便民办税春风行动”，推进“六联办”服务，推行网上办税。2017年，县国税局网上办理业务47421笔，移动办理业务1334笔，邮政办理业务22612笔。推进国地税“一窗式”联合办税。利用电子显示屏滚动播放国务院减税政策、国家总局关于压缩办税时限二十条措施和湖北省国税局“12366”宣传视频，让纳税人充分享受国家政策红利。开展“千名税干进万户”走访座谈活动，收集纳税人意见、建议57条，集中理出问题清单，分析研究整改措施，落实整改责任人。

【依法治税】 2017年，开展“税收宣传月”、“七五”普法、“12·4”宪法日等活动；国税局全员参加网上无纸化学法考试，参考率100%，平均得分99.3分，考试合格率100%。应用“进户审批系统”实现审批信息化、流程规范化、操作简便化和监控全程化，有效破解“多头执法、重复检查”，减轻企业负担。落实国家税务总局关于取消非行政许可审批事项的要求，优化行政许可类审批事项办理流程，减少5个审批环节和12项申请资料。推广“执法案例指导管理系统”，参照指导案件10件，涉及税款21.4万元，罚款21.3万元。推行税务行政执法案例指导制度，县内国税执法案件与全省案“同案同办”。

（王峥峥）

地　税

【概　况】 英山县地方税务局（简称“县地税局”）内设办公室、人事教育科、政策法规科、监察室4个内设科室；下设规划财务局、征管信息局、税费服务局、稽查局4个直属局和4个税源管理分局；1个临时机构为房地产税收管理一体化办公室。2017年年底，全系统在岗91人。

【地税收入】 2017年，全县地税纳税人3131户，其中单位纳税人1184户，个体纳税人1947户。2017年，完成全口径税收2.38亿元，剔除2016年同期营业税7822万元基数，增长4564万元，增长23.63%；完成公共预算收入1.71亿元，剔除同期营业税后，增收2796万元，增长19.48%。征收社会保险费2.31亿元，同比增长9.48%，其中养老保险收入1.2亿元，基本医疗保险收入9890.7万元，失业保险收入239万元，工伤保险收入629万元，生育保险收入319万元。完成规费收入653万元。

【税收征管】 2017年，实行国地税“一窗式”联合办税模式，实现纳税人进一家门、取一个号、到一个窗口、办两家事。开展纳税信用等级评价和运用，对全县各类企业纳税信用等级进行评定。开展税收宣传培训，发放宣传资料2000多份，培训2300人次。完善大企业税收管理和服务，与大企业签订《税收遵从合作协议》，引导和约束税企双方共同信守承诺，防范风险；以风险任务为起点，实施痕迹管理，通过风控管理措施补缴税款667.65万元，加收滞纳金591.11万元。强化数据治理，提高税收数据质量。2017年，开展三次数据治理，保证“金税三期”系统内各项数据的准确性和完整性；开展单管户清理、核查，实施动态监控，下发数据清单，对国地税单管户2300多条信息关联情况逐户核对，确保国地税登记信息一致。实施税收纳税评估，2017年度，重点评估73户，查补税款461.14万元，评估增缴税收1.92%。

【落实优惠政策】 对符合条件的房屋交易按政策减免契税和增值税，222户享受税收优惠；降低或暂停预征土地增值税，减轻房地产企业负担；扩大小微企业享受减半征收所得税优惠范围，加大科技型中小企业研发费用扣除比例，简化手续，企业可以自行享受小型微利企业所得税优惠政策，无须报税务机关审核批准，全年减免小微企业所得税381.75万元；阶段性下调企业地方教育附加征收率，降低社会保险费，降低用人单位成本；月销售额或营业额不超过10万元（季度销售额或营业额不超过30万元）的纳税户免征教育费附加、地方教育附加、水利建设基金；停征价格调节基金；职工总数30人（含）以下的企业免征残疾人就业保障金。

【纳税服务】 开展“便民办税春风行动”，落实《纳税服务规范》，实行首问责任制、限时办结、延时服务、预约服务、提醒服务、免填单服务等各项服务制度；推行“一次性告知”“一窗式办理”“一站式服务”，更新办税服务厅内部标识，设置办税服务厅功能区，方便纳税人识别。全年受理涉税咨询1000件次，为5343户次纳税人减免税收2009万元。

（陈　意）

金　融

综　述

【概　况】 2017年，英山县境内有金融机构147家，其中中国人民银行分支机构1家（人民银行英山支行）、银行业监督管理分支机构1家（中国银行业监督管理委员会黄冈监管分局英山办事处）、政策性银行支行1家（中国农业发展银行英山支行）、商业银行支行机构4家（中国农业银行英山县支行、中国工商银行黄冈市分行英山县支行、中国建设银行英山县支行、中国邮政储蓄银行英山县支行）、地方法人金融机构2家（湖北英山农村商业银行、湖北英山长江村镇银行）；城区分支机构15个（含支行），农村分支机构32个；在英山注册的保险公司31家；小额贷款公司1家；小额担保公司1家；典当寄售行23家；类金融机构35家；境内无证券、信托等机构。

【存贷款额】 2017年年末，全县银行机构人民币各项存款余额191.7亿元，比年初增加23.5亿元，增幅12.28%。全县银行机构人民币各项贷款余额74.34亿元，比年初增加10.87亿元，增幅14.62%，贷款增幅高于存款增幅3.13个百分点。全县银行业余额贷存比为38.78%，比2016年增加1.04个百分点。增量贷存比为46.18%，比2016年减少9.38个百分点。在总贷款中，中小企业贷款37亿元，比年初增加4.48亿元，增幅为14%；涉农贷款58.62亿元，增幅为5.73%，占总贷款的78.86%。全县银行机构人民币不良贷款0.99亿元，不良贷款率为1.34%。12月末，全县寿险收入8.43亿元，财险收入8649.50万元。保费合计收入9.29亿元，保费收入比2016年年底增长3.52亿元，增长率为61%。

中国人民银行英山县支行

【概　况】 内设办公室、综合业务股、保卫股、人事政工股、货币信贷统计股、货币金银股。2017年年末，在岗30人。

【湖北省人行系统金融扶贫座谈会在英山县召开】 8月4日，中国人民银行湖北省分行系统金融精准扶贫暨金融支持深度贫困地区脱贫攻坚座谈会在英山县召开。中国人民银行武汉分行、各市州中支、十堰郧阳区政府、中国人民银行英山县支行、英山农商行等单位负责人参会。与会人员现场参观神峰山庄，听取该企业负责人的汇报，了解其产业带动贫困农户脱贫的做法。中国人民银行黄冈中支、英山农商行、人行十堰中支、郧阳区政府4家单位分别作经验交流。

中国工商银行股份有限公司黄冈英山支行

【概　况】 内设机关本部、市场营销部、支行营业室，下辖黄冈英山温泉支行和英山县实验中学、英山飞达广场、毕昇大道3个自助网点。2017年年末，在岗35人。

【业务经营】 2017年，人民币各项存款余额14.71亿元，余额同业（工、农、建三家银行，下同）占比22.48%，净增占比18.91%，各项存款余额占比同业第三、净增占比同业第三。人民币各项贷款余额6.21亿元，其中公司贷款余额3.99亿元，当年累计发放贷款1.9亿元。贷存比为42.26%；不良贷款余额23万元；全年净利润1679万元；手续费及佣金收入548万元。新开对公结算户101户；日均金融资产1万元以上个人客户数净增832户，日均金融资产余额5万元（含）以上公司客户净增9户，私人银行客户净增2户，代发工资单位净增2户。为全县8000多名企业离退休人员通过社保卡发放养老保险金，较2016年新增1000多人。建立普惠金融网格化工作站9个，安装POS机6台，发放个人贷款860万元，通过网格化工作站为全县2500人次提供存款、结算、理财、咨询等非贷款金融服务。

中国农业银行英山县支行

【概　况】 内设综合管理部、运营财会部、风险管理部、客户部、个金部、委托资产处置小组，下设二级支行5个，智慧银行4个。2017年年末，全系统在岗83人。

【业务经营】 2017年，人民币各项存款余额28.88亿元，新增存款1.25亿元，比年计划增长1053万元，其中新增个人存款1.36元，同比增长4694万元；日均存款净增3.05亿元。人民币各项贷款余额8.59亿元，新增贷款2.37亿元，增幅38.6%，同比增长1.23亿元，其中新增公司贷款2.5亿元，新增个人贷款1.03亿元；日均贷款净增2.8亿元，超上级行计划2982万元。实现营业收入6799万元，中间业务收入876万元、拨备后利润3447万元；不良贷款控制在140万元以内。新增对公有效客户206户，占市分行计划的210%；实现全市首笔同业存款业务金额4000万元，期限3个月。推进“政府购买服务项目融资”业务，对英山县职教中心项目发放贷款1.28万元；对蔡草线旅游公路建设项目发放贷款1.3亿元。支持旅游项目，发放楚江南项目建设贷款、篓子石旅游开发贷款共计2.1亿元。支持民生项目，对县人民医院授信1.05亿元、对长安建筑公司授信7500万元。发放农民安家贷161笔，金额2120万元，累计发放个人住房贷款1292笔，金额2.06亿元。发放惠农贷款1.06亿元，通过“公司 + 农户”模式对小微企业发放贷款1460万元。共建立普惠金融网格化工作站52个，设置“惠农通”服务点416个，实现年交易笔数120多万笔，金额近3亿元。承担5.7万人养老金发放，代扣全县16万人养老金缴费、2.5万名户用电缴费。在机关养老保险及职业年金代扣代缴业务招标中中标，成为全市第二家入围支行。

中国建设银行股份有限公司英山支行

【概 况】 内设业务部、综合管理部、个贷中心，下设支行营业部、英山楚东支行两个营业网店、1个离行式自助银行。新增自助智能设备4台，自动存取款机2台。2017年年末，全系统在岗36人。

【业务经营】 2017年，人民币各项存款余额21.85亿元，比年初增加2.7亿元，其中企业存款余额8.9亿元，英山县同业第一。人民币各项贷款余额3.89亿元，新增1.05亿元，完成年度计划5700万元的184%。实现利润2715万元，较2016年减少144万元；实现中间业务收入744万元，完成计划794万元的94%；完成地方税收150万元；对公、个人有效客户新增15768户，完成计划的251%。在地方机关事业养老保险招标、温泉镇（城区）村级资金财政代管招标中中标。对中小微企业发放网上快贷、税易贷、善融贷等贷款8600万元，增加信贷客户38户；对代发工资职工发放“薪易贷”“快贷”等1700万元。新培植信用企业6家，向中小企业累计发放“助保贷”贷款共计7300万元；开办“五贷一透”业务，发放“创业贷”120万元，“税易贷”950万元；开办黄冈市财政产业扶贫发展基金贷款，市政府提供30%增信，市金财融资担保公司提供40%担保，企业承担30%风险。全县各乡镇村“裕农通”投放点54个，发放“裕农通”卡2620张。

中国农业发展银行英山县支行

【概 况】 内设信贷业务部、会计结算部、办公室3个办事机构。2017年年末，在岗14人。

【业务经营】 2017年，人民币各项存款余额7.64亿元，人民币各项贷款余额7.12亿元。总资产7.15亿元，总负债6.93亿元，所有者权益2178万元，注册资本130万元。累计发放贷款2.81亿元，其中8000万元用于大别山区易地扶贫搬迁同步搬迁项目，新建18个安置点，用于县内5938户贫困户居民进行易地扶贫搬迁安置；1.5亿元用于英山县工业新城等城中村棚户区改造项目，英山县工业新城（屏峰村及西汤河村）、温泉南路二期（长安世纪城）和长冲茶厂3个城中村棚户片区内居民房屋进行拆迁和安置，涉及城中村拆迁居民886户，拆迁房屋面积108746平方米；5000万元用于318国道英山县城区段改建工程项目，对318国道英山县城区段改扩建，全长13.495千米；100万元用于湖北英山云雾茶业股份有限公司流动资金贷款。监管2016—2017年国家投入的8.54亿元扶贫资金，支付4.94亿元用于搬迁安置建档立卡贫困人口13783人。

湖北英山农村商业银行

【概 况】 内设14个部室、22个支行、1个营业部、1个金融超市。全县11个乡镇设有自动柜员机、存取款一体机48台，共设立惠农服务点296个，金融网格化服务工作站93个，代理校园一卡通、居民健康卡、社保卡等项目，推广洗车卡、电影卡。2017年年末，全系统在岗307人。

【业务经营】 人民币各项存款余额73.86亿元，较年初增加8.38亿元，增幅为12.8%，存款份额占全县的41%。人民币各项贷款余额44.4亿元，较年初增加3.15亿元，增幅为7.6%，占市行保证计划的105%，贷款总额和增量市场份额分别达69%和76%。累计发放2.23亿元信贷资金重点支持19家涉旅项目；对2949户四类经济主体发放生产贷款2.81亿元，其中，发放“以茶相贷”3900万元，小微企业“流量贷”1.21亿元，发放“白领通”客户贷款567户，精准扶贫贴息贷1.29亿元和“电商品融易贷”等品牌贷款1100万元。开展防范非法集资活动，发放电子银行宣传资料3万多份。新装转账电话机45台，总机数达807台，其中神峰山庄装机39台；发行福卡信用卡9117张，占年计划的106.5%；安装湖北省高速不停车收费ETC电子标签3001台；扫码支付拓展客户4856户。风险贷款占比4.41%，累计清收化解不良贷款1.68亿元，占计划的139.62%。实现利息收入4.23亿元，比同期增加3669万元，实现综合效益8977万元，比同期增加770万元，增幅9.38%。上缴税金5035.8万元。

【金融扶贫】 8月1日，英山县“扶贫小额抱团创收贷”暨扶贫再贷款签约在英山农商行举行，县委常委、副县长李文，县金融办、县财政局、县人行、县银监办、县扶贫办、县城投公司、县农商行、县农行等单位负责人参加。全年，农行共计发放抱团创收贷款4360户4360万元；建行发放精准扶贫贷款63万元；农商行在78个村成立精准扶贫工作站，对281个贫困户发放贷款739万元，对近1.1万户贫困户发放精准扶贫小额贷款1.09亿元。

【金融机构履行社会责任】 4月14日，英山农商行举行第七次“农商银行福卡励志奖学金”发放仪式，共青团英山县委副书记伍佳、农商行副行长、团委书记吴险峰对10名符合农商银行福卡励志奖学条件的每名大学生发放福卡励志奖学金4000元。

中国邮政储蓄银行英山县支行

【概　况】 内设综合管理部和综合业务部，下设3个营业网点。2017年末，全系统在岗58人。

【业务经营】 2017年，人民币各项存款余额32.51亿元，新增存款5.68亿元，2017年累计增长38.16%，其中，自营网点存款余额累计达10.7亿元，全年累计净增8500万元。代理保险业务1.92亿元，销售理财2.92亿元，新增手机银行客户14557户，电子银行交易率达到82.1%。2017年发卡7793张，其中信用卡2716张，绿卡通卡4077张。人民币各项贷款余额2.82亿元，其中，小额贷款余额7325万元，累计投放4140万元；消费贷款余额9775万元，累计投放6681万元；商务贷款余额7113万元，累计投放8814万元；小企业贷款余额3936万元，累计投放4446万元。发放“再创业贷款”348笔，金额1990万元；向英山云雾、金雷茶叶、新兴茶叶、江新建筑、金源麻纺、瑞德门业、丰合制衣、开明商贸等公司累计发放个人经营性贷款190笔，金额10097万元，发放公司流动资金贷款15笔，金额2960万元。向从事农业生产经营的农民累计发放农户贷款80笔，金额2019万元。向诚信人士累计发放生活消费贷款55笔，金额954万元。共建成金融网格化服务工作站46个，其中温泉镇3个、南河镇6个、红山镇2个、金家铺镇3个、石头咀镇8个、草盘地镇5个、雷家店镇5个、杨柳湾镇9个、方家咀乡3个、孔家坊乡2个。

湖北英山长江村镇支行

【概　况】 设有温泉营业部和鸡鸣路支行2个营业网点。2017年年末，在岗36人。

【业务经营】 2017年，人民币各项存款余额2.65亿元，较年初增长0.92亿元，增幅53.2%。人民币各项贷款余额1.30亿元，其中公司贷款余额0.28亿元，当年累计发放贷款1.5亿元。贷存比为49.17%；不良贷款余额200万元；全年净利润324.59万元。新开对公结算户39户；日均金融资产1万元以上个人客户数净增236户，日均金融资产余额3万元（含）以上公司客户净增9户，代发工资单位净增3户。建立普惠金融网格化工作站9个，安装POS机具68台，发放个人贷款1.18亿元，通过网格化工作站为全县1500人次提供存款、结算、咨询等非贷款金融服务。

公共服务　基础设施建设

交　通

【概　况】 英山县交通运输局（简称“县交运局”）内设办公室、人事监察股、财务审计股、综合计划股、安全法制股、运输管理股6个股室；下辖黄冈市英山县公路管理局、英山县农村公路管理局、英山县道路运输管理局、英山县交通物流发展局、英山县交通建设投资管理中心、英山县开源交通旅游投资有限公司、英山县交通管理站、英山县公路路政管理局、英山县交通基本建设质量监督站、英山县城市客运管理办公室。2017年年末，机关在岗30人，其中借用15人。

截至2017年年底，全县公路总里程2624.325千米、路网密度181千米/百平方千米，其中高速公路（起点红山镇邵河村，止点杨柳湾镇杨树堰村大枫树岭）26.1千米；一级公路4.4千米；二级公路191.3千米；三级公路86.6千米；四级公路2316千米。渡口1个。全县有客运企业5家、货运企业5家、机动车维修企业87家（二类维修企业12家，三类维修企业75家），城市公共客运企业1家，出租车企业1家，驾校3家，二级客运站1座，五级客运站6座，综合性能检测站1座，候车亭330个，招呼站牌335个；营运客车455辆，营运货车447辆，出租车120辆，公交车81辆。全年完成道路客运量1041万人次，旅客周转量10800千米/万人，完成货运量365万吨，货物周转量83126.3万吨/千米。拥有运输船舶1艘，完成水路客运量0.32万人次。

【城市公交】 英山县温泉公交客运有限公司（简称“公交公司”），2017年年末，公司共有公交车81台，其中纯电动公交车辆36台，标准化充电站1座。2017年4月，3路公交线延伸至柳林河村。公司实行公车公营模式，每车配备两名司机，每天营运16个小时。2017年，城市公交营运总里程445万千米，客运量491万人次。截至2017年年底，公司在岗110人，其中驾驶员85人，行管后勤管理25人。

2017年8月，农村客运市场实施集约化经营改造，将温泉镇和红山镇53个个体客运业主并入温泉公交公司，公司支付补偿款160万元，组建温泉公交综合服务中心，中心营运场地1.4公顷。

【长途客运】 黄冈市东方运输集团英山全顺有限公司（简称“全顺公司”）隶属于黄冈市东方运输集团，是一家从事跨县以上客运经营的专业运输企业，具全国道路客运二级资质。公司主营县内、县际、市际、省际班车客运线路经营，包车业务经营和客运站经营。兼营省际旅游客运、机动车辆保险、汽车维修、机动车检测、房地产开发、道路运输驾驶员网络远程继续教育培训和加油站等业务。公司下设二级客运站1个，五级客运站1个，民营车站1个；后勤科室有财务中心、安全业务科、监控中心、调度中心和综合办公室。2017年年末，公司拥有车辆95台，其中高级客车55台，中级客车40台，经营客运班线29条。客运站中长途固定发班95班/日，县内乡镇东河线发班150班/日，日均运送旅客4500人次。公司占地面积60000平方米，注册资本1320万元，固定资产8000万元，年营业收入7000多万元，完成税收300万元。2017年年末，在岗156人。

【农村客运集约化经营】 2017年，英山县人民政府制订《英山县农村客运集约化经营实施方案（试行）》，引导个体营运客车，实行农村客运集约化经营。具体方案：方家咀乡、南河镇个体客运与南河富民公司合股经营；石头咀镇兴和公司兼并（入股）石头咀镇、吴家山林场个体客运；全顺城乡客运公司兼并雷家店镇个体客运；温泉公交客运公司兼并温泉镇、红山镇部分个体客运；金铺镇、孔家坊乡采取集体入股成立金孔客运公司；杨柳湾镇由全顺公司兼并成立顺际客运公司。2017年年底，农村客运集约化经营改造完成。

【"村村通客车"补助】 2017年，"村村通客车"实行燃油消耗补助与通车运行率挂钩。2017年年底，每辆车1.8万元的亏损补贴资金发放到位。

【交通工程建设】 2017年，完成交通项目建设货币工程量2.08亿元。完成4.2千米白莲河环库公路示范段工程，货币工程量2800万元；完成草太线公路7.3千米改造工程，货币工程量2600万元。11月底，张草线东段路基、路面及防护设施建设完工，全长10.387千米，货币工程量4000万元；启动张长线工程建设，全长12千米，当年投资150万元完成前期各项准备工作；完成16座危桥改造任务，其中国省干线桥梁4座，县乡道桥梁4座，村道桥梁8座；货币工程量1268.9万元；完成150千米村级道路建设任务，货币工程量4500万元；投资120万元完成乡村重点路段水毁恢复工程；投资220万元修复小米畈等41处村道水毁及地质灾害点；完成318国道绕城一级公路改建工程设计，年内进入招投标程序；投资1200万元完成长安大桥设计、施工方案、招标等前期准备。

危桥改建——老鹳冲二桥通车

【公路养护】 2017年，日常性清扫国、省、县道5750.4千米，路面沥青灌缝66千米，整修路肩648.3千米，清理公路边沟1592千米，路肩机械割草1628千米，修补路面坑槽4930平方米。投资130万元，采用高性能路面灌缝材料和沥青混合料，对318国道柳林河路段、省道中大线南河路段、小白线局部路段，进行坑槽修补、清灌缝约23000平方米，油封整治松散、麻面等路面病害28615平方米。在国道沪聂线补植梧桐6000株，省道中大线补植梧桐30000株，小白线补植柳树21000株；投资80万元对中大线、小白线水毁路段进行花、草补植绿化；完成139.007千米国省道接养移交工作。整合村级养路经费200万元，结合精准扶贫，在全县有能力的贫困户中选聘村级公路养护员500名，人均补助工资4000元。

【路政执法】 2017年，路政执法办理处罚案件50起；处理赔（补）偿案件12起，结案12起，结案率100%。开展路域环境整治活动，清理"非标"159块，清理公路及用地范围内堆积物170处，1152平方米。清理占道经营52处，清理面积260平方米，拆除省道渡槽大型路障2处，路域环境得到有效优化。联合"治超"检测车辆2793台，办理处罚案件97件，其中超限车辆156台，卸载

车辆156台，卸载货物1576.3吨，罚款27.6万元；抄送黑名单52台，源头劝返700多台，行政拘留1人，记分160人次，驾驶证降级2人次，行政拘留2人。训导劝教驾驶员130人次。超限率控制在2%以下。

【运政执法】 2017年，运输车辆管理坚持北斗监控与上路稽查相结合，全年查处违法违规行为115起，清退、注销不符合资质的客运班车55台；整治查扣违规载客电动车16台次。开展“驾培市场专项整治”活动，全年查处非法挂靠和驾校异地经营等违法行为15起。办理货车许可77台、许可驾校1家、备案汽车租赁公司1家、许可维修企业10家。

【“455”公路安全生命防护工程】 2017年，英山县启动公路安全生命防护“455”工程：即用四年时间建立省、市、县、乡、村5级联动机制及责任体系，投资50亿元完成国、省、县、乡道路及通客运班车村道的公路安全生命防护工程。全县入库总任务822.13千米（含“十三五”国省道调整里程），其中国、省道公路206.15千米，改造投资4123万元，县、乡道公路480.98千米，村道135千米，改造投资12319.6万元。按照省市要求“四年任务、两年完成”的目标，县交运局制定总体方案，由县公路局和县农村公路局负责组织实施。截至2017年年底，完成生命防护工程467.153千米。其中国、省、县道143.253千米，乡村道路323.9千米，安装钢护栏155.74千米，示警装置28106个，广角镜293块，减速带177处，共投资9300万元。

【改进路面养护工艺】 2017年，首次采用高性能的路面灌缝材料和沥青混合料，对318国道柳林河路段、省道中大线南河路段、小白线路段，共2.804千米的病害路面进行坑槽修补、清灌裂缝养护；对列养国省干线公路的松散、麻面28615平方米病害路面，采用洒油封面养护。

（马小双）

供　电

【概　况】 国网湖北省电力公司英山县供电公司（简称“英山电力公司”）经营区域覆盖英山县11个乡镇、8个国有农林牧渔场、312个行政村。2017年，供电客户15.8万户。公司在岗员工163人，全县农电工255人、社会化用工73人。

【供电体系】 英山电网220千伏输电线路进线2条，其中220千伏吉升线由浠水500千伏大吉变电站向220千伏毕昇变电站供电；220千伏昇薄线由罗田220千伏薄刀峰变电站向220千伏毕昇变电站供电。110千伏输电线路进线1条，即110千伏白冲线由白莲电厂向110千伏长冲变电站供电。红花、张家咀、占河等30家联网小水电总装机容量2.2万伏安，年平均发电量约3900万千瓦时。

截至2017年年末，全县形成以110千伏为区域电网骨干，35千伏、10千伏向下辐射的供电体系。网内共有220千伏变电站1座、主变1台、线路2条；110千伏变电站3座、主变4台、线路7条；35千伏变电站10座、主变压器16台、线路18条；配电变压器2012台、配电线路79条。

2017年，供电量3.12亿千瓦时（首破3亿千瓦时大关），同比增幅16.42%；售电量2.78亿千瓦时，同比增幅11.27%；售电均价646.33元/千千瓦时；电费回收率100%；综合线损率10.05%，同比上升2.7个百分点。全县最大用电负荷和最大日用电量分别达到8.4万千瓦和158.6万千瓦时（2017年7月27日），同比增长分别为10%和17%，均创历史新高。

【安全管理】 2017年，重新修订安全稽查管理办法，开展各类稽查528人次，查处违章49起。组织员工参加省、市供电公司“安规”培训考试140人次。清理输配电线路障碍15处，违章建房5处，违章施工作业3处，调处阻碍电力建设施工纠纷5起，制止危害电力设施安全案件9起，查处破坏电力设施案件 3 起，移送司法机关处理 2 人，挽回直接经济损失 5.6 万元。修编应急预案，圆满完成迎峰度夏以及中共十九大期间、中考高考和全省扶贫工作现场会等重要时段保电工作。“4 · 16”风灾、“7 · 13”洪灾造成 4.2 万名用户停电，均在 3 天内恢复供电。截至 2017 年年底，英山电力公司连续安全生产 2745 天。

【电网建设】 2017 年，完成《10 千伏配电网网架规划研究》和《35—110 千伏电网网络优化专题报告》，滚动修编《英山“十三五”电网规划》，完成 110 千伏温泉输变电工程和 35 千伏老虎头配电站工程前期工作。投资 1.15 亿元，新建及改造 10 千伏线路 113.5 千米，配电变压器 268 台，低压线路 790.7 千米。投资 667 万元，完成 78 个行政村光伏发电配套项目 74 个，安装专变台区 69 台；投资 1909 万元，完成易地搬迁电力配套建设，新建改造变压器台区 73 个；投资 1563 万元，实施“村村通动力电”工程，解决 3 项生产生活用电卡口问题；投资 1685 万元，实施“井井通电”工程，全面解决全县泵站用电难问题。

【供电服务】 2017 年，新增用户 1572 户，新增容量 2.31 万千伏安。推行“电网连万家，共享电气化”，开通“家电进厅销售”业务，促进居民售电量同比增长 4.91%。推广电能替代，完成电能替代项目 324 个，增加售电量 1100 万千瓦时。当年完成集抄改造 2.5 万户，累计完成集抄改造 15.2 万户，实现集抄全覆盖。推广高压智能电管家，当年新增高压智能电管家 484 户。整治异损台区 156 个。完成表计配送复检任务，向三级库房配送表计 2.5 万只，互感器 800 只。

（胡诗杰）

2017 年英山电网 35—220 千伏公用变电站规模一览表

表 14

地区电网	220 千伏			110 千伏			35 千伏		
	变电站（座）	变压器（台）	容量（万千伏安）	变电站（座）	变压器（台）	容量（万千伏安）	变电站（座）	变压器（台）	容量（万千伏安）
英山县	1	1	18	3	4	18.15	10	16	10.37

2017 年英山电网 35—220 千伏公用输电线路规模一览表

表 15

地区电网	220 千伏		110 千伏		35 千伏	
	条数（条）	长度（千米）	条数（条）	长度（千米）	条数（条）	长度（千米）
英山县	2	90.65	7	148.63	18	230.09

供　水

【概　况】 英山县自来水公司（简称“县自来水公司”）内设办公室、财务室、供水厂、客户服务中心、水务安装公司、项目办、报装办、物资管理中心、水质检测中心、监察中队、水元环保有限公司 11 个部门。截至 2017 年年末，公司总资产 3243 万元，城区供水管网总长度 104.7 千米，服务面积 12 平方千米，日供应能力 3 万立方米，服务人口近 10 万人，年供水量 406 万立方米，水质合格率、水压合格率均在 99% 以上。2017 年年末，在岗 53 人。

【主要路段管网改造】 2017年，完成四季花海、红山大道至职教中心、莲花西路、城西新区干臣大道、兴业大道、红山大道、和谐大道等路段主管道铺设，共计10.1千米。完成北汤河、粮食小区、电力公司、疗养院、新茶叶市场、沿河西路工业村等路段管网改造更新，共计4.6千米。11月，对老城区主管网进行全面“体检”查漏，查出大小漏点25处，修复后提升管网压力，减少损耗，节约成本。2017年5月2日，成立工程安装队对新老城区消防栓进行全面排查，增设消防栓183台。

【西汤河污水处理厂建设】 西汤河污水处理厂占地面积2.1公顷，总投资4500万元，主要对温泉城区（涵盖工业新城、城西新城）、开发区、红山镇三个镇区生产、生活和城区部分污水进行集中收集处理，实现达标排放，保护白莲河流域和长江经济带生态环境。2017年6月，各项机械设备安装调试完毕。8月25日，通水试运行。

【新城自来水厂建设】 新城自来水厂建设项目位于红山镇邵河村，占地面积1.4公顷，设计规模日供水量3万立方米，拟张家咀水库作为永久性水源，供应城西新区、开发区和城区用户，与莲花水厂管网对接。项目总投资8000万元，其中厂区建设3600万元，管网建设4400万元。2017年年底，完成新水厂主体工程建设以及办公楼及生产车间装饰装修。

【供水安全】 水质检测中心对出厂水和源水每日进行检测，在县自来水公司官网进行公示并按要求上报卫生监督部门。定期委托县检测中心、市自来水公司检测中心对县自来水公司水质进行常规检测。2017年，各项指标均符合国家标准。全年无安全生产事故，无安全供水事故，无安全施工事故。

【供水服务】 建立客户回访制度，实行首问负责制，拓宽用户监督投诉渠道；制定工作标准，建立内部监督、目标考核等管理制度；加强服务信息化建设，通过使用微信、支付宝、银行代扣等快捷便民支付技术，方便用户缴纳水费；通过手机短信、网站、微信平台、印发宣传册向用户宣传用水常识和供水信息。

（张　方）

邮　政

【概　况】 中国邮政集团公司湖北省英山县分公司（简称“英山邮政”），2017年8月进行经营组织架构改革。改革后，设市场营销部、金融业务部、集邮与文化传媒部、包裹快递部、渠道平台部、综合办公室；设城南、方咀、红山、金铺、石镇、草盘、雷店、杨柳、南河、鸡鸣路10个邮政支局所。农村设陶河、孔坊2个邮政营业代办点。2017年，全系统在岗132人。全县有城区投递段道9条，农村投递路线20条，312个行政村通邮率达到100%。全县设有255个村级邮站。

【业务办理】 2017年，实现业务收入3749.9万元，同比增幅24.1%。代理邮储新增余额4.83亿元，同比增长28.4%，实现业务收入2350万元，同比增长26.9%；代理保险新增代理保费1.63亿元，同比增长25.5%，实现业务收入598.6万元，同比增长38.4%；包裹快递2017年累计收寄量达到12万件，同比2016年提升132%，累计实现业务收入72.8万元，同比增长83.1%；农资分销实现收入196.2万元，同比增长79%。

（李　康）

中国电信

【概　况】 中国电信股份有限公司英山分公司（简称“英山电信”）内设综合办公室、市场经营部、移动销售部、政企客户部、网络部；下设11个乡镇分局。2017年年末，在岗67人。

【业务服务】2017年，投资1500万元，新增FTTH端口9388个，全县FTTH端口能力达到70112个，端口利用率为51.24%；配套投资66.7万元，新建4个3G基站和32个4G基站，基本实现城区和乡镇镇区4G信号全覆盖。截至2017年年末，光纤覆盖298个行政村，入户宽带能力均为12兆以上，入户普及率40%。2017年，英山电信实现计费收入5415万元，同比增幅10.97%。

（吕　律）

中国移动

【概　况】中国移动通信集团湖北有限公司英山分公司（简称“英山移动公司”）内设市场部、综合部、集团客户中心、技术支持中心。市场部下设金石路营业厅。2017年年末，在岗55人。

【业务服务】2017年，完成运营收入8620万元，移动通信用户数14.5万户，税收350万元。投资.4000万元，新建4G基站80座。截至2017年年末，英山分公司共有基站529个（其中4G基站276个、4G室33个），城区4G网络覆盖达到98%。有线宽带小区193个，覆盖用户数73048户。2017年，实施城区光缆天改地工程，城区迁改杆线30多千米，铺设管道30千米。

（邹　燕）

中国联通

【概　况】中国联合网络通信有限公司英山县分公司（简称“英山联通”）下设城区营服中心、乡镇营服中心、集团营销中心、宽带营销中心、建设维护中心和综合部6个部门。2017年年末，在岗22人。

【设施建设】截至2017年年底，英山联通基站数达到380座，其中3G/4G基站240座，网络覆盖全县城区及乡村和各旅游景点。县城区及乡镇、旅游区增设代理商卖场3家，实体渠道36家。移动手机用户46800户，宽带用户3300户。

【营业收入】2017年，投资100万元建设新增城区、乡镇宽带接入端口10000线（乡镇主要镇区全部覆盖）。当年营业收入1800万元，税收21.9万元，同比增长18.9%。

（刘跃强）

网　络

【概　况】湖北省广播电视信息网络股份有限公司英山支公司（简称“湖北广电网络英山支公司”）内设综合管理中心、销售服务中心、建设运维中心、财务资产部4个部室；下设南河、方咀、城郊、城区、城北、孔坊、金铺、石镇、草盘、雷店、杨柳、水口桥12个经营部。2017年年末，在岗178人。

公司建有鄂东播控中心机房1个，分前端机房11个，铺设光缆2200多千米，管道400千米。城乡网络实现以光纤传输为骨干、以双向传输为重点的高效传输网络。截至2017年年末，全县有线网络覆盖率达到92%。网内传输数字电视节目126套、高清电视节目26套，时移电视节目55套，同时承担罗田、麻城、英山三县（市）的数字电视节目传输。

【项目建设】2017年，开展乡村宽带建设，构建电视互联网全业务平台，加速双向宽带化光纤网络、TVOS智能终端以及全媒体、大数据、云计算等领域布局，发展数据及信息化业务，为行政事业单位、企业、城市、社区提供电子政务、电子商务、VPN、智能监控、数据分析、社区管理等信息服务。开设电子政务网、政府会议视频系统、视频监控网、黄冈军区人武部作战指挥系统、财政网、地税网、人行网、人寿保险专网、政府机要网、综治网、教育网等专网。

【营业收入】2017年，经营总收入2195万元。新发展电视用户1739户，累计用户超过8万户；

新发展宽带用户4368户，累计用户近2万户；利用电视机顶盒开机画面、挂角、音量条等多途径广告投放渠道，广告收入62万元。

【服务】 规范“96516”服务热线记录、回访、告知流程；通过入户电视机上张贴统一制作的“维修人员电话、投诉热线”小圆标，在网络区域集中点挂“广电服务告知牌”，在电视台左移字幕、自身平台闲置广告位上做服务宣传。实行7×24小时的网络运维值班制度，为用户提供优质快捷服务。制定《湖北广电网络英山支公司安全播出应急预案》，确保国家各项重大活动、重点时段、重要节日安全播出，特别是中共十九大召开期间，坚持24小时值班，保证了信号安全稳定传输网络安全运行。

（余学昭）

农村能源

【概　况】 英山县农村能源建设领导小组办公室（简称“县能源办”）内设秘书科、计划财务科、技术科、市场信息科。2017年年末，在岗7人。下设英山县农村能源技术服务中心，属以钱养事机构。2017年年末，在岗10人。

【项目建设】 2017年，完成2016年度湖北省农村能源发展项目续建工程，省级财政厅下拨现代农业发展转移支付资金130万元，安装太阳能路灯250盏，建设农村能源专业服务网点1处；完成湖北省规模化沼气示范工程，该项目为全省农业循环经济综合利用6个示范样板之一，省发改委投资150万元，在神峰山庄陈河村种养基地建设厌氧发酵池400立方米，配套储液池、光伏发电系统、田间沼液输送管道、沼气输送管道等设施，采用“猪—沼—菜”“三沼”综合循环利用模式，使养殖粪污全利用，实现农业种植无害化、能源利用清洁化。

（赵华斌）

地热开发

【概　况】 英山县地热开发管理公司（简称“地热公司”）内设财务股、办公室，下设供应和安装维修两个分公司和4个地热泵站：北汤河泵站、北汤河新泵站、西汤河泵站、加压站。城区地热水主管道总长35.8千米。2017年年末，在岗26人。

【项目建设】 2017年，公司收入209万元，其中安装维修公司38万元，供应公司148万元，其他23万元。铺设四季花海地热供水主管道1600米（包括过河管道），铺设温泉北路天壹国际小区、温泉南路长安世纪城小区、山水名居小区地热供水入户管道2790米。

1月13日，县政府常务会议决定将英山县地热开发公司由原县科技局管理改为英山县城市建设投资管理中心管理。3月30日，县政府办召开相关单位负责人会议，就地热公司整体划转工作进行具体部署和安排。4月1日，英山地热公司正式改为县城市建设投资管理中心下属单位。

（杨　柳）

天然气

【概　况】 黄冈赛洛天然气有限公司英山分公司（简称“英山中燃”）下设综合管理部、财务部、生产运营部、工程部、市场部、客户服务部6个部门。2017年年末，在岗36人。截至2017年年底，全县中压管网66千米，庭院低压管网60千米；居民安装2.1万户，工商业及公福用户共171户。

【管道铺设】 2017年，城区铺设中压管网2千米，庭院低压管网17千米。2017年，居民安装接入5100户，工商业50户，公福用户9户。全年销气量366万立方米，上缴税收210万元。铺设九龙口村、西汤河村、北汤河村、甘塘坳村等10多个城中村的燃气管道共计20千米；整改中压隐患12处，低压隐患43处，险情处理15起，紧急抢险46起。完成政府“雷霆行动”煤改气11家18.4蒸吨。2017年，受气候及全国性气源紧缺影响，保供形势严峻，公司投资60万元购置LNG气化设施，以确保服务区内安全稳定供气。

（刘　俊）

石油供应

【概　况】 中国石化销售有限公司湖北黄冈英山石油分公司，简称中石化英山石油分公司。2017年11月，由国有控股的股份制企业分支机构变更为外商投资企业分支机构。2017年年末，县内有加油站10座，合作经营易捷·嘉百味餐厅1家，“他有我营”加油站2座。主要经营汽油、煤油、柴油、润滑油，包装食品、日用百货等零售；汽车清洗、餐饮服务；设计、制作、发布国内各类广告。2017年年末，在岗18人，聘用37人。

【石油销售】 2017年，英山分公司石油成品销售总量29244吨，成品油零售销售收入17567万元。成品油直分销售（批发）量7380吨。非油品销售收入931万元。完成税收444.97万元。

2017年，投资136万元完成6座加油站的油气回收设备改造、新装8座加油站高清视频监控系统；开展合作经营拓展业务，完成2座“他有我营”加油站合作项目建设。

（安更生）

城乡建设

住房和城乡建设

【概 况】 英山县住房和城乡建设局（简称“住建局”）内设办公室、政工股、政策法规股、城乡建设股、建筑与房地产业管理股5个职能股室，下设市政工程建设管理局、园林局、经济开发区住房和城乡建设分局、自来水公司、建筑工程质量监督站、建筑安全生产监督管理站（建筑市场管理站）、建筑节能与墙体材料革新管理办公室、白蚁防治服务所、城建档案馆、建筑工程施工图设计文件审查办公室、装饰装修行业管理办公室、建筑勘察设计院12个二级单位。2017年年末，在职干部职工119人。

【城乡建设项目】 2017年，无重大建筑工程质量安全事故发生。晋升一级资质建筑企业1家；长安公司晋升为特级资质。创湖北省优质工程楚天杯3项、黄冈市优质工程大别山杯3项，创湖北省二星级绿色建筑设计标识1家。培训从业人员近150人次，取消行政事业和行政服务性收费4项。新增城区园林绿化面积约10万平方米，总投资2242万元。完善红山大道一期、和谐东路、钻石路、一里沙路、莲花西路五条道路的绿化；加强城区15万平方米绿化苗木的修剪、除草、灭虫、浇水等日常管养力度，对城区主、次干道高大乔木进行全面修剪或截干处理。

【城乡生活污水治理】 城西污水处理厂试运行；东门大桥两岸污水管道饮水源工程、沿河西路至第二污水厂管道等工程竣工；推进花海大道至一里沙路和红山至第二污水厂管道等工程建设；11个乡镇生活污水治理PPP项目通过招投标程序，确定社会资本方，年底前全面开工。

【农村垃圾治理】 垃圾中转站实现乡镇全覆盖，添置环卫设施530台（套），配置垃圾箱桶12万个，落实保洁员4200人次。

【城市供水】 全年城区供水管网总长度104.7千米，排查管网渗漏点25处，更新改造老化管网近5000米，年供水量380万立方米，新增消防水栓183个，完成莲花水厂改扩建工程建设，启用双电源系统供电，新城水厂建设进入设备安装阶段，张家咀水库至城区饮水水源工程可行性方案正在修改。

（鲁 凯）

城乡规划

【概 况】 英山县城乡规划局（简称“规划局”）内设办公室、规划管理股、规划设计股、勘测设计股、村镇建设管理股、政策法规股、政工人事股、监察室。县经济开发区设有规划分局，测绘管理办公室设在县规划局，管理全县测绘资质。2017年末，在岗36人。

【立项与开发】 2017年，完成98个项目的报批、争资立项。制作开放城市沙盘模型；完成金沙半岛度假区总体规划、英山五道水养生茶叶谷详细规划，楚江南、桃花冲、乐家冲景区等旅游项目规划正在实施。完善消防专项规划，完成城市设计试点成果评审；完善城区停车场、公厕、道路管网改造等基础设施、公共服务设施规划，城区道路微循环布局初步形成，城北汽车站规划正在实施。完成乡镇易地扶贫搬迁居住点的选址、测量和居住点设计。编制瓦寺前、龙潭畈、扁石畈等4个村的村庄规划。编制城乡各类项目修规方案94项；审查报建项目方案52个。召开内部技术预审会9次、县建设项目审批例会3次、私人旧危房改造例会4次，发放行政许可通知单154份。公示规划方案62项，核发建设项目选址意见书24份、建设用地规划许可证49份、建设工程规划许可证66份、建设工程竣工验收规划条件核实证明8份。依法进行规划责任认定20多件，执行拆违行动16次。

（童　伟）

城市管理

【概　况】 英山县城市管理执法局（简称“城管执法局”）内设办公室、政工股、计财股、法制股、督察室、广告办6个股室，下设市容环境卫生管理局、开发区执法分局两个副科级事业单位和城东、城西、城南3个执法大队。2017年年底，在编在职人员88人，聘用协管员23人，环卫工人150人。

【规范与整治】 2017年，规范各类摊点1100多处，清理店外店经营1800多人次，清理乱牵乱挂条幅300多处。取缔占道流动摊贩23处、违规搭建占道帐篷12顶。拆除违规户外墙体喷绘广告200多处、落地广告210处，拆除违规广告6000多平方米，收缴流动广告牌300多个。清理“牛皮癣”小广告400多处，宣传教育商户590多人次。整治大气、油烟污染等行为200多次，处罚违法商家6家。

【环卫设施建设】 2017年，在城西新城（屏峰村铁炉大道处）建设建筑垃圾消纳场一座，占地面积10公顷，采用破碎处理工艺，日处理建筑垃圾500吨。新购置环卫专业车辆5台（套），城西新城布置垃圾桶（箱）200多只，垃圾收运体系不断完善。

【环卫保洁和监察】 2017年，城区清运生活垃圾4万多吨，与2016年同比增加5%，无害化处理率达100%。环卫保洁向新城区扩展，城区保洁范围新增红山大道、茶仙路、和谐大道、一里沙路、318国道九龙口沿线等城乡接合部路段，城区清扫保洁面积达到120万平方米。开展环卫监察，对城区环卫污染易发地段和工地实行定点巡查和循环监控，开通“12319”举报电话。开展渣土源头治理，所有在建工地均建立冲洗水槽，安装摄像头，渣土车全部加装密闭设施，规定运输时间，规定运输线路。联合交警、运管部门督促施工单位落实建筑工地运输车辆封闭运输制度，对带泥上路、沿途洒漏和未办建筑垃圾运输许可证的运输车辆，按照相关规定予以处罚。

【规划拆违和控违】 2017年，开展规划拆违和控违，从源头控制违法建设，坚持一日双查，采取“防违全天候、巡查无缝隙、责任全覆盖”措施，落实分片责任。全年接受市民投诉110多起，下达停建通知书101份，现场制止违法建设180多起。由“两违”指挥部组织联合拆除违法建设行动18次，拆除面积近6000平方米。

【城市执法体制改革】 2017年，县政府投入资金300万元，将数字化城管系统作为英山政务云平台一期项目重点推进建设，12月，数字化平台正式投入试运行。9月，《关于深入推进城市执法体制改革改进城市管理工作的实施意见》颁布实施，集中行使住建领域处罚权改革有序推进。

（胡　维　冯　润）

市政工程管理

【概　况】 英山县市政工程建设管理局（简称“市管局”）成立于2013年11月12日，是英山县住建局下属副科级单位，主要负责组织编制市政公用设施建设规划，规范市政工程项目建设管理秩序，监管市政工程建设、市政项目资金使用、燃气经营及安全管理、污水处理，负责工程造价管理，审核市政项目投资和决算，市政设施运营管理和维护。内设综合股、工程建设管理股、工程设施管理股3个职能股室。2017年年末，在岗职工15名。

【项目建设】 2017年，新开工建设项目11个。续建项目9个。城区内排水管网设备维修、改造及治理，共计投资150万元，下水道清淤长度约1.5千米，人行道盲道改造约6.5千米，更换雨、污检查井破损160套，更换雨水井（篦）460套。对城区650座检查井、雨水井实施人工清淤；完成管线入地任务21.5千米。建成天然气供气管道244.6千米，供气量540万立方米，天然气用户22552户，其中汽车供气站1座，年供气105万立方米。液化气供气量539吨，液化气用户4260户。

（马　琼）

房地产管理

【概　况】 英山县房地产管理局（简称“房管局”）内设办公室、计划财务股、住房制度改革股、政策法规股（挂国有土地房屋征收与补偿办公室牌子）、住房保障股。下设县经济开发区房地产管理分局、房地产交易中心、房地产测绘队、房屋安全鉴定管理所、公房管理所5个二级单位。2017年年末，全局（含二级单位）在岗38人。

【项目开发】 2017年，全县房地产企业28家，房地产开发计划投资13.25亿元，实际完成投资6.91亿元，预售32.59万平方米。全年销售商品房2305套，面积25.52万平方米，房地产市场去库存周期从2016年年初的68个月减少至2017年年底的7.7个月。城区大规模住宅小区物业管理全覆盖。第三期房屋集中征迁按期完成、住房保障工作稳步推进，11个乡镇和经济开发区农村贫困户危房安全鉴定有序开展。完成后花园小镇、长安世纪城、山水名居、时代广场、中嘉国际商贸城、大别山汽贸城、夜市一条街、茶香小镇、四季花海等23个项目房屋预测绘，测绘房屋建筑面积42.57万平方米，出具预测绘报告174份。完成桃花溪度假小镇、长安世纪城、御河花园、中皖国际等项目198栋商品房实测绘，出具实测绘报告178份，实测绘面积58.36万平方米。出台《英山县第三期房屋征收与安置实施办法》《英山县“五城同创”第三期房屋集中征迁工作方案》《房屋征收补偿安置协议书》《房屋征收公告》《房屋征收决定》等。

【房地产市场监管】 2017年，办理资质申报1家，预售许可证20份，发放商品房号4778个，发放规范合同文本28668份。

【房地产交易】 2017年，办理房地产交易120宗，二手房交易面积9.6万平方米，交易金额4.1亿元。全年归集维修资金160.5万元。

【房屋征迁】 2017年，全县拆迁222户，包保单位94个，对拆迁户逐户调查和预测房屋状况拍照存档，按期完成征迁。

【住房保障】 西汤河公租房建设主体工程完工，门窗安装全部完成，水电安装完成70%。178套城市棚户区改造项目全部开工，建成114套（其中时代广场44套、茶香小镇50套、汽贸城20套）。10月，76户低收入住房困难家庭租赁补贴发放到位，发放补贴资金11万元。申报2018年城市棚户区改造计划600户（套），其中长安世纪城三期200套、福星广场400套。县政府向红山镇、孔家坊乡、陶家河乡、雷家店镇4个乡镇下达公租房建设计划，向黄冈市上报《英山县公共租赁住房处置盘活方案》，处置盘活公租房项目3个、573套。

【房屋安全鉴定管理】 2017年，办理委托房屋安全鉴定89起，鉴定房屋建筑面积1.71万平方米。11个乡镇和经济开发区精准扶贫建档立卡贫困户危房改造房屋鉴定历时6个月，逐乡镇逐村鉴定排查，鉴定全县农村D级危房（土砖房）526户。

（郑　博）

国土资源　环境保护

国土资源

【概　况】 英山县国土资源局（简称“县国土局”）内设办公室（加挂退休干部管理股）、纪检监察室、宣传教育政工股（加挂科技宣传教育股的牌子）、财务审计股、规划股、耕地保护股、土地利用管理股、地政地籍股（加挂行政审批股的牌子）8个职能股室。下设英山县地质矿产局、英山县国土资源执法监察大队、英山县土地收购储备交易中心、英山县土地整理中心、英山县国土资源监测中心、英山县土地勘测规划队、英山县国土资源局城区分局、湖北大别山（黄冈）国家地质公园英山管理局、英山经济开发区国土资源分局、英山县不动产登记中心、英山县房地产管理局11个事业单位。有乡镇国土资源所11个。2017年，在岗干部职工103人。

【项目审批与施工】 2017年，审批建设用地51宗，土地面积约52.6028公顷，收取土地出让金20898万元，其中划拨土地10宗，出让土地41宗。上报用地25个批次54.4公顷，下批复21个批次47.4公顷。建设用地供地审批54宗55.55公顷，其中挂牌出让42宗40.58公顷，成交价18684.67万元。英山县100公顷占补指标和125公顷增减挂钩指标高价交易，交易金额10.7亿元。2017年，完成2016年施工的4个高标准基本农田土地整治项目第二次变更申报和验收准备、2015年度4个高标准基本农田土地整治项目工程施工合同、监理合同签订；启动2015年度红山镇高标准基本农田土地整治项目施工；实施17个土地开发项目（占补平衡）中14个项目；高标准农田建设规划（2016—2020年）初步成果编制；完成2017年省国土资源厅下达的土地整治计划（666.7公顷）以及“以奖代补”土地整治计划（666.7公顷）的选址、测绘和可行性研究；完成2018年度土地开发项目（2015年度灾毁农田恢复）测绘及设计；完成2017年度2033.3公顷高标准农田补建项目的设计、招标；完成2017年度560公顷高标准农田新建项目的设计及评审。

7月19日，英山县大别山世界地质公园通过联合国教科文组织世界地质公园专家实地考核评估。

【增减挂钩】 2017年，完成城乡建设用地增减挂钩，涉及全县11个乡镇133个村，332个折旧区，总面积125公顷，新增耕地111.9公顷。英山县在湖北省国土资源厅组织的贫困县增减挂钩指标交易中，交易8.04亿元。

【两权登记】 2017年，完成11个乡镇312个行政村的128426宗权属调查、地籍测量和数据库建设。其中集体建设用地1892宗、国有建设用地1481宗、宅基地125053宗，填写地籍调查表116040份。12月1日，湖北省、黄冈市专家预检组两权工作成果预检，抽查8个村土地权属调查情况、控制点及界址点边长精度、检查地籍调查表填写规范性、数据建库系统规范完整性等内容，各项成果达到预定标准。

【执法监察】 2017年，出动巡查车次493次，巡查986人次，下发责令停止违法行为通知书96份，制止违法行为39起。立案查处违法占地案件9件，罚款56.9万元。立案查处案件11件。其中，土地案件10件，采矿案件1件，违法占地面积10公顷，全部案件罚款5亿元。“12336”接到举报电话21次，其中举报违法用地16次，调处土地纠纷68次。日常办理来信50件，政策咨询解答106人次，回复率100%，无重复上访和集体上访。

【“两违”整治】 2017年，拆除“两违”建筑20处6000平方米，罚款600万元，补缴土地出让金400万元。

【不动产登记】 2017年，发放不动产产权证书2484本，其中首次登记1019本、转移登记1413本、变更登记52本；发放不动产登记证明6154本，其中抵押登记2236本、在建工程抵押12本，预购商品房抵押1760本、预购商品房2146本；办理抵押注销414宗；配合法院查封登记88宗，解封登记9宗；更正登记14宗；开具不动产信息查询3000多次。

（吴丽丹　汪佑能）

地质矿产

【概　况】 英山县地质矿产局（简称“县地矿局”）负责全县矿产资源的规划、管理、保护和合理利用以及地质环境保护和地质灾害防治。内设办公室、矿产资源开发管理股、矿产资源补偿费征收稽查股、地质环境保护股4个股室。2017年年末，在岗13人。

【整改与评估】 2017年，矿山企业由18家减少到17家，关闭1家。现有的17家企业中，除2家地热水和未动工的方家山铁矿（省级发证）外，县级发证露天开采建筑用石矿山10家；市级发证的4家（2家饰面用石材、2家长石矿山）。全年正常生产矿山（开采企业）12家。6月4日，召开全县地质灾害防治及防汛工作会议，下发《英山县地质灾害应急预案》《县地质灾害防治领导小组关于明确地质灾害防治四位一体网格成员的通知》。开展地质灾害隐患详细调查及矿山地质环境现状调查，编制详查报告和现状报告。现场评估2016年度259处、2017年度64处易地扶贫搬迁安置点建设用地地质灾害危险性。

英山县被评为2017年全国地质灾害防治高标准“十有县”。

【矿产资源管理】 2017年，完成“英山县第三轮矿产资源总体规划”编制，完成2016年度矿山储量年报。2月，全县矿业权人18家拥有采矿权单位和2家探矿权单位，在规定时间登陆“全国矿业权人勘查开采信息公示系统”，完成填报2016年度矿产资源勘查开采年度信息填报。英山县红山镇裴家垅矿区建筑用片麻岩矿采矿权、英山县石头咀镇狮子山矿区建筑用片麻岩矿采矿权、英山县温泉镇隔山坳矿区建筑用片麻岩矿采矿权、英山县杨柳湾镇湖上湾矿区建筑用片麻岩矿采矿权在黄冈市国土资源交易中心网上挂牌出让。

【三门河矿泉水项目立项】 杨柳湾镇三门河矿泉水项目由省政府批准立项，该项目为地下水开采形式，是英山县矿产资源开发资产收益扶贫改革试点、全省唯一一家经国家发改委批准立项的矿产资源助推精准扶贫项目，对接扶贫帮困户126户378人。

【中国地质大学（武汉）中标东汤河地热田项目】 东汤河地热田项目经省国土资源厅批准，按招投标程序进行，中国地质大学（武汉）中标。9月5日，签订地质勘查施工合同。该项目涉及东汤河、金盆、河口3个村，计265户643人，投入资金200万元。

【地质灾害防治】 2017年，对温泉镇白石坳村二组不稳定斜坡、温泉镇小米畈村六组滑坡、温泉镇龙潭畈村十组泥石流等19处地质灾害及隐患点开展全面检查。筹集资金30多万元，对小米畈村滑坡点实施削方，减载2万多立方米，修建截排水沟60多米，使用灌沙沙袋6000袋。

【应急排险】 6月，因强降雨，温泉镇小米畈村境内发生滑塌，威胁1户5口人及100米英蕲公路安全。采取撤离居民群众，削方减载，滑坡前缘修筑混凝土挡土墙，后缘修筑截排水沟等措施。雷家店镇友谊村、方家咀乡牌形塆村等5处易地扶贫安置点屋后发生小规模垮塌。投入排险资金80万元，按照地质专家意见，采取削方减载及修筑挡土墙、排水沟等措施，安排专人对滑坡进行监测。

（胡　羽）

环境保护

【概　况】 英山县环境保护局（简称“县环保局”）内设办公室、监察室、污染防治股（加挂行政审批股牌子）、自然生态股、污染物排放总量控制股、政策法规及宣教信息股（加挂科技与监测股牌子）、规划与财务股7个职能股室。下设英山县环境监察大队、英山县环境监测站、英山县南河环境保护所、英山县金家铺环境保护所、英山县杨柳湾环境保护所5个股级事业单位。2017年年末，全系统在岗干46人。其中局机关11人、环境监察大队18人、环境监测站12人，3个环保所共计5人。

【水污染防治】 2017年，县委、县政府出台《英山县水污染防治工作方案》《英山县全面推行河库长制工作实施方案》《英山县河库长制工作十项制度》《关于实行最严格水资源管理制度的意见》。建设城区饮用水源地两边防护栏2200米，设置一、二级保护区内界碑4处，警示牌11块，宣传牌3块。制订《英山县农村集中式饮用水水源地保护区划分方案》，重新划分乡镇饮用水源地保护区14个。

取缔张家咀水库水源地库区村3处临时垃圾点，新建规范垃圾场1处，水库坝顶增建垃圾池4个，库区湿地建设水源涵养林6.7公顷，水库大坝及大坝两端建设防护网3500米，水源地保护标识牌5块。投资260万元，新建张家咀水库饮用水源地水质自动监测站，厂房及监测设备安装完工。

启动全县乡镇污水处理厂建设项目，10个乡镇污水处理厂选址、设计确定，部分项目开工建设。全县配套完善截污管网24.96千米。

编制《英山县畜禽养殖区域规划（2016—2020）》，整治南河镇锐祥养鸡场、金家铺镇双庙村祝新桥猪场、杨柳湾镇胡序朋土牛养殖场等畜禽养殖场35家，关停姜鸿光、王军、段春江等禁养区内养殖场11家。

【土壤污染防治】 2017年，编制完成《英山县土壤污染防治实施方案（送审稿）》，踏勘英山县辖区内国家土壤污染详查布点系统土壤污染重点行业企业及其空间位置、土壤污染问题突出区域，核实农用地土壤污染详查点位43个，补充划定土壤污染状况详查单元，形成英山县农用地土壤污染状况详查点位核实结果确认单。监测吴家山、桃花冲、百丈河3处农村饮用水源地保护区周边土壤环境质量。

【大气污染防治】 2017年，出台《英山县大气污染防治工作实施方案》《英山县大气污染防治联席会议制度》，专项整治建筑工地扬尘、道路扬尘、农作物秸秆禁烧与综合利用，新建建筑垃圾消纳场1处，淘汰黄标车432台，加油站安装油气回收装置22家。

2017年，完成主要污染物总量减排工作任务4项，削减化学需氧量（COD）191.11吨、氨氮25.3吨、二氧化硫30.31吨、氮氧化物6.93吨。14个涉水、3个涉气项目全面完工，资料完备。14个涉水项目包括英山县兴丰养殖场、英山县思远黄牛养殖专业合作社、英山县杨柳湾镇秀林养殖场、湖北高红畜牧养殖有限公司、湖北智邦生态农业发展有限公司、英山县康源家庭农场等，12个涉水减排项目按照干清粪处理、储液池处理、沼气工程和有机肥生产要求建设污染防治设施，达到“零排放”目标；西汤河污水处理厂建成并投入试运行，发挥减排效益；英山县农村垃圾治理项目完工，11个乡镇新建垃圾中转站；3个涉气项目包括淘汰燃煤小锅炉39家、湖北志顺茶业股份有限公司实施煤改电改造工程、县毕昇中学实施煤改气改造工程。

【自然保护区监管】 开展湖北省“绿盾2017”自然保护区监督检查专项行动，全面排查自然保护区内违法违规问题。现场核查国家环保卫星遥感监测发现疑似12处问题、省定违规建设项目疑似2处问题，自查上报疑似问题1处。15个问题中的9个上报销号。

向省市申报生物多样性保护项目2个：黄冈大别山生物多样性保护工程、张家咀国家湿地公园建设，投入自筹资金400万元开展保护工作。

【中央环保督察整改】 2017年，县委、县政府成立中央环保督察整改工作领导小组及4个专项小组组建整改工作攻坚指挥部，加强对整改工作组织领导，先后召开18次环保督察发现问题整改推进会以及现场督办会。英山县承担24项整改任务，完成饮用水源地整治、西汤河污水处理建设等23个问题整改，乡镇污水处理项目正在抓紧实施。

【生态文明建设示范县创建】 县环委会制订2017年生态文明建设示范县创建工作任务清单，县政府与全县11个乡镇、23个县直单位签订英山县生态文明建设示范县创建工作目标责任状。

2017年年底，英山生态文明建设示范县54个重点工程，完工29个，正在建设18个，正在立项7个。

温泉镇、红山镇、金家铺镇、石头咀镇、陶家河乡、雷家店镇、杨柳湾镇、大别山主峰风景区、桃花冲林场建成省级生态乡镇，饼子铺等54个村建成省级生态村，南河镇建成市级生态乡镇，更新村等45个村建为市级生态村。

【环保执法监管】 全年审批各类环保建设项目30个、备案26个，完成“三同时”（建设项目中防治污染的设施，必须与主体工程同时设计，同时施工，同时投入使用）验收3个，否决各类选址不当和重污染项目18个，建设项目环评审批率95%以上，“三同时”执行率90%以上。

成立控制污染物排放许可制工作领导小组对25家企业进行摸底调查，湖北东风世星汽车零部件股份有限公司、英山县晶鑫矿业有限公司、英山县食品公司3家企业符合排污权核定要求，发放临时排污许可证。对19家重点排污单位进行排污权核定。

利用110项监测资质，监测全县水、气、噪声等领域。监测22个重点水源地，采样12次；监测3个村庄水源地水环境质量、土壤环境质量，监管监测150多家排污单位排污。县域空气自动站、国家区域空气自动站（羊角尖）运行正常，运行率95%以上。

全年处理环保来电来访案件34件，投诉案件及时处置率、回复率100%，未发生越级上访案件。办理人大环保议案、政协环保提案11件，议案、提案反映的问题主要集中在环境污染治理、饮用水源保护、白莲河库区环境整治等方面。办结率和群众满意率均为100%。

（张焕国）

水土保持

【概　况】 英山县水土保持局（简称“县水保局”）内设办公室、财务股、水土保持监督股、规划综合治理股、水土保持监测股（加挂鸭掌树水土保持监测站牌子）5 个职能股室。2017 年年底，在岗 23 人。

【法制宣传】 开展《中华人民共和国水土保持法》、“世界水日”、“中国水周”、“落实绿色发展理念，全面推行河长制”的法制宣传。发放《中华人民共和国水土保持法》《中华人民共和国水土法》《中华人民共和国水法》等宣传资料和宣传单 600 张、建设生态文明县宣传册 100 本，接受群众法律咨询 20 次。

【生产建设项目水土保持】 2017 年，跟踪检查全县在建生产建设项目水土保持方案实施情况 35 次，审批生产建设项目水土保持方案 4 个，检查水土保持生产建设项目 18 个，征收水土保持补偿费 40 多万元。水土保持投资 2893.54 万元，水土流失防治责任范围 111.81 公顷，设计拦挡弃土弃渣 19.26 立方米。

【闻家冲小流域项目】 闻家冲小流域包括林家冲、闻家冲、岳家冲、龙潭河、金家冲、杨河、龙珠、东冲坳、八里山、团练冲、天花坪、杨家庄、方家山、赵家山、河南畈、腰磨畈、烂柴河、宋家榜、金鸡岭、东庄畈、老虎头、锣响坳、朱家坳、土门河 24 个行政村，项目区总面积 50.12 平方千米。工程包括坡面治理、沟道防护、溪沟整治、塘堰整治、营造水保林、封禁治理等内容。治理水土流失 17.99 平方千米，其中建设石坎坡改梯 3.96 公顷，土坎坡改梯 8.77 公顷，营造水保林 68 公顷，封禁治理 1687.27 公顷，蓄水池 4 座，排水沟 3 千米，沉沙池 45 口，生产道路 4.25 千米，溪沟整治 1.06 千米，整治塘堰 5 口。项目建设资金 700 万元。

综合经济管理

发展和改革

【概　况】 英山县发展和改革局（简称“县发改局”）内设办公室、监察室、综合规划股、工业投资股、地区财贸股、农业交通股、社会发展股6个股室。下设重点项目建设办公室、节能监察中心两个事业单位；英山县交通战备办公室、英山县国民经济动员办公室、英山县“两型”办、英山县以工代赈办公室、英山县铁路经济办公室5个机构挂靠在县发改局。2017年年底，在职干部职工24人（含归属管理的事业单位）。

【基础设施建设】 2017年，完成市政道路改造项目11个、背街小巷改造项目5个。开工城市棚户区改造工程项目178套。初步建成一河两岸休闲带，完成毕昇广场、莲花广场升级改造。推进城区污水收集配套管网改造和供水管网建设。莲花水厂改扩建工程完工并开始运营，推进新城水厂和张家咀水库引水工程，西汤河污水处理厂通水试运行。白莲河环库公路英山示范段基本完工，草太线改造工程如期通车，张草线东段工程竣工。150千米村级公路、16座危桥改造、11座水库整险、467千米公路生命安全防护等工程完成。移民后扶、国土整治、农业综合开发等项目全面实施。

【项目扶持】 2017年，41个国家扶持项目资金到位，到位资金2.46亿元，其中基础设施类项目18个（中央预算内投资项目17个，省预算内投资项目1个），总投资19772万元，国家扶持资金10084万元（中央预算内投资9738万元，省预算内投资346万元）。社会事业、民生工程类项目、基础设施类项目20个（均为中央预算内投资项目），总投资50608.9万元，国家扶持资金14227.4万元。产业发展类项目2个（均为省预算内投资项目），总投资17693万元，省级财政扶持资金100万元。生态环境类项目1个，总投资150万元，省级财政投资150万元。

【项目谋划】 2017年，围绕全域旅游、中医药、健康养老、农产品深加工、新能源等重点领域研究谋划项目，储备2018年“两库”项目61个，总投资365.8亿元。其中，在建和拟开工项目32个，总投资119.3亿元；前期推进和谋划项目29个，总投资246.5亿元。

【项目建设】 2017年，新开工500万元以上项目248个，其中5000万元以上项目32个，完成投资20.43亿元；亿元以上项目21个，完成投资16.8亿元。四季花海、中医院、大别山汽贸广场、大别山丽景风景区4个市“双百”项目全部开工建设，完成投资5.03亿元。入库PPP项目17个，总投资182亿元，其中，总投资1.86亿元的乡镇生活污水治理工程项目开工建设。

（陈　果）

审　计

【概　况】 英山县审计局（简称“县审计局”）内设办公室、综合法规股、财政金融审计股、行政事业审计股、固定资产投资审计股、农林水审计股、经贸审计股；下设经济责任审计局（副科级）。2017年年底，在岗干部职工23人。

【审计项目】 2017年，县审计局完成各类审计项目20个，查出违纪违规金额4.11亿元、管理不规范金额838万元，提出审计意见和建议49条，县、乡政府和各部门采纳49条。配合湖北省审计厅派出的审计组对英山县委书记陈武斌、县长田洪光任职期间经济责任履行情况进行审计。

【民生资金审计】 审计2017年保障性安居工程，重点对棚户区改造及配套基础设施建设项目、保障性住房分配和管理情况进行审计。查出违规及管理不规范资金939.2万元、住房管理不到位空置率较高等问题。

【经济责任审计】 审计团对县委等12个部门单位的领导干部经济责任。对2017年度领导干部经济责任审计查出的问题提出问责建议，县经济责任审计工作领导小组依规对16名经济责任审计对象进行问责。

【专项审计】 审计“稳增长、调结构、惠民生”政策落实情况，涉及38家单位。6月，对英山县本级林业等部门2015—2016年主要自然资源资产管理情况进行审计，抽查3个乡镇、5个村、16个地块的造林样本，抽查2016年林地5宗样本、2017年林地1宗样本，实地踏勘核查22宗林地。

【内部审计】 2017年，加大内部审计力度，全县机关、企事业单位有内部审计机构12个，从事内部审计人员（含兼职）24人，完成审计项目310个，审计总金额75533万元，提出合理化建议292条，促进增收节支70万元。

（万　申）

统　计

【概　况】 英山县统计局（简称“县统计局”）内设办公室、综合股、农村股、工交股、商贸股、能源股；下辖英山县城市调查队、普查中心、信息服务中心、社情民意调查中心4个事业单位和11个乡镇、开发区统计站。加挂湖北省统计局英山经济社会调查队牌子。2017年，局机关在岗25人（含调查队），11个乡镇、开发区统计站专（兼）职统计人员13人。

【统计基础建设】 2017年，完成乡镇“八有八化”建设，80%的村达到村级“五有五化”建设标准，48家企业被授予“诚信企业”称号。

【宣传学习培训】 2017年，利用专栏、宣传展牌、电视台、年报会、日常专业培训会、统计工作会等大力宣传统计法，利用“9·20”统计开放日、“12·4”全国法制宣传日和“12·8”《中华人民共和国统计法》颁布纪念日，在城区开展统计法律法规宣传。对乡（镇）、“四上企业”统计人员开展多期统计基础工作规范化业务培训，培训近300人次。选送2名乡镇统计骨干参加全省乡镇统计业务培训，组织3名专业人员参加全省统计执法资格考试，推荐5名优秀统计人员参加省复合型人才培训，选派人员参加全市统计系统干部职工调研分析和PPT制作技能大比武活动，每月组织开展“统计讲坛”学习，组织审计局年轻干部到省市局参加各类业务培训学习和上挂锻炼。

【统计执法】 2017年，开展数据质量核查5次，开展企业统计数据质量巡查163家，对巡查资料进行整理、归档，针对统计工作重点及存在的薄弱环节进行重点巡查，对已查处的单位进行跟踪督查，建立回访制度。重点检查“四上企业”、房地产、建筑业等企业统计数据质量。

【统计调研分析与信息】 2017年，对综合、工业、固定资产投资、商贸、能源、服务业、农村等展开调研，撰写调研报告4篇，统计分析36篇，统计信息80多篇。编辑出版《英山县统计月报》《英山县2016年国民经济和社会发展统计公报》《英山统计年鉴》等有关统计信息资料。

【第三次全国农业普查】 2017年开展第三次全国农业普查，编印《普查员工作手册》1000多份、普查疑问解答500多份。在规定的普查时间内完成91553户农户、295户规模户及412户农业经营单位入户登记，农业普查报表的录入、审核、改错、普查表的数据质量验收工作全面通过省、市普查工作数据质量验收。

（解彩清）

工商行政管理

【概　况】 2017年，英山县工商局由省以下垂直管理改为地方政府管理。局机关内设办公室、政工股、法规股（加挂行政审批股牌子）、市场监督管理股、合同规范管理股、商标广告监督管理股、网络交易监督管理股、财务审计股、监察室、离退休干部管理股10个职能股室。下设登记注册分局、消费者权益保护分局、督察队、稽查分局、市场主体信用监督管理分局5个直属机构和信息中心、个体私营劳动者私营企业协会秘书处、消费者委员会秘书处3家事业单位。设有城南工商所、城北工商所、南河工商所、金铺工商所、石镇工商所、草盘工商所、雷店工商所、杨柳工商所8个派出机构。为服务全域旅游，设立工商旅游监管分局。2017年年末，在岗130人。

【商事制度改革】 推行“多证合一”改革。11月1日，实施网上受理、办理营业执照。全县发放加载统一社会信用代码的“五证合一”“多证合一”营业执照3156户，其中新发905户、变更1012户、换发1239户。新登记市场主体4468户，其中新登记企业类市场主体531户、个体工商户3574户、农民专业合作社363户。

【品牌建设】 2017年，县政府出台《关于实施品牌质量强县战略推进供给侧改革的意见》，制订《五年品牌质量建设发展规划》。组建4个专班（茶叶、药材、旅游、工业和建筑业品牌建设专班），确立5个发展品牌（以英山云雾茶为重点的茶叶品牌，以中国好空气、英山森呼吸为主的旅游品牌，以英山桔梗、英山石斛、英山苍术等为重点的药材品牌，以汽车零部件和蚕丝制品为主的工业品牌，以长安为重点的建筑品牌）。申报注册商标56件。

【服务企业】 2017年，办理动产抵押登记59份，办理股权出质登记9件，为企业融资3.3亿元。对企业开展行政指导200多户次。召开中皖酒店二期工程爆破、河堤建设工作协调会。

【信用监管】 2017年，应年报市场主体22819户，实报22160户，年报率为97%。推行“双随机一公开”抽查，随机和定向抽查市场主体693户，636户未发现问题。80个部门进入共享信息监管平台，登录各类信息3万条。

【市场监管执法】 2017年，先后在流通领域就商品质量、农资市场监管、涉安涉危、违法广告、网络交易、公用企业限制竞争、不平等格式条款、打击非法集资、非法融资、传销、无证驾校、商业贿赂等重点问题开展专项整治。抽检成品油、农资商品质量、建材等214批次，办理虚假宣传、违法广告、侵权假冒、质量不合格、无照经营等各类违法违章案件301件。

（谭　文）

质量技术监督

【概　况】 2017年，英山县质量技术监督局（简称“县质监局”）由垂直管理改为地方政府管理。9月，县质监局下属事业单位产品质量监督检验所和计量检定测试所两个技术机构整体划转到县产品质量检验检测中心，其业务职能、设备设施一并划转。内设办公室（含工会办公室）、财务股、质量股（县质量强县战略工作领导小组办公室）、法制股、标准化股、计量股、人劳股、特种设备安全监察股、纪检监察室（党务办公室）9个股室。下设英山县质量技术监督局稽查分局。

【政风行风监督】 2017年，聘请政风行风监督员20人，向社会发放政风行风、履职尽责征求意见表600多份，全年发放使用行风监督卡360份，回收360份，满意360份。点名通报处理违规人员2人。

【特种设备安全监管】 2017年，全县新增特种设备46台，累计466台（件），其中电梯312台、压力容器118台、锅炉30台、大型游乐设施2台、客运索道1条、场内专用机动车辆3台、压力管道38.6千米。全年组织从业人员培训180多人次，检查特种设备638台（次）、消除安全隐患37次。追究特种设备违法案件8起。全面完成30台燃煤小锅炉的升级改造和取缔淘汰工作。

【质量管理工作】 2017年，全县生产企业（不含食品企业）238家，其中工业企业87家、建材企业150家、化工企业1家。产品质检所检验产品235个批次，定期监督检查产品168个批次，抽样合格率95.7%。全县注册商品条码累计34个。有中国名牌产品1个、湖北名牌产品11个。4月6日，县政府印发《英山县推进供给侧结构性改革，实施品牌质量强县战略意见》。9月，县质强委印发《英山县质量工作考核实施意见》。

【标准化工作】 截至2017年，英山县累计申创国家地理标志保护产品4个、国家地标保护示范区1个、新增质量管理体系认证企业3家、环境管理体系认证企业1家。2017年，培育“石斛”“苍术”两个地标产品。制订“英山云红”“英山云白”“英山云青”三项地方标准。2017年，国家质检总局核准湖北英山云雾茶业股份有限公司等12家企业使用英山云雾茶地理标志产品专用标志，审核发放二维码防伪地理标志产品专用标志15万枚。经2017年中国茶叶区域公用品牌价值评估组委会评估，英山云雾茶品牌价值16.22亿元。

【计量工作】 2017年，全县计量量具13600台（件），计量机构检定计量器具10598台（件），其中加油机1086枪次，检定衡器880台次，检定压力表1038块，检定血压计149块，检定出租车92辆，检定燃气表8077块（强检数7477块、委检数600块）。集贸市场计量器具检查4次，举办“计量惠民”活动进小区5次，组织免费检定5次，检查百姓反映强烈的肉类、活禽类、鱼类摊点130多个，依法收缴非法作弊计量器具5台（件）。引导并培育诚信计量示范单位3家，建立居民血压计、用户三表（水表、电表、燃气表）免费检测服务制度，全年免费检测居民血压计、血压表20块，免费仲裁检定争议燃气表5块。

“3·15”消费者权益保护日、“5·20”世界计量日时，开展服务咨询、社区血压免费检测、眼镜店视力免费检测、黄金首饰店、超市定量包装联合执法检查、邮政局物流快递计量检查、出租车公司出租车打表抽查，发放计量知识宣传资料300份，进企业28家。

【行政执法工作】 2017年，开展法制专题宣传5次，印发宣传资料1300份。查处各类质量技术监督行政案件32件，其中打击假冒伪劣产商品案件4件，涉案货值金额470万元，涉及消费者维权案件6件，为消费者挽回经济损失42万元，帮助本地生产企业维权案件1件，为企业挽回经济损失17万元。清理整顿行政案件34件，完善管理制度6项，整改专项问题19项。

【索道救援应急演练】 9月29日，县政府、黄冈市质监局在大别山南武当风暴区联合开展大型索道救援应急演练。市政府副秘书长戴均胜，市质监局局长查文胜、副局长陈爱国，省特检院黄冈分院，市旅游局，市安监局，市交警队领导亲临现场，袁宇民担任总指挥，县应急办、质监局、安监局、林业局、旅游局、公安局，卫计局、消防大队、移动公司等单位参加救援应急演练。

（万建宇）

食品药品监督管理

【概　况】 英山县食品药品监督管理局（简称“食药监局”）内设办公室、监察室、政工股、财务审计股、法制监督股、行政审批股、综合协调股、食品监管股、药保化监管股、信息化与电子监管股；直属机构为食品稽查局、药品稽查局、12331投诉举报中心（药品不良反应监测中心）。派出11个乡镇食品药品监管所。2017年年末，在岗91人。

【业务受理】 全年受理行政审批1209件，其中办理食品经营许可证825份，办理小餐饮经营许可证286份，办理药品经营许可证30份，受理医疗器械经营许可证27份，受理“第二类医疗器械经营备案”41份。三座山饮品、大广茶业、大别山宝、百辰制药等企业取得食品生产许可、药品生产许可。

全年立案查处食品药品案件325件，其中省督案件2起，结案280件；移交公安司法机关刑事案件4件，移交法院强制执行12件，移交公安司法机关行政拘留8人，刑事拘留5人。

完成食品药品抽检500多批次，食品快检3000多批次，上报药品不良反应监测病例289例、医疗器械不良事件监测65例、化妆品不良反应监测19例，处理食品药品安全投诉举报98件，办结97件。

组织食品药品经营业主开展《湖北省食品安全条例》、茶叶质量安全、小餐饮经营、肉及肉制品经营、药品生产经营等法律法规知识培训50期，培训从业人员3000人次。

以“331守护食药安全”“食品安全宣传周”“安全用药月”“12·4”宪法日等活动为载体，以网站、今日头条订阅号、微信公众号自媒体平台为渠道，宣传食品药品法律法规；定期向县四大家领导、人大代表、政协委员以及食药安委成员单位寄送《食品药品安全简报》，在《中国食品安全报》、《黄冈日报》、省市局等平台累计投稿达100多篇。

2017年，黄冈市食品药品监督管理系统强化履职尽责工作现场会在英山县召开。黄冈市纪委、黄冈电视台联办的全媒体问政专栏《作风360》正面报道县食药监局全面推进党建领航履职尽责工作成效。10月18日，《黄冈日报·英山周刊》以《强担当重作为筑牢食品药品安全防线》为题报道食药监局巡察整改和履职尽责工作成效。

【食品药品安全专项治理】 部署开展“三小”（小作坊、小餐饮、食品摊贩）食品安全、校园及周边食品安全、农村食品安全、茶叶质量安全、药化械质量安全等八大专项整治。检查茶叶生产企业及小作坊715家，立案查处掺糖茶叶小作坊41家，并在县电视台公开曝光，掺糖、掺杂晒茶等劣习“潜规则”得到基本治理；检查小作坊660户、小餐饮357户，发放各类监督意见书198份，下达责令整改通知书112份，免费发放300套小作坊信息公示牌和自律台账，城区90%以上的小餐饮进行明厨亮灶改造；督促2家药品批发企业和84家药品零售企业对照14项重点问题认真开展自查自纠，对违规药店吊证歇业整改；检查专科门诊（社区）、村级卫生室（站）144家，当场下达责令整改通知书87份，立案8起。

建立各类餐饮经营单位监管档案，收录监管信息，推进餐饮服务单位“明厨亮灶”工程和量化分级管理，全县餐饮单位量化分级覆盖率达85.3%。强化农村集体聚餐管理，落实农村自办家宴申报、备案和现场指导制度，对农村厨师进行建档、体检、培训、教育，避免农村集体聚餐群体性食物中毒事件发生。严格实施驻点监管责任制，保障英山县茶文化旅游节、天马寨旅游节、中高考、中国共产党第十九次全国代表大会等重大活动期间的餐饮服务食品安全。

【食品药品安全综合协调】 县委、县政府先后印发《进一步加强食品药品安全监管工作的意见》《关于落实食品安全党政同责的实施意见》，将食品药品安全工作纳入年度党政领导班子“三创”目标考核和科级干部履职尽责考核，权重占比2%。县政府督查室将解决基层食药所办公场所不足等“三无”问题纳入重要督查事项逐个乡镇督办落实。全县11个基层食药监管所10个通过省级标准所验收，1个通过省级示范所验收。

3月17日，食药安委与全县11个乡镇、县经济开发区、18个职能部门签订目标责任书，各部门分别与辖区内各食品生产经营企业签订安全承诺书。食药监局与公安机关联合设立食品药品安全警务室、农产品质量安全警务室，检察机关设立派驻检察官工作室。组织法制办、法院、检察院、公安局等部门开展行刑衔接、规范执法专题研讨，并落实部门联合执法机制和信息通报等机制。食药安委委员单位增加至29个，全县314个行政村（8个居委会）调聘和充实食品药品安全协管员325名。

协调食药监局、教育局、公安局、农业局、水产局、工商局、畜牧局等部门联合开展春节粮油市场、学校校园及周边食品安全、养老机构食堂食品安全、农村食品安全治理、茶叶生产经营质量安全等专项整治。

【履职尽责督促检查】 2017年，湖北省食品药品监督管理系统被湖北省政府确定为履职尽责督促检查单位。县食药监局开展“依法行政，履职尽责，争当食美药安忠诚卫士”主题演讲比赛1期，开展主题为“履职尽责勇担使命”青年干部谈心会1期。聘请履职尽责监督员11人、特邀监督员3人、民主监督员4人、行风监督员2人。发放征求意见表500多份，召开履职尽责述评会、推进会、现场会、督导会7次，为征求履职尽责意见走访800人次，征集县人大代表、政协委员、乡镇干部、监管对象对食药安全履职尽责工作意见建议15条。食药监局党组成员明察暗访督促检查基层工作10多次。11月，在全县履职尽责工作评议会上，200多名监督员对食品药品监管履职尽责工作进行测评。

【保障校园及周边食品安全】 2017年，全县有中小学食堂、托幼机构食堂89家，改造升级66家。2月17日，县食药监局召开校园及周边餐饮服务食品安全专项整治工作部署动员会，会后，对环境卫生、持证持照、索证索票、库存食品、清洗消毒、加工管理、留样管理等情况进行重点检查。同时宣传《湖北省学校食堂食品安全管理规范》、H7N9防控、春季预防食物中毒等相关知识，严格督促学校落实主体责任。检查各类学校食堂68个，下发限期整改通知书32份，对违法违规行为和整改不到位的，皆依法处理，并通报同级教育行政部门和县食药安办。

【行政执法规范化】 开展食品药品行政执法突出问题专项治理，梳理2015—2017年行政监管资料，在行政执法方面查找问题13个，行政许可方面查找问题10个。针对自查问题建立问题清单、整改清单，实行销号管理。出台《关于进一步加强规范文明执法工作的通知》《行政许可工作规范》等10多个执法工作制度，规范行政执法与行政审批行为。

【队伍建设】 选送30多人次参加省市局业务培训，获得5项个人奖项和2个团体奖。建立法制员、信息员、核查员、快检员、稽查员“五员”管理体系和考核上岗机制，通过学习培训、现场练兵、考核选聘，调整聘任14名法制员、24名审查员、30名食品快检员。邀请县法院、县检察院、县法制办法律专家讲授法律法规知识，开展集中考试8次。选派县局机关股室负责人以指导员的身份到基层所挂职，指导员每月参加1次基层所所务会，参加不少于2次日常监管，帮扶指导不少于3个工作日。

（黄　娟）

城市建设投资管理

【概　况】英山县城市建设投资管理中心（简称“城投中心”）内设办公室、财务股、工程项目管理股、投资融资股、资产经营管理股等5个职能股室。2017年年底，在职工作人员28名。

【项目融资】2017年，完成融资项目5个，筹集城市建设资金8.76亿元，其中县职教中心建设项目贷款1亿元、县工业新城城中村棚户区改造项目贷款1.5亿元、县农村基础设施建设项目贷款1亿元、县易地扶贫搬迁项目国家专项建设基金8892万元、项目贷款2.18亿元、国债资金1.73亿元，县东河一河两岸综合治理建设项目贷款4500万元。

【项目建设】2017年，推进城西新区2条道路和3个拆迁还建小区项目建设。其中，莲花西路以山城一品住宅小区为起点，以武英高速连接线为终点，全长1648米，路面宽20米，设计时速为每小时60千米，总投资4300万元，12月竣工通车；城西新区2号路是城西新区北部连接温泉北路和北汤河村十四组的城区支路，全长260米，路面宽15米，总投资168.81万元，4月竣工。温泉大道还建小区三期位于温泉大道与毕昇大道路口南侧，总建筑面积5702.2平方米，总投资820万元，建成住宅62套，8月底分房结束；茶乡大道姜塆还建小区位于温泉镇北汤河村姜塆，总建筑面积3.3万平方米，总投资2800万元，建成住宅165套，店面80间，车库160个，7月交付使用；茶乡大道二期还建小区毗邻县新档案馆，总建筑面积3870平方米，总投资600万元，建成住宅38套，11月竣工验收交付使用。英山县惠众新能源投资开发有限公司组织实施的覆盖78个行政村，66个集中光伏电站的光伏扶贫工程6月底全部并网发电。

【土地收储和经营】全年，在城区周边规划控制线内收购储备土地39.8公顷。其中，四季花海12.4公顷，红山镇板桥村（县看守所新址）5.33公顷，温泉镇西汤河村（妇幼保健院新址）2.07公顷，温泉镇蔬菜村0.33公顷，第二幼儿园及大别茶访项目1公顷，长安世纪城二期18.67公顷。

【资金管理】全年累计拨付城市建设资金约8.6亿元。其中，老城区改造工程8500万元，保障性安居工程8300万元，光伏发电扶贫工程4431万元，易地扶贫搬迁项目5.28亿元，发展大道、莲花西路建设工程2879万元，和谐东路建设工程1313万元，温泉大道南端建设工程1000万元，茶乡大道一、二期，温泉大道北端三期3处还建房建设工程1880万元，城西污水处理厂建设项目1000万元，城北第二幼儿园建设工程588万元，县三期房屋征迁补偿3439万元。

（余　仲）

公共资源交易管理

【概　况】英山县公共资源交易监督管理局（简称“县公共资源局”）内设综合科、市场管理科、监督检查科和监察室4个科室。下设黄冈市公共资源交易中心英山分中心。2017年年末，局机关在岗6人，中心7人。

【交易项目】2017年，完成建设工程、政府采购、土地交易、产权交易以及其他公共资源交易等进场交易项目268个，总交易金额17.48亿元，比2016年同期增加4亿多元，节资增值4131.04万元，节资率（增值率）达2.46%。乡镇平台交易项目521个，比2016年同期增加178个，交易额度1.10亿元，比2016年同期增加4750多万元。

【监督执法】2017年，查处违法违规案件19件，涉及工程项目19个，涉及金额1.7亿元，罚款66

2017 年进场交易项目活动一览表

表 16

月份	建筑工程类（个）	政府采购类（个）	土地交易类（个）	合计（个）	总预算价（万元）	总中标价（万元）
1	12	7	0	19	6308.06	6185.70
2	9	3	2	14	3018.37	2941.01
3	9	3	2	14	16593.79	15982.84
4	21	8	5	34	19253.91	19051.98
5	10	7	2	19	14137.99	13624.38
6	9	10	2	21	36225.20	36056.94
7	22	6	6	34	13295.15	13253.86
8	11	10	0	21	4742.73	4466.61
9	13	7	1	21	21398.30	20913.61
10	10	6	0	16	15896.50	15651.13
11	10	6	2	18	11425.78	10278.47
12	28	6	3	37	16718.90	16477.11
合计	164	79	25	268	179014.68	174883.64

万元；紧急处理异议投诉事项 3 起，受理提案、信访 10 起，组织或配合协调处理交易争议 11 起，受理或协调处理投诉案 5 起；移交公安机关立案涉嫌串通投标案件 5 起，涉及水利项目 3 个，涉案金额 3000 多万元，涉及市场主体 12 家，对串通投标的 3 名当事人采取羁押、批捕等强制措施。

（周松涛）

价格管理

【概　况】 英山县物价局（简称“县物价局”）为县发展和改革局挂牌机构，内设办公室、价格调节基金办公室、监察室、行政许可股、法规股、价格股、收费管理股。下设价格监督检查分局和价格认证中心。2017 年年末，全系统在岗 19 人。

【价格调控】 2017 年，开展粮油肉蛋菜、日用消费品、农特产品等三类 20 种商品价格常规监测，全年上报监测数据 60 条，每周二在英山电视台《每周价格报告》栏目及时发布价格信息，全年播发 40 期。

【价格监管】 对电力价格执行情况进行全面清理，开展自查自纠。对查出全县未规范非直抄用户用电价格政策的 55 家单位下达整改通知书，现场督促整改，确保整改到位。3 月，经过成本监审、召开价格听证会、局价格审理委员会集体审理、县政府常务会议研究等程序，对英山城区居民用水阶梯水价进行批复。4 月 1 日，县城区执行居民用水阶梯水价政策，落实学校、社会福利机构等低于居民用水价格优惠政策。9 月，对天然气价格进行专项检查。

【行政事业性收费管理】 5 月，更新《英山县涉企行政事业性收费目录清单》《英山县行政审批前置服务项目涉企收费目录清单》《英山县行政事业性收费目录清单》《英山县经营性收费目录清单》，对收费实行目录管理，对目录清单实行动态管理。通过政府门户网站对社会公开，接受社会监督，做到清单之外无收费。对涉企收费进行一次全面清理，清理结果在县政府网站公示。8 月 25 日，落实涉企收费文件精神，印发《湖北省实行政府定价管理涉企收费目录清单》，印发《致全县企业界朋友的一封公开信》100 份，将公开信和目录清单一起发到相关企业，对降低和取消的收费项目严格要求相关单位该停收的停收、该降低的降低。规范涉企收费行为，先后对全县银行服务收费情况和各行业协会、商会的收费进行专项检查。

【价格监督检查】 2017年，结合履职工作要求，开展城管“门头招牌费”问题的检查清理，抽查个体户门店4家。开展高考期间宾馆、酒店住宿费检查，对两家大型宾馆高考期间住宿服务价格行为进行提醒告诫和宣传引导。对中心农贸市场明码标价工作进行宣传引导，发放明码标价牌10块。开展相对封闭区域的商品和服务价格检查，对县内1处高速服务区和3处景点进行宣传和检查，提醒各经营者按照政策保持价格水平与周边区域“大体相当”。元旦、春节、五一、十一等重要节日时段，组织专班对菜场、超市、天然气、公汽、客运、景区等开展市场价格巡查，对不执行明码标价规定、价格欺诈、乱涨价、乱收费等违法行为予以严肃查处。配合黄冈市物价局对教育、卫生系统重点单位开展下查一级专项检查。全年检查价费单位26家，查出违法所得116万元，没收违法所得116万元。价格举报中心全年受理和查处各类价格举报案件30多件，处理信访2件。回复率、办结率均为100%。

【价格认证】 2017年，共计办理委托认定事项45件，认定金额29万元，价格认定事项办结率100%。全年无一例重新鉴定和复核裁定案件发生，为保护当事人合法权益和司法公正提供优质服务。

（万　静）

住房公积金管理

【概　况】 住房公积金英山办事处内设归集科、财务科、委贷科、办公室。核定事业编制13人。2017年年底，干部职工18人，其中在职在编人员11人。

【业务办理】 截至12月底，全县建立住房公积金单位320个，缴存职工12785人，覆盖率98%。2017年归集住房公积金2.2亿元，占全年归集计划1.3亿元的169%，比2016年同期增长60%，累计共归集住房公积金9.2亿元。2017年提取公积金1亿元，累计提取3.8亿元。为619人发放公积金担保贷款1.7亿元，占全年贷款计划1.5亿元的113%，比2016年同期增长8%，个贷率68.84%，贷款利息收入1317万元，实现增值收益1077万元，结付利息987万元，上缴廉租房建设补充资金515万元。

【住房公积金系统“双贯标”升级】 12月，住房公积金英山办事处实行公积金系统“双贯标”升级，升级后的系统在归集方面做到缴存户身份证号码和姓名完全准确一致，避免同名同姓者信息混乱，简化还款流程。

（徐　丹）

安全生产监督管理

【概　况】 英山县安全生产监督管理局（简称“县安监局”）内设办公室、综合管理股、安全技术监督股、职业安全监督股，下设安全生产执法大队、安全生产应急管理中心、英山经济开发区安监分局。加挂英山县安全生产委员会办公室（简称“县安委办”）牌子，合署办公。2017年年末，局机关在岗7人，执法大队在岗10人。

【隐患整改】 4月19日、7月20日，县安委会先后印发《关于开展安全隐患自查自改的紧急通知》《关于在全县开展安全生产大检查的紧急通知》。4月下旬，由安全生产各专业委员会牵头，对全县非煤矿山、危险化学品、烟花爆竹、工业企业、特种设备、道路交通、体育、宗教、学校、建筑施工、旅游、消防、人员密集场所、水利、卫生、商贸等行业领域进行全区域、全企业、全设备、全流程、全体员工安全大检查，出动检查人员3000多人次，检查各类企业、工地、人员密集场所2000多家，下达整改指令书2000多份，排查安全隐患6000多处，现场整改5900多处，责令限期整改98处，责令停业整顿企业9家。县委、县政府对学府路坡儿塥桥等15处重大安全隐患进行挂牌督办，各责任单位按“五落实”要求，投入整改资金近100万元，按时整改到位；县政府投入资金210万元，完成市安委会挂牌督办的小白线老鹳冲二桥重大安全隐患的整改。

【道路交通专项治理】 2017年，公安、交警加强执法和管控力度，严厉查处超员、超载、超速和酒后驾驶等交通违法违规行为。交运部门加强排查整治，安装318国道、中大线、小白线临水、临岩路段钢护栏94.6千米，完成农村公路安保工程205.7千米，安装国省干线公路警示指示牌23块，道口桩26根，修补水毁路面4000多平方米，修复渡口1处。

【非煤矿山专项治理】 2月8日，安监局召开专门会议安排复产验收工作。2月10—19日，组织专班对提出验收申请的13家非煤矿山企业进行复产验收。5月19—22日，对全县非煤矿山开展专家会诊，“一矿一策”逐家列出问题清单和整改方案，督促企业全面整改，对整改不到位的5家矿山责令停产整顿。

【烟花爆竹专项治理】 4月11—14日，对全县所有烟花爆竹经销店进行现场核查，对不符合安全经营条件、存在“前店后厨”“多合一”经营的经销店，不予发放许可证。4月23—28日，对全县烟花爆竹经营业主进行安全知识培训。全年出动执法人员59人次，检查生产经营单位324家，排查安全隐患13条，下达整改指令书2份。

【职业卫生专项治理】 4月22日，县安委会办公室印发《关于开展汽车维修、制鞋加工等行业领域职业病危害治理的通知》，开展重点行业职业病危害专项治理，聘请专家对英山县承庆鞋业公司、湖北大众兴塑业股份有限公司作业现场职业危害因素进行检测、评估。对存在职业病危害的企业下发整改指令书，责令限期整改到位，对职业卫生培训不到位的企业给予行政处罚。

【建筑施工专项治理】 住建、安监部门联合开展以防坠落、防垮塌倒塌为重点的建筑施工现场安全隐患排查整治，重点排查高支模、塔吊、施工升降机等重点部位的安全隐患，检查隐患70条，发出安全隐患整改通知书13份、停工通知书8份，对无“两证一书”手续、无建筑资质、安全防范措施不到位、安全隐患整改不到位、不按专项施工方案操作、违法转包分包、操作人员无证上岗、现场管理不规范、企业安全生产责任不落实的单位一律叫停。

【消防专项治理】 5月2日，县安委会召开消防安全工作会议，组织开展消防安全隐患大排查大整治工作，重点对“多合一”场所、人员密集场所、易燃易爆场所、物流仓储场所和在建工地、旅游景点、农家乐进行全面的消防安全大排查大整改，对全县93家高层建筑进行全面检查，排查重大消防安全隐患19处，开展消防安全评估5次，签订消防安全承诺书55份，维护保养消防设施18处，建设微型消防站8个，清理违规私接电线行为53处，临时查封“问题宾馆”5家。

【事故查处】 2017年3月8日上午8时，湖北丽景生态农业科技有限公司大别山丽景风景区在施工过程中，工人叶某某独自站在二层脚手架上搭钢管，由于距离高压线过近，手持钢管时引发高压电弧，被电弧击中倒地，送往县人民医院抢救无效死亡。事故发生后，县政府依法成立事故调查组。经调查组认定，“3·8”事故是一起生产安全责任事故，依据《中华人民共和国安全生产法》《安全生产事故报告和调查处理条例》，对事故责任单位湖北丽景生态农业科技有限公司做出20万元经济处罚；对湖北丽景生态农业科技有限公司法人代表，依据《中华人民共和国安全生产法》《安全生产事故报告和调查处理条例》《湖北省生产安全事故报告和调查处理办法》的规定，给予 2 万元经济处罚。

【安全生产管理体制改革】 2017 年，先后成立安全生产应急救援中心、经济开发区安监分局、职业卫生监察大队、吴家山林场安监股、桃花冲林场安监股、县燃气管理办公室等安全生产监管机构。县安监局增加领导职数 2 名，增加人员编制 5 人；建立安全员制度，全县党政机关、人民团体、村（社区）和生产经营单位都配备安全员。企业实行全员安全生产责任制，制定安全员岗位职责，实现安全责任全覆盖。

（徐　宏）

产品质量检验检测

【概　况】 英山县产品质量检验检测中心（简称“县质检中心”）内设办公室、财务科、业务科、技术科、政工科 5 个科室。下设英山县食品药品检验所（加挂英山县水质检测中心牌子）、英山县农产品质量安全检测站（加挂英山县粮油质量检测中心牌子）、英山县建设工程质量检测站、英山县工业产品质量检验所、英山县计量检定测试所 5 个技术检验检测机构。2017 年年末，全系统在岗 62 人。核定预算经费 215 万元，配备实验用房 4000 平方米、各类检验检测设备 760 台（套）、检测车辆 1 辆。

【项目检测】 2017 年，完成饮用水检测报告 867 份、公共卫生检测报告 2940 份，其他委托检验检测 189 批次，工程质量检测报告 26160 份，农产品检测 1350 批次。

【产品质量检验检测中心办公场地建设】 2017 年 4 月，县政府将原县医院住院部楼房 4000 平方米划拨质检中心新办公及实验室场所，启动规划、设计及装修前期工作。

（唐　运）

英山县消费者委员会

【概　况】 2017 年，英山县消费者委员会发布 2016 年度消费维权八大典型案例。3 月 15 日，组织 30 多家职能部门、公用企业在飞达广场举办现场接受投诉、消费咨询、假冒伪劣商品现场识别、名优产品展示、发放消费维权宣传单等活动，隆重纪念“3 · 15”国际消费者权益日；消委积极组织消费者对公用企业进行消费评议；在英山电视台发布 9 期滚动字幕予以消费警示；开展放心消费创建，共创建县级示范商户 43 户，示范街区 3 户，示范维权站 10 户。

【消费者投诉】 2017 年，受理处理消费者投诉 370 件，为消费者挽回经济损失 93 万元。

（谭　文）

英山县个体劳动者私营企业协会

【概　况】 2017 年，英山县个体劳动者私营企业协会组织私营企业开展“百企联百村”精准扶贫、“光彩雷锋团”资助贫困学生等活动，累计捐款捐物 20 多万元；100 多家个私业主与金融部门开展银企对接，为企业和个体工商户融资达 5000 万元；走访、摸排企业 2800 多户。

【荣　誉】 湖北长安建筑股份有限公司和美佳购物商场领导兰军勇荣获“湖北省文明诚信企业”和“文明诚信个体工商户”称号；城北个协支部书记童曙明荣获“英山县非公有制经济组织和社会组织党组织优秀微党课观摩评选活动”一等奖。

（谭　文）

民生　社会保障

民　政

【概　况】英山县民政局（简称“县民政局”）内设办公室、社会福利和社会事务股、救灾救济股、政工股、计划财务股、民间组织管理股、优抚安置股、基层政权建设股、项目建设办公室、监察室、行政许可股11个股室。下设县老龄委办公室（正科）、县烈士陵园管理处（正科）、城乡救助管理局（副科）、军休所（副科）、社会福利中心（副科）、殡葬管理所、婚姻登记管理所、社会救助管理站、备灾中心、有奖募捐办公室、慈善事业管理办公室、居民家庭经济状况核对中心12家事业单位。2017年年末，在岗干部职工90人。

【社会救助】2017年，纳入城乡低保7925人，临时救助4750人次，医疗救助25501人次，资助参保参合13752人。发放各类救助资金8932.5万元。

供养对象大病住院治疗费用经新农合报销、保险赔付后，其余治疗费用100%兜底，并按每人每年500元的标准为供养对象发放门诊医疗费。为年老体弱和流动性大、易遭遇意外伤害事故的对象统一购买意外伤害保险。特困供养对象自然减员220名，按2017年供养保障标准发放丧葬费99.2万元，实行火化的，享受免车辆运费、火化费、免费提供骨灰盒、补助800元丧葬资金等惠民殡葬政策。入住易地搬迁居住点的救助对象，配套建设6平方米的柴棚，在生活物资上配套实木床、棉鞋、棉袄、棉被、床单、内衣、裤子“七个一”。

县政府出台《英山县城乡困难群众重特大疾病医疗救助实施办法》，低保、五保等重点救助对象实行资助参合参保、定额门诊救助、基本医疗救助；精准扶贫建档立卡和低收入家庭中的老年人、未成年人、重度残疾人和重病患者以及建档立卡贫困对象中除低保对象、特困供养人员以外对象纳入基本医疗救助，全年累计救助大病困难群众25501人（含资助参合参保人数），发放医疗补助金1107万元（含资助参合资金206万元）。

救助遭遇急难型困难、支出型困难和扶贫建档立卡困难4750人次，发放临时救助资金480万元。安排100万元救灾资金专门购置救灾物资。

【基层政权建设】2017年，县委、县政府调整城乡社区建设领导小组及英山县村务公开和民主管理领导小组。农村社区建设试点17个，达到《湖北省农村社区建设试点村检查验收标准》。启动杨柳湾镇新铺街社区老年人服务中心和温泉镇东门社区早教中心公益项目创投，利用国际公益金40万元，自筹资金3万元，为辖区老年和0—3岁幼儿提供免费服务。出台《英山县社区减负增效专项行动实施方案》《英山县村务公开规定

（试行）》。全县 312 个村制作安装标准室外公开栏。4 个“难点村”治理工作达到湖北省村务公开和民主管理“难点村”治理验收标准。

【优抚安置】 2017 年，县政府印发《关于研究涉军群体信访事项的会议纪要》《关于研究落实下岗志愿兵有关待遇问题的会议纪要》《关于研究城镇退役士兵安置遗留问题的会议纪要》。妥善处理优抚对象来信来访 150 件人次。全县特困优抚对象 8833 人，其中生活难 5356 人，医疗难 2539 人，住房难 938 人。解决特困优抚对象“三难”问题 2113 人，给予一次性救助资金 386 万元。为 27 名企业下岗残疾军人缴纳养老保险 27 万元，缴纳城镇职工医疗保险 4.14 万元。解决企业下岗志愿兵公益性岗位 67 人，为 94 人缴纳养老保险 564 万元。为 20 名企业退休志愿兵缴纳城镇职工医疗保险 3.41 万元。

【社会福利事业】 2017 年，建立留守儿童信息台账，村委会与受委托监护人签订农村留守儿童委托监护责任确认书。所有村（居）委会设立儿童福利主任，印制《儿童福利主任工作手册》400 份。2017 年，新增孤儿 1 人，取消超龄和自然减员孤儿供养待遇 4 人。孤儿基本生活费由分散供养孤儿 600 元 / 月、集中供养孤儿 1000 元 / 月，分别提高到 700 元 / 月和 1100 元 / 月，发放孤儿基本生活费 40.2 万元。发放残疾人两项补贴资金 320.6 万元。全县无人监护、父母一方外出另一方无监护能力的留守儿童 5946 人、无户籍儿童 38 人、未入学儿童 3 人。各乡镇开展社会救济对象核查和动态管理，暂时联系不上的对象，于 2017 年一季度停发或暂停发放救济金。为 114 名 20 世纪 60 年代精简退职老职工、退职武警、原国民党宽释人员发放社会救济费 37.15 万元。救助流浪其他人员 480 人次，接待省、市和外县护送人员 73 人。

截至 11 月 5 日，办理结婚证 2125 对，离婚证 461 对，补领结婚证 576 对，帮助来访对象查阅婚姻登记档案 485 份。调解申请婚姻对象 400 多对。火化遗体 163 具，惠民殡葬政策人员遗体 30 具，减免殡葬服务费用 10.8 万元。启动生命纪念园规划建设。

11 个乡镇中的 13 所养老机构存在强制性基础指标未达标项 126 条、提升指标未达标项 204 条，对这些机构逐一下发整改通知书，限期整改。

【地名区划】 2017 年，规范城区道路街巷名称。完成安徽省线 4 段共计 100 多千米界线地形地物及界桩的实地联合检查。出台《行政区域界线联合检查工作实施方案》，形成《联合检查行政区域界线联系工作会议纪要》《行政区域界线联合检查情况纪要》《行政区域界线联合检查情况记录》、界桩登记表等实施文件材料。

【项目建设】 截至 2017 年年底，洽谈项目 2 个：南山国际养生城项目，投资 3 亿元；生命纪念园公益性公墓建设项目，投资 2.5 亿元。实施项目 1 个：大别山汽贸广场项目，投资 4.5 亿元。投资 4070 万元，分批整体迁建福利院 5 所，改扩建福利院 6 所。投入资金 350 多万元，改造乡镇福利院消防设施、无障碍设施、特护设施配备以及其他安全隐患整治。1 月，方家咀乡、草盘地镇和陶家河乡福利院完成烟感报警和自动呼叫系统建设。邀请专业机构鉴定福利院失能和半失能人员，经鉴定福利院集中供养的全失能对象 51 人、半失能对象 137 人，按全失能对象 1140 元 / 月、半失能对象 310 元 / 月的标准发放护理补贴。

【纪念活动】 2017 年，投入资金 110 万元举办烈士陵园花卉展览，投入资金 15 万元购置火炬景观灯 150 盏。举办建军 90 周年纪念、“9 · 30” 烈士公祭活动。

（叶桓宇）

社会生活

【城乡居民生活】 2017 年，英山县城镇常住居民人均可支配收入24015元，比2016年增长7.65%。全年城镇居民人均工资性收入15317元，增长7.95%，占可支配收入比重的63.78%；工资性收入仍是城镇居民家庭可支配收入主体。全年城镇居民人均经营净收入2334元，增长5.42%。城镇居民全年人均财产性收入1895元，增长7.67%。城镇居民人均转移性收入4469元，增长7.82%。

全县城镇居民人均消费性支出17857元，增长8.33%。其中食品烟酒支出6802元、衣着支出1093元、居住支出3202元、生活用品及服务支出1195元、交通通信支出1481元、教育文化娱乐支出2036元、医疗保健支出1540元。城镇每百户居民家庭拥有汽车27辆、摩托车43辆、洗衣机90台、电冰箱100台、微波炉53台、彩色电视机107台、空调87台、热水器83台、排油烟机53台、固定电话50部、移动电话150部、接入互联网100部、计算机47部、照相机20部。

全县农村常住居民人均可支配收入10723元，增长9.71%。人均工资性收入2776元，增长9.64%。人均经营净收入3459元，增长9.12%。人均财产性收入23元，增长9.52%。人均转移性收入4465元，增长10.22%。

农民人均经营费用支出1335元，人均购置生产性固定资产支出221元、人均生活消费支出9302元，其中食品消费支出3636元、衣着消费支出314元、居住消费支出1707元、家庭设备用品消费支出369元、交通通信消费支出1150元、文化教育娱乐消费支出1051元，医疗保健消费支出968元。

农村每百户居民家庭分别拥有汽车16辆、摩托车101辆、洗衣机26台、电冰箱87台、微波炉19台、彩色电视机110台、热水器70台、固定电话36部、移动电话174部、计算机10部。农民人均住房面积57平方米。居民储蓄存款余额131.55亿元，增长13%。

（解彩清）

【物价指数】 全年居民消费价格总指数（CPI）上涨2.2%。其中，食品类价格上涨3.6%、居住类价格上涨1.7%、交通和通信类价格下降1.3%、衣着服装类价格下降0.1%、烟酒类价格上涨0.4%。

（解彩清）

【人口与计划生育】 2017年，出生4832人，出生人口性别比107.03。2017年，生育二孩及以上对象孕情上报及时率72.25%；村居平台村级反馈率99.60%；全员人口主要指标完整准确率99.99%，计生实名登记及时准确率99.6%；为计生特殊家庭开通绿色就医通道率和联系人制度落实率均为100%；免费婚检和免费孕前优生健康检查目标人群覆盖率分别为90.5%和99.5%，查处典型“两非”案件7件。

（邹　方）

人力资源和社会保障

【概　况】 英山县人力资源和社会保障局（简称“县人社局”）内设办公室、政工股、规划财务股、纪检监察室、计划和人力资源市场管理股、职业能力建设与培训股、专业技术人员管理和职称股、事业单位人事管理股、工资福利与离退休管理股、医疗生育工伤管理股、劳动关系股、调解仲裁办公室、公务员管理股、养老保险股、就业促进与失业保险股。下设劳动就业管理局、社会劳动保障事业管理局、机关事业单位保险福利管理局、医疗保险管理局、城乡居民社会养老保险管理局、劳动保障监察局、人才交流中心、考试院、干部职工档案管理中心、社会保障基金结算中心和11个乡镇人社中心。县政府军队转业干部安置工作领导小组办公室（简称“军转办”）、县公务员局、县高校科研院所合作办公室（简称“县高校办”）设在人社局。2017年年末，全系统在岗224人。

【机关事业单位养老保险】 2017年，机关事业单位养老保险上线运行单位209家9133人（其中在职5889人、退休3244人），机关事业单位养老保险参保9917人，其中退休4609人。全年征收基金4570万元，发放退休金9413万元，发放率100%。4401人调标养老金，新机保人均养老金月调标195元，老机保人均养老金月调标162元，乡改人均养老金月调标174元。

【企业职工养老保险】 2017年，核定参保企业210家4653人，核定企业养老保险费2863万元。征收城镇职工基本养老保险费9157万元（其中清收历欠养老保险费720万元），扩面新增参保1310人，全县城镇职工基本养老保险26660人。7月，离退休人员养老金调标8196人，月人均养老金调标133.18元，调整后月人均养老金水平1865.04元。4月，采集现有企业退休职工及遗属人员指纹静脉信息和人脸识别信息，建档登记8840人。资格认证8653人，认证率100%（对行动不便的120名老年人与病患者，工作人员上门认证，对远在外地不方便回家的30名退休人员开启远程视频认证）。调查稽核在职死亡和离退休死亡待遇职工82名，核实延报死亡时间8人，避免基金损失12.7万元。

【城乡居民养老保险】 2017年，适龄参保续保缴费14.24万人，征收养老保险费1630.3万元，参保续保率100%。符合享受养老金待遇条件6.54万人，全年累计发放养老金待遇6715.24万元，发放率100%。制发社会保障卡22.3万张（新增制卡2163张），制发卡率99.8%。精准扶贫户代缴资金，通过扶贫信息系统数据与城乡居民经办信息系统比对，确认2017年度建档立卡未脱贫并参加城乡居保人员20043人，申报落实政府代缴资金200.43万元，代缴人员全部进行系统标识。7月，完成第二次基础养老金调标资金测算、申报、系统参数调整，由每月70元基础上调整到80元。出台《关于调整全县城乡居民基本养老保险最低缴费档次的通知》（英政办发〔2017〕48号）文件，将城乡居民基本养老保险最低缴费档次由100元调至200元，重度残疾人等缴费困难群体保留100元缴费及代缴标准。被征地农民养老保险政策全部实现“先保后征”，预存征地补偿资金9000多万元，新老被征地农民纳入保障范围2894人。兑现新老被征地农民到龄养老待遇476人，累计发放养老金补贴197万元。开展生存认证防范基金损失，通过社会养老保险数据比对、乡镇中心协查和入户调查等方式，查实重领社保待遇11人（与机保重复2人、与社保重复9人），追回重领基础养老金3.2万元，上缴财政社保基金专户。追缴省内、省外重复领取社保待遇44人，追缴入库资金13.31万元；核实处理疑似死亡继续领取养老金人员1006名，处理到位904人，追回多领取的养老金1.2万元。

【医疗、工伤、生育、失业保险】 2017年，办理医疗保险基金征收364757人，征收基金28044万元。支付农村居民医疗保险基金14223.1万元（包括住院补偿42648人次，基金支出10686.5万元；门诊补偿524995人次，基金支出916.3万元；慢性病补偿29613人次，基金支出762.4万元；住院分娩补偿2204人次，基金支出182.1万元；意外伤害基金支出609.6万元，大病保险基金支出1066.3万元）。对定点机构备药率、处方保管、违规处罚等方面，进行规范规定，全年共核减县内定点医疗机构住院违规费用356.38万元。

2017年，对符合条件的失业人员发放失业救济金240人次18.48万元。为16家企业发放稳岗补贴金额53.49万元。全年申报核定公益性岗位440人。全年申报办理“4050”人员930人。

【就业创业培训】 2017年，组织开展各类培训结业5122人。其中技能培训49期379人，创业培训9期907人。精准扶贫农村实用技术培训68期4912人。发放创业担保贷款2820万元，扶持520户个体经营户创业，带动2080人就业。

【大学生创业孵化基地】 2017年，投资1500万元，建成可入驻100家创业团队的孵化基地。入驻创业团队52家（其中通过项目筛选、项目考察、交流座谈等形式，新引进科技创新型团队9家），全年发放创业贷款100万元，扶持创业团队10家。

【招聘就业】 2017年，在方家咀乡、金家铺镇、雷家店镇和城区组织专场招聘会23场，30多家县域企业进场招聘，提供岗位近3000个，英山县企业用工招聘539人，达成求职意向712人。利用多个信息平台，为66家规模企业输送员工2432人次。向黄冈市伊利等5家劳务协作定点基地输送贫困劳动力59名，为神力半轴等5家“扶贫车间”推荐就业94人。

【举办创业创新大赛】 2017年，开展“与青春同梦、与创业同行”的“毕昇科技杯”创新创业大赛。武汉都市圈创新创业研究院院长、武汉市孵化器创业导师团秘书长丁德泽、湖北鸿云科技股份有限公司董事长万守杰，东科创星创始人、董事许文娟，中国科学院大学生创新创业学院导师刘智敏，楚天同创工程创业导师肖庆华，华中科技大学研究生创业导师张福宏，国家二级创业咨询师秦科龙7名评委对40多家参加初赛创业团队进行打分、点评，评选出10家团队进入决赛，其中三峡大学毕业生、创华科技总经理李敏夺得大赛第一名，获奖励资金2万元。

【劳动关系业务】 2017年，签订劳动合同12000人，签订率93.3%。受理申请工伤认定105人，做出认定70人。通过“一点投诉，全县联动受理”机制，受理各类投诉举报43起，为2950名农民工追讨工资5760万元。

【人才人事业务】 2017年，公开招录行政编制69人，为县人民医院和教育局招录事业编制87人，16个部门42家事业单位213人岗位异动认定。引进实习实训大学生1111人，大学生就业307人。县直机关事业单位公开招考及新进人员181人。全年申报正高级专技职务5人，副高级专技职务57人，中级专技职务96人。2017年，通过评审并取得专业技术任务职资格正高职称3人，副高职称35人，中级职称76人。

【深化县校合作】 2017年，参加“我选湖北·聚英才”活动。3月11日，县校合作办带领湖北毕升科技产业发展有限公司、湖北神力汽车零部件股份有限公司、县人民医院等用人单位，参加黄冈师范学院第二届长江经济带专场招聘会。10月8日，省农科院专家、湖工大教授在金雷茶业开展茶叶种植、销售理论讲学和现场指导，全县200多名茶叶种植大户和龙头企业参加学习。湖北毕圣泉酒业与武汉科技大学、湖北东风世星股份公司与武汉理工大学、湖北神力汽车零部件有限公司与武汉理工大学、湖北志顺茶叶与华中科技大学、湖北吉利中药材与湖北中医大学分别建立科技研发平台。

（虞小彦）

文化　体育

文　化

【概　况】 英山县文化新闻出版广电局（简称“县文广局”）2017年9月21日成立，加挂英山县版权局牌子。内设办公室、财务股、政工股、监察室、社会文化艺术股（挂毕昇研究办公室、旅游股牌子）、文化广电事业股（挂农家书屋办公室牌子）、新闻出版管理股、版权和文化市场管理股（挂行政审批股牌子）、传媒机构管理股9个职能股（室）。下辖黄梅戏剧团、文物局（博物馆）、文化市场执法大队、图书馆、文化馆、戏剧创作室、文化活动中心、电视台、广播电台、电影放映公司。三定方案规定局机关行政编制8名，事业编制（参公）12名，其中局长1名，副局长3名，总工程师1名，工会主席1名，中层领导职数9名。2017年年末，全系统在职干部职工356人。

【公共文化服务体系建设】 2017年11月，经文化部评估，英山县图书馆符合国家二级图书馆标准；建成村级文化广场214个；图书室、文化活动室覆盖319个行政村（包括3个林场村、7个社区），覆盖率90%；11个乡镇184个行政村按照“七有”标准建设的综合文化服务中心挂牌提供服务。投资20多万元建设草盘地镇文化站活动场地，7月竣工。8个乡镇文化站改造升级达标。

【文学艺术创作】 2017年，专业作者和文学爱好者的小说、散文、故事、摄影等作品120多篇（件）在国家、省、市级报纸、杂志、网络媒体刊载并获奖，其中2篇获得国家级奖、4篇获得省级奖。

【广播电视宣传】 2017年，推出《坚决打赢脱贫攻坚战》《新春走基层》等多个系列报道；中共十九大期间推出《喜迎十九大》《新时代新征程》专栏；电视台播发新闻近3000条。策划并播出《决战脱贫决胜小康》《搭平台纳四海精英牵纽带助五城同创》《开展“两违”整治构建美丽英山》《精准扶贫在路上》《大别山乡农商红》等专题片12部；专栏《神州大地英山人》《舌尖上的安全》《百姓健康》《妇幼新概念》《政策广场》《纪委大家谈》播出68期。312个村“村村响”建设全面完成，安装广播终端3126个、音柱1387只、收扩机1745台、大喇叭3490只，广播覆盖率100%。2.6万套“户户通”建设任务全部完成，惠及全县7.8万名农民群众。

【群众文化活动】 2017年，新增文艺队伍42支。至2017年年底，全县有各类文艺队伍200多支。当年创编各类节目600多个。承办“舞动英山”广场舞大赛，参加队伍70多支1500多人。组织“英山民歌大家唱”活动，发放《英山民歌选》200多本，赠送英山民歌碟160多张，安排辅导教师20多人到各单位教唱，参加演唱的队伍150多支、2万多人。组织“读书的力量·诗词采风

2017 年省级以上发表文学作品及剧本演出情况表

表 17

作品名称	文学体裁	作者	发表刊物（或在舞台上演）	发表日期
《铁面金光悌・审和珅》	黄梅戏剧本	胡应名 方走新　王斌	英山剧团演出	11 月 21 日在国家大剧院演出
《大河》	长篇小说	刘平海	芳草杂志	2017 第 1 期
《干掉榴莲》	短篇小说	盛莉	《长江丛刊》	获第 26 届全国梁斌小说大奖
《白米恩仇》	故事	肖崇东	《传奇、传记》	2017 年 1 期（转载）原在《上海故事》2016 年第 5 期发表
《神医传奇》	故事	肖崇东	《传奇、传记》	2017 年第 6 期
《以毒攻毒》	故事	肖崇东	《传奇、传记》	2017 年第 7 期
《谁在背后捣鬼》	故事	肖崇东	《今古传奇、故事版》	2017 年第 4 期
《串案奇谈》	故事	肖崇东	《今古传奇、故事版》	2017 年第 7 期
《改名换姓》	故事	肖崇东	《上海故事》	2017 年第 6 期
《枯井案》	故事	肖崇东	《上海故事》	2017 年第 10 期
《温馨十年父子情》	散文	张保良	《长江丛刊》	2017 年

朗诵会”，组织诗词爱好者 60 多人进行采风活动，与县公路局、旅游局、四季花海景区联合开展诗词朗诵专题晚会，县领导带头上台朗诵。《幸福我家乡》英山县 2017 年春节联欢晚会获省文联、省文广新局、省电视艺术家协会组织的“春满楚天”湖北省地方春节文艺节目三等奖。

【文化惠民工程】 2017 年，送戏下乡 160 场（次），送文艺辅导下乡 60 多次，培训乡村文艺骨干 180 人次，送戏曲进校园 68 场（次），送书进乡村、进社区、进学校、进机关、进企业、进军营 210 场（次）。

【文化遗产保护】 2017 年，实施第三次全国文物普查和第一次可移动文物普查，完成 4643 件馆藏文物和非文物系统 56 件可移动文物的造册、登记、上传。全县重点文物保护“一处一策”机制落实到位，95 处重点文物安全保护措施、责任人、责任领导全部落实，并与文物所在乡（镇）村签订责任书。对全县文物进行“拉练式”安全普查，发现安全隐患 21 处，17 处整改到位。

【文化产业发展】 2017 年，英山县森林工艺品有限公司、英山县庆龙茶叶有限公司、湖北省新华书店（集团）有限公司英山分公司、英山飞龙家电有限公司、英山县海兴电器有限公司、湖北丽景生态农业科技有限公司、英山县利生农业开发有限公司、湖北原味生态农业有限公司 8 家企业达到文化企业入限进规标准。

【依法行政和监管工作】 开展“剑网”“秋风”等专项整治行动 8 次，实施“护苗行动”4 次，整治学校周边文化环境 12 次，开展旅游景区“净化行动”1 次，开展软件正版化整治行动 3 次。党政机关软件正版化率达到 100%，事业单位达到 80% 以上。

贯彻落实国家广电总局《广播电视安全播出管理规定》，开展专项行动 13 次，没收销毁山寨卫星地面接收设施 3000 台（套）。落实重要节假日、重要活动和敏感时期领导带班和重要岗位 24 小时值班制度，全年广播电视安全播出零事故。

【组建文化新闻出版广电局】 2017 年 9 月 21 日，《县委办公室、县政府办公室〈关于印发英山县人民政府职能转变和机构改革方案〉的通知》（英办发〔2016〕5 号）合并英山县文化局、英山县广播电影电视局，组建英山县文化新闻出版广电局，加挂英山县版权局牌子。2017 年 11 月 1 日，经英山县第十八届人民代表大会常务委员会第五次会议审议和票决通过任命叶文生为英山县文化新闻出版广电局局长。2017 年 11 月 28 日，英山县文化新闻出版广电局挂牌。

【“英山民歌大家唱”歌咏比赛】 2017 年，县委宣传部主办，县文化局、广电局承办，黄梅戏剧团、电视台、文化馆配合开展“英山民歌大家唱”歌咏比赛。2 月中旬启动，4 月下旬结束，历时 2 个多月，参加学唱英山民歌活动的有 2 万多人，参赛选手 3000 多名。经过四场初赛、一场复赛，27 组选手成功晋级决赛。雷家店镇周翠获一等奖，县教育局黄小红、县文化局代表队分别获二等奖，选手王莹、石晓、刘莹、供电公司、旅游局获三等奖，全国人大代表王金初及英山县民营企业家代表队获得特别演出奖。

【荣　誉】 9 月 22 日，县老年体协艺术团组队参加“文化力量 · 民间精彩”黄冈市第三届广场舞展演活动，选送的《筷子舞》获得第三名。英山艺术团获“文化力量 · 民间精彩”湖北省第三届群众广场舞展演网络评选第二名，被湖北省文化厅授予“最佳人气奖”团队。

（肖崇东　段小蔓　汪　蔚　姜红胜
石海燕　黄　翠　饶玉芳）

体　育

【概　况】 英山县体育局（简称“县体育局”）内设办公室、群众体育股和竞赛训练股，下辖湖北省英山温泉游泳跳水馆、英山县少儿业余体校。2017 年，在职干部职工 6 名。

【项目建设】 2017 年，体育彩票销售总额 3200 万元。增、扩建“全民健身路径”“农民健身工程”34 套。完成温泉镇百丈河、杨柳湾镇东冲河、金家铺镇龙潭河、陶家河乡英太寨四个村级综合文化服务中心示范工程项目建设；启动英山全民健身馆建设、湖北省英山温泉游泳跳水馆维修改造、雷家店镇五一村乡镇级“全民健身中心”建设项目。

全县有县老年体协、自行车协会、篮球协会、羽毛球协会等民间体育组织 17 个。调整县门球协会组成人员，各乡镇和 90% 以上的行政村成立老年体育协会，全县各级社会体育指导员 600 多名，协会带动并发展各类健身舞蹈队 400 多支，太极拳、篮球、健身气功各类健身队伍 50 多个。

【体育赛事】 3 月 7 日，举办 2017 年庆“三八”老年门球赛。城区 5 支代表队、近 90 人参加比赛。

4 月 22 日，承办中国英山第四届“茶文化旅游节——飞越南武当”滑翔伞精英邀请赛。比赛在大别山主峰风景区举行。世界冠军、中国翼装飞行队队长盛广强携队进行动力伞编队飞行表演，来自全国各地的近百名滑翔伞运动爱好者参加，黄冈市体育局局长余觅、副局长王立新现场指导。

4 月 23 日，承办中国英山第四届“茶文化旅游节——穿越桃花冲”山地自行车挑战赛。比赛在桃花冲风景区举行。来自省内外 18 支队伍参赛，比赛设男子甲组、男子乙组、女子组 3 个组别，来自黄石磁湖的胡九鸣以 34 分 56 秒的成绩完成 10.5 千米的路程，获得男子甲组冠军，林再励、贾志芳分获男子乙组、女子组冠军。英山县自行车协会选派的徐浪平、宋祥玲获得最佳男、女运动员称号。

4 月 28 至 5 月 1 日，黄冈市体育局、黄冈市教育局联合举办、英山县体育局承办的黄冈市 2017 年青少年暨中学生男子篮球比赛在英山县青少年篮球培训中心举行。全市 9 支代表队 130 多名运动员参加比赛，英山代表队获得比赛亚军，并被组委会评为“体育道德风尚奖”。

5 月 10—13 日，选派 9 名运动员组队参加“黄冈国家高新区杯”2017 年黄冈市乒乓球锦标赛，英山代表队获得女子团体第三名，男子团体第五名。

5 月 13 日，县足球协会选派 20 名足球爱好者参加 2017 年“我爱足球”中国足球民间争霸赛暨黄冈市第四届业余足球赛。

5 月 19—21 日，全市青少年田径比赛在黄冈体育中学举行。英山代表队由县体育局牵头，县教育局、县实验中学、县一中联合组队，选派 16 名运动员参加 8 个项目的比赛，获冠军 1 个，优胜名次 12 个，团体总积分 44 分。

5 月 19—21 日，湖北省“工行杯”体育舞蹈公开赛（黄冈站）在浠水县举行，县老协艺术队参赛节目《莲湘舞》获得团体金奖，代表队被组委会授予“体育道德风尚奖”，张惠荃被授予“优秀指导教师”。

8 月 22—23 日，2017 年黄冈市“食为天杯”少年儿童游泳比赛在罗田县举行，温泉小学游泳队获金牌 42 块、银牌 34 块、铜牌 32 块。

10 月 6—9 日，“2017 年湖北省游泳锦标赛”在湖北荆门市举行，温泉小学游泳队代表黄冈参赛，获优胜名次 17 个，比赛积分 44 分。

10 月 25 日，英山县举办“庆十九大”敬老节门球赛，城区 8 支球队、60 多人参加比赛。

11 月 21—24 日，2017 年湖北省太极拳公开赛在湖北荆州市举行，英山县太极拳协会组队参赛获 1 个第一名、3 个第二名、1 个第三名、3 个优胜名次。

【培训交流】 6 月 20 日，县老年体协与县太极拳协会在县大礼堂广场举办 42 式太极拳（剑）培训班，来自全县 7 个乡镇的 119 人参加培训。

10 月 29 日，县老年体协组织队伍赴武穴开展太极拳交流活动。11 月 11 日，武穴老年体协组织 55 人的文艺团队进行回访，英山、武穴两地太极拳爱好者在县毕昇广场进行太极拳节目展示和交流。

（王海滨）

教育　卫生　科技

教　育

【概　况】 英山县教育局（简称“县教育局”）内设办公室（行政审批股）、教育股、体卫艺股、计划财务股、审计股、项目办、人事股、教师股、县政府教育督导办公室、职成股、法安股、监察室、教育信息中心、实践办 14 个股室；下辖电教馆、考试局、教研室、后勤办、勤工俭学总公司、学生资助管理中心、县青少年活动中心、县中小学生综合实践基地 8 个事业单位。另设有工会、团工委、妇工委 3 个群团组织。

2017 年，县政府提交县人大审议通过《英山县城区中小学布局调整实施方案》。投资 1.8 亿元新建职教中心，引资新建民办博文学校，计划迁建温泉小学，建成城区第二幼儿园，改扩建坡儿垴小学，扩建实验小学教学楼。

2017 年，教育投入 5.87 亿元，其中用于工资支出 4.09 亿元，商品服务和资本性支出 1.78 亿元。

全年补充教师、公职人员 81 名，其中新机制教师 15 名、幼儿教师 50 名、高中教师 10 名、特教教师 2 名、免费师范生 1 人、公务员 3 人。培训中小学班主任 300 多名，县教育局和武汉音乐学院联合举办音乐教师培训班，参加培训音乐教师 80 名。

开展中小学课堂教学改革，在全县中小学推行温泉小学“123”健康课堂教学模式、县实验中学“三学一反思”有效课堂模式、县一中“1234”高效课堂教学模式等 29 种新的课堂教学结构与模式。12 月，湖北省第九届学校文化论坛暨快乐教育现场会在英山县召开，英山县作经验交流，5 所城乡学校作为参观现场，向 350 名省内外参会代表展示英山县办学成果。长冲中学学生王晨烨演讲获得全国比赛一等奖。

【学前教育】 县直幼儿园 2017 年投资 30 多万元改造西面教学楼，更换电路，铺设东面和南面教学楼及各功能室、办公室地面塑胶地板。教师李丹、段碧园参加“黄冈市本土游戏化”区角和户外活动比赛分别获一、二等奖。教师程媛的户外体育游戏《勇敢的小兵》获一等奖，教师郭珊的《我们的五官》获二等奖。《幼儿收拾整理习惯养成之研究》被列为省“十三五”规范重点课题开题。幼儿戏曲《梨园萌娃乐》和教师快板《快乐教育就是好》参加 12 月 1 日湖北省快乐教育现场会演出。大班 100 多名小朋友参加第十一届国际童画创意联赛，获特金奖 4 人，金奖 40 人，银奖 60 人。7 人参加黄冈市科幻画比赛，1 人获一等奖，2 人获二等奖，4 人获三等奖。

【小学教育】 实验小学 2017 年承担全国教育科学“十二五”规划教育部重点课题《生成性教学实践的价值与策略研究》的子课题《生成性教学中课堂交往的实践与研究》顺利结题；省级课题

《校风、校训及特色校园文化研究》顺利结题，并获优秀课题。“一师一优课”晒课评选活动，王艳、陈丽琼获省级优课，胡兰、段满红获市优课评比一等奖。教师胡娜、段小波、段满红、岳学农、胡路平等在《湖北教育》《湖北教育新闻》等媒体发表论文或习作15篇；胡兰等24名教师获湖北省2017年“留住真情——我的暖心故事”征文一、二等奖。王嘉源、王语嫣、赵琮婧、明渤皓、王馨彤、李乐乐、叶林霖、程颖、谢敏思获第七届“枫叶国际杯”湖北省优秀作文一等奖。

温泉小学的校本教材《温泉探秘》《跟我学游泳》《小学生必备古诗词》获第九届湖北学校文化论坛2017湖北省学校文化成果奖。市级课题《数学高效课堂123模式探究》和省级课题《经典诵读》结题。教师李琼获《湖北教育》第十五届通讯员培训暨第二届教育新媒体发展论坛省级优秀通讯员。王秀丽获黄冈市微课比赛科学微课一等奖。教师程望春的文学作品《杨柳风》由广东旅游出版社出版。教练余松柏组织毕业学生代表参加“湖北省第十四届中学生运动会”游泳比赛，获团体总分第五名。

【中学教育】 2017年，县一中的省级研究课题《当前中学生学习动力不足的原因分析及对策研究》通过结题鉴定。12月，接受安徽迎驾慈善基金会“迎驾教育基石工程奖”23万元的捐赠。

2017年，全省技能高考中，理工中专参加考试377人，过一、二类本科线的有164人，本科绝对数居全省第三，参考比、万人比居全市第一。600分以上人数51人，占全省的三十分之一。8月28日，英山职教中心一期建设工程竣工，接受县质监站、县勘察设计院、设计单位武汉长江设计院、监理单位东晟公司验收。学生蔡可、李九澳、陈莉、游芳铭4人参加黄冈市首届“老君眉杯”茶业职业技能大赛，所表演的《春笋茶韵》获茶艺师项目一等奖、“黄冈名匠”称号；吴姜、徐堇鹏表演的《东坡问茶》获得茶艺师项目三等奖。理工学生代表队参加黄冈市中职学校“生科杯”技能大赛，获团体二等奖5个、三等奖1个，个人荣获一等奖3个、二等奖13个、三等奖17个。

2017年，实验中学投资200多万元，兴建标准化田径运动场。青年数学教师郑萍获全国数学教师优秀课展示一等奖。

【特殊教育】 县特殊教育学校2017年确定送教残疾少儿28名。自筹资金30多万元，整治、装饰廊道文化、寝室文化、教师文化、校园外部文化布置和校园内部环境。

【英山县职教中心建设】 英山县职教中心建设项目位于城西新城文化产业城（叶坊村），占地面积13.33公顷，规划建筑面积61734万平方米，投资1.8亿元。一期工程建设43969平方米，投资约1.4亿元；二期工程建设17765平方米，投资约0.4亿元。

2017年8月28日，一期主体工程竣工验收，包括综合楼5030平方米、1#、2#教学楼5947平方米；学生食堂6634平方米、1#、2#、3#学生宿舍楼13477平方米、实训楼6179平方米、教师周转房2栋6333平方米、配电房369平方米。围墙、校门、室外道路、强电弱电，球场、广场、公厕、停车场等配套工程正在施工。教学楼现代化教学设备安装到位，水、电、天然气管道铺设完工。

【教育资助】 2017年，学生资助政策实现从学前教育到研究生教育“全覆盖”，形成以财政投入为主、学校和社会资金为重要补充的“三位一体”资助格局。2017年资助43014人次，投入资金7137.54万元，其中学前教育幼儿资助4032人次，资金201.6万元；义教学生生活补助16987人次，808.33万元（其中义务教育非寄宿生生活费补助284.33万元）；普通高中免学费资金2948人次，253.4万元；普通高中国家助学金3004人次，307 万元；中职免学费资金 4328 人次，611.1 万元；中职国家助学金 3100 人次，310 万元；办理大学生生源地信用助学贷款 2614 人，1985 万元；营养餐补助资金 1884 万元；社会团体捐资等其他资金 777.2 万元。县学生资助管理中心被湖北省学生资助管理中心表彰为“湖北省学生资助典型单位”。

【教育精准扶贫】 2017 年，首次专项考评教育精准扶贫。建档立卡学生资助“全覆盖”，资助建档立卡学生 33977 人次，发放（免除）资金 3782.32 万元。整合投入 2047 万元，25 所贫困村所在地学校（教学点）标准化建设全部达标。开展实用技术培训 60 多次，培训贫困家庭“明白人”3000 多人次。6 月 23 日，黄冈市人民政府在英山县召开教育精准扶贫现场推进会。7 月 6 日，省教育厅教育精准扶贫对口帮扶英山工作会召开，省厅领导和武汉市帮扶学校对英山县给予大力扶持。

【教育信息化】 2017 年，全县完全小学以上学校接入 20 兆以上光纤宽带。装配多媒体教学设备 748 套，义务教育阶段学校“班班通”全覆盖。建设云录播互动教室 18 间（其中主录播教室 5 间），为学校配备摄像机 30 台。配备教学用电脑 3349 台，其中教师用电脑 842 台，师机比 4∶1。完全小学以上学校计算机教室配备率 100%，生机比 13∶1。开展“加快现代教育技术与传统教学手段有机融合，有效提升课堂教学水平”视频课竞赛，录制优质课 126 节，其中 7 节获省级优质课。县实验小学利用互动录播设备向孔家坊乡父子岭小学、陶家河乡中心小学、石头咀镇栗咀教学点送课 20 多节。

【招生考试】 2017 年，英山县高考报名人数 2542 人，其中女生 1184 人。普高文史类考生 588 人，艺术（文）考生 192 人，体育（文）考生 83 人；普高理工类考生 995 人，艺术（理）考生 34 人，体育（理）考生 72 人，技能高考考生 577 人。中考报考人数：八年级 2883 人、九年级 2842 人。黄冈中学录取 26 人，黄冈外国语学校录取 3 人，英山一中录取 759 人，长冲高中录取 430 人，雷店高中录取 235 人，二程希望中学录取 245 人，英山理工中专录取 928 人。

（付洪生　胡连江　柯知明　徐　新　郑　勇　陈　常　陈　勇　李　琼　彭　亮　万宇飞　黄　巧）

卫　生

【概　况】 英山县卫生和计划生育局（简称“卫计局”）内设办公室、政工股、宣传教育股、规划与信息股、财务与审计股、行政审批股、疾病预防控制股、医政医管股、基层卫生股、药物政策股、妇幼健康服务股、计划生育基层指导股、计划生育家庭发展股、监察室 14 个职能股室，下辖县计划生育协会。2017 年年底，机关在岗 43 人。

截至 2017 年年底，全县卫生和计划生育机构有主管局 1 个，县级专业医疗机构 4 个，其中综合性二甲医院 1 所：县人民医院，专科医院 3 所：中医院、妇幼保健院（妇幼保健和计划生育服务中心）、精神病医院，专业防控机构 1 个：县疾病预防控制中心，乡镇卫生院 11 家，私立医院 1 家：仁爱医院。群众团体 1 个：计划生育协会，“五化”村级卫生室 247 个。

全县有卫生工作人员 2315 人，卫生技术人员 1902 人，注册执业医师 870 人，执业助理医师 814 人，注册护士 780 人，卫生防疫人员 95 人，乡村医生 363 人，医疗卫生管理人员 127 人。

【妇幼保健】 2017 年，门、急诊量 13 万人次，同比增长 11%；住院 7455 人次，同比增长 9.7%。登记产妇 4626 人，进入孕产妇系统管理 4457 人，登记产妇系统管理率 95.54%，登记孕产妇住院分娩率 100%，死亡 1 例，死亡率 22.40/10 万；婴儿死亡率 3.64‰，5 岁以下儿童死亡率 3.86‰；

0—6岁儿童27840人，健康管理25368人，管理率91.12%；3岁以下儿童14409人，系统管理13036人，管理率90.47%。

12月8日，公开招聘专业技术人员19人。10月21日，县妇幼保健院获“中国县域人文医院”称号和“中国县域医院信息化建设奖”。

【疾病监控】 2017年，全县无甲类传染病发生；报告乙、丙类传染病22种2329例，无死亡病例。传染病报告发病率587.90/10万，同期相比报告发病率下降2.8369%。疾病种类排名前5名的是肝炎、肺结核、手足口病、其他感染性腹泻病、梅毒。传染病网络直报率、及时报告率100%。

【技术协作】 3月11日，华中科技大学同济医学院附属协和医院与英山县人民医院结为技术协作医院签约暨揭牌仪式举行，协和医院党委书记张玉、英山县副县长黄伟出席揭牌仪式，协和医院多学科国际和国内知名专家在揭牌仪式现场义诊。

12月28日，武大中南医院与英山县人民医院结成医疗联合体签字揭牌仪式在县医院举行。12月5日，中国卒中学会、中国卒中中心联盟办公室授予卒中中心在县医院神经内科挂牌。

6月14日上午，县中医院和医院武汉市第一医院医疗联合体揭牌仪式在县中医院举行。6月29日，县中医院入围湖北省中医医疗集团，成为12家集团单位成员之一。9月15日，加入黄冈市中医药健康联盟。

县妇幼保健院加入省妇幼健康联盟、儿科医疗联盟；县精神病院与省精神卫生中心建立技术协作机制。

【县医院三期工程】 县医院三期工程2017年9月27日动工，占地面积2.7公顷，建筑面积2.3万平方米，预计总投资1.4亿元，其中医技楼项目基础投资6520万元，其中中央预算内专项资金5000万元，地方配套1520万元；康复中心、服务用房、绿化、道路管网等配套设施投资约4800万元，购进医疗设备费用2608万元。

【中医院迁建】 2017年8月，县中医医院门诊住院综合楼项目主体建设完工。中医院（二期）住院综合大楼项目，投资7842.28万元，完成国土划拨、土地平整、规划设计许可、住院综合大楼的可行性研究报告和初步设计方案、招标及环境影响评估工作，通过县发改局审核批复。

【中药资源普查】 2011年12月18日，湖北省第四次中药资源普查（试点）工作启动，英山县是第一批中药资源普查试点县，县政府制订英山县中药资源普查试点工作方案，成立英山县中药资源普查工作领导小组，分管副县长任组长，县政府办、县卫计局主要领导任副组长，县发改局、卫计局、科技局、财政局、农业局、林业局、食药监局、经济局、县中医院等单位为成员单位。领导小组办公室设在县卫计局。县中医院为县级普查工作依托单位，抽调普查队员7人（含长期聘用人员），分设野外调查、标本制作、内业整理3个组。2012年3月底启动普查工作，2013年5月结束，对设定的全县10个乡镇范围内13条样线、82块样地的野生药材资源进行普查和重点药材调查，样方调查189套，覆盖英山县90%的乡镇，涉及自然植被面积705平方千米，占全县植被总面积的78.34%。调查最高处海拔1665.4米，调查最低处海拔102.8米。整个野外调查累计54天，计241人次。2013年10月8日至11月5日，对部分药材样品、腊叶标本和种子进行补充采集。2017年8月，在湖北省中医药大学的指导下，经中医药大学教师鉴定和查证，确定英山县第四次中药资源普查有明确药用功效的植物149科、455属、669种。调查到重点药材122种。采集药材样品32份；种子样品2种计580克；拍摄药用植物照片和普查工作照片5320份，普查工作录像12.5GB。

【重大妇幼项目】 2017年，审核完成分娩补助1642人，补助资金65.68万元；新增叶酸服用

3482人，完成目标任务102.02%；新生儿两种遗传代谢疾病筛查及听力筛查3221人，筛查率97.42%；孕期产时接受艾滋病检测3161人，梅毒检测3159人，乙肝检测3156人，梅毒感染孕妇13人，乙肝表面抗原阳性孕产妇159人；为3832名适龄儿童发放营养包36167盒，完成率136.7%，有效服用率95.07%；宫颈癌免费筛查2500人，占年度任务的100%；免费婚检1762对3524人，实际婚检覆盖率90.5%；免费孕前优生健康检查1616对，目标人群覆盖率62%；全年发放出生证3238份，废证32份，废证度0.98%。

【疾病预防教育】 在鄂东广场开展“3·24”结核病宣传、“4·25”免疫接种宣传。12月1日，开展预防艾滋病等5场大型义诊和宣传活动。12月9日，开展“预防艾滋病，你我同参与”签名活动和预防艾滋病进校园及志愿者行动启动仪式。全年发放疾控防治知识宣传单10000多份。

【免疫接种】 全县13家接种门诊为25552名7周岁以内的儿童建立接种档案。2017年，接种疫苗109207剂次，其中一类疫苗接种82800针次，二类疫苗接种26407针次。2017年，查验学校73所，托幼机构52所，查验9587人次，补种6500针次。全县应补预防接种证489人，实补证489人，补证率100%；全县应补种疫苗3744人，实补种疫苗3700人，补种率98.82%。

【健康管理】 2017年，职业病体检5家944人，做出健康评价报告、建立健康档案944份。健康巡讲24次。中学生体检2780人次，从业人员预防性健康体检7304人次，一般人群体检382人次。

【地方病防治】 2017年，家庭食用盐碘定量检测采集居民食用盐300份，检出值范围7.02—37.21毫克/千克，碘盐覆盖率100%；合格碘盐283份，合格碘盐食用率94.335%；碘盐合格率94.33%。氟区村丰水期饮用水监测结果红山镇东汤河村0.21毫克/升，温泉镇北汤河村0.20毫克/升，西汤河村0.20毫克/升，白石坳村0.21毫克/升。全年对疟疾、疑似疟疾、不明原因发热（三热）病人血检191人，无健康带虫者。

【结核病防治】 2017年，结核病专科门诊接诊可疑病人1315例，发现活动性肺结核病人281例，完成涂阳54例，其中新发涂阳46例，复治涂阳8例，涂阴病人227例，痰检1550人次。全县医疗机构登记疑似病人442例，报告442例，报告率100%，转诊442例，转诊率100%，转诊到位398例，到位率90%。全县医疗机构网络直报疑似肺结核病人追踪44例，追踪到位43人，追踪到位率98%。全县医疗机构登记疑似病人总到位率100%。全县281个结核病人按涂阳病人实行全程督导管理，涂阴病人实行强化期督导管理模式，系统管理率100%。累计发现16例耐多药患者，大部分病人在市结防院指导下治疗和管理。发现学生活动性肺结核患者的密切接触者，按照《学校结核病防控工作规范（2017版）》进行筛查，县内筛查学校2所，师生182人。

【艾滋病防治】 2017年，新发现艾滋病22例，均实行规范化随访和抗病毒治疗管理。县电视台播放公益广告2次，开办防艾知识讲座1次，19所初中以上学校开设防艾知识课。监测高危人群包括娱乐场所服务人员、性病患者、男男同性恋、羁押人员1121人，艾滋病自愿咨询检测403人，孕产妇HIV筛查4301人，其他就诊患者HIV筛查8166人。娱乐场所安全套项目全覆盖。

（邹　方　张书昌　王迎丽
伍海涛　徐　夏）

科　技

【概　况】 英山县科学技术局（简称“县科技局”）内设办公室、农村科技股、工业科技股、政策法规股、科技成果外事股、知识产权局办公室。2017年年末，在岗12人。

【科技帮扶与服务】 2017年，国家派35名专家到英山县各个领域开展科技帮扶，县政府选派20名农业技术专家到贫困村帮助贫困户解决种养植业技术难题。英山县与省农科院、省中医药大学开展人才交流合作，引进中药材、茶叶、蔬菜等方面的专业人才。湖北中医药大学与宏图药业、吉利中药材建立科研合作平台。新建瓜蒌产业科技示范基地1个；扶持东冲坳（茶叶）、程家咀（茶叶）、东冲河（猕猴桃）、河东（蔬菜）4个科技示范村。续建宏图药材、得青蔬菜、团黄贡茶、百丈河畜牧、东汤河水产5大科技产业示范基地；组建英山县科技信息服务中心，建设小米畈、锣响坳、龙潭畈等5个农村信息化示范点，每个村添购1台农村信息化一体机。省级科技扶贫项目2项，投入资金80万元。推广应用实用技术3项，培训农民5965人次。服务示范村、示范企业、产业协会8个。建设20个农村贫困村饮水点。泻水岩村流转土地5.33公顷，建瓜蒌种植基地，龙潭畈村申报药材科技扶贫基地项目。同想科技参与英山中药材博物馆建设。英山实验小学参加第十四届黄冈市青少年科技创新大赛，获一等奖5人次、二等奖9人次、三等奖23人次。

【高新产业发展】 2017年，高新技术产业增加值占GDP比重的3.62%，R&D经费支出占GDP比重的0.15%，发明专利万人拥有量0.75。新申报高新技术企业3家，复审2家。

【科技创新】 2017年，申请发明专利68件，申请专利208件；专利授权42件，其中外观设计23件，实用新型19件。技术交易合同登记交易额1.0亿元；千企联百校项目签约11个；科技成果转化6项；新建市级科技孵化器1个；新认定国家级星创天地1个，省级2个；新申报省级众创空间1个，省级双创人才平台2个，市级优秀创新团队1个；孵化器新增企业25个；市校合作引进科研平台2个；聘用科技副总8个，聘用创新团队3个；大学生实习实训94人次。

（余　浪）

防震减灾及气象

【概　况】 英山县地震局（简称“县地震局”）内设办公室、震害防御股（加挂行政审批股牌子）、地震监测股3个股室。下设地震监测站，县政府成立防震减灾工作领导小组、公共建筑及生命线工作领导小组、农房抗震改造领导小组，办公地点均设在地震局。2017年，在岗6人。

【防震减灾与宣传】 2017年，县防震减灾工作领导小组召开防震减灾工作专题会议2次，防震减灾事业经费增加到23万元。

2017年，印发《县人民政府办公室关于加强全县地震应急预案体系建设的通知》，启动对全县各乡镇、各部门、各行业已到期的地震应急预案的全面完善修订工作。形成大预案与小预案相结合、综合预案与部门预案相衔接的横向到边、纵向到底、上下对应、相互联系的预案应急网络体系。建设工程抗震设防核准32家单位，审核、审批率100%。与人防、气象、消防、城管执法等部门联合开展“综合执法检查”活动2次。升级改造地震应急指挥中心，添置新的设施设备。

组建以县人民武装部为依托的英山县地震应急志愿者分队，人数150人。以县消防中队为载体的英山县地震应急救援分队，人数40人。以共青团为依托的英山县青年志愿者地震应急分队，人数50人。建立毕昇广场、钻石广场、山城一品广场、莲花广场4个城区应急避难场所。重新核实11个乡镇防震减灾助理员。

地震应急演练80场次，其中学校演练70场次，全县综合应急演练2次，部门应急演练3次，全市应急通运维4次，省市地震应急桌面推演3次，接受全市地震应急管理工作检查1次。开展防震减灾宣传活动2次，发放防灾减灾宣传资料共3000多份、防震减灾知识光盘1200个和法制宣传材料3000份，参与咨询5000人次。主要街道设置防震减灾标语、横幅、公益广告牌90多幅。在金家铺镇龙珠村组织2个宣传点，现场向农民群众发送防震减灾知识读本1200册、光盘300多张，专家解答群众咨询200多人次。在县城毕昇、莲花两个社区举行防震减灾科普活动，现场播放地震知识和防震减灾科教片8场次，发送防震减灾知识读本3000多册。向全县中小学校学生发送《中小学生防震减灾知识读本》2万册，在城区中小学举行防震减灾知识讲座5场次。向乡镇、村发送《地震安全农居工程设计图册》200册。

向省市申报防震减灾科普示范学校2所，科普教育示范基地1个（英山县中小学生综合实践基地），科普示范村和农家书屋4个。

2017年，地震局开办微信公众号，运用手机微信形式即时向社会公开发送防震减灾知识和地震速报信息。

【省级防震减灾项目】 省地震局“2017年度武汉城市圈防震减灾平安计划·防震减灾科普教育基地”项目，主体工程包括占地面积220平方米的英山县防震减灾科普馆及地震科普展厅、地震体验小屋、3D影院3个板块，基地位于英山县中小学生综合实践基地（彭畈），投入项目资金50万元。

省地震局和省财政厅2017年度农村民居地震安全示范工程建设示范点3个：温泉镇彭家畈村、坡儿脑村、大脑寨村，共120户，投入项目资金30万元。

湖北省地震预警与烈度速报示范工程二期项目，在金家铺、草盘地、杨柳湾3个乡镇安装地震烈度仪，项目投入资金30万元。农房抗震改造1360户、补助资金1029万元，验收合格率100%。

（夏雨苗　胡四清）

【英山县气象局】 英山县气象局（简称“县气象局”）内设英山县人工影响天气办公室、英山县气象灾害防御办公室。下设气象台、防雷中心、气象服务中心。各乡镇设立自动气象站33座。2017年年末，在岗12人。

【气象概况】 2017年，县气象台共发布天气预报365期，重大气象信息专报16期，雨情快报86期，专题气象服务23期，三农气象周报52期，灾害性天气预警信号133次。

（张维堂）

开发区　乡镇

英山经济开发区

【概　况】 英山经济开发区（简称“开发区”）位于城区西部，规划总面积29.3平方千米。截至2017年年末，建设面积10平方千米，下辖九龙口、南冲畈2个行政村。

方家咀乡

【概　况】 方家咀乡地处英山县西南部、白莲河水库上游，省道201线由北向南穿境而过。东、北与温泉镇接壤，南与南河镇毗连、与浠水县绿杨乡一衣带水，西与罗田县匡河乡隔河相望。耕地面积1651公顷，山林面积3528公顷。辖行政村24个，村民小组185个，9556户。2017年年末，总人口29746人。

乡党委内设纪律检查委员会、党政综合办公室（综治办、信访办）、组织办公室、宣传办公室、团委、妇联、工会、人民武装部。乡政府内设综合办公室（便民服务中心）、经济发展办公室（精准扶贫作战指挥部）、社会事务办公室（民政办、计生办、城建办）。2017年年末，在岗干部职工31人。

【农林牧渔】 2017年，全乡农作物产量：水稻6115.6吨，小麦860吨，油菜1250吨，玉米607吨，红苕250.6吨。经济作物产量：茶叶2086吨，板栗360吨，药材1299吨，蔬菜1080吨。存栏生猪16403万头，牛869头，山羊8734只，家禽出笼169789万只，鲜鱼1450吨。竹林采伐量394立方米。全年荒山造林114.8公顷，新发展退耕还林40公顷，义务植树9万株，道路、河堤绿化3千米，森林抚育面积400公顷。

全乡现价农林牧渔业总产值3.42亿元；公共财政收入407.2万元。规模以上工业企业产值10亿元，比2016年增长15%。农村居民人均可支配收入10533元，比2016年增长10%。驻乡金融网点2个，存款余额4.2亿元，贷款余额5100万元。社会消费品零售总额4095万元。2017年，新建葡萄园基地2公顷、茶叶基地20公顷、银杏基地12公顷。九龙岛生态旅游公司新建蓝莓20

2017年开发区各村基本情况一览表

表18

村名	面积（平方千米）	耕地面积（公顷）	人口（人）	农林牧渔业总产值（万元）	农村居民人均可支配收入（元）
南冲畈	7.5	29.2	1932	1354.5	7562
九龙口	2.9	16.36	1946	1267.9	7150

2017 年方家咀乡各村基本情况一览表

表 19

村名	面积（平方千米）	耕地面积（公顷）	人口（人）	农林牧渔业总产值（万元）	农村居民人均可支配收入（元）
伯仲桥	3.0	67.8	1619	4350.9	11022
石河冲	3.3	79.6	1744	4405.3	10032
大畈河	3.8	90.3	1888	5300.1	10931
望天畈	1.6	72.2	1336	3412.5	10596
四棵枫	3.4	58.8	1315	3219.4	10203
古圣寨	1.2	45.8	685	1528.6	9986
茶园畈	4.2	64.8	1060	2701.9	10508
竹园港	3.8	68.8	1063	2781.5	10254
新　桥	2.9	81.8	1137	3242.1	10419
桑　园	2.6	62.8	1064	2639.8	10216
南　冲	2.5	54.8	841	1952.1	10254
方家咀	3.6	83.7	1318	3932.7	11036
簲形塆	2.8	65.8	1107	2738.4	10186
闵家河	5.1	74.8	1340	3639.6	10728
余家咀	3.0	68.8	980	2368.1	10395
葫芦盆	4.2	76.3	1354	3612.8	10624
石龙头	4.8	69.3	990	2601.7	10533
段家坳	3.1	47.9	668	1773.5	10315
千斤坪	4.5	60.9	1146	2961.3	10402
白羊山	3.2	58.2	1011	2384.5	10582
熊家冲	2.7	57.8	1224	2972.3	10309
向垅垸	2.8	94.9	1874	2641.6	11495
鸡鸣河	2.8	77.8	1816	5254.6	11209
锣塘坳	3.1	67.3	1157	3100.2	10362

公顷。修建中心广场 1 座，广场周边酒店、停车站、办公场所等配套基础设施建设完成。全乡化肥施用量 650 吨；农药施用量 4.2 吨；用电量 900 千瓦时；机械动力 40 千瓦。

【工商企业】 全乡民营企业 45 家，规模以上企业 3 家，个体工商户 77 户，其中新增个体工商户 24 户，从业人数 125 人；专业合作社 24 家，从业人数 15038 人。

【社会事业】 乡辖初中 1 所，在校学生 1553 人，在职教师 159 人。完全小学 4 所，教学点 2 个，在职教职工 150 人，在校学生 1800 人，适龄儿童入学率 100%。幼儿园 5 所，幼教人员 60 人，在园幼儿 600 人。

乡辖卫生院 1 所，内设 11 个科室，在职执业医师 11 人，医疗设备 30 台（套），病床 30 张。2017 年，门诊接诊 15091 人次，住院 1098 人次，建立健康档案 26532 人。业务总收入 310 万元。全乡“五化”卫生室 21 所。农村新型合作医疗参保人数 26355 人，合作医疗支出 352.6 万元。

全乡农村五保 410 人，其中乡福利院供养 46 人，五保居住点供养 364 人，供养标准每人每年 7870 元。农村低保 40 户 909 人。建档立卡贫困户 2993 户 9015 人。其中 2017 年完成脱贫任务 2157 户 7232 人，异地搬迁户 566 户 904 人，搬迁扶贫 216 户 413 人，贫困学生救助 1359 人。退耕还林、生态公益林补助 2041 户 6799 人；优选市场主体 18 家与 1340 户 4464 人签订产业帮扶协议。四棵枫、闵家河、葫芦岔、白羊山、熊家冲、茶园畈 6 个村光伏发电项目投产运营，并网发电。

【环境整治】 2017 年，全乡投入资金 300 多万元，新修通村组道路 30 千米，新建文体广场 6 个，种植绿化苗木 10000 多株，清运垃圾 12700 多立方米，粉刷墙面 20000 平方米，完成改厕 256 户。全乡形成一户一个垃圾桶，一组一部转运车（板车、拖拉机等），一村 3—5 个垃圾收集箱，一乡一个保洁公司的运营机制。投资 30 万元建成垃圾中转站并投入使用。

2017 年，白莲河库区综合整治，全面完成 6045 口网箱、212 道网扎、95 处哨所的建设。签订退出协议土库 125 座，其中拆除土库 70 座，上岸渔船 576 条。库区周边 110 家养殖场完成集中整治，通过畜牧部门验收，其中列入县、市督办清单 27 家，全部完成腾笼清场及拆除整治任务。划定乡水厂水源地保护区，整治大畈河、茶园河流域沿线的养殖场、石材加工企业，设置警示标识、界石 5 处。全乡 11 家石材加工企业完成雨污分离、三级沉淀池、厂区分区建设等整治任务，通过市检查组验收。

【法治建设】 2017 年，接待来信来访 216 起，交办处理 86 起，及时化解 130 起，接访调处成功率 100%。行政村创建平安垸格 185 个，平安街区 10 个、平安楼栋 5 个；白莲河库区整治、民办教师、涉军、企业改制、养路工、医疗纠纷等方面重点稳控对象 12 人，其他重点关注对象 5 人。成立乡治安巡逻队 28 人。排查各类安全隐患 127 起，及时整改 127 起；危险路段、桥梁设置警示标识 156 处，无重大安全事故发生。全乡 24 个村均开展十星级文明农户评选，“我脱贫、我光荣”创建活动，评选十星级文明农户 268 家，脱贫光荣户 12 家，好婆婆、好媳妇 36 人。

（徐爽睿　董　赟）

孔家坊乡

【概　况】 孔家坊乡位于英山县西北部，罗田县匡河乡交界处，东与雷店、杨柳镇交界，南与红山镇相连，西与罗田县相望，北与金铺镇毗邻。辖 21 个行政村，208 个村民小组，7304 户，27213 人，其中乡村人口 25633 人。

乡党委政府内设党政办、纪检监察办、组织办、扶贫办、人大办、政协办、综治办、民政办、计生办、文明创建办、安全生产办、人武部、工会、妇联、共青团、便民服务大厅。2017 年年底，在岗干部职工 44 人。

【农林牧渔】 2017 年，全乡农作物产量：水稻 5799.5 吨，小麦 481.5 吨，油菜 1775 吨，玉米 762.4 吨，红苕 884.3 吨。经济作物产量：茶叶 1679.5 吨，板栗 171 吨，药材 92.3 吨，蔬菜 13123 吨。存栏生猪 1.7 万头，牛 3538 头，山羊 5863 只，家禽出笼 9 万只，鲜鱼 403.8 吨。竹林采伐量 120 立方米。全年荒山造林 86.7 公顷，义务植树 210000 株，庭院绿化折合面积 12 公顷，道路、河堤绿化 20 千米，全乡森林覆盖率 68.6%。

2017 年，现价农林牧渔业总产值 5.19 亿元；公共财政收入 276 万元，全乡固定资产投资 3.9 亿元，比 2016 年增长 9.5%。规模以上工业企业产值 0.7 亿元，比 2016 年增长 74%，农村居民人均可支配收入 10450 元，比 2016 年同期增长 10%。驻镇金融网点 1 个，存款余额 4 亿元，贷款余额 6000 万元。社会消费品零售总额 5027 万元。

【工商企业】 全乡民营企业 92 家，规模以上企业 4 家，其中规模以上工业企业一家（英山县东

2017年孔家坊乡各村基本情况一览表

表20

村名	面积（平方千米）	耕地面积（公顷）	人口（人）	农林牧渔业总值（万元）	农村居民人均可支配收入（元）
孔家坊	4.5	80.0	1630	1750	9860
王家畈	3.4	121.2	2185	2200	10167
狮子坳	5.5	47.0	1368	1230	10000
难作堰	7.5	156.0	2476	2300	9479
八仙畈	5.6	115.5	1860	1890	9000
竹坳亭	3.7	60.0	836	600	9629
郝家山	4	47.3	887	560	9692
余家冲	6.2	39.0	736	650	8060
皋令山	6.51	65.0	893	750	7000
闻家冲	6.27	73.5	1469	1350	9514
林家冲	2.58	30.0	654	650	9000
四顾墩	3.25	68.8	1658	1700	8700
新　铺	2.5	80.0	1398	1450	8700
樊家冲	5.96	62.4	1342	1200	9000
新屋咀	3.36	51.0	856	900	9320
汪家铺	5.6	45.3	786	600	8700
棕树垸	4.14	42.7	849	850	8600
杨家坪	4.68	40.6	735	800	8500
陈家河	7.67	99.1	1329	1460	8600
陈家垸	4.73	61.0	1284	1420	8600
郑家冲	1.5	17.5	402	500	9000

昌粮食工贸有限公司），商贸企业3家（英山县利生农业开发有限公司、湖北先秾坛生态农业有限公司、孔坊天顺加油站），专业合作社32家，其中新增农民专业合作社8家，从业人数3134人。2017年，招商引资企业3家，3.4亿元，涉及租赁和商业服务业湖北先秾坛生态农业有限公司、湖北大广茶业有限公司、住宿和餐饮业神峰山庄。

建成林冲—闻冲、狮子坳—难作堰、陈垸—棕树垸333.33公顷高效茶园示范带；孔坊、樊冲、陈垸100公顷香榧示范带；环神峰山庄166.67公顷高效、生态、无公害蔬菜示范带；郝家山—余冲—皋令山—狮子坳—竹坳亭、樊冲—陈垸—陈河—杨坪—棕树垸133.33公顷高山药材种植示范带。新屋咀村大广茶业有限公司、新铺村神峰山庄生态蔬菜观光体验园建成。接待游客15万人次，创收3000多万元。

【社会事业】 乡辖初级中学1所，教职工37人，在校学生371人。中心小学1所，教职工16人，学生314人。完全小学4所，教职工47人，在校生697人。乡直中心幼儿园1所，在园幼儿328人，保育保教人员16人。幼儿园毛入学率98%，中小学毛入学率100%。

乡辖中心卫生院1所，设内科、外科、儿科、五官科、妇科等9个科室，在职执业医师11人，医疗设备12台（套），病床50张。2017年，门诊接诊16208人次，住院1380人次，建立健康档案24990人，业务总收入270万多元。全乡“五化”卫生室11所，其中新增2所。农村新型合作医疗参保人数21675人，参保率100%。2017年共出生人口293人，其中政策外多孩16人，多孩生育率5.46%；计划生育率96.6%，

全乡建成村级文化广场7处，百姓舞台4处，村级图书室21个，文艺宣传队10支，电视信号覆盖率95%，20个村安装“村村响”设备。全年承办省市县各类大型文化活动4场次，举办各种文艺演出11场次。

【环境整治】 投资100多万元，新建集镇长700米的休闲观光带，成立洁强保洁有限公司，配齐镇区保洁员8名，经常性开展垃圾大扫除、规范街道乱停乱放、随意摆摊。配齐各村保洁员，购买大型垃圾运输车3辆、投掷大型垃圾箱180个、平均每户一个垃圾桶，全面拆除固定垃圾池。

新修建通村硬化公路31千米，扩宽通村公路6千米，完成路基、路肩培土40千米，建候车亭4个，投资200万元新建公路桥3座，行政村通车率100%。完成土地增减挂钩项目验收26.67公顷，整修河道800多米。

【法治安全】 全年组织安全生产隐患大排查20次，突击检查学校周边黑校车3次。国家宪法日、“六五”普法宣传教育月发放法律书籍2000册，印发日常法律知识问卷3000份，法律知识大讲堂开课4次，开展法律知识测试2次；全乡有政务财务公开栏37块，21个村调解委员会调解各类矛盾纠纷421起，刑事案件16起，破案14起，破案率87.5%，一般治安案件40起，查处40起，查处率100%；全年接待群众来信来访60次，受理并办结反馈52次。

【民生保障】 2017年，全乡建档立卡贫困对象2730户7574人，其中产业扶贫1506户4807人，搬迁扶贫750户1142人，教育资助936人次，医疗救助1230人次，政策兜底五保451人、低保614人，脱贫979户2498人，王家畈村、郝家山村两个重点贫困村“村出列、户脱贫”整体出列，成立自强互助合作社21个，对接市场主体30家，落实小额扶贫贷款的13家，贷款2820万元，实施产业对接贫困户1506户4807人。

【党建工作】 全年发展新党员9名，完成21个村党员群众服务中心提档升级，规范化提升建设四顾墩、郝家山、卫生院、财政所等7个党支部，集体经济收入5万元以上的有21个村。

（谢宗霖）

陶家河乡

【概　况】 陶家河乡位于英山县东北部，东与桃花冲交界，南与安徽古坊乡接壤，西与杨柳湾镇相邻，北与草盘地镇毗连。辖行政村12个，村民小组92个。2017年年末，总户数3348户，总人口11686人。

乡党委内设纪律检查委员会、党政综合办公室、社会管理综合治理办公室（信访办）、组织办公室、宣传办公室、团委、妇联、工会、人民武装部办公室；乡政府内设综合办公室（便民服务中心）、经济发展办公室（精准扶贫作战指挥部）、社会事务办公室（民政办、计生办、城建办）。2017年，全乡党政机关在岗22人，其中公务员17人。

【农林牧渔】 2017年，农林牧渔业总产值5.1亿元，粮食总产量5957.9吨，其中，水稻2476.2吨，小麦158.8吨，玉米804.2吨，油料产量602吨，茶叶486.2吨，药材5913吨，水果52.8吨，水产品172.7吨，生猪出栏4408头，羊19523头，家禽出笼100961只，竹木采伐量165立方米。2017年，全乡发展特色产业基地6公顷，其中茶叶基地0.5公顷，药材基地5公顷，其他特色产业基地0.5公顷，耕地面积789公顷，水田451公顷，茶园面积339公顷。

【工商企业】 全乡民营非公有制企业32家，其中规模以上企业1家。2017年，全乡工业总产值1.2

2017年陶家河乡各村基本情况一览表

表21

村名	面积（平方千米）	耕地面积（公顷）	人口（人）	农林牧渔业生产总值（万元）	农村居民人均可支配收入（元）
杨家河	4.81	61.7	912	3726.5	9681.0
胡家湾	5.01	61.1	876	3583.2	9308.3
陶家河	3.82	86.9	1718	7023.1	10941.0
英太寨	3.06	48.7	678	2771.1	7198.4
严家坳	2.35	56.0	771	3153.3	8191.3
塔尔岗	3.22	63.0	748	3057.7	7943.0
桦树沟	5.95	57.8	689	2818.8	7322.5
闵家畈	5.96	69.0	701	2866.6	7446.6
占家河	11.02	93.2	1659	6784.3	10841.3
长岭岗	10.12	79.1	1508	6163.1	10315.2
高家冲	7.07	48.5	689	2818.8	7290.9
夏家河	8.72	55.0	725	2962.2	7694.8

亿元，其中，规模以上工业总产值6600万元。农民外出打工1240人，打工收入90400多万元。

固定资产投资3.6亿元，同比增长19%，限额社会消费品零售总额完成4500万元。农村常住居民人均可支配收入11000元。集体经济年收入超过5万元的村有12个，超过10万元的村有6个。

【社会事业】 乡辖初级中学1所，在校学生180人，在职教师15人。中心小学1所，小学教学点7个，在校学生240人，在职教师21人。

乡辖乡卫生院1所，设内科、外科、妇产科、儿科、口腔科、骨伤科、国医堂、B超检查室、放射科、检验科等科室。病床40张，全年接诊12331人次，年收入207.77万元。参加新型农村合作医疗8330人，参保率为99%。在岗职工29人，其中主治医师1人、医师7人。村级卫生室9个，乡村医生9人。

【民生保障】 全乡核准农村五保189户189人，其中集中供养12人，供养标准每人每年7300元，分散供养177人，供养标准每人每年6800元。113家因灾、因病、因学困难户享受临时救济救助10万元。全乡核准农村低保121户236人，月发放低保金60168元。

2017年，全乡建档立卡贫困对象1233户3640人，其中产业扶贫915户3123人，搬迁扶贫391户787人，教育资助361户572人，医疗救助493户676人，生态补偿1018户3561人，政策兜底310户425人；2017年实现脱贫426户1365人。成立村级自强互助产业脱贫合作社12个，帮扶企业5家，带动贫困户1021户，贫困人口3120人致富。英太寨村、胡家湾村以“劳务输出+基地+贫困户”吸收转移就业150人，调整落实药材面积200公顷，新建20亩以上连片基地14处。新建陶家河、严家坳等3个村银杏基地33.3公顷，英太寨新建香榧产业基地6.7公顷，黄冈卫尔康公司在陶家河村、严家坳村流转13.4公顷土地建桔梗基地，宏图中药材有限公司在各村累计流转40公顷土地建苍术基地。药材总面积达到2667公顷，年产药材5000吨。2017年，完成农村危房改造44户，解决104人住房困难。

【环境治理】 2017年，投资50多万元新建乡垃圾填埋场，投资250万元新建垃圾中转站，总投资960万元的污水处理厂建设。安置吊臂垃圾箱80只，安装太阳能路灯200盏，红色火炬灯70盏，配置垃圾桶862个，配置村级保洁员130名，垃圾运输车1辆，清洁工2名，垃圾中转站1处。全年植树1.3万株。推进胡家湾、杨家河、占家河、陶家河、英太寨等村的美丽乡村示范点建设。兴建22座廉政文化墙、红色文化墙。陶家河村入选为湖北省特色文化村。

2017年，新修、复修通村、通组公路60多千米。高家冲至桂枝山的5千米旅游公路硬化工程竣工。长岭岗、高家冲、塔耳岗等村道路“生命保护”工程近10千米。投入500多万元改造集镇，重新铺设7米宽的水泥路面，投资200多万元升级改造湖北大道、钟鼓大道。投资近5000万元在全乡9个村分别实施土地整理项目和“小农水”项目。启动镇区自来水厂扩规立项，猫儿尖水库、菜篮沟水库进行整险扩容，提高水质，并网运行，基本解决集镇4000人饮水问题。自来水供水站两座，供应380户（含单位）、4500人饮用水，当年水保项目投入资金600万元，13公顷坡改梯，配套渠系疏溪固提400米，塘堰整治32口。

【旅游开发】 占河旅游接待中心和桂枝山夏河谷综合开发完成前期项目审批、规划设计和“三通一平”。占河“华中峡谷第一漂”新投资200万元兴建大型水上游乐园。红二十五军纪念馆和毕昇大峡谷漂流全年接待游客40000人次。

（王　皓）

南河镇

【概　况】 南河镇位于英山县南部，东与蕲春县大同镇、狮子镇交界，南与浠水县绿阳乡接壤，北与方家咀乡相邻。耕地面积1254公顷，水域面积270.1公顷，其中可养殖面积220.1公顷，山林面积4666.67公顷。辖21个行政村，143个村民小组，总户数7291户，总人口21495人，其中农业人口14837人。

镇党委、政府内设党政办公室、人大办公室、政协办公室、纪检监察办公室、人武部、共青团、妇联、工会、组织办、综治办、考核办、文明办、扶贫办民政办、计生办、安全生产办、便民服务大厅。2017年年末，在岗干部职工36人。

【农林牧渔】 2017年，全镇农作物产量：水稻5308吨，小麦2050吨，油菜1016.3吨，玉米27.3吨，红苕669.5吨。经济作物产量：茶叶1700吨，板栗200吨，药材2250吨，蔬菜11932吨。存栏生猪0.63万头，牛450头，山羊4230只，家禽出笼0.29万只，鲜鱼789吨。竹林采伐量432立方米。全年义务植树2万株，道路、河堤绿化3千米，森林抚育面积103公顷。

全镇现价农林牧渔业总产值4.36亿元；公共财政收入522万元。固定资产投资4.2亿元，比2016年增长32.26%。规模以上工业企业产值7.9亿元，比2016年增长14.49%。农村居民人均可支配收入10546元，比2016年增长6.62%。驻镇金融网点3个，存款余额8亿元，贷款余额8600万元。

【工商企业】 全镇民营企业32家，规模以上企业5家，个体工商户984户，其中新增个体工商户8户，从业人数1883人；专业合作社32家，其中新增农民专业合作社2家，从业人数2154人。社会消费品零售总额1.4亿元。

2017年，21个村自强互助合作社吸纳1858个贫困户加入。12个村通过流转农户土地或者利用村集体土地以村自强互助合作社为主体发展中药材种植。横山冲、花屋沟自强合作社利用本地优势发展黄牛、黑山羊养殖。全镇新发展瓜蒌、虎杖、栀子、白前草等各类药材373.3公顷（其中村自强合作社集体48公顷）。

【社会事业】 镇辖初中1所，在校学生601人，在职教师39人。小学4所，在校学生885，在职

2017 年南河镇各村基本情况一览表

表 22

村名	面积（平方千米）	耕地面积（公顷）	人口（人）	农林牧渔业总产值（万元）	农村居民人均可支配收入（元）
瓦寺前	2.5	97.2	1764	6776	11441
王家道	7.3	92.0	1826	6762	11065
亭子岭	1.5	39.4	374	1255	10116
大屋畈	2.1	49.6	523	1767	10184
更　新	2.2	56.2	1566	3846	11147
付家坊	4.2	64.2	1140	3981	10490
横山冲	6.2	56.5	837	2816	10140
灵　芝	2.1	59.6	805	2822	10526
花屋沟	4.2	38.2	311	3992	9668
关　口	0.9	49.2	945	2384	10731
黑石寨	2.5	59.6	1028	3578	10457
薛家畈	8.2	64.1	1217	4103	10159
麻元墩	2.2	70.2	1146	4012	10514
界牌石	6.2	58.5	769	2558	10037
二份垸	1.5	62.5	1260	4678	11091
坪上垸	2.2	64.8	1161	4107	10612
四口冲	4.3	44.1	457	1515	10007
四安寨	6.1	45.6	451	3492	9986
泡桐坳	6.3	64.0	1087	3597	9991
油铺垸	1.5	61.3	908	3235	10681
窑　坳	2.5	57.2	1263	2471	10619

教师 33 人。中心幼儿园 1 所，小学附属幼儿园 2 所，在园幼儿 580 人，在职幼师 4 人。

镇辖卫生院 1 所，设 10 个科室，在职执业医师 5 人，医疗设备 15 台（套），病床 70 张，2017 年，门诊接诊 14919 人次，住院 1745 人次，建立健康档案 17032 人。业务总收入 350 万元。全镇“五化”卫生室 14 所，其中新增 1 所。农村新型合作医疗参保人数 17659 人，合作医疗支出 300 多万元。

2017 年，6 个村新建文化广场及文化舞台，5 个村新建以社会主义核心价值观为主要内容的文化长廊，其中瓦寺前、关堰口两个文明新村示范点“十有两无”创建完成。各村评选“我脱贫我光荣”脱贫之星 67 人，帮扶之星 30 人。各村开展“十星级文明农户”“好婆婆、好媳妇”评选活动。

全镇农村五保 388 人，其中镇福利院供养 40 人，分散供养 348 人，供养标准每人每年 7332 元。农村低保 151 户，242 人。

2017 年，出生 273 人，符合政策生育率 97.44%，出生人口性别比 102.2，查处“两非”案件 2 件。

【基础设施】 投资 70 万元，对医院沿线一条街道路进行下水道改造、人行道硬化绿化亮化等工程，拆除街边违章建筑 1000 平方米。投资 15 万元，整修泡桐坳大堰 2 条，解决下游 13.3 公顷水田灌溉。投资10多万元，整修亭子岭二组等险塘、大堰6处。完成瓦前河流域综合治理项目立项、长南线片区综合开发项目立项和审批。

【法治建设】 全年接访调处矛盾纠纷158个，调处成功率100%。无一例进京上访和越级上访。建成财政所、二份塆村、付坊村3个法治示范点和一条法治文化街。投资15万元，建设高标准镇级综治中心，安装高清摄像头26个，建成可录音录像调解室1个。综治中心化解复杂矛盾纠纷3起，其他各类矛盾纠纷68起。建成平安楼栋8个、平安塆格87个、镇级平安家庭105个。检查涉及安全生产单位46个，现场查处安全隐患72处，其中严重隐患5处，整改到位安全隐患67处。

人民武装部规范化建设和添置消防防汛器材投资4万多元，组织民兵应急分队进行防汛救灾、森林防火训练5场次。

（刘　旭）

温泉镇

【概　况】 温泉镇是英山县政府所在地。耕地面积2037.2公顷，水田面积1716.1公顷，旱地面积299公顷，林地面积10136.5公顷，森林覆盖率75%，茶叶面积1636公顷，中药材面积111公顷，果园面积54公顷。辖47个行政村，7个社区，334个村民小组。2017年年末，总人口111915人，其中乡村人口52019人。

党委政府内设党政办公室、人大办公室、政协办公室、纪检监察办公室、人武部、共青团、妇联、工会、组织办、综治办、扶贫办、民政办、计生办、安全生产建管办、主责办。2017年年底，在岗位干部职工50人。

【农林牧渔】 2017年，工农业生产总值35.02亿元，同比增长11%。现价农林牧副渔业总产值7.2亿元，同比增长13%，粮食产量16690吨，油料产量1902吨，茶叶产量4128吨，药材产量333吨，水产品产量843.7吨，生猪出栏32569头。公共财政收入4600万元。农村常住居民人均可支配收入11201元。农民人均住房面积42平方米，户均拥有家用电器3台。驻镇金融网点有11个，社会消费品零售总额1.1亿元。2017年，农村用电量1080万千瓦时，农业机械总动力5.2万千瓦，农用化肥施用量3500吨，农药使用量18吨。

2017年，荒山荒地造林313.4公顷，封山育林7222.3公顷，农田水利有效灌溉面积153公顷。

2017年，获省级品牌创建示范乡镇，万益农业有限公司生产的高山乌龙茶销往香港；皋陶茶业有限公司自营的皋陶九品红茶、绿茶申请到国家生态原产地产品保护证书，生产的第一批绿茶出口尼日利亚，创外汇26万美元。

【工商企业】 2017年，新增工业规模企业1家，商贸规模企业1家，规模以上工业增加值增长11%，固定资产投资增长16%。引进项目1个，引进资金2.1亿元。

【社会事业】 镇辖初中1所，小学8所，教学点2所，幼儿园11所，其中8所小学各设幼儿园1所，私立幼儿园3所。在职公办教师365人，在校学生8010人，其中初中2233人，小学5777人，在园幼儿1478人，适龄儿童入学率、在校学生巩固率均达100%。

镇辖中心卫生院1所，医疗点14个，医务人员137人。镇中心卫生院设预防保健、内科、外科、妇产科、儿科、传染科、康复医学科、中医科、医学检防科、医学影像科等医疗专科。村级标准化卫生室45个，从业乡村医生48人。2017年，门诊接诊5755人，住院1151人。农村新型合作医疗参保率100%，城区居民参加医疗保险92%以上。2017年出生人口1051人，计划生育考核年度内人口出生率9.44%，计划生育率95.77%。

全镇五保430人，集中供养133人，分散供养297人。年人均生活补助8200元。镇中心福利院二期主体完工，五保低保集中居住点38处。

2017 年温泉镇各村基本情况一览表

表 23

村名	面积（平方千米）	耕地面积（公顷）	人口（人）	农林牧渔业总产值（万元）	农村居民人均可支配收入（元）
莲　花	2.347	26.1	1952	2180	10450
蔬　菜	2.0	—	901	955	10494
北汤河	2.263	21.1	2760	2926	16331
西汤河	4.238	47.2	2853	3103	11020
白石坳	5.679	19.6	1497	1540	12521
甘塘坳	2.026	29	1844	1896	9911
将军山	2.2	20	604	654	9915
大垴寨	1.98	27	760	809	9532
马　堑	2.206	34	896	956	9388
山溪坳	2.516	50	1530	1583	9556
金　桥	1.483	37.6	1176	1226	9432
坡儿垴	2.31	20.8	1300	1356	11050
花　园	2.76	18.2	666	733	9999
小米畈	3.343	32	2378	2408	10565
梅　岩	3.563	40.2	1185	1212	10886
蛇龙尖	3.317	54	1201	1266	9863
斗米畈	2.5	39.7	865	925	9134
柳林河	2.38	61	1398	1399	9886
马　坳	3.28	58.2	1400	1454	9986
杨树沟	2.8	28.1	493	545	9021
黄柏山	2.3	39.1	896	956	9012
百涧河	5.0	51.9	1103	1152	8886
枫树排	5.2	21.1	430	481	8854
陈　河	4.5	41	592	655	8803
上马坳	4.4	69	1428	1486	9882
马鞍寨	3.8	35.7	728	696	9943
茅草坳	2.6	39.4	1126	1177	10443
百丈河	2.4	32.8	781	846	10886
泻水岩	2.8	39.3	722	699	8897
一天门	2.9	13.9	215	196	8803
黑石头	4.2	41.1	681	733	8887
龙潭畈	5.5	65.6	1412	1483	10321
七里岩	2.1	21.7	226	203	9268
沙湾河	3.9	71.2	1600	1693	9888
陶　坊	4.3	95.8	1624	1777	9765
赤水冲	6.5	66.2	1515	1575	10265
赵　畈	4.5	42.8	750	606	9661

续表 23

村名	面积（平方千米）	耕地面积（公顷）	人口（人）	农林牧渔业总产值（万元）	农村居民人均可支配收入（元）
石门冲	3.8	40.2	823	854	8889
彭　畈	2.2	58.5	1022	996	10254
柏树祠	3.0	65.7	1148	1237	9966
黄竹山	2.2	38.6	729	788	8990
下贝冲	2.8	55.0	852	953	10443
西　冲	3.0	40.6	671	721	9302
塔尔畈	2.0	32.0	733	832	9333
羌　垸	2.5	25.2	453	504	9699
崇山铺	6.2	73.3	609	886	9662
季陵沟	7.5	73.1	661	586	9955

2017 年，产业扶贫 8523 人，扶贫搬迁 2946 人，教育扶贫 4963 人，医疗救助、政策兜底 5998 人。4 个整村推进贫困村整体出列。

【环境整治】 开展“雷霆行动”升级版和“三边三化三改”行动，取缔网箱 133 个，关停 2 家、拆除 6 家畜禽养殖场，取缔黄标车 188 辆；拆除白莲河土坝库叉 36 座，收缴三无船只 86 条，取缔燃煤小烧炉 6 个，农村建沼气池 9760 个，修建公厕 126 个。

2017 年，助推千惠车城、汽贸城、长安世纪城、四季花海、宏达新天地、县中医院、妇幼保健院、博文中学等 10 多个县办重点工程，完成征地任务 46.7 公顷，拆迁 134 户，并妥善安置。新扩建坡儿垴还建小区 1 处。

【法治建设】 建立法律援助站 13 个，全年提供法律援助 142 件（次），处理治安案件 119 件，接待来信来访 118 人次，结案 116 件，处理信访积案 17 件。

（周汉源）

红山镇

【概　况】 红山镇位于英山县北部，东与杨柳湾镇交接，东南与温泉镇城区毗连，西与罗田匡河石桥铺隔河相望，北与孔家坊乡、雷家店镇为邻。耕地面积 1233 公顷，其中水田 820 公顷。山林面积 3999.6 万亩公顷，森林覆盖率 67%，水面面积 1200 公顷。辖行政村 20 个，总户数 6510 户，总人口 24300 人，其中乡村人口 21340 人。

党政机关内设党政办、组织办、综治办、扶贫办、纪律检查委员会。2017 年年末，在岗干部职工 26 人。

【农林牧渔】 2017 年，全镇农作物产量：水稻 6011 吨，小麦 512 吨，油菜 1350 吨，玉米 620 吨，红苕 260 吨。经济作物产量：茶叶 165 吨，药材 180 吨，蔬菜 11623 吨。存栏生猪 2.6 万头，牛 4500 头，山羊 7100 只，家禽出笼 90432 万只，鲜鱼 272 吨。竹林采伐量 1002 立方米。全年荒山造林 80 公顷，义务植树 10 万株，庭院绿化折合面积 40 公顷，道路、河堤绿化 30 千米，森林抚育面积 133.3 公顷。

全镇现价农林牧渔业总产值 4.7 亿元；公共财政收入 260 万元，支出 243 万元。固定资产投资 7 亿元，比 2016 年增长 15%。规模以上工业企业产值 3.2 亿元，比 2016 年增长 25%。农村居民人均可支配收入 11600 元，比 2016 年增长 21%。驻镇金融网点 2 个，存款余额 3.2 亿元，贷款余额 2800 万元。社会消费品零售总额 1821 万元。

集体经济收入410万元；化肥施用量10.2吨；农药施用量1780吨；用电量2520千瓦时；机械动力911千瓦。

【工商企业】 全镇民营企业274家，规模以上企业4家，个体工商户1259户，其中新增个体工商户14户，从业人数3811人。

【社会事业】 镇辖初中1所，在校学生500人，在职教师65人。小学1所，在校生472人，在职教师25人。幼儿园2所，在园幼儿320人，幼师12人。

镇辖卫生院1所，设13个科室，在职执业医师15人，医疗设备37台（套），病床50张。2017年，门诊接诊17129人次，住院1217人次，建立健康档案19469人。业务收入200万元。全镇“五化”卫生室5所。农村新型合作医疗参保人数20630人，合作医疗支出205万多元。全年出生人口320人，性别比105.13，其中多孩7人，计划生育率98.75%，多孩生育率3.04%。

建成金盆、古山、许河、张坊、黄泥岗、乌云山6个村文化广场。扩建河东、凉亭、石桥3个。

【环境整治】 筹集资金300多万元，兴建垃圾中转站一座，配备垃圾转运车2辆，勾臂式垃圾中转箱126个，分类垃圾筒120个、户垃圾收纳桶6600个，镇区配备环卫工5名、村级配备专职保洁员56名，协理保洁员103名，日处理垃圾10吨，生活垃圾集中收集处理率95%以上。

投资1500万元，治理张坊村河道砌岸1600米、清淤500米，许河村河道清理500米，古山村修截河堰3道，横山村砌岸300米，板桥砌岸

2017年红山镇各村基本情况一览表

表24

村名	面积（平方千米）	耕地面积（公顷）	人口（人）	农林牧渔业总产值（万元）	农村居民人均可支配收入（元）
叶　坊	9	82.0	1389	873	10533
屏　峰	6	48.0	795	563	10169
邵　河	10	91.0	1504	1146	10517
张　畈	9	80.0	1302	1124	11314
乌云山	6	66.0	1067	807	11576
鸭掌树	10	85.6	1396	713	10193
板　桥	11	101.2	1658	1053	11123
白　铺	8	74.2	1204	975	10177
黄泥岗	4	35.6	966	563	11325
凉亭坳	6	63.9	1035	591	10524
河　东	10	88.8	1446	1002	10806
张　坊	6	54.2	868	582	110492
金　墩	5	47.3	752	576	10280
许　河	11	94.2	1537	724	10245
横　山	6	61.8	994	360	9619
石　桥	4	38.2	600	338	9574
古　山	7	62.9	1012	685	11288
河　口	9	81.1	1316	774	9966
金　盆	6	53.2	849	689	11564
东汤河	11	115.6	1891	1119	10334

300米，河道清淤300米。投资900万元，修复金盆、邵河村800多米的水毁工程。硬化公路7个村，14千米。配齐护路员33名。镇交通重点工程“许金张”联村公路长2.5千米、宽5米（其中7米宽路段980米）。2017年年底，完成路基建设，改善15个村人畜饮水253户666人。

【民生保障】 全镇农村五保477人，其中镇福利院供养11人，五保居住点供养37人，分散供养429人，供养标准每人每年7330元。农村低保182户，304人。救助460户，投入资金19万元，物资313户，棉被165床，棉衣200件，棉鞋125双。临时救助72户，投入60650元。

【法治建设】 全镇20个村均聘请法律顾问。受理各类矛盾纠纷78起，调处成功率99%。法律问题咨询120多次，来访人次100多人，代办起草法律文书70多件，提供法律参谋50多次。

（钱 诚）

金家铺镇

【概　况】 金家铺镇位于大别山南麓，地处西河中游。东接雷家店镇，南临孔家坊乡，北连石头咀镇，西与罗田大河岸镇接壤，耕地面积1632.1公顷。辖27个行政村，183个村民小组，7813户。2017年年末，总人口29204人，其中乡村人口25230人。

镇党委政府内设党政办、纪检监察办、组织办、扶贫办、人大办、政协办、综治办、民政办、计生办、文明创建办、安全生产办、人武部、工会、妇联、共青团、便民服务大厅。2017年年末，在岗干部职工29人。

【农林牧渔】 2017年，全镇农作物产量：水稻8508.3吨，小麦1456吨，油菜1783吨，玉米582.6吨，红苕902.6吨。经济作物产量：茶叶1815吨，板栗486吨，药材3900吨，蔬菜2602吨。存栏生猪32647头，牛782头，山羊17523只，家禽出笼200710只，鲜鱼536吨。竹木采伐量668立方米。

2017年，荒山造林174.6公顷，新发展退耕还林12公顷，义务植树23000株，庭院绿化折合面积10公顷，道路、河堤绿化3千米，森林抚育面积48公顷，森林覆盖率82%。

全镇现价农林牧渔业总产值5.13亿元；公共财政收入812万元。全镇固定资产投资6.61亿元，比2016年增长2.01%。规模以上工业企业产值5.5亿。农村居民人均可支配收入9908元，比2016年同期增长1%。驻镇金融网点3个，存款余额8.9亿元，贷款余额3800万元。社会消费品零售总额3.82亿元。

【工商企业】 全镇有民营企业125家，规模以上企业5家，个体工商户1035户，其中新增个体工商户12户，从业人数2218人；专业合作社42家，其中新增农民专业合作社6家，从业人数3726人。2017年，招商引资企业湖北凌峰科技有限公司、金钰缘黑茶旅游接待中心，投资总额3.2亿元。丽景度假村更名乐家山风景区，梦幻溪漂流、大型水秀、湖上游船等项目开放。龙潭河村志顺茶叶生态观光园建成。2017年，接待游客15万人次，旅游收入500万元。

土门坛片区7个村建成以龙虾、莲藕、菱白、吊瓜蒌、火龙果、车厘子、黄花、牧草、蕲艾为主产品的种养基地133.3公顷；以芦花尖村为中心的高山药材种植基地200公顷，以志顺茶园为龙头的绿茶产业基地133.3公顷，扁石畈、黄林冲2个村新建蔬菜大棚40个，年产量2602吨。

【社会事业】 镇辖初中1所，在校学生625人，在职教师42人。中心小学1所，在校学生762人，在职教师38人。完全小学4所，在校学生653人，在职教师40人，教学点4个，在校学生82人，在岗教师5人。公办幼儿园1所，在园幼儿326人，保教人员16人。民办幼儿园2所，在园幼儿220人，保教人员18人，幼儿园毛入学率达

2017 年金家铺镇各村基本情况一览表

表 25

村名	面积（平方千米）	耕地面积（公顷）	人口（人）	农林牧渔业生产总值（万元）	农村居民人均可支配收入（元）
龙潭河	2.20	68.1	1241	3708.66	10742
金家冲	3.60	59.0	1297	3056.88	10181
杨家河	4.00	80.7	1352	3700.02	9452
东冲坳	4.00	52.4	1426	2873.98	10653
团练冲	7.50	71.5	1230	3122.56	9702
乐家冲	5.50	53.9	1135	3188.23	9957
八里山	5.00	48.9	698	2213.34	9271
龙　珠	3.50	81.0	1240	4489.09	10388
扁石畈	3.20	66.4	1357	3168.42	9519
花桥河	1.80	31.2	879	2087.56	9179
付家桥	4.50	59.4	1258	2898.32	9550
夹　铺	4.50	88.2	1463	3942.45	9507
茶　园	5.20	50.8	993	2678.35	9706
六口塘	5.20	110.0	1833	5208.67	9784
李家山	4.36	59.6	649	2856.33	9289
双龙庙	3.69	51.2	869	2476.33	9658
汪家河	3.96	44.7	1133	2544.18	9800
李家河	2.00	69.0	654	3011.24	9882
福堂畈	4.50	68.0	668	3455.67	9302
江家冲	7.50	64.0	1223	3349.35	9407
三水田	7.50	71.5	1121	3247.13	9382
土地岗	3.20	40.0	586	1879.33	9416
马家垱	3.20	43.0	549	1978.22	10318
芦花尖	2.40	36.0	521	1762.33	9613
铁炉冲	3.00	41.0	698	1977.36	9415
象鼻咀	4.00	65.1	1608	3338.67	10024
黄林冲	4.50	57.4	1023	2875.44	10439

98%，中小学毛入学率达 100%。

镇辖中心卫生院 1 所，设内科、外科、儿科、五官科、妇科等 15 个科室，在职执业医师 23 人，医疗设备 10 台，病床 80 张。2017 年，门诊接待 6.8 万人次，住院 1856 人次，建立健康档案 1.9 万人。全镇“五化”卫生室 29 所，农村新型合作医疗参保人数 28638 人，参保率 100%。2017 年，出生人口 220 人，性别比 100∶98，其中政策外多孩 5 人，多孩生育率 1.84%；计划生育率 93.62%。

全镇新修建村级文化广场、百姓舞台 22 处，8 个村绘制特色文化墙 479.71 平方米，金光悌廉政文化纪念馆一期工程占地面积 1000 平方米，其中建筑面积 400 平方米，投资 160 多万元，全面竣工。全镇村级图书室 27 个，文艺宣传队 10 支，18 个村安装智能广播，电视信号覆盖率 95%，22 个村安装“村村响”设备，3562 户接入“户户通”，全年承办省市县各类大型文化活动5场次，举办各种文艺演出10场次。

【环境整治】 投资100多万元，在镇中心区新建长700米的停车带和绿化带，配备办事人员4名，购买大型垃圾运输车1辆、投掷大型垃圾箱50个、小型垃圾箱200个、拆除固定垃圾池188个、新配备大型钩臂箱60个。

新修通村公路23.5千米，硬化通村公路12千米，维修通村公路10千米，完成路基、路肩培土40千米，修建水泥错车平台20多处，整治危险路段25处，建设候车亭8个，投资500万元新建茶元大桥一座，行政村通车率100%。完成土地增减挂钩项目验收7.1公顷，农田整治项目22处，整修河道800多米，新建固定泵站10座，完成项目投资3200万元，8个村3500户用上自来水。

【法治安全】 全年组织安全生产隐患大排查8次，突击检查学校周边黑校车3次，保证安全生产零事故。在国家宪法日、“六五”普法宣传教育月活动当天发放法律书籍200册，印发日常法律知识问卷300份，法律知识大讲堂开课4次，开展法律知识测试2次。全镇有政务财务公开栏32块，调解委员会20个，调解各类矛盾纠纷382起，刑事治安案件6起，破案3起，破案率50%，一般治安案件25起，查处25起，查处率100%；全年接待群众来信来访60次，受理并办结反馈52次。

【民生保障】 2017年，建档立卡贫困对象3115户8655人，其中产业扶贫2251户，6784人，搬迁扶贫232户402人，教育资助1605户502人，医疗救助1658户4104人，生态补偿1693户5455人，政策兜底2510户5341人，全年脱贫1182户2927人。李山村、花桥河村两个重点贫困村整体出列，成立自强互助合作社27个，引进帮扶企业5家，带动728户2082人脱贫致富。

（付拥军）

石头咀镇

【概　况】 石头咀镇位于县域西北部西河上游，北与安徽省金寨、霍山两县接壤，西与罗田县交界；东与草盘地、雷家店两镇相邻，南与金家铺镇毗连，距县城35千米。耕地面积1803.1公顷，其中水田1491.4公顷，旱地311.7公顷，山林面积17213公顷，森林覆盖率74.8%。辖40个行政村，1个居委会，363个村（居）民小组，13714户。2017年年末，总人口39709人，其中乡村人口35127人。

镇党委、政府内设党政办、组织办、纪委办、综治办、计生办、民政办、人武部、扶贫办、安监办、统计办、城建办、搬迁办。2017年年底，在岗干部职工43人。

【农林牧渔】 2017年，农作物产量：水稻14573吨，小麦1846吨，油料2094吨，玉米793吨，红苕1047吨。经济作物产量：茶叶2143吨，板栗247吨，药材9437吨，蔬菜15692吨。生猪出栏1.62万头，牛3645头，羊10496只，家禽出笼9.78万只，水产品581吨。竹木采伐量1432立方米，全年荒山造林152公顷，新发展退耕还林60.3公顷，义务植树5万株，村庄绿化4.8公顷，公路、河堤绿化10千米。

现价农林牧渔业总产值4.2亿元；公共财政收入1013.7万元；固定资产投资9.1亿元，比2016年增长4.6%；规模以上工业总产值3.88亿元，比2016年增长4.1%；农村居民人均可支配收入10080元，比2016年增长6.9%。驻镇金融网点3个，存款余额18.9亿元，贷款余额8693万元。社会消费品零售总额1.53亿元。平畈地区的村基本实现机械播种收割，土地深松面积56.7公顷。农用化肥施用量1379吨，农药施用量13.1吨，用电量569万千瓦时，机械动力10761千瓦。

【工商企业】 全镇企业178家，新增企业26家，规模以上企业4家；个体工商户2075户，其中新

2017年石头咀镇各村基本情况一览表

表26

村名	面积（平方千米）	耕地面积（公顷）	人口（人）	农林牧渔业生产总值（万元）	农村居民人均可支配收入（元）
居委会	3.67	79.8	2063	3512	11459
陶家冲	5.62	13.6	712	885	12107
徐家套	3.89	67.5	1381	1602	11439
苞茅冲	3.81	33.6	627	791	11670
大屋冲	3.94	28.9	634	998	11598
冯家畈	4.99	85.5	1557	1911	10695
凉　亭	5.94	104.7	2032	2131	11008
老屋垸	4.59	65.7	1357	1397	11038
毛家坳	3.34	156.2	2021	2173	10350
麦阳畈	4.92	28.3	597	575	10897
板桥畈	3.10	37.6	936	1117	10004
水　口	5.27	68.5	997	1194	11228
杜家山	3.11	37.8	835	823	11071
付家山	1.93	37.8	596	789	10747
程藻冲	4.38	70.3	1027	1263	10673
天　堂	12.71	40.6	936	1029	9968
郑家坊	6.85	47.1	1269	1397	10243
汤家塆	5.80	39.5	1013	1148	11435
竹林湾	3.51	24.5	501	708	10935
营　坊	13.25	50.4	1332	1464	11043
卡　里	3.38	13.6	347	331	10367
田家畈	2.98	53	992	1207	11050
窑　塆	3.85	44.3	984	1064	11410
程璋河	2.43	23.2	657	892	11394
饼子铺	2.93	51.7	893	1084	10513
周家畈	2.99	21.7	579	1003	11417
方家畈	10.00	54.7	1436	1521	11314
叶家山	7.48	14.9	325	365	11117
仙人岩	4.59	7.9	175	163	11381
古　城	3.82	34.7	893	1026	10334
武显庙	3.47	33.6	791	967	10659
张家咀	13.87	52.6	1893	2377	9936
隘口河	9.73	36.8	851	869	10036
栗树咀	10.56	50.2	1242	1361	10428
库　区	10.42	27.9	1295	1917	10514
刘家咀	8.38	23.1	510	567	10037
新　店	5.88	15.0	441	479	10260

续表 26

村名	面积（平方千米）	耕地面积（公顷）	人口（人）	农林牧渔业生产总值（万元）	农村居民人均可支配收入（元）
张家山	7.09	36.7	742	822	10442
胡家山	6.78	37.8	791	1061	11042
羊　山	4.49	25.7	546	645	10581
下马头	3.43	26.1	384	364	10638

增个体工商户 356 户；专业合作社 101 家，其中新增专业合作社 55 家。

建成凉亭苗叶银杏区，大屋冲、冯畈生态蔬果区，杜山、付山、麦阳红菜薹种子基地区，周畈果桑采摘区，张山、新店食用菌种养区，胡山、下马高山蔬菜区等连片特色基地。2017 年，发展银杏 66.7 公顷，银杏育苗 17.3 公顷，红菜薹育种 6.7 公顷，大棚蔬菜 20 公顷，山桐子 80 公顷，水果基地 33.3 公顷，茯苓、桔梗、苍术等药材种植超过 666.7 公顷。

金澳集团投资 20 亿元，开发篓子石景区和矿泉水生产项目。库区、栗树咀、隘口河 3 个村联合编制莽龙河景区规划获得专家评审通过并开工建设。周家畈村举办第三届桑葚采摘节。成功打造周畈、饼铺、凉亭、大屋冲、张家咀等美丽乡村点中点，老屋塆至新店靓丽产业带、付山至金寨县长岭乡民俗文化风情带等美丽乡村示范带建设初见规模。

【社会事业】 镇辖高中 1 所，在校学生 752 人，在职教师 62 人。初中 1 所，在校学生 1102 人，在职教师 72 人。中心小学 1 所，完全小学 2 所，教学点 10 个，在职教师 91 人，在校学生 1303 人。中心幼儿园 1 所，在职教师 141 人，幼儿 307 人。

镇辖中心卫生院 1 所，设 9 个科室，在职医护人员 65 人，万元以上医疗设备 10 套，病床 82 张。2017 年，门诊接诊 5.03 万人次，住院 2876 人次，“五化”卫生室 36 所，村级卫生室全覆盖。2017 年生育 438 人，性别比 108∶100，其中多孩 11 人，计划生育率 98%，多孩生育率 0.03%。

【环境治理】 2017 年，新建凉亭等 10 个村百姓舞台，省道沿线拆除广告雨棚 514 联、猪圈 195 个、厕所 181 间、违建建筑物 289 处。建成日垃圾处理量 40 吨的垃圾压缩站 1 座，日污水处理量 800 吨的污水处理厂奠基并开工。配发垃圾箱 500 个，垃圾转运车 5 台，配备保洁员 180 人。拆除规模化养猪场、养鸡场各 1 家，整治达标规模化养殖场 2 家；淘汰黄标车 35 辆，燃煤锅炉煤改气 2 套，秸秆禁烧常态化。保护饮用水源 2 处，设立界碑、围网和警示牌。加强企业排污监测、安全饮水监测，全面禁止河道采砂。落实生态护林员、五保管理员、农村保洁员 252 名，补贴工资性收入 150 万元。

【基础设施】 复垦灾毁农田 200 公顷，实施“旱改水”工程 66.7 公顷，修复水毁河道干堤 5 千米，整治河道 30 千米，一河两岸建设护坡和亲水平台 10 千米，恢复小流域水利设施 200 处。过石线（过路滩至石镇）、张草线（张家咀到草盘）、张长线（张家咀到安徽长岭）、镇区机场南北路扩宽工程已开工建设，新建跨河大桥 6 座，建成通村通组公路 40 千米，通村主干道拼宽 28 千米。

【民生保障】 全镇农村五保 576 人，其中镇福利院供养 35 人，五保居住点供养 541 人，供养标准每人每年 7943 元；全镇农村低保 543 户 726 人；累计发放各类救助资金 1000 多万元。新型农村合作医疗参保 33875 人，城镇医保 73 人，参保率 100%。残疾人补贴按时发放，60 岁以上老人按时领取养老金。2017 年，全镇 1623 户 4228 人脱贫，程璋河、郑家坊、汤家塆、大屋冲 4 个重点贫困村整村出列，11个重点贫困村完成光伏并网发电。易地扶贫搬迁811人，水电路、桌椅柜、柴屋、菜园全面配套。

全年出警174起，行政立案73起，刑事立案27起，刑事逮捕、移诉3人，拘留23人，罚款14起。提供法律援助51件，开展“三会合一”矛盾纠纷调解4次。办结信访件53件，其中积案化解4件。全年无重大安全事故和火灾发生。

【后花园小镇建设】 该项目2012年启动，开发面积8.2公顷，规划总投资2.98亿元，规划建成集观光、购物、休闲、娱乐、文化、旅游为一体的小镇。截至2017年年末，建成一期商住楼12栋、二期仿古戏台——“万年台”、文化广场和门楼。

（胡锡铭）

草盘地镇

【概　况】 草盘地镇位于英山县东河上游。东北与安徽岳西、霍山县交界，西南与本县陶家河乡、雷家店镇、石头咀镇相邻，耕地面积800公顷，水域面积460.7公顷，山林面积11733.3公顷。辖20个行政村，179个村民小组，总户数7152户，总人口25529人，其中农业人口22962人。

镇党委、政府内设党政办公室、人大办公室、政协办公室、纪检监察办公室、人武部、共青团、妇联、工会、组织办、综治办、文明办、扶贫办、民政办、计生办、安全生产办。2017年年末，在岗人数34人。

【农业牧渔】 2017年，全镇农林牧渔业总产值5.15亿元，同比增加10.46%，其中农业产值1.99亿元，林业产值1.1亿元，畜牧业产值1.65亿元，渔业产值616万元。农林牧渔服务业产值3701万元。水稻产量3443吨，小麦820吨，油菜664吨，玉米589吨，红苕525吨。茶叶产量1382吨，板栗567吨，药材13703吨，蔬菜15960吨。出栏生猪8714头，牛413头，山羊11878只，家禽13.64万只，鲜鱼361吨，竹林采伐量1131立方米。

全镇新发展药材面积400公顷，连片100亩以上的药材基地11处。其中宏图药材草盘分社肖胜章在韩婆墩村发展连片仓术基地14.7公顷。

【工商企业】 全镇民营企业37家，其中限额以上企业2家；私营合作社48家，从业人数750人，个体工商户1830户，从业人数1094人。其中2017年新增个体工商户180户，新增合作社3家。

【基础设施】 2017年，新修通村公路35千米，维修通村公路160千米，完成路基加宽、路肩培土28千米，修建错车平台28处，整治危险路段80处，设置候车亭4个，护栏完成40千米，危桥改造1座，行政村通客车率100%。兴修水塘4口，修复水塘18口，修复渠堰43道、10600米。全镇用电量920万千瓦时，农业机械总动力68万千瓦，化肥施用量172吨，农药施用量0.25吨。

【社会事业】 2017年，全镇公共财政收入650万元，固定资产投资0.4亿元，农民人均可支配收入11500元，比2016年同期增长10%。全镇有运输车辆340辆。草盘农商行存款余额2.96亿元，贷款余额3317万元，邮政储蓄存款余额1.55亿元。社会消费品零售总额4860万元。

镇辖初级中学1所，在校学生393人，在职教师42人。小学3所，教学点7所，在校学生888人，在职教师49人。幼儿园1所，在园幼儿364人，在园幼师5人。适龄儿童入学率、在校学生巩固率均为100%。

镇辖中心卫生院1所，医务人员47人，设公共卫生、内科、外科、妇产科、儿科、牙科、康复理疗科、中医科、医学检验科、医学影像科10个科室，病床60张。2017年，门诊接诊23016人次，住院1488人次，建立健康档案7491人。村级卫生室18个（包括国营桃花冲林场），从业乡村医生20人，农村新型合作医疗参保人数20782人，参保率100%。

2017 年草盘地镇各村基本情况一览表

表 27

村名	面积（平方千米）	耕地面积（公顷）	人口（人）	农林牧渔业生产总值（万元）	农村常住居民人均可支配收入（元）
王家垸	3.85	23.6	590	1317	10839
槐树坪	6.67	42.6	1049	2308	11456
牛轭岭	7.89	62.2	1559	3465	11609
小河口	10.52	56.5	1772	3965	11420
居委会	4.84	61.0	2048	4576	12493
大坳沟	11.33	48.4	1024	2275	10977
韩婆墩	9.89	40.2	1454	3528	11018
西碛河	9.22	41.7	1283	2859	10842
星　光	14.17	50.2	1473	3258	10858
茶　场	3.86	47.1	1357	3016	11565
大　屋	4.10	29.9	959	2127	11230
伍桂墩	3.75	43.0	1435	3196	11617
红花咀	6.06	30.2	1082	2432	11802
黄沙河	4.86	26.6	635	1419	11418
桃花冲	12.37	24.6	595	1324	11300
孙家垸	7.03	48.0	719	1597	11275
甲地河	8.97	40.0	1350	2999	11473
龙家坊	3.15	41.2	943	2095	10736
岩河岭	2.34	32.8	766	1703	11425
漆树园	3.78	29.0	814	1712	11183

图书借阅 1103 人次、电子阅览 1348 人次、多功能活动厅开展活动 20 次、举办舞蹈培训 13 次、音乐培训 2 次、科技培训 2 次。

2017 年，新组建文艺队伍 26 支，其中舞狮队 1 个，管弦乐队 1 个，婚庆礼仪 3 个，业余文艺演出队 1 个，广场舞蹈队 20 个。

【民生保障】 2017 年，出生人口 325 人，符合政策生育率 99.08%，新生儿性别比为 97.58。

全镇五保 368 人，其中草盘福利院供养 20 人，供养标准每人每年 7330 元，护理人员 2 人。分散供养 348 人，年人均补助生活费 7330 元。农村最低生活保障 182 户，保障人口 370 人，最低生活保障标准 3700 元，全年发放社会救济款 102 万元。城乡居民中 60 岁以上的老年人每月领取养老金 80 元，年满 80 岁的老年人每月领取高龄补助 50 元。新改造农村危房 28 户。全镇精准扶贫建档贫困户 2511 户，7491 人。

【法治安全】 全年安全隐患大排查 30 次，校园周边黑校车突击检查 12 次，全年没有发生安全事故。“七五”普法宣传教育，发放相关法律书籍 520 册，印发法律法规知识问卷 710 份。全镇有政务公开栏 2 块，村务公开栏 20 块，调解委员会 21 个，全年调处各类纠纷 130 起，刑事治安案件发案 24 起，破案 6 起，破案率 25%，治安案件受理 48 起，查处 48 起，查处率 100%。

（刘　娉）

雷家店镇

【概　况】雷家店镇位于英山县中北部，东邻杨柳湾镇，西接石头咀镇，北至草盘地镇，南抵红山镇。耕地面积1996公顷，山林面积1万公顷，水域面积660公顷。辖32个行政村，305个村民小组，总户数12097户，总人口35279人，其中农业人口30531人。

2017年雷家店镇各村基本情况一览表

表28

村名	面积（平方千米）	耕地面积（公顷）	人口（人）	农林牧渔业生产总值（万元）	农村居民人均可支配收入（元）
老鹳冲	9.7	119.0	2909	2132	10003
程家咀	4.6	84.1	1916	2395	10386
杨家坊	7.3	84.1	1671	1967	9751
板船山	4.3	35.1	907	1468	9620
茶园庙	4.5	46.5	1011	1738	8953
茶园河	4.0	43.5	1113	1862	9630
万家冲	5.0	79.7	1319	1654	10297
蔡家山	7.5	80.2	1529	1234	9378
汪家山	7.0	51.6	1277	1381	9428
杨树桥	6.0	71.5	1374	1538	9544
天花坪	4.5	11.3	236	1124	9295
跃　进	2.5	60.8	751	1683	10268
飞　跃	2.4	66.8	1083	1476	9128
东　明	3.0	75.9	1126	1687	9231
新　华	2.7	44.2	792	1763	9467
友　谊	4.5	54.3	1079	1592	8974
五　一	9.0	174.2	4813	2342	10709
阮基冲	3.3	60.0	844	1674	9685
江家畈	3.8	54.7	827	1543	9725
黄栗树	5.4	75.6	1251	1703	9948
杜家畈	7.8	69.4	941	1614	8617
杨家庄	6.5	70.5	1043	1706	9892
方家山	1.98	8.5	110	1437	9287
过路滩	8.0	127.0	2339	1738	10449
板塘坳	6.0	24.3	798	1841	9865
朱家山	4.0	26.1	328	1068	9388
李家冲	8.0	30.9	698	1768	9317
伍家冲	7.5	77.9	1772	1836	10572
曹家店	9.0	95.1	1300	1657	9207
上　沟	12.0	27.0	356	1694	8768
蔡家畈	4.5	52.1	732	1687	8816
冷家山	5.1	38.1	585	1862	8499

党委政府内设党政办公室、人大办公室、政协办公室、纪检监察办公室、人武部、共青团、妇联、工会、组织办、综治办、文明办、扶贫办、民政办、计生办、安全生产办。2017年年末，在岗干部职工38人。

【农林牧渔】 2017年，全镇现价农林牧渔业总产值5.4亿元，同比增加4.1%，其中林业产值8212万元，畜牧业产值1.4亿元，渔业产值528万元。农林牧渔服务业产值2668万元。农作物产量16430吨，粮食总产16103吨，其中水稻产量8080吨，小麦1303吨，玉米523吨，红苕1412吨。油料产量2160吨，茶叶产量4187吨，板栗584吨，药材2371吨，蔬菜12032吨。出栏生猪16847头，牛984头，山羊15294只，家禽225595只，鲜鱼125.9吨，竹木采伐量1014立方米。

【工商企业】 全镇民营企业52家，个体工商户1331户，从业人数3685人。年缴纳税收910万元。全镇外出打工人员14263人，当年通过各种渠道汇集回镇金额26494万元。全镇用电量1406万千瓦时，化肥施用量7892吨，农药施用量13.7吨。

全年全镇公共财政收入3100.66万元，农村常住居民人均可支配收入9968元，比2016年同期增长11.46。雷店农商行存款余额32623万元，贷款余额7156万元，邮政储蓄存款余额15137万元。社会消费品零售总额1.44亿元。

全镇有茶园面积2234公顷，白茶面积115公顷，年产名优茶1280吨，茶叶龙头企业2个，茶叶专业村19个，合作社12个，合格中心茶场28家，制茶能手近千人。

【社会事业】 镇辖高级中学1所，教师62人，学生752人。初级中学1所，教师57人，学生516人。小学4所，教师68人，学生1312人。学龄儿童入学率100%，九年义务教育完成率100%。

镇辖中心卫生院1个设公共卫生、内科、外科、妇产科、儿科、牙科、康复理疗科、中医科、医学检验科、医学影像科等科室，标准化村级卫生室23个，卫生专业技术人员43人。农村新型合作医疗保险参合人数29964人，参合率100%。

全镇有图书阅览室和农家书屋32个，年图书借阅4697人次。广场舞蹈队18支，体育场地6个。

【民生保障】 2017年，出生人口731人，符合政策生育率89%，性别比100∶95。全镇五保708人，其中雷店福利院供养28人，供养标准每人每年7300元，护理人员2人；分散供养680人，年人均补助生活费7300元；农村最低生活保障5536户904人，最低生活保障标准每人每年3700元；全年发放社会救济款1056万元。改造农村危房80户。

【法治安全】 全年安全隐患大排查19次，校园周边黑校车突击检查23次，全年没有发生安全事故。“六五”普法宣传教育，发放相关法律书籍700册，印发法律法规知识问卷900份。全镇有村务公开栏32块，调解委员会32个，全年调处各类纠纷367起，治安案件受理37起，查处37起，查处率100%。

（陶晨浠）

杨柳湾镇

【概　况】 杨柳湾镇位于英山县中东部，东河流域中游。东与安徽省太湖、岳西县交界，北与陶家河乡毗连，西与雷家店、红山镇相邻，南与温泉镇接壤。山林面积1.4万公顷，活立木蓄积量52万立方米，森林覆盖率86.56%。辖42个行政村、399个村民小组，18151户，53231人，其中农业人口47124人。

党委、政府内设党政综合办公室、经济发展办公室（扶贫开发办公室）、社会事务办公室（社会管理综合治理办公室）、村镇建设综合办公室、乡镇企业办公室、人社和劳动就业服务中

2017 年杨柳湾镇各村基本情况一览表

表 29

村名	面积（平方千米）	耕地面积（公顷）	人口（人）	农林牧渔业生产总值（万元）	农民居民人均可支配收入（元）
界坊岭	4.8	5 5.98	698	1763.30	9900
尚家山	16	55.4	877	2158.80	10014
石门楼	5.6	62.07	920	2340.70	9995
高家坪	6.8	89.95	1262	3301.70	10285
土门河	5.10	53.9	1089	3036.90	10952
翻身垸	7.40	69.5	1060	3037.00	11260
老虎头	9.00	65.89	1241	3380.10	10706
朱家坳	7.50	52.35	988	2558.50	10179
东庄畈	5.50	68.10	1474	3829.70	10205
王家界	2.75	28.23	480	1218.70	9950
锣响坳	4.50	57.44	1065	2981.20	10992
游击冲	3.16	105.63	1520	4199.70	10855
西庄畈	3.35	80.57	1308	3672.20	11041
老林冲	4.00	84.23	1078	2943.00	10714
笕冲垸	4.28	135	1649	4633.00	11035
水口桥	9.00	141.43	2308	6381.00	10854
北流水	4.50	87.1	2074	5727.70	10820
下涧冲	6.78	72.03	1268	3182.70	9845
桥头边	3.50	42.2	1238	3481.80	11015
施家湖	5.50	82.1	1912	5724.70	11792
马鞍山	4.50	24.65	532	1370.20	10081
黄泥畈	4.20	60.73	1550	5900.60	11286
丝茅岭	4.20	65	1330	4343.70	11022
东夹铺	2.50	101.32	1574	3889.70	11050
东冲河	8 .00	46.35	690	4487.50	11153
岑家坳	5 .80	75.9	1240	1846.20	10494
黄家垸	12.00	81.5	1233	3395.50	10739
芭茅街	5 .38	70	1447	3378.50	10752
胡家墩	4 .30	102	1740	4224.70	11567
三门河	9 .60	28.58	573	4837.50	10906
莲花尖	2 .50	45.23	944	1568.00	10739
竹林铺	3 .50	91	1966	2617.20	10883
新铺街	7 .50	55.69	1129	5828.70	11737
杨树堰	9 .03	28.57	492	3115.20	10830
赵家山	2 .30	99.33	1641	1345.50	10721
河南畈	5 .70	40.5	923	4807.40	11609
宋家榜	4 .20	42.77	952	2577.50	10952

续表 29

村名	面积（平方千米）	耕地面积（公顷）	人口（人）	农林牧渔业生产总值（万元）	农民居民人均可支配收入（元）
烂柴河	3.40	21.3	487	2759.50	11367
饶家垸	4.36	30.25	520	1318.00	10609
陈家岩	4.64	35.57	688	1375.00	10402
腰磨畈	3.60	50.35	946	1793.50	10259
金鸡岭	3.50	60.73	1550	2526.00	10491

心、社会事务办公室。2017年年末，在岗干部职工49人。

【农林牧渔】 2017年，农林牧渔业总产值6.56亿元，农村常住居民人均可支配收入1.1万元（同比增加10%），规模以上工业总产值8.7亿元，增速15%。粮食总产量18800吨，其中夏粮4213吨；秋粮14587吨；油料3038吨（油菜籽2690吨、花生242吨、芝麻106吨）。茶叶产量7800吨，其中春茶1800吨、夏茶5200吨、秋茶800吨；药材产量1597吨，其中茯苓590吨、天麻159吨、苍术、柴胡、栀子、半夏等848吨，药材总产值5864万元，干鲜混合食用菌产量23249吨。主要林产品产量1340吨，其中板栗700.4吨、油桐籽23.7吨、油茶籽53吨、猕猴桃108.3吨；其他零星水果（桃、梨、柑橘）73.1吨。出栏生猪18583头，山羊11400只，牛1296头，家禽出笼11.02万只，土鸡蛋1000吨，水产品产量840.1吨。

全年发放耕地补贴2422.4公顷，853.86万元，发放退耕还林168.4公顷，31.57万元。全镇40个村土地二轮延包证发放到位。

【工商企业】 全镇个体工商户2451家，非公企业183家，专业合作社106家，规模以上企业6家。其中当年新发展个体工商户41家、专业合作社48家、非公企业15家。

全镇茶园总面积2733.3公顷。“团黄贡茶”获得2017年武汉农博会金奖，被认定为“湖北老字号”品牌，列入湖北省非物质文化遗产名录。建成50亩以上连片药材基地3个。改造油茶41.7公顷，发展银杏44公顷，发展香榧6.7公顷，老林冲村发展矮化银杏20公顷，桥头边村发展籽粒苋6.7公顷。

【旅游开发】 河南畈村投资400多万元，建设游客集散中心。东冲河村投资132万元，建成通村示范路和群众多功能文化广场。锣响坳村投资300多万元，新建茶园观光步行道1.5千米，观景长廊2处、观景亭4座。中国英山童玩谷旅游项目于2017年5月营业，生态餐厅和生态园累计接待游客15万人次，接待省内外中小学生研学旅行5万人次。湖北三座山天然矿泉水分公司，一期工程2017年年底竣工。

【环境治理】 投资100多万元，在三门河村境内高标准建成垃圾中转站一座，购置垃圾清运机械5台（套）。村级环境整治“三边三化三改”持续推进，配齐村级保洁员和保洁设施，形成“村收集、镇转运、县处理”的垃圾处理模式。全年修建通村通组公路52千米，完成水利工程建设548处。实施农村电网改造升级17处。丝茅岭村、胡家墩村规划建设污水处理厂2座，土门河水厂建设竣工。完成城区至杨柳镇区燃气管网铺设工程。

【社会事业】 镇辖初级中学2所，小学8所，幼儿园8所。教职工194人，其中中学85人、小学及幼儿园109人。学生4006人，其中幼儿园949人（公办）、小学2133人、初中924人。

镇辖中心卫生院1所，设有公共卫生服务部、门诊部、住院部，有医护人员98人。2017年，门诊接待3.6万人次，住院7000人次。村级卫生室37所，在册乡村医生51人。

【民生保障】 全镇五保1010人，其中镇福利院供养19人，分散供养991人。全年发放五保金743.7万元。农村低保614户1011人，发放低保金302.5万元。发放救灾救济金97人4.5万元，发放困难群众临时救助金380人31万元。农村五保、低保“安居工程”，安置229户484人。城乡居民养老保险续保23036人，新增398人；城乡居民医疗保险参保47635人。全年住院医疗报销7992人次，2377万元。

全年创业、就业培训班11期，培训947人次，帮助400多人实现就业。

【法治安全】 全年辖区治安案件立案97起，侦破刑事案件19起，接待群众来访134批次，调处各类矛盾纠纷112宗。37个村网格化硬件建设达标。

【龙潭山庄项目】 龙潭山庄项目由杨柳湾镇黄泥畈村蔡志勇投资新建，选址黄泥畈村。2016年招商，规划设计为具有田园风光的民宿工程，占地面积39.9公顷，建设民宿11栋，投入资金6000万元。2017年，主体建设完工，配套设施同步进行。

（徐　东）

人物　荣誉

逝世人物

王启龙　男，1933年10月出生于湖北宜昌。1948年1月参加工作。1950年9月加入中国共产党。1948年1月至1949年5月在宜昌县三区公所担任通讯员。1949年5月至1949年7月在江汉区南运县二区工作。1949年7月参加中国人民解放军，历任战士、警卫员、班长、排长。1953年9月转业到麻城县工作，先后担任麻城县人武部政治干事、兵役局组动科助理员、中队指导员、管理区总支书记、福田河区副区长。1965年12月调任英山县长冲区准副区长。1966年2—9月任蕲春县张塝区田六社教工作队副队长。1966年9月至1980年12月先后担任英山县长冲区革委会副主任、区委副书记、公社党委书记。1980年12月至1991年1月先后担任英山县副县长、中共英山县委副书记、县委顾问、政协英山县主席等职。1991年1月至1994年1月任英山县人大常委会主任。1994年4月离休。1995年4月至2014年12月任县老促会会长。2017年8月13日因病医治无效逝世，享年84岁。

余佩章　男，1931年7月出生于湖北麻城。1949年11月参加工作。1952年11月加入中国共产党。1949年11月至1950年1月在麻城张家畈区当工作员。1952年2月在黄州财干班学习。1952年3—7月在麻城木子店区任财粮助理。1952年8—12月任麻城木子店区供销社主任。1953年1—7月任胜利县供销总社秘书股股长，8—12月任胜利县供销总社经理。1954年1月至1955年8月任胜利县供销总社副主任。1955年9月至1956年7月任英山县石镇区委书记。1956年8月至1957年12月任英山县石镇区指导组组长。1957年1—7月任英山县城关镇第二指导组组长。1957年8月至1958年9月任英山县粮食局局长。1958年10月至1959年12月任英山县长冲彭畈管理区书记。1960年3—9月任英山县长冲公社社长。1960年10月至1965年9月任英山县长冲区委副书记。1965年10月至1971年6月任英山县草盘区委书记、县革委会常委。1971年7月至1974年10月任英山县金铺区委会书记、县革委会常委。1974年10月至1980年12月任英山县革委会副主任。1981年1月至1984年11月任英山县委委员、英山县副县长。1984年12月至1990年12月任英山县人大常委会副主任。1991年1月至1995年11月任县政府顾问。1995年12月退休。2017年10月28日因病医治无效逝世，享年86岁。

程育军　男，1933年8月出生于湖北黄梅。1953年10月参加工作。1958年11月加入中国共产党。1953年10月至1955年10月在英山县实验小学任教。1955年11月至1957年2月在英山县政府文教科工作。1957年3月至1959年10

月在英山县委文件部工作。1959年11月至1979年4月在英山县委广播站、办事组、政工组工作。1979年5月至1981年5月在西藏自治区拉萨市委组织部工作。1981年6月至1987年2月在英山县委办公室工作。1987年3月至1990年8月在英山县保密局工作，任局长。1990年9月至1993年11月在英山县政协工作，任副主席。1993年12月至1994年3月任英山县副县级调研员。1994年4月退休。2017年9月15日因病医治无效逝世，享年84岁。

英山县获市级以上表彰的先进单位

国家（部委）表彰的先进单位

县公安局禁毒大队被公安部评为全国优秀公安基层单位。

石头咀镇人民调解委员会被司法部授予“全国模范人民调解委员会”称号。

县工商联被全国工商联评为全国“五好”县级工商联，荣获中华工商时报社“创新中国特别奖”。

县司法局被中华全国人民调解员协会评为2016年度人民调解宣传工作先进单位。

县社会福利中心被全国老龄工作委员会授予第二届全国“敬老文明号”。

县人民医院被国家中医药管理局评为全国综合医院中医药工作示范先进单位。

县人民医院被中国县域卫生发展研究中心评为全国县域医院信息化建设先进单位，被评为全国综合医院中医药工作示范单位。

草盘地中心卫生院和金家铺镇卫生院被国家卫计委评为2016—2017年度全国群众满意乡镇卫生院。

县消费者委员会被中国消费者协会评为2016—2017年度全国消协组织先进单位。

县福辉农机服务专业合作社被中华全国供销合作总社评为农民专业合作社示范社，被农业部认定为全国农机合作社示范社。

县先秾坛生态农业示范基地被全国妇联评为全国巾帼农业示范基地。

县农村合作银行被中国银行业协会表彰为“全国支农支小先进单位”。

英山县被列为“全国宽带乡村示范县”。

县妇幼保健院院获“中国县域人文医院”称号和“中国县域医院信息化建设奖”。

县公安局禁毒大队被公安部授予“全国优秀公安基层单位”。

省委、省政府表彰的先进单位

温泉镇百丈河村被省委、省政府评为2014—2016年度省级文明村。

英山县被省人民政府评为2017年“全省金融信用县”。

省直部门表彰的先进单位

英山县荣获2017年全省生猪屠宰改革试点先进县称号。

英山工商联荣获2015年、2016年湖北省“五好”县级工商联。

毕昇科技产业发展有限公司荣获省级科技企业孵化器称号。

英山县被省农村综改办评为2016年度全省农村综合改革考核优秀等次、“一事一议”财政奖补工作优秀等次、农村公益性服务“以钱养事”工作优秀等次。

英山县被省财政厅评为2016年度县级统筹使用财政资金情况A级、2016年度预算执行工作考核优秀等次、财政预算管理基础性数据编报工作先进单位、2016年度财政总决算工作考核优良等次、2017年度财政部门预算工作考核优良等次、2016年度财政专项扶贫资金绩效考评A等次。

孔家坊乡被省发改委、经信委、财政厅、国土厅、农业厅、商务厅、旅游委评为湖北省一、二、三产业融合发展试点示范乡镇，被省委宣传部评为湖北省基层思想政治工作改革创新示范点。

县财政局被省财政厅评为2016年市县资产管理工作考核优良等次、2017年预算绩效管理考核A级、2016年度企业财务信息管理工作先进单位。

县信访局被省人社厅、省信访局评为全省信访工作先进单位。

县民政局被省民政厅评为全省民政信访工作突出单位、全省民政重点工作综合评估优秀单位。

县工商联被省工商联评为全省“五好”县级工商联。

县卫计局被省卫计委评为全省卫计宣传工作先进单位。

县公共资源交易监督管理局被省公共资源交易监督管理局评为全省公共资源招标投标信用体系建设工作先进集体。

县公安局经侦大队被省公安厅评为2016年度全省经侦宣传工作先进单位。

方家咀乡财政所、县农村合作银行被共青团湖北省委、省文明办、省青年文明号组委会联合命名为2015—2016年度湖北省（杰出）青年文明号。

县林业局被省林业厅表彰为全省先进林业局。

县工商局注册分局、杨柳工商所荣获全省青年文明号。

湖北英山农村商业银行获省总工会授予“湖北五一劳动奖状”，被省银监局表彰为“全省金融网格化服务支持三农先进单位”；被省联社表彰为“全省先进单位”。

温泉镇人民法庭被省高级人民法院、省人社厅评为全省先进法庭。

温泉镇毕昇社区、莲花社区被省减灾委、省民政厅评为全省综合减灾示范社区。

神峰山庄被省农业厅、省旅游委授予湖北省休闲农业示范点。

县沁泉春茶叶合作社被省供销合作总社评为全省农民合作社示范社。

英山移动公司2017年被省移动公司评为“创新型党组织示范单位”，2017年英山移动公司金石路营业厅被湖北省总工会评为“全省女职工建功立业标兵岗”。

金家铺镇龙潭河村关工委被省关工委、省文明办联合表彰为全省关心下一代工作先进集体。

县水产局被湖北省水产局评为“2016年度全省水产工作成绩突出单位”。

石头咀镇司法所被省司法厅评为“全省红旗司法所”；温泉司法所被省社区矫正局评为湖北省社区矫正安置帮教工作先进集体。

县移民局被湖北省移民局表彰为全省移民工作考核优胜单位。

陶家河村被省文化厅表彰为湖北省特色文化村。

市委、市政府表彰的先进单位

英山县被市委、市政府评为“黄冈市大别山金融工程”优胜单位和“防范金融风险工作”优胜单位。

英山县在全市三级干部会议上被市委、市政府表彰为全市人口和计划生育工作先进单位、全市防范化解金融风险工作先进单位和全市法治建设工作先进单位。

县工商局被市委、市政府评为2016年度法治黄冈建设优胜单位。

县妇联、县妇幼保健院被市政府评为全市实施妇女儿童发展规划表现突出单位。

石头咀镇2017年度获全市十佳乡镇党委、全市社会治安综合治理工作考核优胜单位。

市直部门表彰的先进单位

一、2013—2017年度黄冈市综治委表彰的

维稳先进单位（3个）

县公安局　县综治办　县民政局

二、2013—2017年黄冈市综治委表彰的先进单位（13个）：

县委政法委　县检察院　县法院　县民政局　县地税局　县住建局　县国税局　石头咀镇　红山镇　陶家河乡　县消防大队　吴家山林场　草盘地镇财政所

三、2017年黄冈市法治委表彰的先进单位（10个）：

南河镇　温泉镇　雷家店镇　政府法制办　县环保局　县工商局　县一中　全顺客运公司　傅家坊村　四棵枫村

四、2013—2017年黄冈市政法委表彰的政法队伍先进集体（1个）

中共英山县委政法委

五、市委组织部、市委老干部局表彰全市先进离退休干部党支部（2个）

英山县政府办第四党支部　英山县水利水电局离退休干部党支部

六、市委组织部、市委老干部局、市人社局表彰全市老干部工作成绩突出单位（3个）

英山县人大常委会办公室　英山县财政局　英山县教育局

七、黄冈市其他部门表彰的先进单位

英山县作家协会获黄冈市作协2017年度先进单位。

县司法局被黄冈市司法局评为“2017年度全市（市、区）司法局目标责任考核优胜单位”，全市排名第二。

英山县社区矫正工作管理局2017年度在全市社区矫正工作综合排名第一。

英山县温泉司法所被黄冈市司法局评为“全市龙头司法所”。

英山县移民局被黄冈市移民局表彰为全市移民工作目标量化考核优秀等次。

县供电公司获黄冈市2017年度“平安电网”第一名。

县公共资源局获2017年度黄冈市公共资源交易管理工作先进单位、2017年度黄冈市“亮剑行动”考核先进单位。

英山县获市级以上表彰的先进个人

国家（部委）表彰的先进个人

温泉镇百丈河村党支部书记、综治中心主任王金初被中央综治委评为全国社会治安综合治理先进个人。

县安监局局长杨晨曦被国家安全监管总局、国家煤矿安监局评为全国安全生产监管监察先进个人。

县长冲中学教师徐美容被中华全国妇女联合会评为全国三八红旗手。

2017年10月，县人民医院院长姜卫中和县妇幼保健院院长段宗贵被中国县域卫生发展研究中心评为全国县域医院百佳院长。2017年1月县人民医院职工方成荣获“全国无偿献血奉献奖银奖”。

10月30日，县渔政船检港监管理站周志宏荣获农业部“亮剑2017”系列渔政专项执法行动先进个人称号。

陶家河乡教师唐琪获第十届全国教育系统教育成果大赛二等奖。

孔家坊乡福利院院长邹倩获得中华全国总工会颁发的“全国五一巾帼标兵”。

省直部门表彰的先进个人

原县政府顾问、县老年体协常务副主席谢建训被省委组织部、省委老干部局评为全省离退休干部先进个人。

县公安局法制大队教导员王红被省公安厅评为2016年度信访积案集中攻坚化解活动先进

个人。

县法院信访办主任蔡书勇被省人社厅、省政法委、省维稳工作领导小组评为2015—2016年度维稳工作先进个人。

县社会福利中心副主任胡曙红被湖北省妇女联合会评为湖北省三八红旗手。

金家铺镇党委组织委员、团委书记彭乃柱被共青团湖北省委评为2016年度全省优秀共青团干部。

红山镇乌云山村支部书记助理徐梁被共青团湖北省委、湖北省青年联合会颁授2017年“湖北青年五四奖章”。

雷店镇畜牧兽医服务中心兰义被评为“全省百名先进农技员”。

县农村合作银行温泉支行芮长江被湖北省银监局评为“全省网格之星”。

方咀中心小学教师胡慧川被湖北省委宣传部、省文明办评为“十大荆楚楷模”。

县一中沈可获得省优秀共青团员称号。

县供电公司职工黄浩家庭被湖北省总工会评为“湖北省职工和谐家庭”。

孔家坊乡福利院院长邹倩获得湖北省总工会颁发的“湖北五一劳动奖章”和“湖北五一巾帼奖（个人）”。

市直部门表彰的先进个人

一、2013—2017年度黄冈市综治委表彰的先进个人（7人）

刘　旦　余绍文　伍卫东　方　锋　胡　鹏　查勇兵　段锋意

二、2017年度黄冈市政法委表彰的政法队伍先进个人（1人）

陈　丹（女）

三、2017年黄冈市委“法治黄冈建设领导小组”表彰的先进个人（5人）

陈　婷　熊智慧　胡　勇　郑　萧　万亚军

四、2017年度黄冈市综治委表彰的先进个人（4人）

万物春　陈昊伟　鲁　刚　蔡　青

五、共青团黄冈市委表彰（4人）

王　维　武运鑫　郑　怀　王　勤

六、黄冈市委组织部、市委老干部局表彰全市离退休干部先进个人（3人）

段仲谋　高传明　姚天赦

七、黄冈市委组织部、市委老干部局、市人社局表彰全市老干部工作成绩突出个人（3人）

陈曙光　陈　溪　余　君

八、黄冈市总工会授予“黄冈五一劳动奖章”（1人）

徐菊容

九、市级道德模范（1人）

徐美容

县级表彰的先进单位

一、2017年度“三创”目标责任及专项工作优胜集体

（一）“三创”目标责任考核优胜乡镇（8个）

金家铺镇　石头咀镇　温泉镇　孔家坊乡　方家咀乡　雷家店镇　杨柳湾镇　草盘地镇

（二）“三创”目标责任考核进位乡镇（3个）

方家咀乡　石头咀镇　陶家河乡

（三）县直“三创”目标责任考核优胜单位（47个）

1. 党群类（10个）

英山经济开发区　县法院　县检察院　县工商联　县编办　县直机关工委　县总工会　县档案局　县信访局　县机关事务管理局

2. 政府一类（22个）

县住建局　县林业局　县人社局　县民政局　县财政局　县国土局　县扶贫办　县卫计局　县教育局　县农业局　县发改局　县交运

局　县司法局　县公安局　县环保局　县工商局　县文广新局　县审计局　县质监局　县食药监局　县水电局　县安监局

3. 政府二类（10 个）

县药茧办　县工业经济联合会（安商局）县城管执法局　县政务服务中心管理办公室　县移民局　县物价局　县农办　县商务局　县旅游局　县招商局

4. 双管类（5 个）

县地税局　湖北英山农村商业银行股份有限公司

县国税局　人行英山县支行　县烟草专卖局

（四）"三创"目标责任考核十强村（10 个）

温泉镇百丈河村　南河镇瓦寺前村　方家咀乡闵家河村　温泉镇莲花村　陶家河乡陶家河村　温泉镇白石坳村　金家铺镇龙潭河村　杨柳湾镇新铺街村　孔家坊乡孔家坊村　方家咀乡四棵枫村

（五）"三创"目标责任考核进位村（10 个）

红山镇张家坊村　温泉镇南冲畈村　温泉镇蛇龙尖村　杨柳湾镇宋家榜村　杨柳湾镇杨树堰村　杨柳湾镇赵家山村　杨柳湾镇饶家垸村　温泉镇柏树祠村　石头咀镇周家畈村　金家铺镇黄林冲村

二、党风廉政建设优胜单位（10 个）

孔家坊乡　杨柳湾镇　金家铺镇　南河镇　县编办　县工商联　县卫计局　县工商局　县城管执法局　县地税局

三、党建工作十佳单位（10 个）

金家铺镇　红山镇　杨柳湾镇　温泉镇　南河镇　县民政局　县法院　县财政局　县人社局　县林业局

四、宣传思想工作优胜单位（10 个）

温泉镇　陶家河乡　南河镇　石头咀镇　县卫计局　县工商局　县农业局　县人社局　县地税局　国网英山县供电公司

五、县直优质服务单位（10 个）

县民政局　县移民局　县财政局　县政务服务中心管理办公室　县交运局　县发改局　县国土局　县工商局　县农业局　县人社局

六、县直窗口服务优胜单位（5 个）

县工商局　县人社局　县公安局　县国土局　县城乡规划局

七、社会治安综合治理工作优胜单位（10 个）

方家咀乡　南河镇　草盘地镇　温泉镇　县公安局　县移民局　县人社局　县林业局　县文广新局　县政务服务中心管理办公室

八、信访维稳工作优胜单位（10 个）

陶家河乡　方家咀乡　金家铺镇　草盘地镇　县公安局　县法院　县民政局　县人社局　县卫计局　县农业局

九、人口与计生工作优胜单位（10 个）

孔家坊乡　草盘地镇　雷家店镇　红山镇　县民政局　县发改局　县城乡规划局　县公安局　县总工会　县交运局

十、安全生产工作优胜单位（10 个）

南河镇　孔家坊乡　石头咀镇　雷家店镇　英山经济开发区　县卫计局　县交运局　县质监局　县教育局　县旅游局

十一、民兵预备役工作优胜单位（4 个）

孔家坊乡　方家咀乡　雷家店镇　金家铺镇

十二、争取项目资金优胜单位（6 个）

特别贡献奖：县国土局

贡献奖：县财政局　县住建局　县水电局　县扶贫办　县民政局

十三、招商引资优胜单位（4 个）

县药茧办　县教育局　县人社局　县食药监局

十四、招商引资优胜单位（3 个）

温泉镇　国网英山县供电公司　县林业局

十五、美丽乡村创建奖（8 个）

石头咀镇武显庙村　温泉镇斗米畈村　杨柳湾镇桥头边村　红山镇张家畈村　方家咀乡四棵枫村　草盘地镇小河口村　金家铺镇金家冲村　陶家河乡杨家河村

十六、全域旅游创建工作优胜单位（10个）

温泉镇　石头咀镇　红山镇　县国土局　县交运局　县林业局　县文广新局　县安监局　县公安局　县工商局

十七、法治建设工作优胜单位（10个）

石头咀镇　杨柳湾镇　孔家坊乡　红山镇　县工商联　县司法局　县农业局　县国土局　县城乡规划局　县招商局

十八、"雷霆行动"工作优胜单位（7个）

方家咀乡　南河镇　县环保局　县公安局（县公安局交警大队）　县水电局　县林业局　县水产局

十九、税收贡献奖（14个）

（一）税收特别贡献奖（税收过5000万元的单位2个）

湖北长安建筑集团股份有限公司纳税11330万元

湖北英山农村商业银行股份有限公司纳税5024万元

（二）税收贡献奖（12个）

英山县开发投资有限公司纳税2995万元

国网英山县供电公司纳税1981万元

英山县大众房业有限公司纳税1708万元

湖北省烟草公司黄冈市公司英山营销部纳税1411万元

湖北浩丰置业有限公司纳税1341万元

湖北金五环建筑有限公司纳税1277万元

英山承庆鞋业有限公司纳税1005万元

湖北金马玻璃纤维有限公司纳税351万元

湖北东风世星汽车零部件股份有限公司纳税343万元

湖北辰美中药有限公司纳税239万元

湖北兴成石化设备有限公司纳税204万元

湖北泰源机械制造有限公司纳税122万元

二十、精准扶贫优胜单位（42个）

（一）精准扶贫工作优胜单位（10个）

孔家坊乡　金家铺镇　方家咀乡　雷家店镇　县扶贫办　县卫计局　县教育局　县农业局　县民政局　县发改局

（二）驻村帮扶工作优胜工作队（26个）

县编办驻南河镇黑石寨村工作队

县农办驻南河镇油铺垸村工作队

县委政法委驻方家咀乡闵家河村工作队

县委统战部驻方家咀乡余家咀村工作队

县城投中心驻温泉镇下贝冲村工作队

县科协驻温泉镇马鞍寨村工作队

县园林局驻温泉镇上马坳村工作队

县公安局驻红山镇许家河村工作队

县招商局驻红山镇河东村工作队

县理工中专驻孔家坊乡陈家河村工作队

县审计局驻孔家坊乡樊家冲村工作队

县信访局驻金家铺镇金冲村工作队

县地税局驻金家铺镇李山村工作队

县商务局驻石头咀镇大屋冲村工作队

县委老干局驻石头咀镇居委会工作队

县水土保持局驻石头咀镇冯家畈村工作队

县委宣传部驻陶家河乡高家冲村工作队

县总工会驻陶家河乡长岭岗村工作队

县工业经济联合会驻草盘地镇龙家坊村工作队

县交运局驻草盘地镇黄沙河村工作队

县文广新局驻雷家店镇蔡家畈村工作队

县妇幼保健院驻雷家店镇朱家山村工作队

县电视台驻雷家店镇茶园庙村工作队

县体育局驻杨柳湾镇游击冲村工作队

邮政集团英山分公司驻杨柳湾镇东庄畈村工作队

县农商行驻杨柳湾镇老虎头村工作队

（三）脱贫攻坚优胜工作专班（6个）

易地搬迁扶贫专班　产业扶贫专班　金融扶贫专班　资金统筹整合及管理专班　社会关爱扶贫专班　光伏扶贫专班

国家级、省级、市级和县级文明单位、文明村镇（社区）文明家庭

一、国家级文明单位（1个）

国网英山电力公司

二、国家级文明村（1个）

金家铺镇龙潭河村

三、“全国首届文明家庭”（1个）

王金初家庭

四、省级文明单位（13个）

英山县杨柳湾镇财政所　英山县财政局　英山县劳动就业管理局　英山县审计局　英山县国家税务局　英山县地方税务局　湖北英山农村商业银行股份有限公司　英山县广播电影电视局　英山县公安局交通警察大队　英山县公路管理局　英山县烟草专卖局　国网湖北省电力公司英山县供电公司　中国电信股份有限公司英山分公司

五、省级文明乡镇（1个）

金家铺镇

六、省级文明村（7个）

方家咀乡佰仲桥村　温泉镇百丈河村　红山镇乌云山村　石头咀镇武显庙村　金家铺镇龙潭河村　杨柳湾东冲河村　杨柳湾镇宋家塝村

七、“湖北省首届文明家庭”（1个）

王金初家庭

八、市级文明单位（48个）

县人民法院　温泉镇白石坳中心小学　县工商行政管理局　县第一中学　县理工中专　温泉镇财政所　工商银行英山支行　县妇幼保健院　县食品药品监督管理局　县委宣传部　县人大机关　县民政局　县温泉小学　南河镇财政所　金家铺镇财政所　草盘地镇财政所　雷家店镇财政所　方家咀乡财政所　红山镇财政所　陶家河乡财政所　孔家坊乡财政所　县实验中学　县实验小学　县直机关幼儿园　县人民医院　县委组织部　黄冈住房公积金英山办事处　县国家税务局杨柳湾税务分局　县机关事业单位保险福利管理局　县气象局　县司法局　县科学技术局　县林业局　县供电公司客户服务中心　农发行英山支行　石头咀镇工商所　县城北工商所　中国邮政英山县分公司　县物价局　县道路运输管理局　县农商行雷店支行　县农商行杨柳湾支行　县农商行方家咀支行　石头咀镇财政所　县卫生和计划生育局　市东方运输集团英山全顺有限公司　英山县洪广毕昇大酒店有限公司　杨柳湾中心卫生院

九、市级文明乡镇（4个）

杨柳湾镇　石头咀镇　方家咀乡　孔家坊乡

十、市级文明村（15个）

南河镇瓦寺前村　南河镇灵芝村　方家咀乡方咀村　温泉镇茅草坳村　孔家坊乡孔坊村　孔家坊乡新铺村　金家铺镇龙珠村　石头咀镇周畈村　雷店镇老鹳冲村　雷家店镇伍冲村　杨柳湾镇河南畈村　草盘地镇红花村　陶家河乡陶河村　陶家河乡英太寨村　草盘地镇韩婆墩村

十一、市级文明社区（5个）

温泉镇陵园社区、温泉镇鸡鸣社区、温泉镇东门社区、温泉镇城北社区、温泉镇毕昇社区

十二、县级文明系统（11个）

财政系统　人社系统　工商系统　农商行系统　教育系统　卫计系统　公安系统　民政系统　交运系统　供电系统　城建系统

十三、县级文明单位（189个）

县委办公室　县政协办公室　县纪委监委机关（巡察办　派出派驻纪检监察组）县委统战部（台办　民宗局）县工商联　县编办　县

委党校　县直机关工委　县委老干局　县总工会　县妇联　团县委　县机关事务管理局　县科协　县信访局　县档案局　县政府办公室（县志办）县人社局　县环保局　县安监局县政府法制办　县扶贫办　县商务局　县粮食局　县旅游局　县公共资源交易监督管理局、县政务服务中心管理办公室　县招商局　县产品质量检验检测中心　县医保局　县城乡居民社会养老保险管理局　县劳动保障监察局　县社会劳动保险事业管理局　南河工商所　金铺工商所　杨柳工商所　城南工商所　雷店工商所　草盘工商所　英山农村商业银行南河支行　英山农村商业银行红山支行　英山农村商业银行孔坊支行　英山农村商业银行金铺支行　英山农村商业银行石头咀支行　英山农村商业银行草盘支行　英山农村商业银行陶河支行　英山农村商业银行温泉支行　英山农村商业银行城关支行　县文联　县教育局　县体育局　县文化局　县新华书店　县新闻宣传中心　县博物馆　县图书馆　县文化馆　长冲高中　县文化市场综合执法大队　长冲中学　温泉镇莲花小学　县特教学校　县青少年活动中心　县中小学生综合实践基地　南河中学　南河中心小学　方咀中学　方咀中心小学　方咀慧济希望小学　红山中学　红山中心小学　孔坊中学金铺中学　金铺中心小学　张家咀希望小学　石头咀中学　石头咀中心小学　二程希望中学　陶河中学　陶河中心小学　草盘中学　草盘红花小学　草盘中心小学　雷店中学　雷店高中　雷店五一中心小学　杨柳中学　三门河中学　白马石小学　杨柳北流水中心小学　县疾控中心　县中医院　县卫生计生综合监督执法局　温泉卫生院　红山卫生院　方咀卫生院　县精神病医院　金铺卫生院　石头咀中心卫生院　草盘卫生　陶河卫生院　县委政法委　县公安局　县检察院　县残联　县军休所　县社会福利中心　县城乡救助管理局　县救助站　县烈士陵园管理处　县殡葬管理所　南河派出所　方咀派出所　红山派出所　孔坊派出所　金铺派出所　石头咀派出所　草盘地派出所　雷店派出所　陶河派出所　杨柳湾派出所　县看守所　县经信局　县工业经济联合会（安商局）县质监局　县交运局　县农村公路管理局　南河供电所　方咀供电所　红山供电所　金铺供电所　石镇供电所　草盘供电所　雷店供电所　白马供电所　县农办　县水电局　县移民局　县农业局　县农机局　县茶叶产业化办公室　县能源办　县畜牧局　县水产局　县药茧办　县农业技术推广中心　县农业行政执法大队　吴家山林场　桃花冲林场　县发改局　县统计局　县住建局　县国土局　县房管局　县城投中心　县城乡规划局　县城市管理执法局　县环卫局　县园林局　县市政工程建设管理局　县建筑工程质量监督站　县建筑安全生产监督管理站　县装饰装修行业管理办公室　县墙改办　县自来水公司　县白蚁所　南河国土所　方咀国土所　温泉国土所　红山国土所　孔坊国土所　金铺国土所　石头咀国土所　雷店国土所　陶河国土所　草盘国土所　杨柳国土所　英山经济开发区　南河镇政府机关　方家咀乡政府机关　温泉镇政府机关　红山镇政府机关　孔家坊乡政府机关　金家铺镇政府机关　石头咀镇政府机关　陶家河乡政府机关　草盘地镇政府机关　雷家店镇政府机关　杨柳湾镇政府机关

精准扶贫表彰

一、市委、市政府表彰的先进单位（20个）

县发改局　县移民局　县政府办　县财政局　县城市管理执法局　县人社局　县政协办　县委办　县林业局　县农发行　县委组织部　县检察院　县水电局　县民政局　县交运局　县人大办　县人民医院　县纪委　县国土

局　县食药局

二、市委、市政府表彰的先进个人（33人）

姜掌印　王再飞　陈　林　郑　功　伍　佳　陈　胜　朱震林　毛　选　杜　曙　施柏松　刘喜芹　李　灏　徐守军　朱继承　陈绪松　柯柱腾　岳　龙　闻　岭　柯友湖　饶亚峰　徐　伟　樊　莉　黄　瞻　汪海元　张　闯　曹　辉　余胜球　郑桂良　何知平　兰松柏　张叶青　余盛光　查献展

三、县委、县政府表彰的精准扶贫工作优胜单位（10个）

孔家坊乡　金家铺镇　方家咀乡　雷家店镇　县扶贫办　县卫计局　县教育局　县农业局　县民政局　县发改局

四、县委、县政府表彰的驻村帮扶优胜工作队（26个）

县编办　县农办　县委政法委　县委统战部　县城投中心　县科协　县园林局　县公安局　县招商局　县理工中专　县审计局　县信访局　县地税局　县商务局　县委老干局　县水土保持局　县委宣传部　县总工会　县工业经济联合会　县交运局　县文广新局　县妇幼保健院　县电视台　县体育局　邮政集团英山分公司　县农商行

五、县委、县政府表彰的脱贫攻坚优胜工作专班（6个）

易地搬迁扶贫专班　产业扶贫专班　金融扶贫专班　资金统筹整合及管理专班　社会关爱扶贫专班　光伏扶贫专班

六、县委、县政府表彰的驻村扶贫优秀工作队员（30人）

皮高见　陈友生　饶登峰　吴济民　程丰海　陈　源　刘　勇　汪亚娟　王尚新　金磊威　裴桂初　南　琼　付汉斌　王　猛　王　亮　舒清泰　肖　维　冯　炫　汪　炀　黄学民　熊东升　周本章　郑　放　张　平　石　峰　余博胜　阮主权　石　兵　程璞勇　段寒松

附 录

英山县2017年国民经济和社会发展统计公报

2017年，全县上下认真贯彻落实省、市经济工作会议和全县三级干部会议精神，坚持稳中求进工作总基调，坚持新发展理念，坚持以供给侧结构性改革为主线，牢牢把握推进高质量发展的根本要求，以“五大发展理念”为引领，坚定不移地推进“双强双兴”，深化“五城同创”，决战精准脱贫，致力绿色振兴，统筹推进精准脱贫新样板、创业创新先锋区、特色产业主阵地、全域旅游示范区、生态文明示范县、和谐幸福新家园“六大创建”，全县经济呈现稳定增长、质效提升的发展态势。

一、综合

据反馈资料，全县实现地区生产总值98.68亿元，比上年增长6.4%。其中，第一产业增加值35.18亿元，增长4.2%；第二产业增加值32.17亿元，增长7.4%；第三产业增加值31.33亿元，增长8.0%。第一产业增加值占国内生产总值的比重为35.7%，第二产业增加值比重为32.6%，第三产业增加值比重为31.7%。三次产业结构比由上年的37.4∶31.1∶31.5调整为35.7∶32.6∶31.7。

年末全县户籍总人口40.02万人，比上年末减少0.47万人，年末常住人口36.34万人，比上年末增加0.07万人，年末总户数14.65万户，比上年末增加0.1万户。全年出生人口5255人，出生率为13.1‰；死亡人口7045人，死亡率为17.6‰；人口自然增长率下降4.5‰。出生人口性别比达到108.01。年末全县城镇新增就业人员3200人，城镇登记失业率为1.68%。

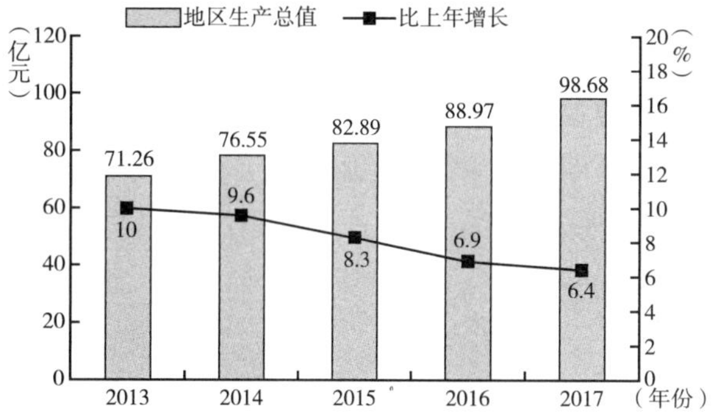

图1 2013—2017年全县地区生产总值及增长速度

全年居民消费价格总指数（CPI）上涨2.2%。其中，食品类价格上涨3.6%、居住类价格上涨1.7%、交通和通信类价格下降1.3%、衣着服装类价格下降0.1%、烟酒类价格上涨0.4%。

全年全县一般公共预算收入48998万元，比上年自然增加3676万元，增长8.1%，营改增后比上年同口径增加6649万元，同口径增长15.7%。其中税收收入31821万元，比上年自然增加2298万元，增长7.8%，营改增后比上年同口径增长5271万元，同口径增长19.9%。

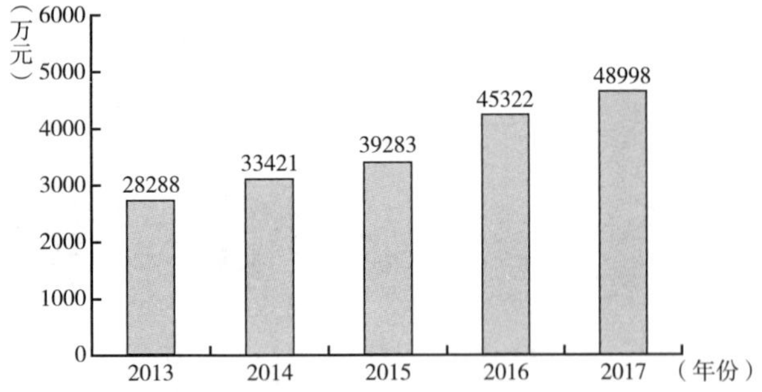

图 2　2013—2017 年全县一般公共预算收入

二、农业

全县农业现价总产值实现 54.46 亿元，可比价增长 4.6%。全年粮食作物种植面积达到 30.61 千公顷，全年粮食产量 12.95 万吨，比上年增产 1.2%；油料 19359 吨，比上年增产 19.2%。全年年末茶园实有面积 17.01 千公顷，比上年增加 0.12 千公顷，比上年增长 0.7%，全年实现茶叶产量 28316 吨，比上年增加 920 吨，增长 3.4%。年末药材实有面积 10.01 千公顷，比上年增加 0.14 千公顷，比上年增长 1.4%，药材产量 40291 吨，比上年增加 1173 吨，比上年增长 3.0%；蔬菜产量达到 17.33 万吨，板栗产量 4940 吨，蚕桑产量 538 吨，比上年增加 16 吨，比上年增长 3.1%。

全年生猪存栏 21.36 万头，比上年增长 3.0%，生猪出栏 17.6 万头，比上年增长 0.2%；年末山羊存栏 91075 只，比上年增长 2.4%，山羊出栏 133142 只，比上年增长 1.5%；年末家禽存笼 129.03 万只，比上年增长 3.7%，家禽出笼 144.44 万只，比上年下降 0.1%；全年水产品产量 5623 吨，比上年下降 12.6%。

图 3　2013—2017 年粮食产量

三、工业和建筑业

全年规模以上工业现价增加值 19.40 亿元，可比价增长 6.9%。在规模以上工业中，分经济类型看，股份制企业增长 6.9%，外商及港澳台商投资企业增长 42.1%。全年规模以上工业企业实现利润总额 3.90 亿元，比上年增长 1.3%。分经济类型看，股份制企业实现利润总额 3.74 亿元，比上年增长 1.6%，外商及港澳台商投资企业实现利润总额 0.16 亿元，与去年比基本持平。分门类看，非金属矿采业实现利润 0.11 亿元，比上年下降 37.5%，制造业实现利润 3.79 亿元，比上年增长 0.6%。

全年规模以上工业中，农副食品加工业增加

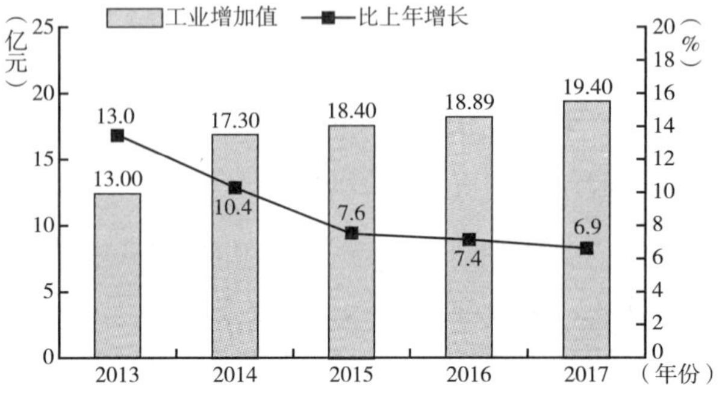

图 4　2013—2017 年工业增加值及增长速度

值比上年增长 16.3%，纺织业下降 9.3%，化学原料和化学制品制造业增长 16.6%，非金属矿物制品业增长 12.9%，通用设备制造业下降 13.6%，专用设备制造业下降 1.0%，汽车制造业增长 19.3%，电气机械和器材制造业与上年持平。

全年全县资质以内建筑企业完成施工产值 91.21 亿元，比上年增长 14.6%；实现利润 2.34 亿元，比上年下降 2.5%，全年竣工面积达 534.61 万平方米，比上年增长 20.0%。

四、固定资产投资

全年完成全社会固定资产投 94.55 亿元（不含农户），比上年增长 1.1%。分产业看，第一产业投资 0.57 亿元，比上年下降 69.2%；第二产业投资 23.64 亿元，比上年增长 124.9%；第三产业投资 70.34 亿元，比上年下降 16.3%。

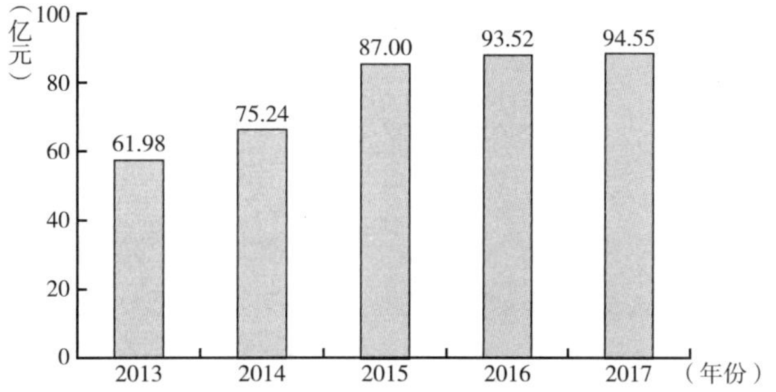

图 5 2013—2017 年全社会固定资产投资总额

全年完成房地产投资 12.09 亿元，比上年增长 5.9%。其中，住宅投资 7.59 亿元，比上年增长 6.5%，商业营业用房投资 3.79 亿元，比上年增长 66.2%。

五、国内外贸易

全年完成社会消费品零售总额 39.79 亿元，比上年增长 10.8%。分城乡看，城镇实现零售额 18.05 亿元，比上年增长 8.0%；乡村实现零售额 21.74 亿元，比上年增长 19.3%。其中，限额以上实现消费品零售额 13.11 亿元，比上年下降 11.0%。全县网上零售额达到 12.2 亿元，比上年增长 56.4%。

全年实现外贸出口总额 2604 万美元，比上年增长 16.1%，实际利用外资 20 万美元。

在限额以上企业商品零售额中，粮油、食品类零售额比上年增长 2.6%，饮料类零售额比上年增长 9.2%，烟酒类比上年下降 10.9%，服装、鞋帽、针纺织品类比上年下降 9.7%，化妆品类比上年下降 5.8%，日用品类比上年下降 15.5%，家用电器和音像器材类比上年下降 0.2%，中西药品类比上年下降 14.6%，文化办公用品类比上年增长

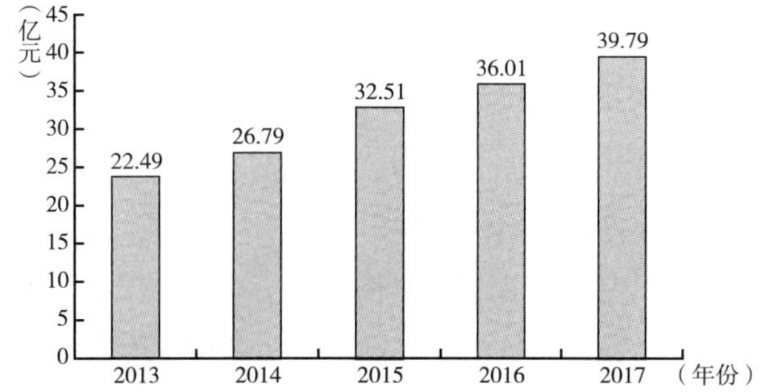

图 6 2013—2017 年社会消费品零售总额

19.3%，汽车类比上年下降 14.1%，石油及制品类比上年增长 0.2%。

六、交通、邮电和旅游

全年货物运输总量 336 万吨，比上年下降 7.9%；货物运输周转量 78897 万吨公里，比上年下降 5.1%。全年旅客运输总量 1073 万人次，比上年下降 0.5%，旅客运输周转量 108985 万人公里，比上年增长 11.3%。

年末全县民用汽车保有量达到 30495 辆，其中，私人汽车 28564 辆，载客汽车 492 辆，载货汽车 1439 辆。年末拥有公交车 81 辆，实有出租汽车 137 辆。

全年完成邮电业务总量 19329 万元，比上年增长 8.6%。其中，邮政完成业务总量 3749 万元，比上年增长 24.8%，电信完成业务总量 4780 万元，比上年增长 19.3%，移动完成业务总量 9000 万元，比上年增长 2.3%；联通完成业务总量 1800 万元，比上年下降 9.7%。年末全县固定电话用户总数达到 48007 户，比上年减少 7.3%，移动电话用户数达到 20.24 万户，比上年增长 2.8%。全年因特网用户达到 5.43 万户，比上年增长 19.1%。

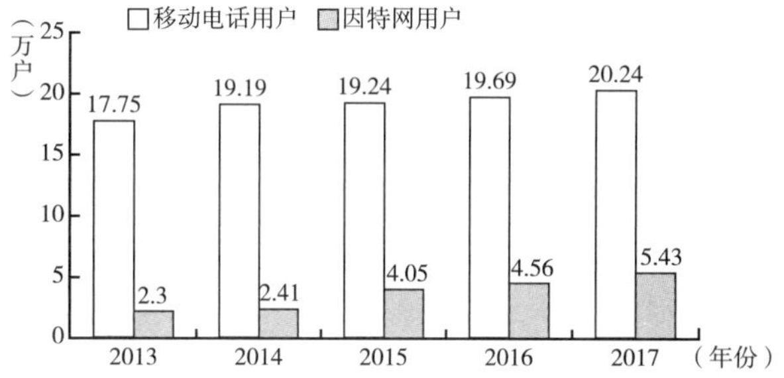

图 7 2013—2017 年移动电话用户及因特网用户

全年共计接待各类游客 603 万人次，比上年增长 34.0%；实现旅游综合收入 36.35 亿元，比上年增长 33.2%；门票收入 3.03 亿元，比上年增长 3.8%。星级饭店个数达到 9 个，星级饭店客房达到 731 间，名胜风景区 2 个。

七、金融

年末金融机构存款余额达191.71亿元，比上年增长14.0%，其中，居民储蓄存款131.55亿元，比上年增长13.0%；各项贷款余额达74.34亿元，比上年增长17.1%。

八、人民生活和社会保障

全年全县全体居民人均可支配收入14963元，比上年增长8.7%。按常住地分，城镇常住居民人均可支配收入24015元，比上年增长7.7%；农村常住居民人均可支配收入10723元，比上年增长9.7%。全体居民人均生活消费支出12031元，比上年增长9.2%。按常住地分，城镇常住居民人均生活消费支出17857元，比上年增长8.3%；农村常住居民人均消费支出9302元，比上年增长10.0%。

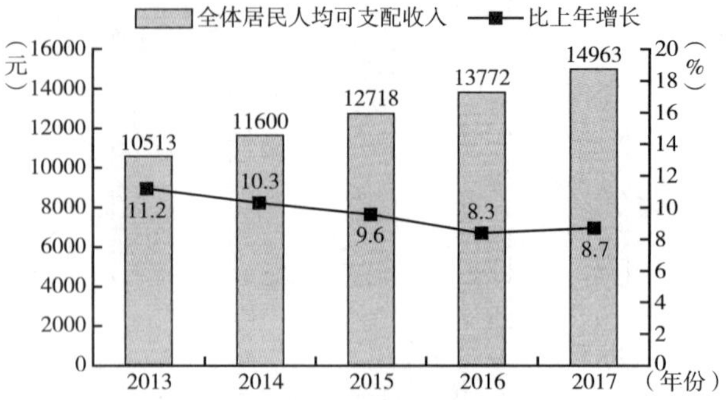

图8　2013—2017年全体居民人均可支配收入

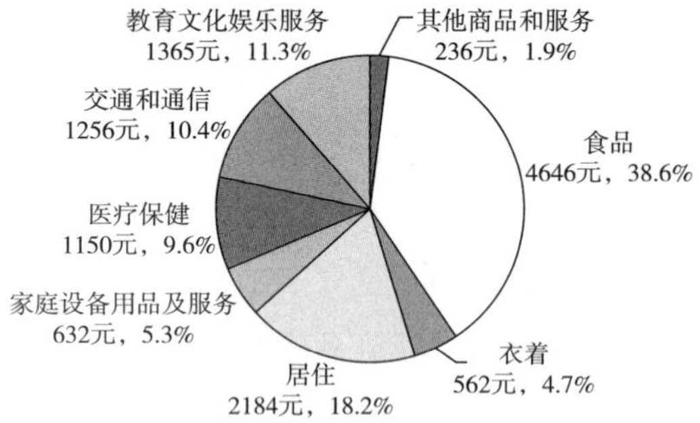

图9　2017年全体居民人均消费支出及其构成

年末全县参加城镇职工基本养老保险人数26660人，比上年末增加989人。参加城乡居民社会养老保险人数20.90万人，比上年末增加1912人。参加城乡居民基本医疗保险人数34.04万人，城镇职工基本医疗保险人数24367人，比上年末增加20人。参加城镇失业保险人数14521人，比上年末增加496人。参加城镇工伤保险人数23025人，比上年末增加225人，参加城镇职工生育保险人数13010人，比上年末增加710人。城镇社会保险覆盖率达到99.6%。全年支付各项社会保险资金97264万元（含新机保）。全年受理劳动人事争议仲裁案件51起。

九、教育、科学技术和文化体育

年末全县共有普通中学19所，普通中等专业学校3个，小学98所，各类学校总数达到120所。各类学校专任教师总数达到2824人，其中普通中学教师1325人，普通中等专业学校教师185人，小学教师1055人。全县在校学生达到49041人，比上年增加325人，其中普通中学在校学生14918人，普通中等专业学校在校学生2272人，小学在校学生21511人。学龄儿童入学率达100%，九年义务教育完成率达99.9%，初中毕业生升学率由上年的96.2%提高到96.3%，高中阶段教育毛入学率由上年的96.2%提高到96.5%。

年末全县共申报各类专利168项，科技论文423篇，获省级以上奖励的科技成果13项。从事科技活动人数由上年2630人增加到2820人，科学家与工程师人数达382人，专业技术人数达8320人，科技三项费用支出达3075万元。全年实现高新技术产业增加值3.52亿元，比上年增长5.6%。

年末全县公共图书馆藏书册数达到223千册，比上年增加24千册。全县现有剧场影剧院6个，每万人口拥有公共文化机构0.84个。年末拥有体育场地494个，群众性体育活动蓬勃开展。

全县共有广播电台1座，广播电视综合覆盖率达到99.05%，有线电视入户率达到80.0%，其中，农村有线电视入户率达到76.5%，有线电视通村296个。

十、卫生和资源环境

全县共有各类卫生机构332个（含卫校、卫生监督局、县直、社区、乡镇和村级各类卫生服务机构），其中医院2个、卫生院11个，疾病预防控制中心1个，妇幼卫生保健机构1个。各类卫生机构实际拥有病床2078张，共有卫生专业技术人员1902人，其中执业医师、执业助理医师870人，注册护士780人，每千人口拥有医院卫生院床位数5.4张，每千人口拥有医生（含助理）2.04人。

全年平均气温17.2℃，降水量1396.2毫米，日照时数为1884.1小时。全年规模以上工业能源消费总量18071吨标煤，万元GDP综合能耗下降3.5%；全年用电量27835万千瓦时，其中，工业用电7128万千瓦时，城乡居民生活用电14084.98万千瓦时。城市绿化覆盖率达32.0%，城市人均公共绿地面积达9.3平方米，城镇污水处理率达89.0%，全年城区空气质量优良率达到88.0%。

年末全县建设用地面积达122.50平方公里，比上年增长0.4%。其中，居住用地面积55.02平方公里，公共设施用地面积10.42平方公里，工业用地面积14.86平方公里。

全年完成造林面积82407.48公顷，森林覆盖率达66.18%。截至年底，自然保护区面积达4110.9公顷，造林绿化任务完成率达114.9%。

注：

1. 本公报数据主要是年报快报数或初步统计数，最终数据以统计年鉴为准。

2. 地区生产总值、各产业增加值绝对数按现价计算，增长速度按不变价格计算。

3. 县直部门数据由县直相关部门提供。

表 格

2017年英山县各乡镇面积一览表

表30

乡镇	面积（平方千米）	常用耕地面积（公顷）	水田（公顷）	旱地（公顷）	水浇地（公顷）
合计	1449	17252.20	14598.80	2653.40	51.00
南河镇	76.71	1241.00	1135.00	88.50	—
方家咀乡	77.97	1632.00	1468.00	166.80	—
温泉镇	162.02	1953.30	1764.60	168.50	—
红山镇	69.81	1343.40	1284.90	71.90	—
孔家坊乡	91.86	1230.10	1148.10	99.50	31.60
金家铺镇	99.31	1622.60	1456.10	196.50	19.40
石头咀镇	264.38	1780.90	1491.40	346.70	—
陶家河乡	70.33	712.00	486.00	251.00	—
草盘地镇	167.05	805.00	655.00	241.00	—
雷家店镇	162.70	1978.00	1520.00	498.00	—
杨柳湾镇	206.87	2742.40	2323.00	460.30	—

2017 年英山县人口情况一览表

表 31

乡镇	年末总户数（户）	户籍人口（人）	城镇人口（人）	乡村人口（人）	出生人口（人）	死亡人口（人）	净增人口（人）
合计	146546	400248	75150	325098	5255	7045	-1790
南河镇	7188	21495	761	20734	282	348	-66
方家咀乡	9728	29885	6065	23820	416	335	81
温泉镇	46535	109936	50583	59353	1530	1392	138
红山镇	7964	23114	841	22273	352	530	-178
孔家坊乡	8816	26011	883	25128	340	589	-249
金家铺镇	10032	28553	1434	27119	306	602	-296
石头咀镇	13712	39181	4486	34695	437	713	-276
陶家河乡	3108	9329	78	9251	107	219	-112
草盘地镇	8365	25120	3914	21206	312	465	-153
雷家店镇	12346	35026	1613	33413	467	584	-117
杨柳湾镇	18752	52598	4492	48106	706	1268	-562

说明：年末总户数、户籍人口、城镇人口、乡村人口、出生人口、死亡人口数据由县公安局提供

2017 年英山县地区生产总值（GDP）一览表

表 32

类型	按当年价格计算（万元）		按 2010 年不变价计算（万元）		同比增长（%）
	2016 年	2017 年	2016 年	2017 年	
地区生产总值	890369.53	986796.27	886357.48	942944.28	6.4
农林牧渔业	338249.00	358276.00	337954.99	352825.01	4.4
工业	151636.57	159020.32	155019.18	165533.36	6.8
开采辅助活动	0.00	0.00	0.00	0.00	0.0
金属制品、机械和设备修理业	0.00	0.00	0.00	0.00	0.0
建筑业	125428.00	162708.32	125177.64	135355.14	8.1
批发和零售业	43760.70	46748.99	43413.39	46239.24	6.5
批发业	25473.48	27235.15	25271.31	26938.18	6.6
零售业	18287.22	19513.84	18142.08	19301.06	6.4
交通运输、仓储和邮政业	24705.83	26651.27	24474.30	25963.76	6.1
住宿和餐饮	21036.86	23223.56	20805.94	22454.09	7.9
住宿业	2073.44	2267.56	2048.85	2211.91	8.0
餐饮业	18963.42	20956.00	18757.09	20242.18	7.9
金融业	32940.33	38963.34	32565.82	37145.95	14.1
房地产业	20929.05	24157.49	20219.55	21349.93	5.6
房地产业（K 门类）	5800.21	7001.39	5120.91	5496.36	7.3
自有房地产经营活动	15128.84	17156.10	15098.64	15853.57	5.0
其他服务业	131683.19	147046.98	126726.67	136077.80	7.4
营利性服务业	45815.96	55655.17	45075.73	53512.76	18.7
非营利性服务业	85867.23	91391.81	81650.94	82565.04	1.1

续表 32

类型	按当年价格计算（万元）		按 2010 年不变价计算（万元）		同比增长（%）
	2016 年	2017 年	2016 年	2017 年	
第一产业	332742.00	351807.00	332528.25	346494.44	4.2
第二产业	277064.57	321728.64	280196.82	300888.50	7.4
第三产业	280562.96	313260.63	273632.41	295561.34	8.0

2016 年、2017 年英山县财政收入分税种完成情况对比表

表 33　　单位：万元

指标名称	2016 年	2017 年
全口径财政收入	108744	128590
一、公共财政预算收入	45322	48998
1. 地方税收收入	29523	31821
①国税部门	8783	15465
增值税 50%	2978	4858
营改增值税（50%）	4330	8738
企业所得税 40%	1475	1869
②地税部门	20740	16356
营业税	7027	195
企业所得税 40%	2222	3023
个人所得税 40%	1076	1306
资源税	81	119
城建税	1056	1469
房产税	471	553
印花税	231	408
土地使用税	650	634
土地增值税	3401	2983
车船牌照税	423	505
耕地占用税	1952	2419
契税	2150	2742
2. 非税收入	15799	17177
排污费收入	75	—
水资源费收入	31	—
教育费附加收入	623	793
地方教育费附加收入	421	287
残疾人保障金收入	143	155
育林资金收入	145	—
教育资金收入	690	540
农田水利资金收入	414	324
行政性收费收入	4516	4078
罚没收入	5453	5031

续表 33

指标名称	2016 年	2017 年
国有资本经营收入	351	106
国有资源有偿使用收入	2413	5598
其他收入	524	265
二、基金收入	47815	56223
政府性基金收入	27712	33087
社保基金	20103	23136
三、上划省级收入	15	23122
排污费	15	12
四、上划中央收入	15592	23130
消费税	34	35
增值税 75%	3882	4858
营改增值税（50%）	3711	8738
营业税（50%）	795	195
企业所得税 60%	5546	7338
个人所得税 60%	1614	1958
排污费	10	8

2016 年、2017 年英山县地方财政支出分项目完成情况对比表

表 34 单位：万元、%

指标名称	2016 年	2017 年	增长
支出总计	228263	252800	10.75
一、公共财政预算支出	168041	182124	8.38
一般公共服务	29006	30004	3.44
公共安全	5871	5899	0.48
教育	45349	44637	−1.57
科学技术	300	311	3.67
文化体育与传媒	1670	1523	−8.80
社会保障和就业	27826	30661	10.19
医疗卫生	24978	23885	−4.38
节能环保	1435	2687	87.25
城乡社区事务	4502	6174	37.14
农林水事务	12679	15368	21.21
交通运输	3041	3110	2.27
资源勘探电力信息等事务	3502	4018	14.73
商业报务业等事务	953	941	−1.26
粮油物资储备等管理事务	414	235	−43.24
金融监管等事务	59	59	0

续表 34

指标名称	2016 年	2017 年	增长
国土资源气象等事务	969	1843	90.20
住房保障支出	195	180	-7.69
债务付息支出	2243	4846	116.05
其他支出	3049	5743	88.36
二、社保基金支出	20103	23136	15.09
三、政府性基金支出	27712	33087	19.40
四、债务还本支出	2061	4105	99.18
五、上解支出	10346	10348	0.02

2017 年英山县各单位精准扶贫贡献与成果表

表 35

单　位	帮扶村	帮扶资金（万元）	帮扶事项及成效
县委办	龙　珠	99	帮助发展林业育苗基地 40 亩，实现年收入 32 万元；发展黄花基地 30 亩，年收入 20 万元，带动 600 人次农户务工增收；发展牧草基地 120 亩，年收入 36 万元；茶叶基地 360 亩，年收入 72 万元。依托合作社大力发展虎杖产业，建设中药材虎杖基地 200 亩，带动 1000 多人次农户在基地务工增收
	乐家冲		赠送大礼包 52 个，争取到该村 6 组天岩路 1.7 千米通组公路指标，已完成硬化路基等基础设施；帮助新建水厂一座，已安装入户 158 户；基本形成了以旅游为支柱以茶叶、猕猴桃为辅的产业特色；帮助新建了党员群众服务中心、文化活动中心、卫生室；安排贫困户劳动力在丽景务工、在蔬菜大棚及水上餐厅就业，达到每户平均年增收 8000 元以上
	扁石畈	—	改造高效茶园基地 350 亩、新建无公害绿色蔬菜种植基地 140 亩、发展特色水产养殖基地 70 亩，帮助 64 户 205 名贫困人口实现转岗就业；新发展药用矮化银杏基地 170 亩，预计每亩每年可创收 2000 元。扁石畈村集体经济收入实现正增长并突破 5 万元大关，农民人均纯收入也由 2015 年的 6700 元增加到 10530 元
政府办	龙潭畈	6 职工捐款 1	新建党员群众游客服务中心、百姓舞台、文化广场等基础设施；引进中央彩票公益金 200 万元，千企帮千村 100 万元，高标农田建设资金 50 万元，精准灭荒资金 10 万多元以及光伏发电 188 千瓦等一批重大项目；联系辰美药业与村合作社合作，流转土地 26.7 公顷，发展药材，农户通过土地流转、务工、产业分红等途径实现稳定增收
	蛇龙尖	5.444	帮助筹措资金 26 万元，兴建村级文化广场 600 平方米；安装惠民路灯 50 盏；单位捐赠资金 4.444 万元，其中支持合作社启动资金 1 万元，年终慰问 1.5 万元（购买食用油、大米各 132 份），工作队员上门慰问资金 3600 元；帮扶干部个人捐赠现金、油米、药品、衣物共计 1 万多元
	梅　岩	1.5	为合作社提供启动资金 1 万元；为贫困户捐赠资金 5000 元、衣物 60 多件
人大办	老灌冲	110	投资 110 万元，其中争取项目资金 100 万元，单位筹措 10 万元，村组公路硬化 3 千米，河道整治 1.5 千米；引进市场主体流转土地 40 公顷，发展中药材产业，种植石斛 16.7 公顷，虎杖 10 公顷，稻虾 13.4 公顷；村庄、道路、河堤全部绿化，“十有”建设全部达标
政协办	孔家坊	—	发展香榧基地 6.7 公顷，蔬菜 22.4 公顷；招商引资 1000 万元，兴办酱菜厂；整治河道 1060 米；硬化村组道路 7.5 千米；整修塘堰 10 处；建公厕 6 个，改造户厕所 180 个；垃圾处理站 1 个，建污水处理设施一个；“四旁”绿化 3500 株，安装路灯 110 盏；文化广场 1800 平方米，仿古戏台 200 平方米

续表 35

单　位	帮扶村	帮扶资金（万元）	帮扶事项及成效
政协办	余家冲	—	筹措资金 6 万元，成立自强互助合作社，发展苍术育苗基地 6.7 公顷；发展丹参连片基地 4.7 公顷，发展油茶连片基地 3.4 公顷，分散 4 公顷；完成通组公路扩宽及水泥硬化 1.6 千米，解决三个小组 75 户 190 人的出行难问题；完成低电压农网改造，全村共建 3 个台区，基本满足 4、5、6、7、8 组农户用电需求；完成光纤进村入户；投资 6 万元建设安全饮水项目，解决易地搬迁居住点及其他农户共计 45 户 103 人的人畜饮水问题；完成易地搬迁居住点的附属设施建设场地硬化及绿化等；为每个贫困户发放鹅苗 10 只，鸡苗 10 只；2017 年，实现 27 户 45 人如期脱贫
县纪委	丝茅岭	18	机关干部为贫困户捐款捐物 1 万多元，帮助丝茅岭村争取项目资金 80 多万元，完成村内小河流域治理改造
	锣响坳		争取项目资金 300 万元，完成锣响坳水库整险工程，新修拦水坝 1 座；硬化通组公路 0.5 千米；购买鸡苗 2500 只
	王家界		争取项目资金 110 万元。发展红果园 3.4 公顷，香园 2 公顷；新修通组公路 1.5 千米，硬化通组路 1.2 千米
政法委	闵家河 石河冲	233	为闵河村争取“美丽乡村”项目资金 200 万元；“生命防护栏”项目设资金 6 万元；为石河冲村筹措帮扶资金 15 万元；为闵河、石河冲两村安装视频监控探头 20 个，投入资金 8 万元；为两村自强合作社捐助启动资金 0.6 万元；为两村困难群众捐赠生活、生产物资 4 万元
宣传部	高家冲	35	筹资 35 万元，为贫困户购买电视机 8 台、电视接收机 3 台；安装路灯 4 盏；为贫困户购买猪苗 8 头；修通村部至桂枝山组公路并硬化长 5 千米、宽 5 米；完成 1 组、2 组通组公路土建工程
	英太寨	20.3	争取项目资金 20.3 万元，支援该村基础设施建设、村庄环境整治、合作社建设以解决贫困户生产生活困难
统战部	余家咀	11	筹措扶贫资金 11 万元，其中投资 5 万元建设村部海联卫生室
县台办	古　城	4.7	投入资金 2 万元，解决贫困户生产生活困难；民营企业领导捐款 7000 元；香樟树志愿者，捐款捐物 2 万多元
科协	马鞍寨	15	争取项目资金 13.5 万元，支援村基础建设安装治安监控摄像头 6 个，为贫困户捐款 1.5 万元，解决其就医及生产生活困难
县总工会	长岭岗	22.4	筹资 22.4 万元，投入自强互助合作社药材基地 9.4 万元，安装基地监控 3 万元，救灾 2 万元，年终给贫困户“送温暖”4.3 万元，大病救助 2.5 万元，金秋助学 1.2 万元。财政、移民、水利、公路、住建、楚天视讯网络等单位投入项目资金 30 万元
团县委	七里岩	5.1	筹措资金 2 万元，发展高山蔬菜种植 5.4 公顷，帮助销售萝卜红薯千余公斤；走访慰问 17 个贫困学生家庭，送慰问金 1 万元；为 1 名贫困户大学生争取福卡励志奖学金 0.4 万元；为贫困户捐赠生活物资、运动鞋和衣物计款 1.3 万元
档案局	韩婆墩 甲地河	9.8	筹措扶贫资金 9.8 万元，每个村 4.9 万元，捐赠衣物鞋帽 300 件（套），棉被、毛毯 10 多件（套），购买粮油食品、种子、化肥 200 多件
编办	黑石寨	25.33	改造扩宽一组中河沟河道，疏浚二组山河沟建成五组、六组通组公路 980 米；改造老茶园 1.3 公顷，发展新茶园 2 公顷；建设 3.3 公顷油茶产业基地，成立村级自强互助脱贫种养专业合作社。购买粮油食品 147 件，合计 6736 元
信访局	金家冲	6 职工捐款 0.46	支持开展村级道德讲堂活动 2000 元；支持合作社启动 3000 元；支持开展结对帮扶活动 3000 元；帮扶干部捐赠衣服、袜子等物品 1600 元；送慰问金 7700 元；争取移民项目资金 25 万元；争取文化项目资金 2 万元
	龙潭河	5 职工捐款 0.3	支持合作社启动 3000 元；支持开展结对帮扶活动 3000 元；联系爱心人士捐赠 16000 元；争取移民项目资金 5 万元；林业项目资金 3 万元；财政项目资金 2 万元
农业局	新　桥	4.42	支持资金 3.3 万元；支持复混肥 8 吨；建茶叶园 120 亩、银杏 50 亩。县政府安排扶贫开发资金 90 万元。硬化通组公路 1.5 千米
	方家咀	12.3	投入资金 12.3 万元，发展茶园 30 亩；支持化肥 5 吨，支持贫困户计款 7000 元

续表 35

单 位	帮扶村	帮扶资金（万元）	帮扶事项及成效
农业局	茶园畈	7.3	投入 7.3 万元，扶持茶苗 8 万株、茶籽 1000 公斤、发展茶园 35 亩
	伯仲桥	2.3	支持资金 1 万元，用于发展薯类生产；扶持资金 3000 元，用于村合作社启动；扶持资金 1 万元用于合作社奖励
	望天畈	2.9	扶持产业发展资金 2 万元，举办 1 期新型职业农民培训班，培训农民 50 人，扶持资金 9000 元；创办水稻一种两收基地 100 亩，增收 2 万元
	桑 园	3.3	扶持救灾资金 1 万元；扶持土豆生产资金 1 万元；其他扶持资金 1.3 万元
茶叶办公室	段家坳	10.3	扶贫现金 2.1 万元用农业生产、产业发展；扶持 3 吨复混肥；支持网络监控（平安创建）7800 元；扶持合作社建设 3000 元；培训农民 70 人
林业局	双龙庙	1.318	投资 1.7 万元购买银杏种 392.5 公斤，育苗 1.4 公顷，增加农户收入 60000 元；购买化肥 80 袋计款 6400 元；购买粮油食品计款 2528 元；个人捐款 17200 元，捐赠电脑、打印机等，价值 6000 元
	六口塘	10.79	职工捐资 2.75 万元，建设枫香育苗基地，增加收入 3 万元；安装监控摄像头 6 个，价值 2.8 万元；购买米、油等食品计款 1.68 万元；购买化肥 70 袋，计款 5600 元，捐赠衣服 210 件
	李家河	1.972	购买粮油食品计款 7200 元，购买化肥 44 包计款 3520 元，个人捐款 9000 元
	土地岗	7.59	投资 1.5 万元购买银杏种子 375 公斤，育苗 1.4 公顷，增加农户收入 6 万元；购买米、油、食品计款 1.08 万元；购买化肥 45 包，计款 3600 元；职工捐款 9500 元，捐赠衣服 120 件
	杜 元	0.432	购买粮油食品计款 1440 元；购买化肥 6 袋计款 480 元；购买金银花露等降温食品 600 元；职工捐款 1800 元
	吴家山	0.432	购买粮油食品计款 1440 元；购买化肥 6 袋计款 480 元；购买金银花露等降温食品 600 元；职工捐款 1800 元
	大河冲	0.216	购买粮油食品计款 720 元，购买化肥 3 包计款 240 元，职工捐款 900 元
	营林村	0.216	购买粮油食品计款 720 元，购买化肥 3 包计款 240 元，职工捐款 900 元
森林公安	茶 园	7.58	投资 9000 元购买银杏种子 225 公斤，建设银杏育苗基地，增加农户收入 4 万元；投资 1 万元安装监控视频摄像设备；购买粮油食品计款 7200 元；职工捐款 9600 元
桃花冲林场	营林村	65	争取项目资金 65 万元，发展村经济建设其中单位干部职工捐款 1.07 万元，发放香榧树苗 2000 株、茶籽 3000 公斤、梨树苗 500 株，计款 4.1 万元；营林基建杂工增收 60 万元；慰问贫困户购买粮油食品 26 件，发放现金 7500 元
吴家山林场	大河冲	10 捐款 0.7	购买鸡苗 500 只，增加收入 4500 元，粮油食品 5 件，购买平安保险 3100 元
	吴家山		购买鸡苗 1000 只，增加收入 10000 元，粮油食品 10 件，购买平安保险 4000 元
水电局	毛家坳	10.3	投入水毁资金 4 万元及支持村合作社启动资金 3000 元。投入 6 万元，解决戴垸组饮水安全问题。协助村主办“好婆婆好媳妇和我脱贫我光荣”活动，并在英山电视台和公共微信平台上宣传。协助毛家坳村自强互助合作社组建虎杖基地 100 亩，带动 80 多户就业，村集体收入增加 5 万元
	徐家套	40.46 捐款 2	投入 5 万元，对村党员群众服务中心提档升级，建设便民大厅，添置桌、椅、铁皮柜。投入 10.16 万元，解决 5 个小组 135 户 468 人饮水难问题。投入 20 多万元新建 1750 米灌溉渠，解决 3 个村民小组 300 多亩的农田灌溉。投入资金 5 万元及支持村合作社启动资金 3000 元
	陶家冲	27.4 捐款 0.18	投入 8.5 万元，解决安全饮水困难。投入 4 万元，用于河堤水毁修复。支持村合作社启动资金 3000 元。投入 2.6 万元，用于水资源地保护。投入 2 万元，解决村部建设办公用品。投入 10 万元，修复溢洪道外水毁浆砌石岸
	麦阳畈	14.74	投入 5.44 万元，对贫困户进行安全饮水改造，解决 18 户 61 人安全饮水。投入 5 万元，对许垸两口塘进行加固，解决 20 多亩农田灌溉。投入 4 万元，用于水毁修复，支持合作社启动资金 0.3 万元
张家咀水库管理处	库区村	7.2752 捐款 0.75	投入资金 2 万元，将张家咀水库库面进行绿色养殖吸纳贫困户入股，就业增收。投入 4 万元，用于水毁修复，支持村合作社启动资金 0.3 万元。投入资金 0.9752 万元，解决三个小组的农田灌溉。干部职工给贫困户捐款 0.75 万元，购买米、油各 50 份

续表 35

单　位	帮扶村	帮扶资金（万元）	帮扶事项及成效
詹河水库电站管理处	詹家河	132.23 捐款 0.7	投入 0.23 万元，为 46 户特困户购买和谐家园社会治安综合保险。投入 120 万元建设水源地保护项目。投入 6.7 万元，解决贫困人口饮水困难。投入资金 5 万元及支持合作社启动资金 3000 元。购买 108 壶食用油开展送爱心活动
红花水库管理处	西碶河	11.42 捐款 0.58	投入资金 4 万元及支持村合作社启动资金 3000 元。县移民局投入移民资金 4 万元。投入 3.12 万元，解决安全饮水惠及 240 户 1020 人。捐款 0.58 万元，购买物资米、面、油慰问贫困户
河道堤防管理局	杜家山	21 捐款 0.8	投入资金 15 万元，建设浆砌石岸 280 米。投入 2 万元，为平安乡村建设监控设备一套，摄像头 6 个。投入 4 万元，用于水毁修复
水保局	冯家畈	48 捐款 0.75	给村合作社葡萄基地苗木、无花果种苗资金 16 万元；解决村部办公配套资金 1.7 万元；投资 30 万元，建设村文化广场、整治塘等基本水利设施；投资 3000 元扶持合作社建设。捐赠衣服、食用油、木耳等，给贫困户送去温暖
能源办	白羊山	7	筹措资金 7 万元，其中争取项目资金 3 万元，发展茶园 14.5 公顷，油茶 6.7 公顷；修通硬化村组公路 2.4 千米，新建村文化广场和百姓舞台，安装太阳能路灯 8 盏；慰问贫困户捐赠食用油 114 壶，捐赠衣物 60 多件
	簰形湾	7	争取项目资金 7 万元，发展中药材产业，新增白前草种植面积 1.4 公顷，油茶面积 2 公顷
气象局	杨家庄	14.5	给村购买办公电脑 1 台，安装农业小气候观测站设备 1 套，捐赠衣物 200 多件（套），慰问贫困户、困难党员 52 户 100 多人，帮助解决矛盾纠纷 11 起，争取资金拓宽村组公路 5.5 千米
卫计局	五　一	10	17 名干部职工人对口联系 51 个贫困户。协助完成张湾和金华岩两处河道治理；硬化和绿化张湾河堤 1000 米；新建党员群众服务中心，启动文化广场建设；建成百亩栀子基地
卫计局	新　华	5	发展药材种植 0.4 公顷；发展生猪养殖 40 头
	友　谊	4.5	帮助防洪抢险、灾后生产恢复、创办自强互助合作社；发展茶叶、黄花、药材等产业
人民医院	李家冲	15.5	筹措资金 15.5 万元（其中单位出资 5 万元）发展虎杖种植 8 公顷、苍术 2 公顷，带动全村 80 多户贫困户务工增收并享受按股分红，三年实现亩产 15000 元，户均增收 3000 元；帮助建设饮水工程、高清监控等基础设施
人民医院	伍家冲	19.1	筹措资金 19.1 万元（其中单位出资 5 万元）帮助建设村级合作社，发展药材种植基地 2 公顷；购买垃圾箱美化乡村环境；兴修自来水井解决 300 农户饮水问题；修复水毁路段保证村组公路畅通
疾控中心	程家咀	2.1	帮助建设治安监控设施 6 处，帮助完善建设易地扶贫搬迁集中安置点；对 35—70 岁的居民免费健康体检、送医送药
	杨树桥	2.1	争取村组公路项目和人畜安全饮水项目；对 35—70 岁的居民免费健康体检、送医送药
中医院	过路滩	2.8	成立农丰种养合作社，养鹅 2000 只，收入 4 万多元；安置五保入住集中点 17 户；易地搬迁 19 户 35 人。为村民义诊三次，免费发放药近万元；联系村贫困户住院减免费 4.6 万多元
精神病康复中心	东　明	3	修复 6 组河堤大堰；安装监控录像设备；争取育林补助资金 2 万元，荒山造林 13.3 公顷；争取财政扶持资金 2 万元，完善村部配套设施建设
妇幼保健医院	朱家山	3	妇幼保健院免费发放鸡苗 110 只，11 户家庭人均增收 1000 元；争取项目资金 2 万元，新建集中安置点 400 米通湾公路；拓宽李冲通村公路 800 米；免费为村精准扶贫户 6 户 8 人支付住院医疗费用 1.86 万元；免费为 43 人体检；组织务工技能培训 26 人
	板塘坳	5	扩宽硬化通村公路 1.5 千米；扩建群众服务中心 300 平方米
城市管理执法局	飞　跃	8.69	发展虎杖种植 2.6 公顷；发展油茶 4.7 公顷、栀子 2.7 公顷，年增收 15 万元。为全体村民免费义诊一次。帮助兴修硬化通组路 2.7 千米
	跃　进	5.7348	成立自强互助脱贫合作社，发展虎杖种植 1.3 公顷，预计收入 10 万元；为全体村民免费义诊一次。帮助兴修硬化通湾路 1.4 千米；帮助解决群众服务中心监控设备，并入县网
市政工程管理局	百涧河	10	扩建文化广场 270 平方米、硬化村部道路 180 平方米、安装文化广场照明灯 8 盏、完善排水设施 100 米、安装 6 个高清摄像头

续表 35

单　　位	帮扶村	帮扶资金（万元）	帮扶事项及成效
质监局	岑家坳 东夹铺 下涧冲	22	购买鸡苗 750 只，年增收入 3 万元，粮油食品 99 件
			购买猪仔 60 头，年增收入 20 万元
			购买水泥 15 吨、排水管 60 根，改造农田水利设施
	北流水	1.6	单位捐款给贫困户购买粮油食品 120 件
安监局	三水田	7.7	争取项目资金硬化通组公路 2.8 千米，完成通组公路路肩养护回填及排水沟建设 6.2 千米，发展农户种植药材 3.4 公顷；为贫困户购买化肥 68 袋
	福堂畈		争取项目资金新修村组公路 2.067 千米发展大棚蔬 5.4 公顷；流转土地种植覆盆子 0.7 公顷；购买化肥 58 包，安装视频监控设备 1 套
统计局	灵　芝	5	购买黄栀子苗 5000 株，粮油食品 200 多件，水泥 50 包，支援修通塆公路 0.5 千米
	大屋畈	6	帮助购买药栀子苗 8000 株，种植面积 6.7 公顷，粮油食品 200 件
质检中心	枫树排	28	安装 5 个治安监控探头及配套设施，投入资金 1.5 万元；购买鸡苗 200 只，购买药材种子 4 公斤；两次慰问贫困户送食用油、大米计款 1.2 万元；帮助建设村级合作社，提供启动资金 3000 元；帮助村部改造，筹措支持资金 20 万元
工商局	营　坊	5.2	资金扶贫：投入 3 万元建设集中安置点配套设施；产业扶贫：帮助发展油茶基地 30 亩，银杏 70000 株；当年脱贫 49 户 143 人
	卡　里	4.2	资金扶贫：发展药材种植支持资金 1 万元，村合作社启动扶持资金 8000 元；当年脱贫 19 户 49 人
工商局	汤家湾	9	资金扶贫：捐赠价值 3.8 万元家具，捐赠合作社启动资金、精准扶贫工作推动经费、电脑、打印机、油、米、化肥等扶贫物资，硬化通组公路 8 千米，合计出资 9 万多元；产业扶贫：帮建 55 亩矮化落叶银杏，其中连片 25 亩、油茶基地 100 亩，帮建 173 千瓦光伏；文化扶贫：帮助建设三层 660 平方米的党员群众活动中心和 2100 平方米文化广场；2017 年脱贫 72 户 188 人，汤湾村 2017 年整体脱贫
	竹林湾	4.2	资金扶贫：建设村通组公路支持资金 1 万元，村合作社启动扶持资金 8000 元；产业扶贫：帮助建立茶叶基地 50 亩，帮助争取光伏发电项目；当年脱贫 23 户 60 人
物价局	象鼻咀	3.5	为村筹措资金 50 万元（其中单位捐款 3.5 万元，职工捐款 2000 元），新建村部办公楼 2000 平方米，修建文化广场、垃圾场；争取项目资金新修通组公路 2 千米，拓宽村部公路 2 千米；为贫困户送棉被、棉衣、大米、糖果等 4 套
	江家冲	3	为村筹措资金 5 万元（其中单位捐款 3 万元职工捐款 2000 元，社会捐款 1.8 万元）；驻村队长金晓玲为村捐献 1 台 45 寸 TCL 电视台；为江冲小学生捐献衣物学习用具共 3 箱；为包保户送油 5 件，大衣 100 件，棉袄 10 件，大米 3 件，毛毯 3 件，棉鞋 5 双
物价局	马家垱	3	为村筹措资金 13 万元（其中单位捐款 3 万元）完成五保居住点道路硬化 100 米及相关设施建设；扩大裕民合作社发展规模，发展粮食种植面积 5.7 公顷，药材种植面积 2 公顷，茶叶面积 0.1 公顷，核桃基地 3.4 公顷；发展生猪 110 头，耕牛 50 头，禽畜 1500 只；解决 32 户 96 人饮用水问题。为村购买电脑 1 台（2300 元）；为贫困户送棉衣、棉被、大米、糖果等 3 件（套）
文广局	曹家店	11	修建通组公路 2 千米；新建文化广场 3200 米；建设党员活动室、多功能会议室桌椅 100 套
		1.5	单位捐款为贫困户购买粮油食品慰问品 100 件
		1	争取资金慰问特困户 15 户，发放救济包 12 个
	西庄畈	7	解决通湾水泥路，村庄环境整治，安全设施监控，建强村级自强互助合作社，完善文化设施建设
	上　沟	8	修建通组 2 千米；解决 50 户安全饮水；新建党员群众服务中心 160 米
		捐款 0.8	购买粮油食品 50 件慰问贫困户
文物局	莲花尖	捐款 1.8	购买鸡苗 2500 只，帮助农户增加收入 10 万元，购买粮油食品 120 件（套）
		5	购买水泥 15 吨，排水管 60 根，改造基础设施。
文化馆	河南畈	2.7	慰问扶贫户；献一台精准扶贫晚会；村安装治安监控设备，摄像头 7 个

续表 35

单　位	帮扶村	帮扶资金（万元）	帮扶事项及成效
图书馆	宋家榜	7.5	为贫困户购买尿素 70 包，食用油 75 壶，大米 70 袋
		捐款 0.403	资助贫困学生学费 1500 元；捐赠衣物 500 多件
剧　团	竹林铺	6	为村党员活动室购置桌椅 40 套，购买粮油食品 120 件
文化市场执法大队	赵家山	2	购买大米 50 袋、油 50 壶（7000 元）；捐款 9000 元；建饮水工程警示牌子 4000 元
电影院	上沟村	0.081	为贫困户购买食用油
电视台	茶园河	3.5	发展产业基地 2 公顷；硬化水泥路面 215 米；购置垃圾箱 2 个
	茶园庙	3	购买粮油食品 120 件；捐赠化肥 7 吨
商务局	大屋冲	—	建设蔬菜大棚 6 个，销售土豆 5000 公斤
	胡家山		发展桐子种植 14 公顷，红灯笼辣椒种植基地 7 公顷，年产辣椒 15000 公斤，年增收 50 万元
	凉　亭		发展银杏基地 20 公顷
安商局	茶　场	4	组织爱心企业为村捐赠粮油及慰问金共 7250 元。捐赠金银花露 120 件，合计 2880 元。帮扶干部捐赠米、油、衣物、鸡苗共计款 14875 元
	龙家坊	4.594	组织爱心企业帮村销孰售辣椒 2450 公斤，增加收入 14700 元。为村捐赠米、油、慰问金 7250 元。帮扶干部捐赠米、油、衣物共计款 8990 元
房管局	柏树祠	5.92	为村集体筹措资金 5.92 万元
	赤水冲	4.23	为村集体筹措资金 4.23 万元
招商局	河　东	2.23	捐赠村集体 1.5 万元，改善党员群众服务中心办公环境；向村级自强脱贫互助合作社捐赠启动资金 3000 元；两批次慰问特殊困难户、困难党员 4300 元
住房公积金中心	杨家河	1.205	新建黄花种植基地 6.7 公顷；新建黄花加工厂
	团练冲	0.85	帮助村容整治；向贫困户捐油捐物计款 8500 元
公共资源局	二分湾	8.85	发展中药材种植产业
	横山冲	5.06	安装路灯 18 盏；为农户购买畜牧疫情防治兽药
地税局	李家山	43.8	抽调 10 名干部进驻李山、汪河、炉花尖、铁炉冲 4 个村，筹措资金 43.8 万元，帮助贫困户脱贫致富，购买猪苗 70 多头，捐赠衣物、粮油食品 300 多件（套）
	汪家河		
	炉花尖		
	铁炉冲		
国税局	关堰口	50.405	帮助修建村级公路 200 米，修建河堰 1 道，为农家书屋购买图书 60 本
	薛家畈		帮助修筑水塘 2 口，为贫困户购买油、米 50 多件
	界碑石		帮助修建公路 300 米，为贫困生购买学习用具 200 件（套）
	瓦寺前		为贫困户购买粮油食品 60 件，赠送衣物 100 件
地热公司	莲　花	4.5	筹措资金 4.5 万元，其中投资 2.5 万元安装路灯 5 盏，投资 1 万元用于村庄环境治理，支援贫困户发展生产 1 万元
电信公司	板船山	14	筹措扶贫资金 14 万元，安装水库监控设备 1 套；发展虎杖种植面积 5.4 公顷；油茶面积 6.7 公顷；捐赠扶贫手机 50 部
	汪家山	7	投资 7 万元支援水库整险工程；捐赠扶贫手机 80 部
财政局	黑石头	10.8	发放油茶苗 1400 株；发放鸡苗 1600 只；硬化五保居住点活动场 1500 平方米；新建党员服务中心；为贫困户捐款捐物 2600 元
	沙湾河	42.7	购买茶苗 60 万株，新建茶叶基地 10 公顷；购买移动垃圾箱 6 个，垃圾桶 450 个；新建党员群众服务中心；慰问困难群众 1.5 万元；安装治安监控视频设备 1 套
	将军山	23	新建党员群众服务中心、卫生室、图书室、文化广场；购买粮油食品 180 份

续表 35

单 位	帮扶村	帮扶资金（万元）	帮扶事项及成效
财政局	百丈河	11.72	投入 2.4 万元，帮助 120 户贫困户发展产业；投入 5.2 万元购买苍术、栀子种苗，发展药材基地 3.4 公顷；投入 3.4 万元对 8 公顷幼茶进行培育；投入 0.3 万元支援村种养合作社建设；捐款 0.42 万元解决 7 户特困人员生活困难的问题
	陈家河	20	投入 3 万元，购鸡苗 1500 只；发展苍术 2.7 公顷；投入 6 万元，改造村两室，完成智慧村庄及办公自动化；争取“一事一议”亮化工程项目资金 10 万元，修复路灯 85 盏，新增路灯 40 盏，广场灯一盏；全民健身体育器材 1 套，资金 1 万元
	山溪坳	42.5	购买猕猴桃苗 15 万株；硬化水泥路 1.06 千米；清理水塘 1 口；安装路灯 8 盏；帮 2 个小组安上自来水；村部安装监控设备 1 套；捐赠衣服 400 件；捐款 3800 元
	崇山铺	31.1	新发展茶叶基地 20 公顷；发放鸡苗 2100 只；购买肥料 6 吨；发放萝卜籽 50 公斤；发展农户种茶 0.7 公顷
	陶家坊	22	帮助七组整修塘堰 1 处；帮助一组新砌石岸 40 米；扩宽硬化通组公路路 2.2 千米
	西 冲	12.6	安装路灯 40 盏；购置大型垃圾箱 5 个；发放粮油食品 160 份
	杨树沟	53.1	争取项目资金 25 万元（其中移民资金 10 万元）扩宽硬化村主干公路 2 千米；争取安全饮水资金 17.8 万元，解决 120 户农户饮水难问题；投入资金 3 万元，安装摄像头 6 个；投入资金 2 万元，购买化肥 4000 公斤，购买大米 2500 公斤；筹措资金 5.3 万元，支援合作社发展和村级经济建设
	一天门	11	购买鸡苗 950 只，年增收入 7.6 万元；整修垄顶塘 1 口，解决 1.4 公顷农田灌溉问题；投入资金 3 万元，发展苍术等药材种植年创收 22 万元
	赵家畈	55.5	发展中药材 5.4 公顷，年增收 20 万元；硬化通村、通组公路 5 千米；改造党员服务中心，新建群众文化广场 1500 平方米；安装路灯 37 盏；新建水井 1 口，解决 500 户人的饮水困难；帮扶干部个人向贫困户捐款捐物 5000 元
农发行	黄林冲 八里山	16	结对帮扶 29 个贫困生，改善两村办公环境添置桌椅若干套，电脑 8 台，监控设备若干套
县城投中心	彭家畈 下贝冲 黄竹山	19	为 3 个联系村“十有”建设投入资金 7 万元，为 3 个联系村送去春耕化肥等生产物资投入资金 2.2 万元，为下贝冲村贫困户产业脱贫投入资金 6.3 万元，为 3 个联系村特困群众送去慰问金 3.5 万元
旅游局	隘口河	2.66	支援合作社建设，安装路灯 2 盏，购买黄精种子 45 公斤，年终慰问贫困户、困难党员干部购买大米 20 袋，食用油 130 件
	栗树咀	4.5	修建旅游观光亭 1 座，支援合作社建设，年终慰问贫困户、困难党员干部，购买大米 100 袋，食用油 200 件
理工中专	陈家河	9.36	购买化肥 135 包 1.16 万元；购买鸡苗 980 只 1.47 万元；安装监控 8 个探头、1 个显示器 1.23 万元；扶贫日慰问贫困户送食用油、大米 6000 元；捐赠帮扶资金 4.9 万元
自来水公司	茅草坳	4.256	给村自强合作社扶助资金 6000 元，帮助村安装监控设备投入 8960 元，年底给村贫困户慰问资金 1.5 万元和粮油食品计款 7600 元；包保干部平时入户慰问共 5000 元（个人捐献）
交运局	孙家湾村	80	完成 7.5 千米村道建设、水毁道路修复、危桥改造、错车台加宽加密；协助建成光伏发电 125 千瓦，为村创收 3.4 万元；发展银杏育苗基地 32 亩；慰问金 7800 元
	红花村	61.54	硬化通村公路 3 千米，安装钢化防护栏 70 米；慰问金 5800 元
	黄沙河村	100	完成通村公路扩宽 1 千米，钢护栏工程 2800 米，新修桥梁一座；慰问金 5000 元
	桃花冲村	50	新建通村 2.5 千米；慰问金 3200 元
	伍桂村	15.3	年终慰问贫困户 1 万元；资助村自强合作社启动资金 3000 元，新修建村部到五保安置点小桥一座，计投入资金 6 万元；投资 9 万元为该村两条村级公路危险点安装钢防护栏约 500 米
	大屋村	45.38	帮助建设通村公路 2 千米，争取国家建设资金 40 万元；出资 2.4 万元修复水毁公路、水田；投资 2.3 万元安装安全防护栏；出资 6800 元购买食用油及大米

续表 35

单　　位	帮扶村	帮扶资金（万元）	帮扶事项及成效
交运局	星光村	5	买米、油 22 份，购买 5 吨化雪盐用于雪灾恢复 5 千米村主干道，为村维修主桥一座，捐赠衣物 50 余件；捐款 3 万元，帮助对接贫困户购买羊种 30 只
	小河口村	20.3	用于整修水毁水渠；帮助自强合作社建设；环境整治；农村公路维修；党员群众服务中心整修
	居委会村	15.0	帮助居委会建设美丽乡村安装钢护栏 115 米；为五保、低保送衣物 35 套；为五保居住点场地绿化购买草坯 1.1 万元；购买公路水泥涵管；文化广场建设；安装监控设备；捐助合作社启动资金 0.3 万元；村环境治理投资 2 万元；年终慰问贫困户 0.6 万元，捐款 1.5 万元，帮贫困户购买粮油、衣物
	牛岭村	5.1	帮助牛岭村修路 1.5 千米；支援村级自强合作社建设；慰问贫困户，购买粮油衣物。捐款 1.55 万元，为贫困户购买衣服 25 套、席子 17 床、、解放鞋 25 套；捐书包、文具 40 套
	乐园村	10.3	给合作社启动资金 3000 元；新修通组公路 0.5 千米；春节帮扶慰问金 2 万元